汉语研究存稿

郭锡良　著

中华书局

图书在版编目（CIP）数据

汉语研究存稿/郭锡良著. —北京：中华书局，2017.1
（2023.11 重印）
ISBN 978-7-101-12356-2

Ⅰ.汉… Ⅱ.郭… Ⅲ.古汉语-研究 Ⅳ.H109.2

中国版本图书馆 CIP 数据核字（2016）第 298994 号

书　　名	汉语研究存稿
著　　者	郭锡良
责任印制	陈丽娜
出版发行	中华书局
	（北京市丰台区太平桥西里 38 号　100073）
	http://www.zhbc.com.cn
	E-mail:zhbc@zhbc.com.cn
印　　刷	大厂回族自治县彩虹印刷有限公司
版　　次	2017 年 1 月第 1 版
	2023 年 11 月第 2 次印刷
规　　格	开本/850×1168 毫米　1/32
	印张 17¼　插页 2　字数 430 千字
印　　数	1501-2500 册
国际书号	ISBN 978-7-101-12356-2
定　　价	78.00 元

目　录

序　言 ……………………………………………………… 1

駢體文的構成（上）………………………………………… 1
駢體文的構成（下）………………………………………… 8
古漢語今譯問題 …………………………………………… 18
同義詞辨析十五例 ………………………………………… 34
谈谈怎样学习古代汉语 …………………………………… 51
谈谈古代汉语的语法教学 ………………………………… 57
要学会分析汉字的形体结构 ……………………………… 63
怎样掌握近体诗的格律 …………………………………… 68
漫谈同义词的辨析 ………………………………………… 76
讲词类活用的两要 ………………………………………… 82
参编《古代汉语》的体会 …………………………………… 88
漫谈汉语研究生的培养 …………………………………… 93

南岳话的词汇、语法特点综述 …………………………… 107
南岳方言的语音系统及其来源 …………………………… 120
杨时逢《湖南方言调查报告》衡山音系读后 ……………… 147
有关湖南方言调查的一些想法 …………………………… 160
衡山望峰话音系 …………………………………………… 165

《王力古汉语字典》音读校勘记 ………………………… 231

汉藏诸语言比较研究刍议 ………………………………… 249

也谈语法化 ………………………………………………… 268

从湘方言的"盖"和"䴕"谈到对古代语言学文献的正确释读……… 278

"美"字能归入微部吗？

　　——与梅祖麟商榷 …………………………………… 288

再谈"美"字能归入微部吗？

　　——与郑张尚芳商榷 ………………………………… 295

谈谈《水调歌头·明月几时有》的流行释读和评述 ……… 306

谈谈古音研究的十年论争 ………………………………… 315

汉语史的分期问题 ………………………………………… 324

也谈古汉语复辅音问题 …………………………………… 334

上古闭口韵的分部问题 …………………………………… 350

再谈《鸟鸣涧》的释读问题

　　——答蔡义江《新解难自圆其说》 ………………… 364

《辞源》修订方案（讨论稿）读后 ………………………… 384

在《汉语大词典》编纂修订方案讨论会上的发言 ……… 390

对《汉语大词典》修订稿的意见 ………………………… 395

王力先生的学术道路 ……………………………………… 405

王力先生在汉语史方面的贡献

　　——重读《汉语史稿》 ……………………………… 417

王力先生和现代汉语语法研究 ………………………… 426

中国语言学现代化的一代宗师

　　——王力先生 ………………………………………… 441

王力先生与周扬的一段交往 …………………………… 458

学习杨晦先生坚持原则的精神

　　——杨晦先生百年诞辰纪念会发言 ·············· 462

回忆叶圣陶先生对《古代汉语》的审阅 ·········· 465

我的第一个学术领路人 ·········· 468

重温吕先生"处理好四个关系"的教诲

　　——纪念吕叔湘先生百年诞辰 ·········· 472

做了周先生的助教以后

　　——庆祝周有光先生百龄华诞感言 ·········· 480

忆石波师 ·· 483

《古代漢語》序 ·············· 488

《史记索引》序 ·············· 490

《古汉语语法论集》前言 ·············· 492

《〈古尊宿语要〉代词助词研究》序 ·········· 495

《汉语变调构词研究》序 ·········· 497

《古代漢語專書语法研究》序 ·········· 500

《〈左传〉谓语动词研究》序 ·········· 504

《殷墟甲骨刻辞词类研究》序 ·········· 508

《严子琪篆刻集》序 ·········· 512

《〈马氏文通〉研究》序 ·········· 514

《出土战国文献语法研究》序 ·········· 517

《音韵学方法论讨论集》序 ·········· 520

《静霞轩诗词集》序 ·········· 523

附　录

　传承薪火, 砥柱中流

　　——中文系郭锡良教授访谈录 ·········· 526

序　言

　　我从 1954 年到北京大学作汉语史研究生，进入汉语研究领域，至今已经一个花甲。我的学术研究活动主要是在古代汉语教材、汉语语法史、汉语古音学方面。但是根据不同时期的教学需要，我不只教过汉语史、古代汉语、文字学、《马氏文通》研读、段注《说文解字》研读、古代语言学论文选读、汉语语法史研究，出版过《古代汉语》《古代汉语语法讲稿》《汉字知识》《汉字古音手册》等著作；也参加过《现代汉语》教材的编写（高等教育出版社 1958），教过"语法修辞逻辑"课，编选了"20 世纪现代汉语语法八大家选集"中的《王力选集》（东北师范大学出版社 2001）；调查过方言，写过有关湘方言的文章；还带领汉语专业 72 级学生编选、注释过《柳宗元诗文选》（人民文学出版社 1976）。

　　二十年前承商务印书馆为我出版了《汉语史论集》，十年前又出版了增补本，《论集》只收录汉语史方面的文章。前年我收集了部分其他方面的文章，中华书局秦淑华编审看到了，促成我另编一个集子，并建议叫做《汉语研究存稿》，去年就把已经收集的文章排印出来了。这让我不得不把没有完稿的《衡山望峰话音系》赶写出来，并收齐其他文稿进行编定。《存稿》收集长短不一的文稿 56 篇，据内容大致分成五类。

　　第一类是有关古代汉语教材、教学的文章 12 篇。1961 年文科教材会议后，我参加王力先生主编的《古代汉语》的编写，三四年之间，全力以赴，执笔写了《绪论》和音韵、文体方面的通论 9 节、附录 5 节。这是我继续在王力先生指导下完成学术研究的重要锻炼过程。每写一节通论,我必须查阅古今有关资料,先写出提纲,反复推敲,写成初稿,交编写组提意见,由王力先生最后审定、退改。这比个人写几篇文章在刊物上发表难得多,得到的锻炼、提高也大得多。《存稿》选收了通论《骈体文的构成》上、下两节,这是在收集了《全上古三代秦汉三国六朝文》《唐文粹》《四六法海》《骈体文钞》和今人研究骈体文的相关资料后写成的(读研究生时,曾准备写这方面的论文)。教材的《通论》部分被译成日文出版,书名《中国古典读法通论》(日本朋友书店 1992)。这里选两节,以见我所写通论的一般情况。

　　"文革"后期招收了工农兵学员,由我负责古代汉语教学小组。为了当时的教学需要,我以编写古代汉语教材为由,招收了五个进修生,想法摆脱军工宣队的约束,开门办学,到校外去上课、编教材。"文革"中编出了上、中两册初稿,以应付教学;"文革"后编出下册;1979 年起分册定稿发排,1981、1982、1983 年先后由北京出版社出版(本世纪初由商务印书馆改为上、下两册出版)。

　　"文革"动乱,极左路线把知识分子打成"臭老九";当时不少人有气,积极性调动不起来,我只得个人多干点。全书 29 节常识,主要由我执笔的就有 21 节(上册有些初稿是由进修生、年轻教师提供的);六节词义分析举例,也有一半以上是由我执笔。这里选了一节常识《古汉语今译问题》、一节词义分析举例《同义词辨析十五例》,以表达我这个时期在教材、教学上所作的努力。全书的常识部分去年已被译成韩文,即将在韩国出版。

　　80 年代我担任了中央电大的主讲教师,讲课外还应各地电大教学刊物的要求写了十多篇辅导性质的文章,这里选了六篇。当时有关方面曾建议我收集四个主讲教师的文章,出版过《怎样学好古代汉语》(语文出版社 1986)。至于《参编〈古代汉语〉的体会》一文,则是 1987 年我在首届全国优秀教材授奖仪式上代表去世的王力先生领取了特等奖之后,应邀撰写的个人心得,表达了当时学术界对文科教材的肯定态度。

第二类是有关湘方言的文章5篇。上世纪50年代我作研究生期间,选修了袁家骅先生的"汉语方言概论",曾两次随班去山西进行方言调查实习,"文革"中又随72级到韶山进行过一次方言调查。我虽然知道方言调查对研究语言学的重要性,但是"文革"前忙于古代汉语教材编写和汉语史教学,确实抽不出时间兼顾方言,可以说方言研究成了我的弱项。八、九十年代就有意带研究生回衡山调查了三次方言,写了几篇文章;最后又将我50年代记录自己方言的字表结合这几次的调查资料,多年前已整理出音系。这次花了大半年时间,探讨了望峰话音系的发展变化,写成《衡山望峰话音系》。

这一实践使我真正认识到深入研究自己方言的重要作用,后悔这个工作做得太晚了。以前总以为自己出生在口音混杂的洞庭湖湖垸,口音能否代表祖籍的方音,不敢自信。现在看来,我四岁后就跟祖父读了四五年古书,接着在衡山老家生活了十一年。我的口音虽有混杂的一面,可是只要唤起深层记忆,衡山望峰话的语音系统、文白异读的情况在脑海里还是很清晰的。加上三次衡山方言调查资料、特别是两种望峰话调查资料的参照,在探讨望峰音系的发展变化中,对照同音字表,从系统性来观察、比较,情况就都摆得很明白,问题都能得到解决。

第三类是《汉语史论集》(增补本)出版后我所写的汉语史方面的文章15篇。这些文章大都是为参加各种学术会议而撰写的。前8篇大多涉及古音问题,直接与本世纪初的古音研究十年论争有关的就有5篇。《汉藏诸语言比较研究刍议》是论争后期对靠双语词典搞汉藏语比较来构拟上古音的国内外"古音学家",作出了具有决定性的一击。《从湘方言的"盖"和"瞌"谈到对古代语言学文献的正确释读》《"美"字能归入微部吗》和《谈谈古音研究的十年论争》等4篇是对潘悟云、郑张尚芳、冯蒸等的剖析。后5篇是讨论词义、训诂问题,有的是对古典诗词的流行释读作出批评,有的是对历史词典的修订方案提供建议。

第四类有5篇是论述王力先生的学术道路和学术贡献,另外6篇是纪念、学习我的其他师辈的治学和为人。

第五类主要是应朋友之约,为他们的学术论著所写的序,也包括为个人主编的一部教材、两部论文集所写的自序,共计13篇。这些序短到八九百字,长不过两三千字,内容大多是探索著作的写作背景、治学特点和学术成就,都只表示我个人对某些问题的看法或评价。

总之,《论集》配上《存稿》反映了我六十年来学术研究各个方面的大致情况。80年代以前我的精力有一多半是用在《古代汉语》教材的编写上,我对教材当然是重视的;但是《古代汉语》教材是集体著作,我只宜把我执笔的个别篇目选入《存稿》,作个交代。

有人贬低教材,那是很不妥当的。王力先生的几部具有里程碑意义的著作《中国音韵学》(后改名《汉语音韵学》)、《中国语法理论》《中国现代语法》《汉语史稿》,还有《汉语诗律学》《中国语言学史》不也都是先生的讲稿、教材吗?当然有的人写教材不下功夫,东拼西凑,那是另一回事。比如,70年代我主持编写的《古代汉语》中册,有位先生分工执笔写三节古代文化常识、一节古汉语今译,我不便轻易否定或大肆删改,结果三节文化常识被出版社退稿,只得由我重写两节,由蒋绍愚重写一节。《古汉语今译问题》一节也不很允当,因此修订版也换了收在《存稿》中由我重写的这篇。

我主持编写的《古代汉语》教材,常识部分比较强调系统性和知识的前瞻性,得到学术界的肯定。上、中两册的稿子,至少也是

三易其稿;不少章节包含执笔者的研究心得或某些新观点。例如,
"被"字句的问题,王力先生在《汉语史稿》中册(科学出版社
1958)第48节《被动式的发展》中说:"带关系语(施事者)的'被'
字句在第四、五世纪之间产生了。"并举了《世说新语》《颜氏家训》
各两例(中册427页)。《古代汉语》上册(北京出版社1981)常识
第8节《古代汉语的被动表示法》却说(300页):"'被'开始用于
被动句式时,只直接加在动词前面,到汉末才出现由'被'引进行
为主动者的句式。例如,蔡邕《被收时表》:'今月十三日,臣被尚
书召问。'"这里就没有照抄《史稿》。

　　《汉语史稿》1980年由中华书局用科学出版社的原纸型重印
一次,没有改动。唐钰明《汉魏六朝被动式略论》《唐至清的"被"
字句》查考了大量典籍,参考了《汉语史稿》1980年本,他在后一篇
文章中说(《唐钰明自选集》287页,安徽教育出版社2002):"《略
论》以及本文附表的数据作统计,'被'字乙式(按:即带关系语)在
'被'字句中的频度分别为:先秦两汉,0%;六朝,7%;唐宋,82%;
元明清,83%。"这说明唐文所作考察只停留在《史稿》原来的结论
(东汉以前"被"字句不带关系语)。我在编辑《王力文集》第九卷
《汉语史稿》时,是采用中华书局1982年的加印本作为底本,却发
现王先生在这里采纳了《古代汉语》的意见,为此作了挖改,改为
(参见1982年中华书局加印本及《王力文集》第九卷558页):"带
关系语(施事者)的'被'字句在汉末已经有了萌芽,如蔡邕《被收
时表》……到了第四、五世纪就更多一些。"这说明古代汉语常识
的编写,不但根据教学的需要认真总结前人的研究成果,还重视前
瞻性的发掘,不放弃个人的研究心得。在八节有关语法的常识中,
大多带有我研究汉语语法史的某些认识和看法。比如,判断句中
的系词"是"、第三人称代词的产生、指示代词的体系、句尾语气词
的作用等,都没有遵循当时的主流看法,不过那些问题我都写有论

文,见《汉语史论集》（增补本）。这里"被"字句带关系位,只是发现了早一两百年的用例,值不得另写文章,就写进了教材。

《存稿》的内容涉及汉语研究领域的范围广,写作时间差异巨大;各篇文章之间,体例不一,繁简的要求也有不同,拼音和国际音标还时有交错。我们对这些方面不作统一,一般仍旧,请读者见谅。最后要感谢秦淑华编审通读全稿,认真校勘,为作者考虑多,想方设法,保证出版高质量。

2014 年 6 月 16 日于燕园

駢體文的構成（上）

駢體文是漢以後產生的一種特殊的文體。劉勰的《文心雕龍》以爲從司馬相如、揚雄以後就有了駢體文，清代李兆洛的《駢體文鈔》把賈誼《過秦論》、司馬遷《報任安書》、揚雄《解嘲》等都收錄進去。的確，司馬相如、揚雄等人的文章是用了許多平行的句子，東漢班固、蔡邕等人的文章更講求句法的整齊，可以認爲是駢體文的先河。但是上述諸家作品裏的平行句法，只是爲了修辭的需要，還沒有形成固定的格式，不能算作一種文體。明代王志堅在《四六法海·序》中說，駢體文從魏晉才開始形成，這是有道理的。南北朝是駢體文的全盛時代，這時候，駢體文成爲文章的正宗。唐宋以後，駢體文的正統地位被“古文”代替了，但是仍舊有人寫駢體文。

駢體文的表達方式與一般的散文有所不同。我們要培養閱讀古書的能力，不能不了解駢體文，否則有些用駢體文寫的名著就不能徹底讀懂。在這兩節通論裏，我們從語言的角度來說明駢體文的構成，以便讀者對駢體文的語言特點有個基本的了解。

駢體文的語言有三方面的特點：第一是語句方面的特點，即駢偶和“四六”；第二是語音方面的特點，即平仄相對；第三是用詞方面的特點，即用典和藻飾。

先談駢偶問題。

兩馬並駕叫做駢，兩人在一起叫做偶。駢偶就是兩兩相對。古代宮中衛隊的行列叫仗（儀仗），儀仗是兩兩相對的，所以駢偶又叫對仗。駢偶、對仗都是比喻的說法。駢體文一般是用平行的兩句話,兩兩配對,直到篇末。下面舉一些駢偶的例子：

英辭潤金石,高義薄雲天。(《宋書·謝靈運傳·論》)

高峰入雲,清流見底。(陶弘景《答謝中書書》)

經正而後緯成,理定而後辭暢。(《文心雕龍·情采》)

燕歌遠別,悲不自勝;楚老相逢,泣將何及。(庾信《哀江南賦序》)

無路請纓,等終軍之弱冠;有懷投筆,慕宗愨之長風。(王勃《滕王閣序》)

偶然也有兩個以上的意思平列的,那只算是特殊的情況：

五色雜而成黼黻,五音比而成韶夏,五情發而爲辭章。(《文心雕龍·情采》)

履端於始,則設情以位體;舉正於中,則酌事以取類;歸餘於終,則撮辭以舉要。(《文心雕龍·鎔裁》)

駢偶(對仗)的基本要求是句法結構的相互對稱：主謂結構對主謂結構,動賓結構對動賓結構,偏正結構對偏正結構,複句對複句。古代雖沒有這些語法術語,但事實上是這樣做的。現在各舉一些例子如下：

(1)主謂結構對主謂結構

靈運之興會標舉,延年之體裁明密。(《宋書·謝靈運傳·論》)

幽岫含雲,深谿蓄翠。(吳均《與顧章書》)

故情者文之經,辭者理之緯。(《文心雕龍·情采》)

潘岳之文采,始述家風;陸機之辭賦,先陳世德。(庾信《哀江南賦序》)

(2)動賓結構對動賓結構

莫不寄言上德,託意玄珠。(《宋書·謝靈運傳·論》)

若擇源於涇渭之流,按轡於邪正之路。(《文心雕龍·情采》)

遂乃分裂山河,宰割天下。(庾信《哀江南賦序》)

披繡闥,俯雕甍。(王勃《滕王閣序》)

(3)偏正結構對偏正結構

子建函京之作,仲宣霸岸之篇。(《宋書·謝靈運傳·論》)

風雲草木之興,魚蟲禽獸之流。(蕭統《文選·序》)

粵以戊辰之年,建亥之月。(庾信《哀江南賦序》)

勃三尺微命,一介書生。(王勃《滕王閣序》)

(4)複句對複句

蟬吟鶴唳,水響猿啼。(吳均《與顧章書》)

水性虛而淪漪結,木質實而花萼振。(《文心雕龍·情采》)

若夫椎輪爲大輅之始,大輅寧有椎輪之質;增冰爲積水所成,積水曾微增冰之凜。(蕭統《文選·序》)

北海雖賒,扶搖可接;東隅已逝,桑榆非晚。(王勃《滕王閣序》)

如果進一步分析,駢偶不僅要求整體對稱,而且上下聯內部的句法結構也要求一致:主語對主語,謂語對謂語,賓語對賓語,補語對補語,定語對定語,狀語對狀語。例如:

森壁爭霞,孤峰限日。(吳均《與顧章書》)

若乃綜述性靈,敷寫器象。(《文心雕龍·情采》)

規範本體謂之鎔,剪截浮辭謂之裁。(《文心雕龍·鎔裁》)

荀宋表之於前,賈馬繼之於末。(蕭統《文選·序》)

例一"森壁"對"孤峰"是主語對主語,"爭霞"對"限日"是謂語對謂語;在主語中"森"對"孤"是定語對定語,在謂語中"霞"對"日"是賓語對賓語。例二"綜"對"敷"是狀語對狀語。例三"規範本體”對“剪截浮辭”都是用動賓結構作主語。例四“荀宋”對“賈馬”是主語對主語，“表之於前”對“繼之於末”是謂語對謂語；在謂語中“於前”對“於末”是補語對補語。總之，各例的内部結構是完全一致的。内部結構參差不齊的，並不常見：

> 山谷所資，於斯已辦；仁智所樂，豈徒語哉！（吴均《與顧章書》）
>
> 至於士衡才優，而綴辭尤繁；士龍思劣，而雅好清省。（《文心雕龍·鎔裁》）
>
> 況復舟楫路窮，星漢非乘槎可上；風飈道阻，蓬萊無可到之期。（庾信《哀江南賦序》）
>
> 懷帝閽而不見，奉宣室以何年？（王勃《滕王閣序》）

以上例句，上下聯在句法結構方面都有些差異，似乎是半對半不對，但總的看來，仍然是對稱的。比如例一“於斯已辦”和“豈徒語哉”，内部結構雖然不同，但都是充當謂語，上下聯仍是主語對主語，謂語對謂語。最後一例“而不見”和“以何年”的語法結構差別較大，但上下聯都是省去了主語，整個來説，還是謂語對謂語。

駢偶注意句子結構的對稱，從另一角度來看，也就是注意詞語的相互配對。原則上總是名詞對名詞，動詞對動詞，形容詞對形容詞，副詞對副詞，連詞、介詞也與連詞、介詞相對。凡用作主語、賓語的，一律看成名詞（“幽岫含雲，深谿蓄翠”）。用作定語的，除“之”字隔開的名詞外，名詞和形容詞被看成一類，相互配對（“落霞與孤鶩齊飛，秋水共長天一色”）。用作狀語的，一般都看成副詞（“若乃綜述性靈，敷寫器物”）。用作敘述句謂語中心詞的，一般都看成動詞（“英辭潤金石，高義薄雲天”）；如果後面不帶賓語，那麼，動詞和形容詞（作謂語的形容詞）被認爲同屬一類，相爲對仗（“靈運之興會標舉，延年之體裁明密”）。名詞、動詞、形容詞、副詞一般是異字相對；連詞、介詞大多是同字相對，但也有異字相對的。上文所舉的例子可以説明這些情況,這裏不再討論。

有一點值得提一提,駢偶在句法結構、詞性相互配對的原則下,上下聯的字數自必相等。但是句首句尾的虛詞以及共有的句子成分(主語、動詞、助動詞等)不算在對仗之内。例如:

　　民稟天地之靈,含五常之德。(《宋書・謝靈運傳・論》)

　　夫能設謨以位理,擬地以置心。(《文心雕龍・情采》)

　　譬繩墨之審分,斧斤之斲削矣。(《文心雕龍・鎔裁》)

　　若夫姬公之籍,孔父之書,與日月俱懸,鬼神爭奧。(蕭統《文選・序》)

駢偶在達到上面所説的基本要求以後,進一步要求對仗工整。作者不以句法結構和詞性相對爲滿足,還要求分别"事類"。這就是説,要求把相近的概念作爲對仗。例如《哀江南賦序》:"潘岳之文采,始述家風;陸機之辭賦,先陳世德。""潘岳"對"陸機",是人名對人名;"始述"對"先陳",一字扣一字;"家風"對"世德","文采"對"辭賦",也是同類概念相對。現在再舉一些對仗工整的例子:

　　律異班賈,體變曹王。(《宋書・謝靈運傳・論》)

　　曉霧將歇,猿鳥亂鳴;夕日欲頹,沈鱗競躍。(陶弘景《答謝中書書》)

　　思贍者善敷,才覈者善删。(《文心雕龍・鎔裁》)

　　歷觀文囿,泛覽辭林。(蕭統《文選・序》)

　　地勢極而南溟深,天柱高而北辰遠。(王勃《滕王閣序》)

當然,過於要求工整,就會弄到用同義詞配對(以"異"對"變",以"將"對"欲",以"觀"對"覽")。同義詞用得太多,就顯得重複,是駢體文的毛病。《文選・序》"豈可重以芟夷,加之剪截",就是上下聯意思雷同的例子。與同義詞配對相反,用反義詞配對,内容既充實，又顯得很工整。例如：

> 並方軌前秀，垂範後昆。（《宋書·謝靈運傳·論》）
> 遠棄風雅，近師辭賦。（《文心雕龍·情采》）
> 艾繁而不可删，濟略而不可益。（《文心雕龍·鎔裁》）
> 又少則三字，多則九言。（蕭統《文選·序》）

數目對和顏色對是工整的典型，駢體文在這一點上儘可能做到。例如：

> 一簡之内，音韻盡殊；兩句之中，輕重悉異。（《宋書·謝靈運傳·論》）
>
> 夫百節成體，共資榮衞；萬趣會文，不離辭情。（《文心雕龍·鎔裁》）
>
> 時更七代，數逾千祀。（蕭統《文選·序》）
>
> 層巒聳翠，上出重霄；飛閣流丹，下臨無地。（王勃《滕王閣序》）
>
> 睢園緑竹，氣凌彭澤之樽；鄴水朱華，光照臨川之筆。（王勃《滕王閣序》）
>
> 老當益壯，寧知白首之心；窮且益堅，不墜青雲之志。（王勃《滕王閣序》）

前三例是數目對數目，後三例是顏色對顏色。數目中的“一”字又用作一般的副詞，所以能和副詞相對。例如《哀江南賦序》“將軍一去，大樹飄零；壯士不還，寒風蕭瑟”，“一”字和副詞“不”字相對。

句中自對，然後兩句相對，也是工整對。因爲兩句相對已經很匀稱，句中再自相爲對，整個對仗就顯得更加工整了。例如：

> 駢拇枝指，由侈於性；附贅懸肬，實侈於形。（《文心雕龍·鎔裁》）
>
> 冰釋泉湧，金相玉振。（蕭統《文選·序》）

　　　騰蛟起鳳,孟學士之詞宗;紫電清霜,王將軍之武庫。(王勃
《滕王閣序》)

例一、二上下聯的句法結構完全一致,句中自對又很工整,因此兩
句相對更精巧。例三是兩個動賓結構和兩個偏正結構相對,句法
結構雖有些不同,但是由於句中自對很精巧,兩句相對也就顯得
工整。

　　　駢體文的對仗是逐漸工整起來的。初期的駢體文,一般只要
能對就行,不避同字對,不十分講究工整;後期的駢體文則力求避
免同字對,力求工整和精巧。因此有人能把對仗分成聯綿對、雙聲
對、叠韻對等二三十類①。這裏没有必要細說。

　　　初期的駢體文,不僅不十分講究工整,而且有駢散兼行的作
法,這就是説,在駢偶中摻雜一些散句。《文心雕龍》雖然是寫在
駢體文的全盛時期,但劉勰本人是主張"迭用奇偶,節以雜佩"的
(《文心雕龍・麗辭》),所以《文心雕龍》一書裏頗有一些散句。
例如:

　　　聖賢書辭,總稱文章。非采而何? 夫水性虚而淪漪結,木質
實而花萼振,文附質也。虎豹無文,則鞹同犬羊,犀兕有皮,而色
資丹漆,質待文也。若乃綜述性靈,敷寫器象,鏤心鳥迹之中,織
辭魚網之上,其爲彪炳縟采名矣。(《文心雕龍・情采》)

從這段文章可以看出,散句的作用在於引起下文或結束上文。這
樣,文氣才容易通暢。後期的駢體文儘可能少用或不用散句,追求
形式的整齊,《滕王閣序》就是一個典型的例子。

　　　　　原載《古代漢語》第三册,中華書局 1963 年

---

① 《文鏡祕府論》把對仗分成二十九種。

駢體文的構成（下）

上節我們談了駢偶問題，現在再談"四六"問題。

駢體文一般是用四字句和六字句。《文心雕龍·章句》說："四字密而不促，六字格而非緩；或變之以三五，蓋應機之權節也。"柳宗元《乞巧文》說："駢四儷六，錦心繡口。"都是對駢體文這一特點的說明。因此駢體文在晚唐被稱爲"四六"，李商隱的文集就題爲《樊南四六甲乙集》。從宋到明都沿用"四六"這個名稱，清代才叫做駢體文。

"四六"是有一個發展過程的。魏晉時代的駢體文，句子的字數還沒有嚴格的限制，一般以四字句爲多。劉宋時代，"四六"的格式已具雛形。齊梁以後，"四六"的格式完全形成，所以劉勰能從理論上加以說明。唐宋以後，"四六"的格式就更加定型化了。本單元文選所選的庾信《哀江南賦序》、王勃《滕王閣序》都可以作爲代表。

"四六"的基本結構有五種：(1)四四；(2)六六；(3)四四四四；(4)四六四六；(5)六四六四。這五種基本結構是由對仗來決定的：四字句和四字句相對爲四四；六字句和六字句相對爲六六；上四下四和上四下四相對爲四四四四；上四下六和上四下六相對爲四六四六；上六下四和上六下四相對爲六四六四。現在分別舉例如下：

(1)四四

　　縟旨星稠，繁文綺合。(《宋書·謝靈運傳·論》)

英英相襍,緜緜成韻。(吳均《與顧章書》)

心非權衡,勢必輕重。(《文心雕龍·鎔裁》)

衆制鋒起,源流間出。(蕭統《文選·序》)

(2)六六

綴平臺之逸響,采南皮之高韻。(《宋書·謝靈運傳·論》)

鏤心鳥迹之中,織辭魚網之上。(《文心雕龍·情采》)

蓋踵其事而增華,變其本而加厲。(蕭統《文選·序》)

窮者欲達其言,勞者須歌其事。(庾信《哀江南賦序》)

(3)四四四四

張蔡曹王,曾無先覺;潘陸顏謝,去之彌遠。(《宋書·謝靈運傳·論》)

兩岸石壁,五色交輝;青林翠竹,四時俱備。(陶弘景《答謝中書書》)

舒布爲詩,既言如彼;總成爲頌,又亦若此。(蕭統《文選·序》)

家君作宰,路出名區;童子何知,躬逢勝餞。(王勃《滕王閣序》)

(4)四六四六

譬陶匏異器,並爲入耳之娛;黼黻不同,俱爲悦目之翫。(蕭統《文選·序》)

鍾儀君子,入就南冠之囚;季孫行人,留守西河之館。(庾信《哀江南賦序》)

鶴汀鳧渚,窮島嶼之縈迴;桂殿蘭宮,列岡巒之體勢。(王勃《滕王閣序》)

漁舟唱晚,響窮彭蠡之濱;雁陣驚寒,聲斷衡陽之浦。(王勃

《滕王閣序》)

（5）六四六四

申包胥之頓地，碎之以首；蔡威公之淚盡，加之以血。(庾信
《哀江南賦序》)

屈賈誼於長沙，非無聖主；竄梁鴻於海曲，豈乏明時。(王勃
《滕王閣序》)

前期駢體文的對偶，主要是上述第一、二兩種句式；後期駢體文的
對偶，則以第三、四兩種爲最常見。四字句的節奏一般是二二，六
字句的節奏主要有三三("酌貪泉而覺爽，處涸轍以猶懽")、二四
("流連萬象之際，沈吟視聽之區")兩種。三三的句式，一般是第
四字用個虛詞，也可以劃分爲三一二；二四的句式，是以二字爲基
礎的，也可劃分爲二二二。

駢體文中，除四六句以外，還有五字句和七字句。駢體文的五
字句和詩句的節奏不同：詩句的節奏一般是二三；駢體文五字句的
節奏一般是二一二或一四。例如：

雖清辭麗曲，時發乎篇；而蕪音累氣，固亦多矣。(《宋書·
謝靈運傳·論》)

美終則誄發，圖像則讚興。(蕭統《文選·序》)

故有志深軒冕，而汎詠皋壤；心纏幾務，而虛述人外。(《文
心雕龍·情采》)

若情周而不繁，辭運而不濫。(《文心雕龍·鎔裁》)

第一、三兩例是一四的五字句，這種格式大多是四字句的前面加一
個連詞或別的虛詞；第二、四兩例是二一二的五字句，這種格式大
多是四字句中間插進一個虛詞。

駢體文的七字句也和詩句的節奏不同：詩句的節奏一般是四

三;騈體文七字句的節奏一般是三四、三一三、二五、四一二、二三二等。例如:

陸士衡——聞而撫掌,是所甘心;張平子——見而陋之,固其宜矣。(庾信《哀江南賦序》)

襟三江——而——帶五湖,控蠻荆——而——引甌越。(王勃《滕王閣序》)

臺隍——枕夷夏之交,賓主——盡東南之美。(王勃《滕王閣序》)

都督閻公——之——雅望,棨戟遥臨;宇文新州——之——懿範,襜帷暫駐。(王勃《滕王閣序》)

落霞——與孤鶩——齊飛,秋水——共長天——一色。(王勃《滕王閣序》)

七字句實際上也是以六字句爲基調增加一字而成。

短到三字句,長到八字句,如王勃《滕王閣序》:"四美具,二難并。"《宋書·謝靈運傳·論》:"相如巧爲形似之言,班固長於情理之説。"那是罕見的情況,這裏不詳細討論了。

下面我們談一談平仄問題。

平仄是與"四六"對仗有關的。平是平聲,仄是非平聲,包括上聲、去聲、入聲[1]。在對仗的時候,應該以平對仄,以仄對平。這是後期騈體文的特點,發端於齊梁,形成於盛唐。在我們的文選中,可以舉《滕王閣序》爲代表。現在分別加以説明[2]:

(1)四字句

甲式:平平仄仄,仄仄平平

---

[1]　這裏所説的是中古漢語的聲調系統,和現代漢語普通話的聲調系統不完全相同。普通話没有入聲,而平聲分爲陰平、陽平。

[2]　下面例句,除第四例以外,均引自《滕王閣序》;字外加圈表示可平可仄。

例句：馮唐易老，李廣難封。

乙式：(仄)仄(平)平，(平)平(仄)仄

例句：敢竭鄙誠，恭疏短引。

（2）六字句

二四甲式：(平)平——(仄)仄(平)平，(仄)仄——(平)平(仄)仄

例句：（老當益壯，）寧知白首之心；（窮且益堅，）不墜青雲之志。

二四乙式：(仄)仄——(平)平(仄)仄，(平)平——(仄)仄(平)平

例句：坐昧先幾之兆，必貽後至之誅。①

三三甲式：(平)(仄)仄——(仄)平平，(仄)(平)平——(平)仄仄

例句：窮睇眄於中天，極娛遊於暇日。

三三乙式：(仄)(平)平——(平)仄仄，(平)(仄)仄——(仄)平平

例句：酌貪泉而覺爽，處涸轍以猶懽。

上文所述四六句的五種基本結構，其平仄都可以由此推知。節奏點的平仄是最嚴格的：四字句的第二、四字是節奏點；六字句如果是二四式，第二、四、六字是節奏點，如果是三三式，第三、六字是節奏點。五字句和七字句也可由此類推。五字句如果是二一二式，節奏點就是第二、五字，如果是一四式，節奏點就是第三、五字。七字句如果是三四式或三一三式，節奏點就落在第三、七字；如果是二五式或二三二式，節奏點就落在第二、五、七字；如果是四一二式，節奏點就落在第二、四、七字。我們只要記着平對仄，一切就都

---

① 　駢體文中，一般多用甲式，《滕王閣序》沒有這種乙式，這裏舉駱賓王《代李敬業以武后臨朝移諸郡縣檄》。

了解了。

　　現在,我們談用典的問題。

　　用典,古人叫做用事,《文心雕龍》有《事類》一章是專講用典的。不論什麼文章,完全不用典是很難的。先秦的古書就有不少引言引事的,漢代的文章用典更多。但這只是修辭的手段,不成爲文體的特點。魏晉以後,駢體文逐漸以數典爲工,以博雅見長,形成滿紙典故,用典成爲駢體文語言表達上的一個特點。

　　《文心雕龍·事類》説:"事類者,蓋文章之外,據事以類義,援古以證今者也。"這就是説,用典的目的是援引古事或古人的話來證明自己的觀點是古已有之,自己的話是正確的。例如蕭統《文選·序》:"詩者,蓋志之所之也,情動於中而形於言。《關雎》《麟趾》,正始之道著;桑間濮上,亡國之音表。"第一句是引用《毛詩序》的話,表明這個觀點是有所本的。後面一聯對偶,上半聯也是引自《毛詩序》,下半聯是引自《禮記·樂記》。蕭統再引用這兩個典故,進一步證明自己提出的觀點是正確的。

　　但是駢體文用典的目的,更主要的還在於使文章委婉、含蓄、典雅、精練。例如:

　　　　三日哭於都亭,三年囚於別館。(庾信《哀江南賦序》)

　　　　釣臺移柳,非玉關之可望;華亭鶴唳,豈河橋之可聞。(庾信《哀江南賦序》)

　　　　馮唐易老,李廣難封。(王勃《滕王閣序》)

　　　　屈賈誼於長沙,非無聖主;竄梁鴻於海曲,豈乏明時。(王勃《滕王閣序》)

例一庾信用兩個典故表現了他對梁朝滅亡和自己被羈留西魏的悲痛心情,做到了言簡意賅。例二庾信用兩個典故表達了他的鄉關之思,能喚起很多聯想,耐人尋味。例三、四王勃用馮唐、李廣、賈

誼、梁鴻的故事來暗喻他自己的不得志和受貶斥的遭遇，發洩他的
"時運不齊，命運多舛"的感慨。其實是牢騷很深的話，但由於用
了典故，表現得非常委婉。總之，駢體文用典，往往意在言外，説的
是甲，影射的是乙，使讀者從典故中可以聯想到更多的内容。

駢體文用典，往往不指明出處，最講究剪截融化。剪截是裁取
合乎本處屬對所需的古事古語，融化是把裁取的古事古語加以改
易，使它同文中的本意相合。例如：

> 虎豹無文，則鞟同犬羊；犀兕有皮，而色資丹漆。（《文心雕
> 龍·情采》）

> 駢拇枝指，由侈於性；附贅懸肬，實侈於形。（《文心雕龍·
> 鎔裁》）

> 楚歌非取樂之方，魯酒無忘憂之用。（庾信《哀江南賦序》）
> 他日趨庭，叨陪鯉對；今晨捧袂，喜託龍門。（王勃《滕王閣序》）

例一的上半聯出自《論語·顏淵》，原話是："文猶質也，質猶文也，
虎豹之鞟，猶犬羊之鞟。"下半聯出自《左傳》，《左傳·宣公二年》：
"使其驂乘謂之曰：'牛則有皮，犀兕尚多，棄甲則那。'役人曰：'從
其有皮，丹漆若何。'"劉勰從《論語》《左傳》這兩段話中裁取了需
要的詞語，完全重新組織，融化成一聯對偶，使它符合下文所提出
的"質待文也"的觀點。正如《文心雕龍·事類》所指出的："不啻
自其口出。"例二也是融化古語，例三、四則是援引古事。作者把這
些古語古事都融化成自己的話，用的是古語或古事，表達的却是作
者的思想感情。

有時候，融化到了和原文差別很大，已經等於改寫了。例如
《文心雕龍·情采》："言以文遠。"《左傳》的原文是："言之無文，
行而不遠。"但"文"和"遠"的關係則是《左傳》原意，這仍算是用
典。有時候甚至不是一句話，而只是簡單的兩個字，也算是用典。

例如：

　　莫不寄言上德，託意玄珠。(《宋書·謝靈運傳·論》)

《老子》：“上德不德，是以有德。”《莊子·天地》：“黃帝游乎赤水之北，登乎崑崙之丘，而南望還歸，遺其玄珠。”

　　吳錦好渝，舜英徒豔。(《文心雕龍·情采》)

《詩經·鄭風·有女同車》：“有女同車，顏如舜英。”

　　夫百節成體，共資榮衞。(《文心雕龍·鎔裁》)

《黃帝内經》：“榮衞不行，五藏不通。”

　　有時候，極平常的一句話，或者一個詞或詞組，似乎沒有什麼出典，但是作者確實是有意識地用典。例如：

　　正采耀乎朱藍，間色屏於紅紫。(《文心雕龍·情采》)

《論語·鄉黨》：“紅紫不以爲褻服。”

　　大盜移國，金陵瓦解。(庾信《哀江南賦序》)

《後漢書·光武帝紀·贊》：“炎政中微，大盜移國。”《史記·秦本紀》：“土崩瓦解。”

　　遂乃分裂山河，宰割天下。(庾信《哀江南賦序》)

賈誼《過秦論》：“宰割天下，分裂山河。”

　　駢體文用典，一般多是正用，但有時也反用。反用就是把古語古事反説。《哀江南賦序》中就有不少反用的例子：

　　讓東海之濱，遂餐周粟。

　　荊璧睨柱，受連城而見欺。

　　載書橫階，捧珠盤而不定。

　　況復舟楫路窮，星漢非乘槎可上。

　　風颽道阻，蓬萊無可到之期。

典故正用，如上面所分析的，可起比喻影射的作用，反用則有襯托、對比的效果。伯夷、叔齊不食周粟；庾信却做了北周的官，所以例一説"遂餐周粟"。庾信不能和伯夷、叔齊相比，用這個典故只是襯托他自己的處境。例二、三是同樣情況。庾信引用這些典故只是掩飾他的不光彩的事情，把話説得委婉一些。例四是引《博物志》上的典故，《博物志》載，海濱有一人，曾乘浮槎到達天河。這裏却説"星漢非乘槎可上"，這就獲得了對比的效果，使感情表現得更加深刻。例五是同樣的情況。

　　總之，駢體文要做到"典雅"，所以大量用典。我們如果要深入了解駢體文，就要知道其中典故的出處，否則不容易懂得透徹，例如《文心雕龍·情采》："研味李老，則知文質附於性情；詳覽莊韓，則見華實過於淫侈。"如果不知道"文質"出自《論語》（《論語·雍也》"質勝文則野，文勝質則史，文質彬彬，然後君子"），"華實"出自《左傳》（《左傳·文公五年》"且華而不實，怨之所聚也"），也就不容易了解"文"與"質"對立，"華"與"實"並稱，對於整句的了解也就不够全面。特別是像"乃可謂雕琢其章，彬彬君子矣"（《文心雕龍·情采》），如果不按《詩經》和《論語》原文去解釋，單憑字面就完全講不通。駢體文用典，最主要的是採取這種融化的辦法，這是閲讀駢體文時的難點，值得我們重視。

　　最後，我們附帶談談藻飾問題。藻飾就是追求詞藻華麗。顔色、金玉、靈禽、奇獸、香花、異草等類的詞是駢體文用得最多的詞語。正如楊炯《王勃集序》所説："糅之金玉龍鳳，亂之朱紫青黄。"六朝有的駢體文僅顔色一類詞就佔全文字數的十分之一以上。我們可以説，藻飾和用典共同構成駢體文詞彙方面的特色。

　　在這兩節通論裏，我們已經對駢體文的語言特點作了一個簡要的説明。駢體文的這些特點是與漢語的特點有一定的關係的。

古漢語的單音詞多,組成對偶比較方便。但是騈體文的形成,主要地還是由於魏晉以後的文風。

對偶和四六,能使文章産生整齊的美感;用典容易引起聯想,並使文章變得典雅;協調平仄能增强語言的聲音美。但是過分追求形式整齊,詞句對偶,就往往使文章單調板滯,並影響內容的表達。例如《滕王閣序》:"時維九月,序屬三秋。"一個意思,説了兩句,正是《文心雕龍·麗辭》所批評的"對句之騈枝"。又:"楊意不逢,撫凌雲而自惜;鍾期既遇,奏流水以何慚。"爲了適合四六句式,就割裂詞語,把楊得意説成楊意,鍾子期説成鍾期。過多地用典,堆砌成篇,不僅使文章繁冗纍贅,"殆同書抄",而且使內容隱晦難懂,影響文章的效果。比如徐陵《玉臺新詠序》:"新製連篇,寧止蒲葡之樹。"千百年來,就沒有人知道它的出處。過分拘泥平仄,不僅妨礙內容的表達,並且影響語言的自然節奏,反而會削弱語言的聲音美。

就一般情況來説,騈體文總是追求形式美,而內容往往是平庸和貧乏的。在漢語文學語言的發展過程中,騈體文是一股逆流,它是宮廷文學、貴族文學的産物,是和人民口語背道而馳的書面語言。但是,騈體文不是沒有好作品,六朝的騈體文中有許多作品確實是有文采的。騈體文寫得好,不爲格式所困,仍可言之有物,既能細膩地寫景,又能婉轉地抒情,也能精密地説理。古人文章,不少是用騈體文寫的;騈體文對唐宋以後的文學語言(特別是律詩)也有很大的影響。爲了培養閱讀古書的能力,爲了批判地吸收騈體文某些有用的藝術,騈體文作爲一種文體,還是值得研究分析的。

原載《古代漢語》第三冊,中華書局 1963 年

古漢語今譯問題

　　把古代作品譯成現代漢語是古籍整理工作中的一項重要任務。我國古籍浩如烟海，文字難懂，大多數人不可能閱讀原作，只須要了解一下原作的内容，直接讀今譯就行了，這是實際工作的需要。而且文化遺産需要一代一代流傳下去，作爲發展民族文化的滋養，今譯是人們吸收民族文化的主要途徑之一。古文今譯是一項關係到子孫後代、弘揚中華文化的重要工作。

　　從培養閱讀古書能力來説，今譯也是一種輔助手段。初學古漢語時，閱讀能力低，單靠注解，往往還不能讀懂原文；通過譯文，可以比較迅速全面地掌握原文的思想内容和寫作特點。當然，學習古代漢語要切忌單純依賴譯文而不認真鑽研原文的做法。那樣，容易犯囫圇吞棗的毛病，閱讀古文的能力得不到提高。至於在學習古代漢語過程中，適當做一些古漢語今譯的練習，卻是很有必要的；因爲今譯是提高閱讀古書能力的一項綜合練習，是我們所學到的古漢語詞彙、語法、修辭等各方面知識的綜合運用，可以幫助我們進一步掌握古代漢語的特點和透徹了解原文的思想内容，同時，還有助於我們提高運用現代漢語的能力。

　　究竟應該怎樣把古代作品譯成現代漢語呢？近代著名翻譯家嚴復在外文翻譯方面曾提出過"信、達、雅"三點要求。他説：

　　　　譯事三難：信、達、雅。求其信已大難矣。顧信不達，雖譯猶不譯也，則達尚焉……信、達而外，求其爾雅。（《天演論·譯例言》）

"信、達、雅"三者是互相聯繫的,而又各有側重。所謂信是指譯文要忠實於原文,所謂達是指譯文要通暢明白,所謂雅是指譯文要典雅優美。嚴復是對外文漢譯提出的要求,拿來要求古文今譯也是完全適用的。"信、達"是基本要求,而"雅"則是譯文追求的目標。本書古漢語常識部分談到古漢語語法和詞彙時也涉及一些今譯問題,但是主要是從對比古今語法和詞彙異同的角度談的。本節則是在這個基礎上進一步談一談古漢語今譯應該注意的一些問題。

一、準確地理解原文,並用規範的
現代漢語譯出來

準確地理解原文,是今譯的基礎。理解首先要反復通讀全段或全篇,做到掌握全段、全篇的内容、意旨;同時更要弄懂每個詞語的含義和每個句子的結構。絕忌掉以輕心,似懂非懂就動手翻譯。如果連原文的意思都没弄清楚,詞語的含義都理解有誤,自然就談不到用現代漢語準確地表達了。例如:

> 射其右,斃於車中。(《左傳·鞌之戰》)
> 〔譯文:又射他車右的人,那人死在車中。〕

孤立地看,譯文似乎没有問題;但是後文有"韓厥俛定其右",意思是説韓厥彎下腰把那個車右放穩當。晉杜預説:"右被射仆車中,故俯安穩之。"這説明車右並没被射死,而是被射中倒仆車中,所以要放穩當,免得掉下車去。譯者在這裏不了解"斃"字在先秦没有"死"的意義,又没聯繫前後文並參考古注來思考,因而用後代的意義去翻譯"斃",自然就錯了。又如:

> 恨私心有所不盡,鄙陋没世,而文采不表於後世也。(司馬遷《報任安書》)
> 〔譯文:怨恨心中想做的事尚未完成,如果在恥辱中離開人

世,我的文章著述便不能表明於後世。〕

譯文把"恨、鄙陋"都譯錯了。上古漢語中"恨"是遺憾的意思,"鄙陋"是卑賤無知的意思,"没世"等於説"過完一輩子","鄙陋没世"等於説"默默無聞一輩子"。譯得比較正確時應該是:"遺憾的是個人的心願還没實現,默默無聞一輩子,因而文章著述不能流傳於後世。"再如:

　　舞幽壑之潛蛟,泣孤舟之嫠婦。(蘇軾《赤壁賦》)

　　〔譯文:可以舞弄深淵中潛藏的蛟龍,可以哭泣孤舟中的寡婦。〕

這裏譯者不僅没有掌握全段意旨,也對句式缺乏正確理解。因爲兩句不是一般動賓關係,而是一種使動的句式,"舞"和"泣"都用作使動。正確的譯文應該是:"能够使深淵中潛藏的蛟龍起舞,孤舟中的寡婦啜泣。"

　　對古文的原意有了正確的理解後,還須要能用現代漢語正確地把它譯出來,也就是説,譯文的用詞造句要符合現代漢語的規範。有的譯文在這方面注意不够。例如:

　　姜氏何厭之有?(《左傳·鄭伯克段于鄢》)

　　〔譯文:姜氏有什麽滿足?〕

這種譯法是忠實於原文的,詞語和句式都是按古今對應來直譯的;但是現代漢語卻没有這樣的説法,讀起來使人感到語意含混,没有真正表達出原文的意思。這就須要靈活處理,採取意譯的辦法,譯成"姜氏哪能滿足呢"或者"姜氏哪裏滿足得了"。又如:

　　今沛公先破秦入咸陽,毫毛不敢有所近。(《史記·鴻門宴》)

原文"毫毛不敢有所近"是秋毫無犯的意思,有人把它譯成"秋毫不敢沾染",這就不妥當。因爲在現代漢語裏,"沾染"是帶貶義的,只有接觸壞事物才說"沾染","秋毫"在這裏是不能說沾染的。由於詞語搭配不當,自然就影響對原文意思的表達。

準確地理解原文,用規範的現代漢語把它譯出來。這是古文今譯的總原則。

二、爲了忠實於原文,能對譯時應儘可能對譯

現代漢語是古代漢語的繼承和發展,古今漢語雖有不少差異之處,但是也有更多相同之處。因此,在今譯的時候,常常可以一句對一句,甚至一個詞對一個詞地翻譯。例如:

> 吳廣素愛人,士卒多爲用者。將尉醉,廣故數言欲亡,忿恚尉,令辱之,以激怒其衆。(《史記·陳涉起義》)

> 〔譯文:吳廣平常愛護別人,士兵中很多願意爲他出力的人。將尉喝醉了,吳廣故意多次揚言要逃跑,使將尉忿怒,讓他侮辱自己,用來激怒衆人。〕

> 公輸盤爲楚造雲梯之械,成,將以攻宋。子墨子聞之,起於齊,行十日十夜而至於郢,見公輸盤。(《墨子·非攻》)

> 〔譯文:公輸盤替楚國製造雲梯一類的器械,造成了,準備用來攻打宋國。先生墨子聽說了這件事,從齊出發,走了十日十夜到了郢都,見着公輸盤。〕

這兩個例子的譯文和原文的句法結構基本相當,詞序大都相同,用詞也大致是一對一的關係,是採用的相當嚴格的直譯方法。這種譯法能保持原文用詞造句的特點,比較真實地反映了原文的思想內容和語言風格。一般說來,能夠這樣對譯的地方就應該這樣對譯。有的譯文在這方面就注意得不夠,譯法過於靈活,明明可以直譯的地方卻做了不必要的用詞或造句上的增刪或更動。例如:

> 不數載而天下大壞。(柳宗元《封建論》)

〔譯文一:没有經過幾年而秦朝對天下的統治即告崩潰。〕

〔譯文二:没有幾年就天下大亂。〕

譯文一的"經過"和"秦朝對天下的統治"都是原文所没有的,這種譯法還没有譯文二準確簡潔。又如:

冀復得兔,兔不可復得,而身爲宋國笑。(《韓非子·五蠹》)

〔譯文一:希望再撿到碰死的兔子,結果當然不能再得到兔子,這件事卻成了宋國的一個笑話。〕

〔譯文二:希望再得到兔子,兔子是不會再得到的,而他自己卻被宋國人所嘲笑。〕

譯文一對原文的用詞造句作了相當大的增删和更動,譯文二基本上採用了直譯的方法。比較起來,譯文二當然要比譯文一更能準確地表達出原文的思想内容和語言風格,譯文一作了不必要的增删和句式更動,没能準確地表達原文的意思。再如:

風之積也不厚,則其負大翼也無力。故九萬里,則風斯在下矣,而後乃今培風;背負青天而莫之夭閼者,而後乃今將圖南。(《莊子·逍遥遊》)

〔譯文一:風所積蓄的力量如果不雄厚,那麽它就没有力量負荷龐大的翅膀。所以,鵬高飛九萬里,就是因爲大風在它的下面!有了大風之後,才能像現在這樣,使大鵬憑着風力背負着青天而無法遏止地飛翔着;有了大風之後,才能像現在這樣使大鵬計劃着飛向南海。〕

〔譯文二:風的強度如果不大,那麽承負巨大翅膀就没有力量。所以鵬飛九萬里,那風就在它的下面,然後才乘着風力,背負青天而没有阻礙,然後飛往南海。〕

譯文一看上去似乎也譯得流暢生動,但是由於没有注意句法結構的對應,造成主謂更換("其負大翼"本是主語,"無力"本是謂語),因果顛倒("九萬里"本是因,"風斯在下"本是果),句子層次混淆("而後乃今培風"與"背負青天"不在同一句子層次中),當然不能準確表達原文的意思。譯文二採用直譯的方法,注意了原文的句法結構,表達就比較準確。只有"莫之夭閼"和"今將圖南"譯得比較靈活,請對比本書文選的注釋,我們是從對譯出發串講的,可能更有利於讀者準確理解原文。

三、遇到不能對譯的地方,要妥善處理

古今漢語比較,有同的一面,也有異的一面。異的一面是:詞語有所不同,詞語的搭配有所不同,句子結構有所不同,表達方法有所不同。碰到這些不同的地方,今譯就會有一定的困難。怎樣解決這些困難,是今譯面臨的主要問題。

首先説到詞語的問題,由於古今社會生活的變化,古漢語中的詞,並不是在現代漢語中都能找到適當的詞和它相對應的。這就須要靈活處理。例如:

項王按劍而跽曰:"客何爲者?"(《史記·鴻門宴》)

〔譯文:項羽大吃一驚,按劍跪起大聲而問:"來客是什麼人?"〕

古人席地而坐,坐的姿勢是:兩膝著地,脚背朝下,臀部坐在脚後跟上。現在日本、朝鮮還保留這種坐法。如果將臀部抬起,上身挺直,這就叫"跽",是一種準備站起來的姿勢,項羽原本坐着,突然見樊噲闖入,怒目相視,於是警惕起來,握住劍挺直腰準備站起來,以防不測。段玉裁説(《説文解字注·跽》):"係於拜曰跪,不係於拜曰跽。"因此,"跽"和"跪"的姿態雖然相似,但内涵並不一致,我們顯然不能用"跪"來譯"跽"。這裏的"跽"只能解釋爲"雙膝著

地,上身挺直",而全句最好譯爲:"項羽握住劍把直起腰來問道:
'來客是幹什麼的?'"又如:

> 高臺芳榭,家家而築。(《洛陽伽藍記·王子坊》)

"臺"和"榭"是古代的園林建築。"臺"是一般的高臺,"榭"是建
築在臺上的一種房屋。但是"榭"在現代漢語中找不到相應的詞,
如果把"榭"譯作"築在臺上的一種房屋",譯文又顯然太笨拙。這
種情況,我們只能找一些現代漢語中和它相近的詞語來意譯,全句
可譯爲"高聳的樓臺、幽雅的亭閣,家家都建築"。再如:

> 雖少,願及未填溝壑而託之。(《戰國策·觸龍説趙太后》)
> 一旦山陵崩,長安君何以自託於趙?(同上)

觸龍在這裏把自己的死稱爲"填溝壑",這是自謙的説法;把趙太
后的死稱爲"山陵崩",這是委婉的説法。它反映了當時社會制度
等級森嚴的情況,現代沒有這樣的等級區別,翻譯時只須用大體相
近的詞語來譯。例如把"填溝壑"譯作"死去",把"山陵崩"譯作
"百年之後"。

　　虛詞主要是表達語法意義的,在翻譯時,更須要細心體會它所
表達的語法意義,結合上下文,選擇現代漢語中適當的詞或詞組來
翻譯,而絕不能簡單地認爲古代漢語某個虛詞就等於現代漢語的
某個詞,不論在什麼句子中,都拿現代漢語的這個詞去對譯。
例如:

> 吾以子爲異之問,曾由與求之問。(《論語·先進》)
> 老臣病足,曾不能疾走。(《戰國策·觸龍説趙太后》)
> 甚矣,汝之不惠。以殘年餘力,曾不能毁山之一毛。(《列子·
> 湯問》)

三個例句中都用了語氣副詞"曾",它是用來加強語氣的。例一可

以譯作“竟”，全句可譯爲：“我以爲您是問別的人，竟是問仲由和冉求呀。”例二卻不能譯作“竟”，“曾不能”應譯作“一點兒也不能”，全句可譯爲：“老臣患了脚病，一點兒也不能快走。”例三應譯作：“到極點了，你的不聰明！像你這樣年老力衰，連山上的一根毛草都銷毀不了。”這裏“曾”要用“連……都……”式來表示。

　　還應當注意：不要把古代的一些名詞概念隨意改爲現代名稱，如果能找到合適的詞來翻譯，更不應把它“現代化”。例如：

　　令佩刀巡警，出入帳中。（《資治通鑑·李愬雪夜下蔡州》）

　　〔譯文：令他掛着刀巡邏警衞，自由出入司令部。〕

　　不復挺者，輮使之然也。（《荀子·勸學》）

　　〔譯文：再也伸不直，是熱處理把它弄成那樣子。〕

例一把“帳”譯爲“司令部”，這是過於現代化了。“帳”可譯作“營帳”。例二“輮”通“煣”，是用火烤木材使它彎曲；把它譯成“熱處理”，顯然是不當的。且不說春秋戰國時代有沒有“熱處理”的概念，就是有“熱處理”的今天，人們也不會把烘烤木頭稱爲“熱處理”的。

　　詞語的搭配，古今也有不同。古文中有些句子，就單個的詞語來看，並不難翻譯，但逐個譯成現代漢語的詞語後，連成句子卻是不通的，這就是因爲古今詞語的搭配不同的緣故。例如：

　　芳草鮮美，落英繽紛。（陶淵明《桃花源記》）

“芳”是芬芳，“鮮”是鮮嫩，“美”是美麗。但連起來，“芬芳的草鮮嫩美麗”，現代漢語中卻是不能這樣説的。現代漢語中沒有“芬芳的草”這種説法，也不能説“草鮮嫩”或“草美麗”。因此，必須採用一種比較靈活的譯法，比如譯成“芳草青翠可愛”。又如：

　　黃髮垂髫，並怡然自樂。（陶淵明《桃花源記》）

“怡然”是安適愉快的樣子。但是，如果把句子譯成“安適愉快地自個兒快樂”，那就不通了。古漢語中，“怡然自樂”這種格式很普通，比如“莞爾而笑、喟然而歎、熙熙而樂”，前面的形容詞就是後面動作的狀態。“莞爾”就是微笑貌，“喟然”就是歎息貌，“熙熙”就是和樂貌。現代漢語中沒有這種格式，所以前面的形容詞一般不用翻譯出來。斟酌情況，可以靈活處理。本例就可翻譯爲“老人小孩，都很安適快樂”。“夫子莞爾而笑”（《論語·陽貨》），就可以譯成“孔子微微地笑着”。再如：

　　誠宜開張聖聽，以光先帝遺德。（諸葛亮《出師表》）

“開張”是擴大的意思，“聖聽”指皇帝的聽聞。但是把它連在一起，譯爲“擴大皇帝的聽聞”，卻是不通的。因爲現代漢語中只説“擴大……視野、擴大……範圍”，而不説“擴大……聽聞”。因此，翻譯時要根據現代漢語詞語搭配的習慣略加改變，譯成“擴大皇帝聽聞的範圍”，或者改爲意譯：“廣泛聽取羣臣的意見。”還如：

　　諾，恣君之所使之。（《戰國策·觸龍説趙太后》）

“恣”是任憑，“君之所使之”是“你支使他的方法”。但把整句譯爲“任憑你支使他的方法”卻是不通的。因爲現代漢語中“任憑”後面要求的是一個謂語性結構，而“你支使他的方法”卻是一個名詞性結構。因此，譯文也要略加改變，譯爲“任憑你怎樣支使他”。

　　在古文今譯時，有時須要改變原來的句子結構。這又可分爲兩種情況：

　　一種是古漢語中某種句子結構，在現代漢語中不使用了，在譯成現代漢語時，當然要改變原來的句式。例如：

　　二公之賢，其講之精矣。（韓愈《張中丞傳後敘》）

“其講之精矣”如果按原來的結構直接譯出來，應該是“他們考慮這件事很周到了"。但這是不通的。因爲"講之精"的結構是"動詞+賓語+補語",這種結構在古漢語中是常見的。但是,在現代漢語中,補語要緊接在動詞後面。所以譯文就要改變結構,譯爲"他們考慮這件事考慮得很周到了",或"他們把這件事考慮得很周到了"。又如:

> 赤也爲之小,孰能爲之大。(《論語·先進》)

"爲之小"和"爲之大"都是雙賓語結構。在現代漢語中也有雙賓語結構,但用的不如古代漢語普遍。所以,古代漢語中有些雙賓語結構可以照原來的結構譯出來。例如《左傳·鄭伯克段于鄢》:"公語之故,且告之悔。"可以譯爲:"莊公告訴他事情的緣故,並且告訴他自己後悔的心情。"但是"爲之小、爲之大"卻不能譯爲"做諸侯小相、做諸侯大相",而必須改變句子結構,譯爲"給諸侯做小相、給諸侯做大相"。

另一種情況是:古代漢語中某種句子結構雖然現代漢語中也還存在,但是在現代漢語中,這種意思卻通常用另一種句式來表達。這時,也應該依照現代漢語的習慣,在譯文中改用另一種句式。例如:

> 且夫水之積也不厚,則其負大舟也無力。(《莊子·逍遙遊》)

這裏"水之積"是"名+之+動"作主語,"不厚"是謂語。照原來的句子結構直譯,應該是"水的聚積不厚",這是符合現代漢語語法的,但是顯得很別扭。更常見的說法是"水聚積得不厚",即用"名詞主語+動詞+得+補語"的結構來表達。顯然,在翻譯時應該採取後一種結構。

古代漢語的表達有不少不同於現代漢語的特點。其中之一就是主語常常省略,而且不少是主語發生了變換。例如:

請京，使居之，謂之京城大叔。(《左傳·鄭伯克段于鄢》)

三個句子的主語都省略了，而且是三個不同的主語：第一個句子的主語是"姜氏"，第二個句子的主語是"莊公"，第三個句子的主語是"人(人們)"。今譯時必須把主語都補出來，否則是不容易看懂的。

在對話中，古漢語中也常省略主語和"曰"字。例如：

孟子曰："許子必種粟而後食乎?"(　)曰："然。"(　)"許子必織布而後衣乎?"(　)曰："否，許子衣褐。"(　)"許子冠乎?"(　)曰："冠。"(　)曰："奚冠?"(　)曰："冠素。"(《孟子·許行》)

一、三、五、七處"曰"字前省略了主語"陳相"，第二處和第四處省略了"孟子曰"，第六處省略了主語"孟子"。今譯時，一般都應該補出，否則既不通順，也使人看不懂。

另一種情況，同這相反：有時爲了表示強調，有意地採用排比的句式，把幾個同義或近義的詞重複使用。例如：

有席卷天下，包舉宇内，囊括四海之意，併吞八荒之心。(賈誼《過秦論》上)

這裏"天下、宇内、四海、八荒"是同義詞，"心、意"是同義詞，"席卷、包舉、囊括、併吞"意義相近。翻譯時爲保持原文的氣勢，應當儘可能保留原文排比的句式，但也可以適當地把某些同義詞加以歸併。有的把它譯爲：

他們懷着席卷天下、征服列國、控制四海、吞併八方的雄心。

仍然保留着四個動賓結構，用了"天下、列國、四海、八方"四個同義詞，但是把"意"和"心"合在一起，譯爲"雄心"，這樣的譯法，是比較妥當的。又如：

鄂侯爭之急，辯之疾。(《戰國策·趙策三》)

這裏"爭"和"辯"是同義詞，"急"和"疾"是同義詞，而且在現代漢語中"爭"和"辯"已合成一個詞，原來說"疾"的都說成"急"了。在這種情況下，再要保持原文的排比句式，分作兩句譯，就比較困難。有的譯爲"鄂侯爲這件事急忙諍諫，極力辯護"，但"辯護"和原文的"辯"意思離得太遠。遇到這種情況，與其以辭害意，還不如將兩句合成一句，譯爲"鄂侯爲此爭辯得很急"。

有一些表達方式是古漢語所特有的，在現代漢語中一般已不使用。例如：

> 侍中、侍郎郭攸之、費褘、董允等，此皆良實。（諸葛亮《出師表》）

這是所謂並提，即"郭攸之、費褘"承"侍中"而言，"董允"承"侍郎"而言。這種表達法在現代漢語中已經基本上不採用。所以，在翻譯時就要改變原文的表達方式，譯爲"侍中郭攸之、費褘，侍郎董允"，這樣才不至於引起誤解。

四、在準確表達原文意思的基礎上，應努力保持原文的語言風格

把原文的意思準確地表達出來，是譯文的基本要求；而保持原文的語言風格，則是譯文追求的目標。由於時代的差異，語言系統的變化發展，古代漢語和現代漢語的表達方式有很大不同，要完全傳譯原作的語言風格是很困難的；但是，古今漢語是同一民族語言的不同發展階段，基本特徵是一致的，努力保持原文的語言風格又是完全可能的。嚴格地講，所謂保持原文的語言風格，只不過是準確性的最高要求罷了。因此，最好的辦法就是忠實於原文，不僅忠實於它的內容，而且也忠實於它的語言形式，不隨便發揮，不添加不必要的字句，也不漏譯必譯的語言成分。在這方面有很多問題

值得我們注意,這裏只能簡要地談幾點。

　　首先,我們知道,古今的語氣表達方式不盡相同,在翻譯時一定要注意原文的語氣,儘量用現代漢語把它表達出來。例如:

　　　　周之敗端,其在乎此矣。(柳宗元《封建論》)

　　　　〔譯文一:周朝敗亡的原因,不外乎這個罷了。〕

　　　　〔譯文二:周朝所以滅亡的原因,大概就在這裏了。〕

結合原文的上下文來看,柳宗元對"周之敗端"確實是做了很肯定的解釋,從這一點看,譯文一的譯法並沒有錯。但是,柳宗元在這裏是用一種推測語氣來表達這種肯定解釋的。譯文一沒有把這種語氣表達出來。譯文二把原文的語氣表達出來了,更加準確,也更加生動。又如:

　　　　今欲以先王之政治當世之民,皆守株之類也。(《韓非子·五蠹》)

　　　　〔譯文一:今天假使誰要用古代先王的政策來統治現代的人民,那都跟守株待兔的人一樣的愚蠢。〕

　　　　〔譯文二:今天還想用先王的一套辦法來統治當代的人民,就都是守株待兔一類的人。

原文"皆守株之類也"語氣比較含蓄有力,譯文一把這句譯成"那都跟守株待兔的人一樣的愚蠢",意思並沒有錯,但加上原文沒有的"跟……一樣愚蠢"這些詞語,把原文的含義完全點明,沒有保持原文含蓄簡練、意在言外的語氣。比較起來,譯文二更能表達原文的語氣。再如:

　　　　惡! 是何言也! (《孟子·公孫丑上》)

　　　　〔譯文一:哎! 這是什麼話! 〕

　　　　〔譯文二:哎! 這是什麼話呀! 〕

這裏語氣詞"也"除了表示判斷語氣外,還帶有比較强的感情色彩,相當於現代漢語的"啊、呀"等。譯文二用"呀"對譯原文的"也",更能把原文的語氣傳譯出來。

其次,修辭手段是構成語言風格中最重要的因素之一。它包括修辭格的運用、詞語的斟酌、句式的選擇。例如:

嗟乎,燕雀安知鴻鵠之志哉!(《史記·陳涉起義》)

〔譯文:唉,燕子和麻雀哪裏能够知道大雁和天鵝的志向呢!〕

頭髮上指,目眦盡裂。(《史記·鴻門宴》)

〔譯文:頭髮上竪,眼角都張裂了。〕

例一是比喻,例二是誇張,直接譯成現代漢語,它的修辭色彩、語言風格一點也沒有改變。又如:

管子曰:"子邪,言伐莒者?"(《吕氏春秋·重言》)

〔譯文一:管仲説:"傳播攻打莒國消息的人是你吧?"〕

〔譯文二:管仲説:"是你嗎,説要攻打莒國的?"〕

韓厥執縶馬前,再拜稽首,奉觴加璧以進,曰:"……下臣不幸,屬當戎行,無所逃隱,且懼奔避而忝兩君。臣辱戎士,敢告不敏,攝官承乏。"(《左傳·鞌之戰》)

〔譯文一:韓厥拿着絆馬索走向前,對齊侯行禮,獻上了酒和玉璧,説:"……我正好在軍隊服役,不能逃避。我是晉國的武士,只好把你抓起來。"〕

〔譯文二:韓厥拿着馬韁繩站到齊頃公的馬車前,拜了兩拜又叩頭至地,然後捧起酒杯加上一塊玉璧獻上,説:"……下臣不凑巧,恰好碰上了您的兵車,沒有可以躲開的地方,而且怕逃開躲避對敝國國君和您都不恭敬。下臣勉强當了一名武士,雖然愚笨無能,但人手缺乏,只好擔當這個任務,叫您委屈一下吧!"〕

例一是寫齊桓公同管仲在臺上商量攻打莒國,東郭牙根據自己的分析把這件事傳播開了。管仲要找傳播消息的人,估計是東郭牙。這是把東郭牙找來後管仲的第一句話。原文用了倒裝句,表現了當時管仲有些惱火並急迫想知道究竟的神情口氣。譯文一改變了倒裝的修辭方式,自然不如譯文二準確生動。例二韓厥的一通話是外交辭令,使用了很多委婉的修辭手段,譯文一是意譯,只表達了原文的大意;譯文二基本上是直譯,保存了原文的修辭手法,除第一句外,比譯文一都更加準確,同時也保存了原文的語言風格。

排比句古今都用,但是一般來説,古代的文章中用得更多。由於語言的發展變化,要把這些排比句都譯成現代漢語的排比句,是相當困難的。不過,在可能的範圍内,我們還是應該字斟句酌,在譯文中把這一特點反映出來。例如:

苟全性命於亂世,不求聞達於諸侯。(諸葛亮《出師表》)

〔譯文一:只想在亂世中苟全性命,並不企圖飛黄騰達,使名聲傳播到諸侯之中。〕

〔譯文二:只求在亂世裏苟全性命,不想在諸侯中顯身揚名。〕

譯文一忽視了原文排句鏗鏘有力的特點,只重意譯,增加了一些不必要的詞句,未能保持原文的風格。譯文二用排比句進行對譯,無論從思想内容還是從語言形式看,都是比較接近原文的。又如:

清泠之狀與目謀,瀯瀯之聲與耳謀,悠然而虛者與神謀,淵然而静者與心謀。(柳宗元《鈷鉧潭西小丘記》)

〔譯文一:那明静的景色,潺潺的泉聲,使人耳目舒暢,而那空靈幽静的境界,更令人心曠神怡。〕

〔譯文二:溪水清涼的景色躍入眼簾,潺潺的水聲傳入耳中,恬淡空虛的境界融入神思,深沉而幽静的氣氛沁入心靈。〕

柳宗元的這一段文字,句式整齊,意境深遠,文字生動,用一個"謀"字,把小丘周圍的景色和人們的主觀感受融爲一體的情景表達得非常充分。但是要把它準確而生動地譯成現代漢語,確實很不容易。譯文一只譯了這段話的大意,而未能保持原文整齊的排比句式,也未能傳達出原文中"謀"字所蘊含的意思。譯文二不但求準確,而且求生動,保持了原文整齊的排比句式,而且分別用"躍入眼簾、傳入耳中、融入神思、沁入心靈"來翻譯"與目謀、與耳謀、與神謀、與心謀",較好地體現了原作用"謀"字的意圖。

古文今譯,要達到準確、通暢,已不容易,要達到典雅優美,自然更難;但是只要下功夫,認真推敲,譯文生動的要求也是可以達到的。而這樣譯出來的文字,必然會比那種僅僅表達了原文大意的譯文優美得多。

原載《古代漢語》(修訂本)天津教育出版社 1991 年,現由商務印書館出版

同義詞辨析十五例

軍師士卒兵　領頸項　廟觀寺庵　盜賊竊偷　執秉把操持握
之適如赴往去　視見觀察看望　哭泣號啼　饑飢餓　畏懼恐
怕驚　計慮圖謀　征伐侵襲攻　青蒼碧綠藍　俱具　一壹

【軍　師　士　卒　兵】

　　"軍、師、士、卒、兵",都各有好些意義。它們的大多數意義都是彼此互不相干的,只有作爲軍事方面的用詞,在一定場合下用法有些相近,但基本意義仍是不同的。

　　"軍"和"師"都是集體名詞,指軍隊。《左傳·晏嬰論季世》:"卿無軍行。"《墨子·魯問》:"並國覆軍。"《左傳·莊公十年》:"齊師伐我。"《孫子兵法·作戰》:"久暴師則國用不足。"同是指軍隊,在先秦"師"字一般指出征在外的軍隊,而"軍"字則不是。漢代以後,多用"軍"字指軍隊,"師"字逐漸很少用來指軍隊,"軍"字也就可以指出征在外的軍隊。例如《資治通鑑·赤壁之戰》:"引軍北還。"但成語還只説"出師不利"。

　　"軍"和"師"又都用作軍隊的編制單位。"軍"是春秋以後軍隊最大的編制單位。據《司馬法》載,一萬二千五百人是一軍。"師"是西周以前軍隊的最大編制單位。據《殷契粹編》第五九七片"王作三𠂤(師),右中左",説明商代有三師。西周有六師,《詩經·大雅·常武》:"大師皇父,整我六師。"據《周禮·地官·小司徒》,一師是二千五百人。後代往往沿用"軍、師"爲軍隊的大的編制單位,一般"師"比"軍"小,人數因時代或轄屬而有所不同。

　　“士”是武士、甲士。上古用車戰的時代，“士”是戰車上的甲士，與作爲步兵的“卒”是不同的。《左傳·襄公十年》：“諸侯之士門（門：用作動詞，攻打城門）焉。”《荀子·議兵》：“魏氏之武卒不可以遇秦之鋭士。”

　　“卒”是步兵。《左傳·鄭伯克段于鄢》：“具卒乘，將襲鄭。”《史記·陳涉起義》：“車六七百乘，騎千餘，卒數萬人。”“卒”也用作軍隊的編制單位，是比“伍（五人）”大的基層編制。《孫子兵法·謀攻》：“全卒（卒：一百人以内）爲上，破卒次之。”

　　“兵”是兵器。上古時代，“兵”一般不當兵卒講。《左傳·文公七年》：“訓卒利兵。”“卒”是人，所以要訓練；“兵”是戈矛之類，所以要利（磨它，使它鋒利）。戰國以後，“兵”也可以當軍隊講。《戰國策·觸龍説趙太后》：“必以長安君爲質，兵乃出。”《史記·陳涉起義》：“乃令符離人葛嬰將兵徇蘄以東。”這種“兵”字既不能换成“卒”字，因爲它不是指一個一個的士兵，也不能换成“軍”字或“師”字，大概“軍、師”重在指武裝人員，而“兵”字雖然也指軍隊，但重點還是指武器。漢代以後，“兵”逐漸與“卒”完全同義，可以用來指士兵。

【領　頸　項】

　　“領”是脖子。《詩經·衛風·碩人》：“領如蝤蠐（qiúqí，天牛的幼蟲，色很白），齒如瓠犀（瓠瓜的籽，色白又排列整齊）。”《禮記·檀弓下》：“是全要（yāo，腰）領，以從先大夫於九京（即九泉，指地下）也。”《左傳·成公十三年》：“我君景公引領西望。”

　　“頸”本是脖子的前部。《左傳·定公十四年》：“使罪人三行屬劍於頸而辭。”《莊子·馬蹄》：“喜則交頸相靡。”《荀子·榮辱》：“小人莫不延頸舉踵而顧。”“屬劍於頸”是準備自刎，當然是把劍放在脖子的前部，“交頸”是脖子的前部相交。這些“頸”字都不能换成"領"字，"刎頸"也不能説成"刎領"。可見"頸"和"領"是有區別的。"延頸"是伸長脖子的前部，向高而遠的地方瞭望，"引領"是伸長脖子向前面望，二者也是不同的。

"領"引申爲衣領、領子。《荀子·勸學》："若挈(qiè)裘領。"再引申爲率領。《漢書·魏相傳》："總領庶職(衆職，百官)。"這都是"頸"没有的意思。後來"領"一般不用本義，只用它的引申義，於是"頸"代替了"領"，所以《説文》説："頸，頭莖也。""頭莖"是指整個脖子。因此，"領"和"頸"只是一對古今同義的駢詞，後人不察，把它們在上古的差别也忽略了。

"項"是脖子的後部。《荀子·修身》："行而俯項，非擊戾也。"《史記·魏其武安侯列傳》："案灌夫項，令謝。"《後漢書·左雄傳》："監司項背相望。""項"與"領、頸"不同義。

【廟　觀　寺　庵】

"廟"本是供奉祭祀祖先的地方。《詩經·大雅·思齊》："雝雝在宫，肅肅在廟。"《論語·子路曾皙冉有公西華侍坐》："宗廟之事，如會同，端章甫，願爲小相焉。"《荀子·大略》："寢不踰廟。"引申爲供奉神祇的地方。《史記·封禪書》："於是作渭陽五帝廟。"《搜神記·李寄斬蛇》："至八月朝，便詣廟中坐。"《水經注·巫山、巫峽》："故爲立廟，號朝雲焉。"

"觀(guàn)"本是臺觀(高大的建築物)的意思。後來用來指稱道教的廟宇。劉禹錫《遊玄都觀》："玄都觀裏桃千樹，盡是劉郎去後栽。"唐康駢《劇談録·慈恩寺牡丹》："至於佛宇道觀，遊覽者罕不經歷。"

"寺"本是官署的意思，東漢以後，指稱佛教的廟宇。《洛陽伽藍記·王子坊》："王侯第宅，多題爲寺。"又："京師士女多至河間寺。"韓愈《諫迎佛骨表》："即不許度人爲僧尼道士，又不許創立寺觀。”

概括地説，漢代以後，廟是一般的廟宇，奉祀的是“神”；觀是屬於道教的，奉祀的是“仙”；寺是屬於佛教的，奉祀的是“佛”。

“庵”本是圓形草屋，也作“菴”。劉熙《釋名·釋宫室》：“草圓屋曰蒲。蒲，敷也。總其上而敷下也。又謂之庵。”引申爲佛教的小的廟宇，一般是尼姑居住的。徐宏祖《遊天都》：“扶杖望硃砂庵而登。”

【盜　賊　竊　偷】

“盜”和“賊”都用作名詞，上古“盜、賊”二字跟現代意義正好相反。現在普通話的所謂“賊（小偷）”，上古叫“盜”；現在的所謂强盜，上古叫“賊”。例如《論語·陽貨》：“其猶穿窬（穿窬：穿壁踰牆）之盜也與？”《莊子·讓王》：“卞隨辭曰：‘后之伐桀也謀乎我，必以我爲賊也。’”《荀子·儒效》：“故人無師無法而知（智）則必爲盜，勇則必爲賊。”可見盜是偷竊的，賊是搶劫的。但是，强盜也可以稱爲“盜”。《莊子·胠篋》：“聖人生而大盜起。”《史記·黥布列傳》：“亡之江中爲羣盜。”這也許是比較後起的意義。在上古“賊”主要指違法亂紀、犯上作亂的人。《左傳·宣公二年》：“反不討賊。”或者指事物的敗壞者。《論語·陽貨》：“鄉原，德之賊也。”這都是“盜”没有的意義。

“盜”又用作動詞，表示偷東西。《左傳·文公十八年》：“盜器爲姦。”“賊”用作動詞，是傷害或殺害的意思。《莊子·秋水》：“至德者，火弗能熱，水弗能溺，寒暑弗能害，禽獸弗能賊。”《左傳·宣公二年》：“使鉏麑賊之。”

“竊”用作動詞，與“盜”同義。《莊子·胠篋》：“彼竊鈎者誅，竊國者爲諸侯。”“盜”和“竊”的區别是，“盜”可以用作名詞，“竊”不用作名詞。

"偷"字在上古只當苟且講。《荀子·王制》："使百吏免盡而
衆庶不偷，冢宰之事也。"《孫臏兵法·將失》："令數變，衆偷，可敗
也。"漢代以後，"偷"字才有偷竊的意義，與"盜、竊"成爲同義詞。
《淮南子·道應》："楚有善爲偷者，往見(子發)曰：'聞君求技道之
士，臣偷也。'"《後漢書·虞詡傳》："其攻劫者爲上，傷人偷盜者
次之。"

【執 秉 把 操 持 握】

"執、秉、把、操、持、握"都有用手拿的意思，是一組手拿物體
的同義詞。同是拿着兵器，既可以用"執"，也可以用"秉"或"把"，
還可以用"操"或"持"。《韓非子·五蠹》："執干戚舞。"《詩經·
商頌·長發》："武王載旆，有虔秉鉞。"《史記·殷本紀》："湯自把
鉞以伐昆吾。"《楚辭·國殤》："操吳戈兮被犀甲。"《左傳·成公十
六年》："寡君乏使，使鍼御持矛，是以不得犒從者。"雖然同是用手
拿着，但是意思並不完全相同。它們又都可以引申爲掌握、控制抽
象的事物，意思也有細微差別。

"執"是一個會意字。《説文》："執，捕罪人也。"《詩經·大雅·
皇矣》："執訊(生俘以供審問之敵)連連(人多不斷的樣子)。"引
申爲捕捉(動物)。《詩經·大雅·公劉》："執豕於牢。"再引申爲
拿住(非生物)。《左傳·成公十六年》："文子執戈逐之。"然後引
申爲掌握(抽象事物)。《左傳·襄公二十三年》："又執民柄(指政
務)。""執"的詞義特點總是表示把東西拿緊，把事物掌握牢固。

在古文字中"秉"的字形象手拿一把禾。朱駿聲《説文通訓定
聲》："手持一禾爲秉，手持兩禾爲兼。"《詩經·小雅·大田》："彼
有遺秉。"這是用作名詞，意思是一把禾。用作動詞，"秉"只見用
於禾以外的物體或抽象事物。《尚書·牧誓》："王左杖黄鉞，右秉
白旄(白色的旗幟)以麾。"《詩經·邶風·簡兮》："左手執籥

（yuè，樂器），右手秉翟（雉羽）。”“秉”的詞義特點在於表示一隻手從旁邊拿着一種有把的東西，而不在於是否拿得緊，這正是它同“執”的區別。引申爲掌握（抽象事物）。《詩經·小雅·節南山》：“秉國之均（通鈞，指政權）。”同是掌握國政，“執民柄”有掌握牢固的附加意義，而“秉國之均”没有。

　　“把”字出現較晚。《孟子·告子上》：“拱把之桐梓，人苟欲生之，皆知所以養之者。”趙岐注：“拱，合兩手也；把，以一手把之也。”這是表物量的名詞，表示物體的大小可以一手握住。“把”用作動詞，是拿着的意思。《戰國策·秦策四》：“（商人）無把銚（yáo，大鋤）推耨之勞，而有積粟之實。”“把”的詞義特點與“秉”相同。從古音古義來看，“秉”是較古的詞，“把”是從“秉”演變而成的後起詞。漢代以後，“秉”逐漸被“把”所代替，但有些習慣説法，如“秉承、秉公”等是“把”不能替换的，而“把”的一些後起用法，如“把酒、把握”等也是“秉”所不具備的。

　　“操”和“執”的意義相近，但“操”的重點不在拿得緊、掌握得牢固，而是拿得穩、掌握得熟練。《左傳·襄公三十一年》：“猶未能操刀而使割也。”“操刀”和“執刀”所表述的重點是不同的。由於“操”是重在拿得穩、掌握得熟練，因此引申爲操縱、駕馭。《莊子·達生》：“津人操舟若神。”用於抽象事物，是熟練地掌握。《左傳·成公九年》：“樂操土風，不忘舊也。”

　　“持”也同“執、操”的意義相近。金文作♥，象用手從下向上托扶着物體。《論語·季氏》：“危而不持，顛而不扶，則將焉用彼相矣。”《莊子·漁父》：“左手據膝，右手持頭（托着下巴）。”引申爲拿着有把的物體，仍然有扶住、維持平衡的意思。《孟子·公孫丑下》：“子之持戟之士一日而三失伍。”《莊子·秋水》：“莊子持竿不顧。”用於掌握抽象事物，“持”同“執、操”的差别也仍然保存。《韓非子·五蠹》：“夫仁義辯智，非所以持國也。”“持”的詞義特點在維護、保持，而不在掌握得是否牢固或熟練。

"握"同其他幾個詞的區別最明顯，它總是把較小的東西握在手掌之中。《詩經·小雅·小宛》："握粟出卜。"《楚辭·九章·懷沙》："懷瑾握瑜兮。"但用於抽象事物時，同"執"的意思很相近。《左傳·閔公二年》："握兵之要。"

【之　適　如　赴　往　去】

"之、適、如"都是到某地去的意思，它們是同義詞，可能只是方言的不同。

《孟子·許行》："有爲神農之言者許行，自楚之滕。"《戰國策·齊策四》："驅而之薛。"《呂氏春秋·察傳》："子夏之晉過衛。"

《詩經·魏風·碩鼠》："適彼樂土。"《論語·衛靈公》："子適衛。"《莊子·逍遥遊》："彼且奚適也？"揚雄《方言》："適，宋魯語。"

《左傳·隱公五年》："公將如棠觀魚者。"又《左傳·齊桓公伐楚》："楚子使屈完如師。"《楚辭·九章·涉江》："迷不知吾之所如。"

"赴"的本義是奔向，特指奔向凶險的地方。《莊子·刻意》："枯槁赴淵者之所好也。"《荀子·議兵》："若赴水火，入焉焦没耳。"《戰國策·趙策三》："則連有赴東海而死矣。"《漢書·鼂錯傳》："蒙矢石，赴湯火。"也有泛指奔向的。《孟子·齊桓晉文之事》："皆欲赴愬於王。"杜甫《詠懷古迹》："羣山萬壑赴荆門。"

"往"也是到某地去的意思，同"之、適、如"同義，但在語法作用上有差別。在上古，"之、適、如"帶賓語，"往"不帶賓語。《詩經·小雅·采薇》："昔我往矣，楊柳依依。"《左傳·宣公二年》："晨往，寢門闢矣。"《韓非子·歷山之農者侵畔》："舜往耕焉。"到了中古以後，"往"字才可以帶賓語。《廣東軍務記·三元里抗英》："逆夷又往三元里及蕭崗各鄉。"

"去"的本義是離開某地,在上古它的意思同"往、之、適、如"正好相反,我們在上册已經講過。中古以後,"去"字已經有了到某地去的意思,與"之、適、如、往"成了同義詞,例如李白《與史郎中飲聽黄鶴樓上吹笛》："一爲遷客去長沙,西望長安不見家。"

【視　見　觀　察　看　望】

"視、見、觀、察、看、望"都是眼睛的動作,都屬視覺範疇,但是它們的意義各有側重,並不相同。

"視"相當於現代漢語的看。《禮記·大學》："十目所視,十手所指。"《戰國策·鄒忌諷齊王納諫》："窺鏡而自視,又弗如遠甚。"《莊子·秋水》："順流而東行,至於北海,東面而視,不見水端。"它一般是指看近處的東西,但在不強調向遠處望時,也可以是向遠處看,如《莊子·秋水》一例。

"見"是看見,是視覺行爲的結果。《荀子·勸學》："吾嘗跂而望矣,不如登高之博見也。"《莊子·養生主》："始臣之解牛之時,所見無非牛者。"王安石《遊褒禪山記》："其進愈難,而其見愈奇。""視"和"見"的分别很明顯,一是具體的動作、行爲,一是動作、行爲的結果;因此《禮記·大學》説:"心不在焉,視而不見。"

"觀"是有目的地看。《左傳·僖公二十三年》："曹共公聞其(晉公子重耳)駢脅,欲觀其裸;浴,薄而觀之。"《莊子·人間世》:"其可以爲舟者,旁十數,觀者如市,匠伯不顧。"《史記·西門豹治鄴》:"以人民往觀之者三二千人。"

"察"是仔細看,看清楚。《孟子·齊桓晉文之事》:"明足以察秋毫之末,而不見輿薪。"《莊子·秋水》:"鴟鵂夜撮蚤,察毫末;晝出瞋目,而不見丘山。"正因爲"察"有仔細看、看清楚的意思,所以有"視察、觀察、察看"等説法。

　　“看”本是看望、探望的意思。《韓非子·外儲説左下》:“梁車新爲鄴令,其姊往看之。”《世説新語·德行》:“王恭從會稽還,王大看之。”中古以後,“看”才有了現在的意思,與“視”同義,並逐漸取代了“視”。李白《清平樂》:“名花傾國兩相歡,長得君王帶笑看(舊讀 kān)。”

　　“望”是向遠處看。《左傳·莊公十年》:“吾視其轍亂,望其旗靡,故逐之。”曹劌近看車下齊軍的車轍,所以用視;登車遠眺齊軍的旗幟,所以用望。又如《老子》八十章:“鄰國相望,雞犬之聲相聞。”《荀子·解蔽》:“從山下望木者,十仞之木若箸(筷子)。”

【哭　泣　號　啼】

　　“哭”在上古是有聲的哭,與現代可指無聲的哭不完全相同,所以《説文》説:“哭,哀聲也。”《論語·述而》:“子於是日哭,則不歌。”《禮記·檀弓下》:“孔子過泰山側,有婦人哭於墓者而哀。”

　　“泣”是無聲的哭,流淚。《戰國策·觸龍説趙太后》:“持其踵爲之泣。”《墨子·號令》:“相視坐泣流涕。”杜甫《石壕吏》:“夜久語聲絶,如聞泣幽咽。”上古有聲也可以叫做“泣”。《尚書·益稷》:“啟呱呱而泣。”但是後代不用這個意思。“泣”還可以指眼淚。《史記·項羽本紀》:“項羽泣數行下。”江淹《別賦》:“瀝泣共訣,抆血相視。”這是“哭”所没有的。

　　“號(háo)”是帶言詞的哭,哭中帶着呼號和訴説。《莊子·養生主》:“老聃死,秦失弔之,三號而出。”《左傳·宣公十二年》:“申叔視其井,則茅絰存焉,號而出之。”

　　“啼”是放聲哭,發出的悲痛聲音比哭更大。《莊子·天運》:“有弟而兄啼。”《禮記·喪大記》:“始卒,主人啼,兄弟哭。”“啼”還可以指動物的鳴叫。《左傳·莊公八年》:“豕人立而啼。”范仲淹《岳陽樓記》:“虎嘯猿啼。”

上古四個字是有區別的，後代"哭"和"啼"的分別已經含混，可以互相替換，也常連用爲"啼哭"。

【饑　飢　餓】

"饑、飢、餓"在古代意義差別較大。"饑"是饑荒，"飢"是肚子餓，"餓"是捱餓，餓得很嚴重。

"饑"和"飢"古音本不同，"饑"是見母微部，"飢"是見母脂部。意義分別也十分清楚。《墨子・七患》："五穀不收謂之饑。"《韓非子・五蠹》："故饑歲之春，幼弟不讓。"這是饑荒，是指年成不好，没有糧食吃。《詩經・小雅・采薇》："行道遲遲，載渴載飢。"《左傳・昭公四年》："杜洩見，告之飢渴。"這是肚子餓，與飽相對。在上古文獻中，《左傳》《公羊傳》《穀梁傳》"饑、飢"絶不相混。在《墨子》《孟子》中，"饑"有時當飢餓講，但"飢"字絶不用作饑荒的意思。《墨子・辭過》："是以其民饑寒並至。"《荀子》有飢字，無饑字，個別飢字是饑荒的意思。《荀子・天論》："故水旱未至而飢。"這種混用的地方，可能是後代傳寫之誤。因爲漢代以後，"饑、飢"大約就已變成同音字。漢字簡化後，"饑"併入"飢"。

"飢"和"餓"雖然都是因爲没吃食物而產生的一種現象，但程度不同，本來分別很嚴。"飢"是肚子空了，產生一種要吃食物的生理反應，同現代漢語的"餓"字相當；"餓"是因爲長久吃不上飯，餓得很嚴重，已經是一種病理現象，意思同現代漢語的"餓"並不一致。《韓非子・飾邪》："家有常業，雖飢不餓。"這説明"飢"與"餓"是有分別的。鼂錯《論貴粟疏》："人情一日不再食則飢。"一天吃不上兩頓飯就會感到肚子餓，這在古代只能説"飢"，不能説"餓"。《左傳・宣公二年》："宣子田於首山，舍於翳桑。見靈輒餓，問其病，曰：'不食三日矣。'"三天没吃飯，餓得病倒了，這才是"餓"，不再是"飢"。正因爲輕微的餓叫做"飢"，嚴重的飢才叫做

“餓”，所以吃不飽的叫“飢民”，而餓死的叫“餓莩”。上古“飢”和“餓”的分別嚴格，後代界限逐漸消失，“餓”的意義擴大，包含了“飢”，“飢”也間或用作餓。《廣東軍務記·三元里抗英》：“或爲失路飢斃。”

【畏　懼　恐　怕　驚】

“畏”是怕，“懼”也是怕。從語法作用上來看，“畏”是及物動詞，“懼”往往用作不及物動詞。《尚書·湯誓》：“予畏上帝。”《荀子·宥坐》：“其赴百仞之谷不懼，似勇。”“懼”字也有用作及物動詞的。《老子》七十四章：“民不畏死，奈何以死懼之？”《列子·湯問》：“操蛇之神聞之，懼其不已也。”但是《老子》這句話中，“懼”字是用作使動；《列子》這句話中，“懼”字已經不是害怕。而是擔心。

“畏”和“懼”的詞彙意義也有細微差別。從古文字和上古較早的文獻來看，“畏”的對象原先應是上帝、天命或鬼神，因而是敬畏的意思。《尚書·無逸》：“畏天命。”後來畏的對象擴大到人或事物，往往仍含有“敬”的意思。《詩經·鄭風·將仲子》：“畏我父母。”《論語·子罕》：“後生可畏。”《孟子·盡心上》：“善政民畏之，善教民愛之。”“懼”同“瞿”是同源詞，“瞿”的本義是“驚視貌”，因而作爲害怕的“懼”往往也帶有戒懼、警惕的意思。《論語·顏淵》：“內省不疚，夫何憂何懼？”《左傳·莊公八年》：“豕人立而啼，公懼。”

“恐”也是怕，但是害怕的程度較深，常常是恐怖的意思。《左傳·僖公二十六年》：“室如懸磬，野無青草，何恃而不恐？”《荀子·天論》：“星隊木鳴，國人皆恐。”“恐”一般不帶賓語，如果帶賓語，也往往是帶謂詞性詞組，“恐”的詞義也由害怕變爲擔心。《論語·泰伯》：“學如不及，猶恐失之。”胡銓《戊午上高宗封事》：“正恐一旦變作,禍且不測。"

害怕的"怕",是中古新興的詞。杜甫《麗春》:"如何此貴重,卻怕有人知。"元稹《俠客行》:"俠客不怕死,怕死事不成。"

"驚"是突然受到刺激而精神緊張,同"畏、懼、恐、怕"的意義區別很明顯。例如《呂氏春秋·察今》:"溺死者千有餘人,軍驚而壞都舍。"賈誼《論積貯疏》:"安有爲天下阽危者若是而上不驚者!"這是重在精神緊張,是驚駭,而不在害怕。又如《莊子·達生》:"梓慶削木爲鐻(jù,樂器),鐻成,見者驚猶鬼神。"這是感到驚異神奇,而不是害怕。有時候"驚、恐"連用,那是既驚且恐(先驚後恐)的意思,不能説"驚"就是"恐"。《史記·西門豹治鄴》:"長老、吏傍觀者皆驚恐。"

【計　慮　圖　謀】

"計、慮、圖、謀"在用作動詞時,是一組同義詞,其間只有細微的分別。

"計"的本義是計算,結賬。《戰國策·齊策四》:"問門下諸客,誰習計會。"引申爲盤算、計議。《戰國策·觸龍説趙太后》:"父母之愛子,則爲之計深遠。"《墨子·尚同下》:"知者之事,必計國家百姓之所以治者而爲之,必計國家百姓之所以亂者而辟之。"《史記·廉頗藺相如列傳》:"廉頗、藺相如計曰:'王不行,示趙弱且怯也。'"

"慮"是思量、考慮問題。《墨子·親士》:"非士無以慮國。"《荀子·榮辱》:"其慮之不深,其擇之不謹。"《史記·淮陰侯列傳》:"臣聞智者千慮,必有一失;愚者千慮,必有一得。"

"計"和"慮"可以交替使用。《墨子·魯問》:"翟嘗計之矣,翟慮耕而食天下之民矣。"《荀子·榮辱》:"見其可欲也,則必前後慮其可惡也者;見其可利也,則必前後慮其可害也者,而兼權之,孰計之。"但是,仔細分析,兩個詞仍有細微區別。"計"是心中盤算,著重在比較長短以便訂計劃或定計策;"慮"是反覆思考,著重在把事情想透以便考慮得失。上面兩例,如果把句中"計、慮"兩字交換使用,基本意思没有變,但重點卻不同了。

　　"圖"是謀劃。《詩經·小雅·常棣》:"是究是圖。"《左傳·僖公三十年》:"闕秦以利晉,唯君圖之。"《莊子·逍遥遊》:"背負青天而莫之夭閼者,而後乃今將圖南。"引申爲想辦法對付。《左傳·鄭伯克段于鄢》:"無使滋蔓。蔓,難圖也。"曹操《讓縣自明本志令》:"昔樂毅走趙,趙王欲與之圖燕。"

　　"謀"的本義是諮詢。《左傳·襄公四年》:"咨事爲諏,咨難爲謀。"由遇到疑難向人徵求意見引申爲商議、考慮、謀劃。《詩經·衛風·氓》:"來即我謀。"《左傳·莊公十年》:"肉食者鄙,未能遠謀。"《列子·湯問》:"聚室而謀曰。"又引申爲暗中算計。《論語·季氏將伐顓臾》:"而謀動干戈於邦内。"《墨子·七患》:"四鄰謀之而不知戒。"

　　"謀"的引申義和"圖"很相近,都有考慮、謀劃的意思。但是,"圖"是重在考慮後有所決定,更多著眼於達到謀劃的目的;而"謀"重在商議出辦法或計謀。因此,大多數情況下,兩個詞是不能互換的。

　　"謀"和"慮"的意義也很相近,還可以交替使用。既可以説"深謀",也可以説"深慮";既可以説"遠謀",又可以説"遠慮"。兩者還經常並舉。《墨子·非儒下》:"今孔某深慮同謀以奉賊。"賈誼《過秦論》:"深謀遠慮,行軍用兵之道,非及鄉(通嚮)時之士也。"但是,如果交換使用,意義的重點也隨之有所改變。

【征　伐　侵　襲　攻】

　　"征、伐、侵、襲、攻"都能指軍事上的進攻,但意義並不完全相同。

“征”是褒義詞，最初是用於“上（天子）”攻“下（諸侯）”，“有道”攻“無道”。《公羊傳·僖公四年》：“古者周公東征則西國怨，西征則東國怨。”《墨子·七患》：“庫無備兵，雖有義不能征無義。”

“伐、侵、襲”不是褒義詞，“侵、襲”帶有貶義，“伐”本是個中性詞，不限於上對下，也不限於“有道”對“無道”。例如《左傳·莊公十年》：“齊師伐我。”齊、魯都是諸侯國，不是上對下，也不是有道對無道。後來因“征、伐”經常連用，“伐”也逐漸用於褒義。《左傳·莊公二十三年》：“征伐以討其不然。”柳宗元《封建論》：“歷於宣王，挾中興復古之德，雄南征北伐之威。”

“伐、侵、襲”的分別也是明顯的。《左傳·莊公二十九年》：“凡師有鐘鼓曰伐，無曰侵，輕曰襲。”這是對三個字的分別作出了簡要的説明。

“伐”是公開宣戰的正式戰爭，進軍的時候雙方都鳴鐘擊鼓。因此在《左傳·莊公十年》中有“公將鼓之、一鼓作氣、齊人三鼓”的敘述。《左傳·䃂之戰》中也敘述了擊鼓進軍的場面。

“侵”是不宣而戰，不要借口，不用鐘鼓，直接侵犯別人的國土。例如《墨子·魯問》：“子墨子使勝綽事項子牛，項子牛三侵魯地而勝綽三從。”《莊子·讓王》：“韓魏相與爭侵地。”再如《左傳·齊桓公伐楚》：“齊侯以諸侯之師侵蔡，蔡潰，遂伐楚。”這是説，齊桓公要稱霸，先是不宣而戰擊潰了蔡國，再準備進軍楚國，才正式向楚國宣戰。

“襲”是襲擊、偷襲，比“侵”更富於秘密性質，是乘人不備而偷偷地突然進攻。例如《荀子·仲尼》：“外事則詐邾襲莒，併國三十五。”又如《左傳·鄭伯克段于鄢》：“大叔完聚，繕甲兵，具卒乘，將襲鄭。”這是説公叔段準備偷襲鄭國的國都；所以後面説“夫人將啟之”（公叔段的母親準備作內應，偷開城門）。下文敘述鄭莊公公開反擊公叔段，因而説："公伐諸鄢。"

"攻"是進攻、攻打。《左傳·齊桓公伐楚》："以此攻城，何城不克？"《孫子兵法·謀攻》："其下攻城。"《墨子·公輸》："公輸般爲楚造雲梯之械，成，將以攻宋。""攻"往往偏重在軍事上的攻堅戰，是軍事進攻的泛稱，相當於現代漢語的"攻打"，不像"征、伐、侵、襲"各有明顯的特點。

【青　蒼　碧　緑　藍】

上古"青"是藍色，不當黑色講。《墨子·辭過》："青黄刻鏤之飾。"《莊子·逍遥遊》："負青天，然後圖南。"中古以後，"青"才有黑色的意思。李白《將進酒》："君不見高堂明鏡悲白髮，朝如青絲暮成雪。"

"蒼"是深藍。《墨子·所染》："染於蒼則蒼，染於黄則黄。"《莊子·逍遥遊》："天之蒼蒼，其正色邪？"《荀子·解蔽》："墨以爲明，狐狸而蒼。"

"碧"在上古没有顔色的意思，本是玉名。《莊子·外物》："萇弘死於蜀，藏其血，三年化而爲碧。"後來指稱淺藍色（青白色）。孔稚珪《北山移文》："碧嶺再辱。"江淹《別賦》："春草碧色，春水緑波。"

"青、蒼、碧"雖然都是藍色，但有深淺的分別。人們對顔色的分辨，並不都是整齊劃一的，因此三個詞有時候可以通用。"蒼天"也叫"青天"，又叫"碧空"或"碧落"。"青草"又叫"碧草"，"青苔"又叫"蒼苔"。

"緑"即今天説的緑色。《詩經·衛風·淇奥》："瞻彼淇奥，緑竹猗猗。"《左傳·成公九年》："又賦《緑衣》之卒章而入。"緑色和青色距離較遠，混用的情況較少。"緑草"指嫩草，與"青草"的意義不盡相同。

"藍"字在上古不表示顏色，而是指一種染藍色的植物。《詩經・小雅・采緑》："終朝采藍，不盈一襜。"《荀子・勸學》："青，取之於藍而青於藍。"直到中古以後，"藍"字還很少用來表示顏色。杜甫《冬到金華山觀》："上有蔚藍天，垂光抱瓊臺。"

【俱　具】

"俱"和"具"不僅字形不同，古音也不同。"俱"是見母侯部；"具"是羣母侯部。兩個字用作動詞時，意義差別很大；用作副詞時，意義也不相同。

"俱"用作動詞，表示在一起，同去或同來。《莊子・天運》："道可載而與之俱也。"《公羊傳・襄公五年》："叔孫豹則曷爲率而與之俱？"《史記・魏公子列傳》："臣客屠者朱亥可與俱。"

"具"用作動詞，表示準備、具有。《左傳・鄭伯克段于鄢》："繕甲兵，具卒乘。"《荀子・天論》："形具而神生，好惡喜怒哀樂臧焉。"

"俱"用作副詞，是偕、同的意思，用來表示主語的範圍。《荀子・勸學》："白沙在涅，與之俱黑。"《莊子・駢拇》："臧與穀二人相與牧羊，而俱亡其羊。"《史記・項羽本紀》："赤泉侯人馬俱驚，辟易數里。"

"具"用作副詞，表示盡、悉、統統。《墨子・備梯》："皆立而待鼓而然火，即具發之。"《古詩十九首》："今日良宴會，歡樂難具陳。"

在先秦"具"用作副詞，偶然可作"俱"講。例如《詩經・小雅・節南山》："民具爾瞻。"但是，後代就不這麼用了。例如《史記・鴻門宴》："項伯乃夜馳之沛公軍，私見張良，具告以事，欲呼張良與俱去。曰：'毋從俱死也。'"這裏"具告以事"，不能説成"俱告以事"，"俱去、俱死"不能説成"具去、具死"；因爲"具告以事"是把事情全都告訴了張良,而"俱去"是一起離去,"俱死"是一起死。

【一　壹】

現代漢語中"壹"是"一"的大寫。但在古代兩個字意義和用法都有不同。

"一"是具體的數字。《左傳·莊公十年》:"一鼓作氣,再而衰,三而竭。"《墨子·親士》:"是故江河之水非一源之水也,千鎰之裘非一狐之白也。"

"壹"是抽象的概念,表示專一、無二心。《左傳·成公十三年》:"是用宣之,以懲不壹。"《荀子·解蔽》:"故好書者眾矣,而倉頡獨傳者,壹也。好稼者眾矣,而后稷獨傳者,壹也。好樂者眾矣,而夔獨傳者,壹也。好義者眾矣,而舜獨傳者,壹也。"

"壹"一般只用於專一的意義,"一"除了用作具體的基數外,還用作動詞或形容詞,表示統一、一致。《荀子·王制》:"和則一,一則多力。"《韓非子·五蠹》:"法莫如一而固,使民知之。"但是,由于"一、壹"同音,有時候可以互相借用。《儀禮·士相見禮》:"君答壹拜。"這是借"壹"爲"一"。《荀子·勸學》引《詩經·曹風·鳲鳩》:"淑人君子,其儀一兮。""一"是指專一,這是借"一"爲"壹"。"一"和"壹"通用,不能説明二者没有分別。《荀子·解蔽》:"心生而有知,知而有異。異也者,同時兼知之。同時兼知之,兩也。然而有所謂一。不以夫一害此一,謂之壹。"這裏"一、壹"並用,可見"一"和"壹"是有分別的。

原載《古代漢語》,北京出版社 1982 年,
其修訂本現由商務印書館出版

谈谈怎样学习古代汉语

　　古代汉语是广播电视大学语文类专业一门重要的基础课、工具课。学习古代汉语的目的是要培养阅读古书的能力,也就是说要学会一种古代的语言。我们的教和学都要围绕课程的这一目的来进行,都不能脱离工具课这一课程性质。

　　要学会一种语言,首先就要对这种语言有丰富的感性认识。学外语,就要说外语,念用外语写的文章、著作;学古代汉语也必须阅读用古代汉语写的文章、著作。古文就是我们学习古代汉语的感性材料,熟悉掌握一定数量的古文是学好古代汉语的基础。离开古代汉语的具体材料来谈古代汉语的知识,来谈古代汉语的结构规律是无论如何也学不好古代汉语的。因此,文选在我们的教学内容中被摆在首要的位置。

　　我们的教科书,在上册和中册选了六十六篇散文,在下册选了五篇骈文、八篇辞赋、八十多首诗词。两个学期课堂讲授的文选,包括散文三十一篇、辞赋一篇、诗歌十多首。另外还规定了自学的阅读课文十七篇。这些讲授和自学的课文是我们课程规定要掌握的最低的文选数量,也就是我们学习古代汉语课程的基本感性材料。

　　对掌握这些文选的要求可以概括为两个方面:一是懂透,二是熟读。所谓懂透,就是要求对每篇文选都真正懂得透彻,做到字、词、句落实;而不是囫囵吞枣,只了解一个大意。例如:

　　惩山北之塞,出入之迂也。(《愚公移山》)

对这句话，我们就不能只是笼统地知道它的意思是为山北的阻塞和出入道路的迂回曲折所苦；而必须知道："惩"是苦的意思，在句中作述语；"塞"是阻塞，指山区险阻的情况，"迂"是迂回，指山路迂回曲折的情况；"山北之塞、出入之迂"是"惩"的补语；"也"字在这里是表提顿的语气词。原句是一个带并列补语的述补结构，承前省略了主语"北山愚公"；而串讲的句子却是一个用"为……所……"式的被动句。原句和串讲的句法结构差别很大。进一步还要懂得这个句子是后面"聚室而谋曰"的原因分句。只有这样，才能说是真正懂透彻了，做到了字、词、句落实。要知道，古代汉语同现代汉语无论是词汇系统还是语法系统都有很大的差别；如果不在读古文的时候做到字、词、句落实，那么就很难真正掌握古代汉语的词汇系统、语法系统。当然，这样说，并非要求在读古文的时候对每句话都去进行详细的词义、语法分析，而是要真正弄懂每个词在句中的确切词义以及词和词、句和句之间的关系。是真懂，而不是模糊的意会。当遇到疑难句子时，能作出恰当的分析。因为，如果不做到字、词、句落实，那么在阅读自己没有学过的文章时，就会不懂或者出现误解；碰到不同的解释时，就会莫衷一是，是非不辨。课堂讲授的文选固然要本着这一精神真正吃透，自学的阅读篇目也应力求做到字、词、句落实。这就是对学习文选的第一个要求，要吃透嚼烂。

　　第二点要求是熟读。所谓熟读，首先是要求讲授的文选都要熟读，有的甚至要能背诵。俗话说：熟能生巧。熟读对掌握一种语言是很有作用的。孔子也说过："温故而知新。"熟读学过的课文，并不是简单无益的重复，而是可以帮助我们牢固地掌握接触过的感性材料，培养对古代汉语的语感；从而会起到由此及彼、"温故而知新"的作用。如果不熟读，学过的文章，时间一久，就会忘记，学一篇，忘记一篇，那是培养不了古书的阅读能力的。讲授的课文，固然须要熟读；自学的文选，也不宜只是读过一遍就完了，而应力争多读几遍，读个半熟。有了几十篇熟读和半熟读过的古文作为感性材料，那么古代汉语词汇系统、语法系统中的绝大多数现象都将包罗在内，再学一些必备的古代汉语常识，就会无往而不利了。

熟读无疑是要花时间的，但是，讲究方法就可以提高效率。现在人们一般都习惯看书，只看不念。学习古代汉语应该提倡朗读，读出声来。看书只是眼到、心到；朗读则既要眼到、心到，又要口到、耳到。这样是会加深印象的，花同样多的时间，就可以提高熟练的程度。

懂透和熟读课程规定的文选是我们的一项具体要求；除此以外，根据不同情况，还应该鼓励多读课程规定以外的作品。首先可以阅读教科书中那些没有作出要求的文选，其次还可以阅读王力先生主编的《古代汉语》中的文选和《古文观止》。这两部书中选的文章，都是千古传诵的名篇，常常被人们引用。读这些文章，可以做到学、用结合，同时也把古代汉语的学习和运用结合起来了。学习古代汉语，熟读是一个方面，博览是另一个方面；作品读得越多，对古代汉语的感性认识也就越丰富，阅读古书的能力是会随着提高的。

精读博览固然是学习古代语言的基础，但是光学习文选，要掌握这种语言的规律就须要靠零星的积累，这样花时费工太多，而且很难做到全面、系统。因此，我们还必须学习古代汉语常识，把前人总结归纳出来的词汇知识、语法规律学到手，用它来驾驭、分析所学的语言材料，既能帮助对这些材料懂得更加深透，又能把零星积累的知识理论化、系统化，使感性认识提高到理性认识，收到事半功倍之效。

古代汉语常识涉及的范围很广泛，我们的重点应该是词汇知识和语法知识。词是语言的建筑材料，学习任何一种语言，都要掌握几千个常用词的意义和用法。一个个的词并非一盘散沙，而是有它的系统性的。词汇的发展，词义的演变更有一定的规律可寻。掌握古代汉语的常用词固然靠多读文选来积累，但是学会有关词汇的知识却是帮助掌握古代汉语词汇的有力手段。在教科书中，我们有两节常识是专讲古代汉语词汇知识的；另外还有六节《词义分析举例》，也是有关词汇的知识，目的是帮助大家通过实例掌握词义分析的方法。这些举例，我们没有专门讲授，只结合文选讲授了一些；但是必须作为课程内容，要求自学掌握。只有第六节《同源词辨析例》由于牵涉音韵知识过多，根据电大的具体情况，不要求掌握；第三节、第四节《引申义分析例》也因电大课时少，可以精简一些。

　　掌握词汇知识，最要重视的是古今词义的异同、词的本义以及本义和引申义之间的关系。现代汉语是由古代汉语发展来的，古今词义之间自然有许多是相同的，但是也有很大的变化。有的古今意义完全不同，有的大同小异。我们不但要重视那些古今意义迥别的词，更要重视那些古今意义微殊的词。要力戒以今释古，误解了词义。例如：

　　　　小人有母，皆尝小人之食矣，未尝君之羹，请以遗之。(《左
　　传·郑伯克段于鄢》)

例句中的"羹"字，现在是汤的意思；但是古代却是指带汁的肉，近似今天的红烧肉。如果我们把它理解为汤，那就指鹿为马了。再如：

　　　　射其左，越于车下；射其右，毙于车中。(《左传·鞌之战》)

例句中的"毙"字，用现代"死"的意思来解释，也说得通；但是"毙"字在先秦没有"死"的意思，而是倒下。用"死"来理解，实际上是误解了原意。因此，阅读古书一定不要想当然，不求甚解；而要认

真对待,特别重视古今词义的不同。

要掌握古代汉语的词义系统就要重视词的本义。词往往是多义的,而几个意义之间又往往是有联系的。这就是说,一个多义词总是只有一个本义,其他几个意义是从本义派生出来的引申义。引申义有直接从本义派生出来的近引申义,也有辗转相生的远引申义。我们只要抓住了本义,就可以循源探流,看清各个词义之间的关系,对纷繁复杂的词义系统具有清晰、透彻的了解。在阅读作品时,对词的具体意义的理解,也就会左右逢源,迎刃而解。

词汇知识对提高阅读古书的能力很重要,语法知识也具有同样的重要性。我们知道,学习外语,不能不学习这种外语的语法;学习古代汉语,由于古今语法也有许多不同的地方,因而掌握古代汉语不同于现代汉语的特殊语法现象,也是我们学习古代汉语的重要课题之一。大家已经学过现代汉语语法,对现代汉语语法系统有一个比较全面系统的了解。古今的语法系统是有继承关系的,有许多组词造句的规律是古今一致的;因此没有全面讲授古代汉语语法的必要,只要掌握古代汉语中那些特殊的句式和重要的常用虚词就行了。古代汉语中的虚词绝大多数与现代汉语是不同的,但是也没有必要在课堂上一个个地讲,可以通过文选的讲授来逐步积累,还可以查阅一些文言虚字的著作。为了方便大家的学习,电大编了一本古代汉语常用虚词的资料,尽可能地采用了教科书中的例句,可供参考。

目前语法学家对汉语语法的认识还有很多分歧,各家的语法体系不太一致。电大现代汉语和古代汉语两门课程所采用的语法体系会有一些分歧,这些分歧,有的是体系的不同,有的只是术语的区别。我们在学习古代汉语语法时,不但不要过问术语的分歧,也不要过于追究语法体系之间的同异,而应重视语法成分所表达的语法作用和语法意义。

常识部分除词汇、语法知识外，还有文字、工具书使用、修辞、文体、古代文化常识和音韵等方面的知识。这些虽然都是学习古代汉语所应具备的知识，但是由于学时的限制，可以放宽要求。有的只要了解就行了（如修辞、文体），有的准备作为选修课的内容（如古代文化常识），有的应结合词汇知识来掌握（如文字、工具书使用）。音韵知识对学习古代汉语并非不重要，但是那是高一些的要求，从电大的实际出发，就不作为课程内容了，只简单地讲一点古音通假。

原载《电大文科园地》1983 年，
又收入《怎样学好古代汉语》，语文出版社 1986 年

谈谈古代汉语的语法教学

语法是古代汉语常识的重要内容之一，怎样进行教学，须要认真考虑。下面谈一些个人的看法。

首先，我们须要明确语法教学在课程中的目的，把它摆在一个适当的位置，解决一个教多少、教什么的问题。我们知道，古代汉语是一门重要的工具课，它的教学目的是培养阅读古书的能力，而不是为了传授系统的基本知识。因此，在古代汉语课中的语法讲什么，不讲什么，应该以对培养阅读古书的能力有无实际用处作为标准。不讲不行，讲多了没有必要。

古今汉语是有继承关系的。古代汉语和现代汉语的语法有许多基本规则是一致的。学生学过现代汉语，对现代汉语的语法系统已经有个了解。因此我们在古代汉语课中无须全面讲授古代汉语语法，而只要讲授那些古今不同的句式和语法成分。这就是说，在古代汉语课中讲语法，要同单独开一门古代汉语语法课区分开来，我们不应考虑讲授的是否全面、系统，而应强调重点、实用。全面、系统地讲授古代汉语语法，既不符合古代汉语的教学目的，也是这门课程的教学时数所不允许的。不要全面开花，而要重点突出，这就是古代汉语语法教学首先要处理好的一个问题。

其次，在教学古代汉语语法时，我们必须有明确的时代观点，并特别重视语法的系统性。虽然古今语法有些基本规则是一致的，但是作为整个系统来说，古今的语法系统是不同的。对语法系统决不可以不分时代，古今杂糅，更不能以今律古，用翻译的方法来理解古代汉语的语法现象。例如：

> 故王之不王,非挟太山以超北海之类也;王之不王,是折枝
> 之类也。(《孟子·齐桓晋文之事》)

这几句话,我们完全可以翻译成:"所以王的不行仁政,不是挟着泰山来跳过北海一类的事情;王的不行仁政,是替老年人折取树枝一类的事情。"但是,必须明确,现代汉语的判断句在主语和谓语的中间要用系词(判断词)"是"来联系,而先秦汉语的判断句却是不用系词的。因此,原文中的"是"字,从先秦的整个语法系统来考察,只能是指示代词,它的作用是复指前文,相当于现代汉语的"这",而不是系词。译文中的"是"不是对译原文的"是",而是根据现代汉语的句式添加进去的。如果扣紧原文来译的话,"是折枝之类也"应该译成"这是折取树枝一类的事情"。汉代以后,情况就不同了。例如:

> 巫妪、弟子是女子也。(《史记·西门豹治邺》)

这里的"是"字应该认作系词,因为到了汉代,"是"字已由指示代词发展成为系词,判断句已经有了使用系词的新形式。但是从汉代到明清,在文言文中判断句一般还是很少用系词的。因此,我们决不应该从翻译出发,用现代汉语判断句的规则,把古代汉语中的指示代词"是"错误地认作系词。对先秦古籍,这一点是很肯定的;虽然先秦确有少数几个用作系词的"是",应当另作别论,这里不去说它。至于汉以后的著作,古白话除外,要认定文言文中的"是"字用作系词,也应十分慎重。

再如,先秦汉语使动用法很丰富,而使成式(包括结果补语和趋向补语)还只是萌芽,王力先生认为还没有产生。因此,有些动词连用的形式,从字面上看,同后代的使成式完全相似,却不能认为是使成式。例如:

若火之燎于原，不可向迩，其犹可扑灭？（《尚书·盘庚上》）

齐侯伐卫，战败卫师。（《左传·庄公二十八年》）

这里的"扑灭"是扑而灭之的意思，"战败"是战而败之的意思。这是两个动词的连用，在时间上有先后之分；"灭"不是作为"扑"的结果，"败"不是作为"战"的结果。也就是说，它们是连动式，而不是使成式。虽然使成式是由连动式发展而来，它取代了使动用法；但是在先秦整个汉语语法系统中，使成式还没有作为一种句式在语言中普遍使用，我们就不能用现代汉语的语感把它理解为使成式。还有人认为使成式是唐代以后才形成的，那也不符合语言事实，这是另一个问题，不在这里讨论。总之，对待古代汉语语法，我们决不能从现代汉语的语感出发，采用翻译的办法来进行分析，不能用今天的语法规律去比附古代汉语的语法现象；而要有明确的时代观点、历史发展的观点，从具体时代的语法系统去考察各种语法现象。这是一个很重要的原则。

第三，古代汉语的语法教学必须彻底摆脱传统训诂学的训释方式，用现代语法科学的理论和方法来分析各种语言现象的语法意义和语法作用，并注意吸收语法科学的最新成果。

传统训诂学在分析古代汉语的语言现象方面取得了巨大成绩，有它自己的历史贡献。汉代的经师就已经意识到虚词和实词的不同，把它叫做"词"，清代的王引之更写了《经传释词》。在他们的时代，这都是了不起的研究成果，在汉语语法研究史上值得大书特书。但是，到了今天，汉语语法的研究已经深入得多了，我们再不能躺在他们的成果上踏步不前了。

曾经有过一则笑话，很能说明一点问题。据说有个老先生教学生《论语》，他不懂语法，怎样讲解"子曰：'学而时习之，不亦说乎'"这几句话呢？他告诉学生："子"就是"孔子"，"曰"就是

"说","学"就是"学习","而"是虚字眼,"时"是"时时刻刻","习"也是"学习","之"是虚字眼,"不"是虚字眼,"亦"是虚字眼,"说"是"快乐","乎"是虚字眼。学生听了先生的讲解以后,于是高声朗读:"孔子说:'学习虚字眼,时时刻刻学习虚字眼,虚字眼,虚字眼,快乐的虚字眼。'"这当然是一则笑话,不会真有其事,但是它说明古代汉语的语法教学如果再停留在训诂学的成果上是不能解决问题的。

从《马氏文通》出版到现在八十多年过去了,古代汉语的研究虽然有了很大进展,但是训诂学的影响还不小。互文见义、助词无义的说法还出现在某些论著或注释中,就是这种表现。例如:

> 刘克庄《水龙吟》词:"把东篱掩定,北窗开了,悠然酌,颓然睡。"此犹云掩了,"定"与"了"互文。(张相《诗词曲语辞汇释》)

"掩定"和"开了"是互文对举,但"掩定"并不等于"掩了"。说"定"等于"了"显然是不妥的。又如:

> 《尚书·皋陶谟》:"百工惟时。"惟,句中助词,无义。

"惟"字是一个句首句中语气词,用来引出主语或谓语等,表提示和加强的语气。《皋陶谟》的这句话,"惟"字是用来引出谓语,加强肯定的语气。孔颖达《疏》:"则百官惟皆是矣,无有非者。"他是体会到了"惟"字的加强肯定语气的作用的。必须明确,语言中的词总是有意义的,没有词汇意义,也一定有语法意义。只说它是助词,不解决问题,还要说明它助什么,也就是要说清它的语法意义、语法作用。说它无义,更是不妥,因为这不合事实,也容易引导人们含混地来对待一些语法现象。

总之,训诂的基本方式是以今释古,往往是以近义词为训,即使从语义学的角度来说,也要有所扬弃和发展;把它的方法用在语法研究方面,局限性自然更大了。它缺乏对具体时代语法系统的全面考虑,很难对某些句式、语法成分的语法意义、语法作用作出深入中肯的分析。因此,古代汉语的语法教学应该立足于现代语法科学的基础上,不再从传统训诂学中去找方法寻答案。

最后,还应该注意一个语法体系的问题。语法的系统性特别强,讲语法必然要讲究体系,要把各种语法现象摆在一定的体系中来加以处理。否则,遇到什么讲什么,时而从这种体系出发,时而从那种体系出发,东拼西凑,就会自相矛盾,不能自圆其说。但是,目前语法学家对汉语语法的认识还有分歧,各家的语法体系不太一致。古代汉语的语法研究更加薄弱,人们往往用考察现代汉语的语法体系去考察古代汉语的语法,形成某些看法的分歧。这里有的是体系的不同,有的是术语的区别。例如:判断句中的"是"字是系词呢?还是判断词呢?这只是术语的不同,完全不必追究。有的则是体系的差异。例如:"者"字、"所"字是特殊代词呢?还是助词呢?这是牵涉到整个语法体系的问题了。不管叫做特殊代词也好,还是叫做助词也好,作为学生来说,都可以不必去追究为什么有这种差异,重要的是要知道:"者"字是用在动词、形容词或者谓词性词组的后面,构成一个名词性的"者"字结构,可以作主语、宾语、定语等,它具有指代作用。"者"字还可以用在名词后面,往往和名词一起用作主语,这种"者"字有提顿的作用,同时仍有指代作用。"所"字则是放在及物动词或动词性词组的前面,组成一个名词性的"所"字结构,表示行为的对象,"所"字也有指代的作用。说它们是代词,却和别的代词很不一样,说它们是助词,也要知道它们是有指代作用的。可是,我们决不能说它们是"助词无义",含混过去。

总之,古代汉语的语法教学要有自己的语法体系,但是却不要引导学生去追求这个体系,而是要重视各种语法成分所表达的语法意义和语法作用。

原载《电大语文》1983 年第 9 期,

又收入《怎样学好古代汉语》,语文出版社 1986 年

要学会分析汉字的形体结构

关于汉字的知识,古代汉语只用四学时讲了一下汉字的结构和发展。这个内容现代汉语已经讲过,我们为什么还要讲呢?这是从古代汉语的教学目的出发的,也就是说,是为了培养阅读古书的能力。大家知道,汉字是形、音、义的结合体,字形结构和字义有密切的关系。分析字形有助于了解字义,特别是对本义的了解,须要通过字形。掌握了本义,就可以统帅对引申义的理解,使得对字义的理解变得有系统,变得更加深入。现代汉语没有着重从字形和字义的关系方面来分析,而这正是古代汉语须要解决的问题。

分析汉字的形体结构可以从不同的角度来进行。这种分析可以是为了检字,也可以是为了编码;而我们是为了弄清字形和字义的关系,因此必须懂得汉字的造字结构,即传统的六书说。六书是前人根据汉字的实际情况,加以客观的分析所得出的汉字结构规律和使用方法。千百年来在汉字的研究和教学中起过良好的作用,今天仍有借鉴意义。关于六书的解释很多,特别是对转注的看法历来很有分歧。我们是采用清人戴震的"四体二用"的说法:即象形、指事、会意、形声是四种造字结构,而转注、假借只是两种用字的方法。我们须要掌握的是四种造字的结构,转注可以不予理会,假借是用字的方法,与音韵的关系密切,下学期讲到同音假借时,再去掌握。

具体来说,有关汉字的知识,我们对学生的要求是:了解什么是六书,并对象形、指事、会意、形声四种字体具有分析的能力。当然,要求学生对每个字都能作出正确的分析是不可能的。首先,我们要求能掌握教科书和《古代汉语讲授纲要》中讲过的字。这包括两个内容：一是教科书和《讲授纲要》常识部分《汉字的结构和发展》一节中所举的例字，二是《词义分析举例》第二节《词的本义探求例》和第三节《引申义分析例（上）》所分析的字。至于第四节《引申义分析例（下）》的字可以留到下学期再掌握。其次，我们还要求对结构简明、容易分析的字能作出正确的判断。例如"恭"字，我们的教材和纲要虽然没有讲，但是要求同学们自己运用学过的六书知识，能分析出它是一个从心共声的形声字。在汉字中，以"心"作义符时有三种写法：一是写作"心"，放在字的下部或中部，如"想、念、爱、忧"。二是写作"忄"，叫做竖心旁，放在字的左边，如"性、情、惭、愤"。三是写作"㣺"，放在字的下部，常用字只有"恭"和"慕"。这里还要注意"㣺"和"氺"的区别，"氺"是义符"水"的变体，如"泰、暴"是从"氺"，不是从"㣺"，从"氺"的常用字也只这两个。又如"涉"字，我们也没讲过，但是应该知道它是一个从水从步的会意字，本义是趟水过河。

　　如何分析汉字的字形结构呢？在教科书中我们讲过文字学原则的部首五百四十部和检字法部首二百一十四部的区别。分析造字结构应该依据《说文解字》的五百四十部，但是一般字典的检字法部首对分析大部分汉字的造字结构仍有一定的参考价值。《说文解字》不可能人手一册，我们只要求参照检字法部首对结构简明的汉字能作出正确的结构分析。因此，在分析字形时，最好是查考《说文解字》，如果没有《说文解字》，就要重视一般字典中部首的参考作用。例如：口部的字，往往是跟口有关的器官（嘴、吻、喙、喝）或有关的行为（含、嚼、吐、噬），以及属于语言方面的事情（召、问、咨、命）。言部可以认为是口部的分支，从言的字一般都是与语言有关的动词（说、访、许、谢）或形容词（谨、诚、诈、详）。又如：足部的字,意义都与脚有关(蹄、距、跪、践),止部、走部、辵(chuò)部可以认为足部的分支,意义都与脚或行走有关(步、歷、趋、越、巡、逝)。部首一般能代表这个部中的绝大多数字的意义范畴,掌握了部首的意义,也就掌握了这个部的绝大多数字的意义范畴,有利于我们考察本义。

在分析汉字结构时,如果遇到一个合体字,我们不要轻易地把它认作会意字。因为现行汉字百分之九十以上是形声字,而会意字却比较少。在我们的课外作业中,有一个题目是"分析下列字的部首,说明字的本义",其中举了"怡、贻、饴"三个字。不少同学把它们认作会意字,这是不对的。为什么会错呢? 我想原因大概是这三个字今音都念 yí,而它们的声符(台)却是念 tái,今音相差太远,有的同学就不敢断定"台"是它们的声符了。其实题目后面提示了要同学们查《古汉语常用字字典》,在这部字典里,"台¹"的下面,有三个义项都注了 yí 这个音。可见"台"是声符,而不是义符。看作义符,在意思上是说不通的("怡"字情况较复杂,下面还要说到)。会意字是"比类合谊,以见指拂"。所谓"比类"就是把几个表示事物的象形或指事的符号排比在一起,"合谊"就是把它们的意义组合起来体现一个新的意义。这三个字的左偏旁和右偏旁的意义组合不成一个新的意义来,不可能是会意字。其实"台"字本身是从口以(yǐ)声,yǐ 和 yí 只有声调的差别。《说文》:"台:说(悦)也。从口以声。"它是"怡"的本字。这个例子告诉我们,形声字的声符,由于语音的变化,不少已经不能准确表音了;因此在分析字形结构时,我们必须把语音变化的因素考虑进去。我们没有讲古音,在这方面将不会提出过高的要求,但是道理还是要懂得的。不然,连"悲、浩、俎、技"的声符也难以确定。

同一个题目还举了一个"膺"字,有的同学把它归到广部,也认作会意字。这首先是对字的结构没有弄清楚,把部首也弄错了。

其实,在繁体字中,"广"并不念 guǎng,而是念 yán,意思也不是广大,而是依傍着山岩架成的屋。简化字"广"的繁体是"廣",从广(yán)黄声,本义是无墙壁的大堂屋,引申为广大。广部的字一般都与房屋有关。把"广"认作部首,膺字的几部分组合不成一个新的意义来,认作会意字显然是错误的。正确的分析是,膺字是一个形声字。《说文》:"膺:匈(胸)也。从肉雁声。""雁"是"鹰"的异体。新版《辞源》也把它收在肉部。从这个例子中,我们又得到了另一启示,即分析汉字的形体结构,决不能以简化字作为依据。不但不能用六书的原则来分析简化字,例如"办、对、广、开、尽、书"等是无法用六书的原则来分析的;即使是繁体字的义符、声符,也不能从简化字的角度去考察。分析汉字的造字结构,自然是用甲骨、金文等古文字资料最好,其次是篆书;但是对一般大学生来说,我们不能提出这样的要求(教科书和《讲授纲要》中讲过的还是要掌握);我们只要求能根据楷书的繁体来进行分析。

总之,初步学会分析汉字的形体结构,这是我们古代汉语有关汉字常识教学的具体要求。

下面我们还要附带说一下。在教科书中,我们谈到了异体字和繁简字。认识繁体字,也应该是我们的一项要求。一个文科的大学生,是应该认识繁体字的。我们学习古代汉语,目的是要批判地继承古代文化遗产。要继承遗产,不能光看用简化字重排的古籍;有许多古籍没有用简化字的重排本,这就势必要接触原版书;而且今天重印古籍,也有不少是用繁体字的,采取忠于原本的办法。如果不认识繁体字,在阅读古籍的时侯,就会有很大的局限。因此,我们的教科书是用繁体字排印的,在辅助教材中,还编印了一份用繁体字作字头的繁简字对照表,这都是为了帮助同学们掌握繁体字的具体措施。须要说明的是,我们只要求同学们能够认识繁体字,而不要求会写。我想,只要同学们在学习的时候,留心辨认繁体字,这一点要求并不是太高的。

原载《语文学刊》1983 年第 3 期

怎样掌握近体诗的格律

近体诗的格律很严。构成近体诗格律的因素有五个方面：

（1）句数有定。八句是近体诗的基本形式，称作律诗。八句以上的称作排律或长律。四句等于半首律诗，称作绝句（古绝也是四句）。

（2）每句的字数有定。五律是每句五个字，七律是每句七个字。

（3）押韵的形式固定。双句押韵，单句不押韵（首句可押可不押）。只押句尾韵，一般是押平声韵（仄韵律诗极罕见）。

（4）要求对仗。首尾两联可对可不对，中间各联都要求对仗。

（5）讲究平仄。这是依据汉语声调的特点，安排一种高低长短相互交替的节奏。即所谓声律。这是近体诗最重要的格律因素，也是它区别于古体诗的特征。

要掌握近体诗的格律，前面四点很容易，困难就在如何掌握声律这个问题上。一般是把近体诗的句子平仄分成四种类型，再根据这四种句子的搭配情况把律诗分成四种格式。加上拗救、孤平、三平调等名目，似乎头绪相当纷繁，很不容易掌握。其实只要掌握了句中的音步交替规律和句与句之间的粘对要求，各种平仄格式就都迎刃而解了，用不着死记硬背。

所谓音步，是指诗句中的节奏单位。古典诗歌中音步一般是由两个音节组成的。四言诗两个音步；五言诗是两个双音节音步加一个单音节音步，也可说是两个半音步；七言诗是三个双音节音步加一个单音节音步，也可说是三个半音步。古体诗的音步不论平仄,近体诗的音步却要分成平平、仄仄两种类型。音步的重点在第二音节,平仄的要求最严格;因此过去做律诗有个口诀,叫做"一三五不论,二四六分明",这是有一定道理的。律句就是由这两种音步交替构成的。五言律句是由一个双音节的平声音步和一个双音节的仄声音步作主干,再在句尾或句中加上一个单音节的音步,于是构成了四种类型:

　　　　仄仄—平平—仄(仄起仄收式)
　　　　平平—仄仄—平(平起平收式)
　　　　平平—平—仄仄(平起仄收式)
　　　　仄仄—仄—平平(仄起平收式)

　　七言律句是在五言律句的基础上增加一个音步,仄起式在句首增加一个平声音步,平起式在句首增加一个仄声音步,构成:

　　　　平平—仄仄—平平—仄(平起仄收式)
　　　　仄仄—平平—仄仄—平(仄起平收式)
　　　　仄仄—平平—平—仄仄(仄起仄收式)
　　　　平平—仄仄—仄—平平(平起平收式)

因此,我们只要知道两种音步交替的规律,五言、七言的各种律句类型也就出来了。

　　掌握了律句的音步交替的规律,进一步就要懂得律句的搭配规律,也就是粘对规则。所谓对,是说一联的出句同对句的平仄得是相反的类型,即处在同一地位的字要以平对仄,以仄对平(首句入韵时有所变通)。如出句是仄仄平平仄,对句就应该是平平仄仄平。所谓粘,是说前后两联要粘联起来。也就是说:上联的对句是平起式,下联的出句也应该是平起式;上联的对句是仄起式,下联的出句也应该是仄起式。但是对句总是平收的,出句就总是仄收的,因此是不同格式的平起式或仄起式。比如:上联的对句是平平仄仄平(平起平收式),则下联的出句应该是平平平仄仄(平起仄收式）。这样两联既粘联起来了，又产生了变化，四种律句按照粘对规则就搭配得既有起伏变化，又均匀和谐了。

　　我们掌握了音步的交替规律和律句的粘对规则后，那么无论是五言律诗还是七言律诗，只要第一句定了下来，就可按照粘对规则把其他各句的平仄都标示出来。我们用"｜"表仄声，"—"表平声。例如李白的《渡荆门送别》：

　　　　渡远荆门外，出句是仄仄平平仄，
　　　　｜　｜　—　—　｜
　　　　来从楚国*游。①对句应是平平仄仄平。
　　　　—　—　｜　｜　|
　　　　山随平野尽，出句与上联粘，应是平平平仄仄，
　　　　—　—　—　｜　｜
　　　　江*入大荒流。对句，应是仄仄仄平平。
　　　　Ⓞ　｜　｜　—　—
　　　　月*下飞天镜，与上联粘，应是仄仄平平仄，
　　　　｜　｜　—　—　｜
　　　　云生结海楼。对句，应是平平仄仄平。
　　　　—　—　｜　｜　|
　　　　仍怜故乡水，与上联粘，应是平平平仄仄，
　　　　—　—　⊖　Ⓘ　|
　　　　万里送行舟。对句，应是仄仄仄平平。
　　　　｜　｜　｜　—　—

按照粘对规则标出来以后，我们再考察诗句的实际平仄，发现第二联的对句第一字应是仄声，而"江"字是平声，于是把"｜"号画上〇，成为Ⓞ｜｜——。按照声律第一字是可平可仄的，这仍然是正规的律句。再有尾联的出句本应作————｜｜，但是"仍怜故乡水"的实际平仄却是——｜—｜，于是在三、四两字的标号上

———————————

① 在字的右上角加 * 的为古入声字。

也画上〇，成为—— ⊖ ① |。这句不合一般的平仄规则，是一种
拗句。即第三字本该用平声，现在用了仄声，是拗；于是在第四字
该用仄声的地方，用一个平声字来补救，合起来叫做拗救。拗句是
不依一般平仄的句子，是律句中一种变通的办法。

　　律诗中常见的拗句有三种，有本句自救的，如上面所举的例
子，也有隔句相救的。例如苏轼《新城道中》：

> 东风知我欲山行 ，吹断檐间积*雨声 。
> —— ① | | |　　① | | —— | |
> 岭上晴云披絮帽，树头初日*挂铜钲 。
> | | —— | |　　⊖ —— ① | | |
> 野桃含笑竹*篱短，溪柳自摇沙水清 。
> ⊖ —— | | —— |　　① | ⊖ —— ① ——
> 西崦人家应最乐，煮葵烧笋饷春耕 。
> ① | —— —— |　　| —— ① | —— ——

这首诗一、二、四联不合平仄的字都是可平可仄的，没有关系。惟
有第三联的出句和对句都是拗句，出句第五字应是平声，"竹"字
是入声，不合要求；对句第三字应作平声，"自"是仄声，如果不救，
就犯孤平。诗人把对句应用仄声的第五字改用平声字"沙"，既救
了本句的第三字，又救了上句的第五字。律诗的另两种拗救都在
这一联中出现了。

　　我们如果不是学写律诗，而是只要掌握如何考察律诗的声律；
那么，拗救的几种类型可以不管，只要按照音步交替规律和律句搭
配规则检查一首律诗，发现其中个别字不合一般平仄要求时，就必
然是拗句。总之，要掌握近体诗的格律，最简便的方法是掌握律句
的音步交替规律和搭配规则。

　　要掌握近体诗的格律，还有一个语音上的困难问题，这就要能
分辨古代的平声和仄声。如何分辨古代的平声和仄声呢？最好是
通过自己方言的声调系统来分辨，即首先掌握自己方言的声调系

统以及它同古代四声的对应关系。不少同志对自己的声调系统可能不清楚,更不知道它同古代四声的对应关系。下面提供一个简单办法供参考。

　　首先,我们举一组测验声调的例字,并说明古四声在北京话和长沙话中的发展变化:

例字	北京话	长沙话
低(都奚切,端齐开四平)	di˥55 阴	di˧33 阴平
啼题提(杜奚切,定齐开四平)	tí˧˥35 阳	di˩˧13 阳平
抵底(都礼切,端荠开四上)	dǐ˨˩˦214 上	di˦˩41 上声
弟(徒礼切,定荠开四上)①	dì˥˩51 去	di˨˩21 阳去
帝蒂(都计切,端霁开四去)	dì˥˩51 去	di˥˥55 阴去
第递缔(特计切,定霁开四去)	dì˥˩51 去	di˨˩21 阳去
滴(都历切,端锡开四入)	di˥55 阴	di˨˦24 入声
敌笛狄(徒历切,定锡开四入)	dí˧˥35 阳	di˨˦24 入声
梯(土鸡切,透齐开四平)	ti˥55 阴	ti˧33 阴平
体(他礼切,透齐开四上)	tǐ˨˩˦214 上	ti˦˩41 上声
替涕(他计切,透霁开四去)	tì˥˩51 去	ti˥˥55 阴去
惕逖(他历切,透锡开四入)	tì˥˩51 去	ti˨˦24 入声
溺(奴历切,泥锡开四入)	nì˥˩51 去	ni˨˦24 入声
觅汩(莫狄切,明锡开四入)	mì˥˩51 去	mi˨˦24 入声

北京话由中古的平、上、去、入四声变成了阴、阳、上、去四声。变化的规律是:

中古	清平	浊平	清上	浊上	清去	浊去	清入	全浊入	次浊入
北京	阴	阳	上	去	去	去	阴、阳、上、去	阳	去

---

① 长沙话"弟"字在"老弟、兄弟"中念阳去,在"弟弟"中念阴去。"递缔"也念阴去。

北京话入声消失了,全浊声母的入声字归入了阳平,次浊声母的入声字归入了去声,清声母的入声字跑到了四个声调中去了,找不出规律(不懂古音时,清、浊、全浊、次浊等概念可以不管)。

长沙话由中古的平、上、去、入四声变成了阴平、阳平、上声、阴去、阳去、入声等六个声调。变化的规律是:

中古　　清平　　浊平　　清上　　浊上　　清去　　浊去　　入声

长沙　　阴平　　阳平　　上声　　阳去　　阴去　　阳去　　入声

长沙话的声调变化是很有规律的。一、二两调是中古的平声字,其他四个声调是中古的仄声字。

从长沙话来说,掌握了自己的声调系统,也就掌握了中古的平仄。一切保留了入声的方言,例如广州话、厦门话、福州话、苏州话、扬州话、上海话、南昌话、太原话等,都是如此。可是,北京话的入声消失了,入声变到了阴、阳、上、去四个声调中去了,在检验律诗的声律时,遇到了古入声字是比较难办的。不过,我们可以根据声律的固定格式,在该是仄声的地方,今天念平声了,就可以推测它在古代也许是入声字(拗救的地方须要除外)。有的地方入声也消失了,例如武汉话、成都话、昆明话,不过它们的入声字全都变成了阳平,在检验律诗的平仄时最要注意的是自己口中的阳平字。广大的北方话区域,虽然大多数地方的话都没有入声了,但保留入声的也还不少,就以北京来说,远郊区也还有保留入声的。因此,了解自己方言的声调系统,对掌握近体诗的格律还是一个很有用的办法。

要了解自己方言的声调系统,可以把上面的例字用方言去念,然后归类,一般就可以得出自己方言的声调系统了。有的音各类声调都有字,有的音某类声调就没有字。比如:

	音	阴	阳	上	去		
北京	di	低	○	抵	帝		
	ti	梯	提	体	替		

	音	阴平	阳平	上声	阴去	阳去	入声
长沙	di	低	提	抵	帝	第	敌
	ti	梯	○	体	替	○	惕

我们得出了自己的声调系统以后,就可以用各种音来练习,不管有字无字,音总是可以发出来的。例如长沙话 di 音六个调都有字,而 ti 音的阳平、阳去却没有字,但是我们可以按 di 音的调值把 ti 音的六个调都念出来。然后再念一些其他的音,例如长沙话:

音	阴平	阳平	上声	阴去	阳去	入声
yi	衣	移	椅	意	易(难~)	益
ni	○	泥	你	○		溺
mi	眯	○	米	○		觅
wu	乌	无	五	恶(厌~)	雾	屋
bo	波	婆	○	播	○	拨
hao	蒿	豪	好(~坏)	好(喜~)	号	○

这样,多念一些音,把汉字填到自己的声调例字表里,自己方言的声调就可以很快地掌握了。然后根据自己方言的声调系统来检验律诗的声律,是会得到一些帮助的。

没有受过一点语音训练的人要掌握自己方言的声调系统确有困难,也可以采取另一种方法,即利用谐声偏旁来掌握古代的入声字。清代的文字音韵学家段玉裁指出,在上古"同谐声者必同部",并第一个创制了谐声表,这对古韵的研究是一个重要贡献。试以入声韵职部为例,它的谐声偏旁有"北声、畐声……或声、意声"等(参看《古代汉语》下册 1033 页),以这些偏旁作声符的字在上古就都属职部。例如:"福、偪、逼、匐、辐、菖、幅、蝠、福、副、富"

都是从"畐"得声,它们在上古都属职部,到了中古只有"副、富"变成了去声字,其他仍然是入声字。去声也属仄声,不妨碍我们掌握律诗的声律。即使是中古以后新产生的形声字也很少打破这一规律。《广韵》收从"畐"得声的字45个,其中入声字39个,去声字6个,合乎上古入声到中古有部分字变成去声的规律。又如:"惑、國、淢、緎、棫、罭、蜮、域、或、幗、馘、膕、魆"都是从"或"得声,在上古都属职部;中古都还是入声字,只有"幗"又读去声。《广韵》收从"或"得声字共61个,除5个去声字外,其他全是入声。总之,从谐声偏旁来掌握诗律中的入声字是十不失一的,也是一个可行的办法。不过,这就须要记住两三百个谐声偏旁,并掌握字形结构的分析。上古有十一个入声韵部,即职部、觉部、药部、屋部、铎部、锡部、月部、质部、物部、缉部、葉部,我们在《古代汉语》下册常识(二十六)《上古音简说》中作了扼要介绍,在附录《古韵三十部常见谐声表》(1067~1074页)中列举了各部的谐声偏旁,可以参考。

原载《河南电大》1984年第2期,
又收入《怎样学好古代汉语》,语文出版社1986年

漫谈同义词的辨析

　　学习古代汉语,词汇是一个重要的难关。因为词汇是语言三要素(语音、词汇、语法)中发展最快的一个方面,新词的产生,旧词的死亡,词义的演变,几乎无时不是处在变化之中。我们学习古代汉语,对词汇须要注意多方面的问题,下面只谈谈同义词的辨析。

　　语言中存在意义相似或相近的词,叫做同义词;但是词是思维高度抽象化的成果,抽象性是词的特点之一。一种高度抽象的语词,意义完全等同的等义词是不可能存在的。人们所谓的同义词,从大的方面来说,可能有古今时代的不同,也可能是地域方言的不同;如果是同一时间、同一地点的语言,它的同义词不是在意义上有细微的差别,就是有语法作用的差别或者感情色彩的差别。传统训诂学往往采用互训的办法来训释意义相近的词,这就掩盖了它们之间的差别。在古代它对读经和语词研究的发展起了它应有的作用;但是今天我们学习古代汉语却应该特别注意辨析同义词的细微差别,这样才能做到最准确地理解古人的意思。

　　例如"执、秉、把、持、操"等字,古代注释家往往采用互训的办法来解释它们,这是一组同义词,都是表示手的动作。但是它们的意义是有着细微差别的。

　　"执"是个会意字,甲骨文象给人带上手拷形。《说文》:"执,捕罪人也。"本义是捕捉俘虏或犯人。例如:

　　执讯(捉住提供审问的敌人)获丑(抓获众多的敌人)。

（《诗经·小雅·出车》）

　　执其孚于晋,便夜逸。(《左传·文公十三年》)

引申为捕捉(动物)。例如:

　　执豕于牢。(《诗经·大雅·公刘》)

　　范献子执羔,赵简子、中行文子皆执雁。(《左传·定公八年》)

再引申为拿住(非生物)。例如:

　　擐甲执兵,固即死也。(《左传·成公二年》)

　　伯牛有疾,子问之。自牖执其手。(《论语·雍也》)

然后引申为掌握(抽象事物)。例如:

　　陪臣执国命。(《论语·季氏》)

　　子莫(人名)执中(中道),执中为近之。(《孟子·尽心上》)

由于“执”的本义是抓住俘虏或犯人,因此“执”的词义特点总是表示把东西拿紧、把事物掌握牢固。

　　“秉”也是个会意字,甲骨文象手拿着一把禾。《说文》:“秉,禾束也。从又持禾。”朱骏声《说文通训定声》:“手持一禾为秉,手持两禾为兼。”看来动词(拿着一把禾)应该是本义,但文献中没有持禾的用例。引申为名词,一把禾。例如:

　　彼有遗秉,此有滞穗。(《诗经·小雅·大田》)

从拿着禾引申为拿着别的物体。例如:

　　王左杖黄钺,右秉白旄以麾。(《尚书·牧誓》)

　　士与女,方秉蕳(兰草)兮。(《诗经·郑风·溱洧》)

再引申为掌握(抽象的事物)。例如:

　　秉国之均(比喻国家的大权),四方是维。(《诗经·小雅·节南山》)

犹秉周礼。(《左传·闵公元年》)

"秉"的词义特点不在于是否把东西拿得紧,而在于表示一只手从旁拿着东西,并附有小心地把东西拿平的意思,因此有"秉公、秉承、秉烛"的说法。

"把"是一个晚起的形声字,不见于甲骨、金文,战国中期以后才偶尔出现在古籍中。例如:

拱把之桐梓,人苟欲生之,皆知所以养之者。(《孟子·告子上》)

无把铫(大锄)推耨之劳,而有积粟之实。(《战国策·秦策》)

图穷而匕首见,因左手把秦王之袖,而右手持匕首揕抗之。(《战国策·燕策》)

例一是表物量的名词。《孟子》赵岐注:"拱,合两手也;把,以一手把之也。"例二、三是动词,与"秉"的手拿方式相同,都是一只手拿着东西。从古音古义来看,"秉"是较古的词,战国以后逐渐少用;"把"是从"秉"演变而成的后起词。"秉"和"把"在上古同属帮母,声母相同;"秉"是阳部,"把"是鱼部,韵母是阴阳对转。汉代以后,"把"逐渐代替了"秉";但有些习惯用法,如"秉公、秉承"等是"把"所不能代替的,而"把"的一些后起义,如"把酒、把握"又是"秉"所不具备的。"把"也没有"秉"那种持平、小心虔敬的附加义。

"持"在金文中与"寺"是一个字。《说文》:"寺,廷也,有法度者也。"许慎是根据"寺"在汉代的后起义(官府)来进行解释的,属于臆断。其实"寺"是"持"的本字。下面的"寸"是表示用手向上托扶着物体。在先秦"寺"有侍奉的意思,见于《诗经》《左传》,只用于"妇寺"或"寺人"。例如:

匪教匪诲,时维妇寺。(《诗经·大雅·瞻卬》)

寺人(释文:"寺本又作侍。")披请见。(《左传·僖公二十四年》)

"妇寺"的"寺"和"寺人"即侍奉在君主左右的宫廷近侍。"侍奉"和"托扶"的意义是有联系的。后起字"持",专用于托扶的意思。宋人陆佃《埤雅》:"持,五指也,在外为持,在内为握。"这是说五个手指向外张开托着物体叫"持",说得有一定道理。例如:

危而不持,颠而不扶,则将焉用彼相矣?(《论语·季氏》)

守望相助,疾病相扶持。(《孟子·滕文公上》)

左手据膝,右手持颐。(《庄子·渔父》)

则堕之者众而持之者寡矣。(《荀子·仲尼》)

以上例句"持"与"扶"常互文连用,正说明了这种意义。"持颐"就是五指向外托着下巴。

引申为拿着有把的物体。例如:

使鍼御持矛。(《左传·成公十六年》)

庄子持竿不顾。(《庄子·秋水》)

再引申为掌握抽象事物。例如:

持其志无暴其气。(《孟子·公孙丑上》)

足以持社稷。(《荀子·君道》)

这时它的意义仍然与托扶的意思有着内在的联系。"持"的词义特点在维护、保持,而不在掌握得是否牢固。

"操"字也不见于甲骨、金文。《说文》:"操,把持也。"《释名·释姿容》:"操,手出其下也。""手出其下"似乎与"持"的意义最接近;但是"持"的特点是向上托扶着,而"操"却含有拿得稳、拿得熟练的意思。例如:

犹未能操刀而使割也。(《左传·襄公三十一年》)

今夫轮人操其规,将以量度天下之圜与不圜也。(《墨子·天志中》)

由于"操"是重在拿得稳、拿得熟练,因而引申为操纵、驾驭。例如:

津人操舟若神。(《庄子·达生》)

用于抽象事物,是熟练地掌握。例如:

乐操土风,不忘旧也。(《左传·成公九年》)

故明君操权而上重,一政而国治。(《韩非子·心度》)

从上面这组同义词的区别来看,辨析同义词必须从多方面来考虑它们有什么区别。事物或现象具有多方面的特征、标志,反映客观事物的词可能从不同的角度来进行抽象概括,不同的抽象概括使词义包含的义素不同。同义词之间可能有几个义素是相同的,而有某些义素不同,于是形成一组组的同义词。下面从义素的角度比较一下"执、秉、把、持、操"的异同:

	动作发出者	完成动作的工具	工具数量	及物与否	对象特点	动作方式	动作特点
执	人	手	不限	及物	生物,非生物,一切可用手拿住的东西	抓住	拿得紧
秉	人	手	一只手	及物	非生物,可以一手握住的东西	手从旁拿住	松紧适中,引申为小心地拿着
把	人	手	一只手	及物	同上	同上	松紧适中

	动作 发出者	完成动作 的工具	工具 数量	及物 与否	对象 特点	动作 方式	动作 特点
持	人	手	不限	及物	生物， 非生物	手在下 托扶着	托扶，维持 平衡
操	人	手	不限	及物	非生物	手在下 拿住	拿得稳，掌 握熟练

　　由于它们的义素有同有异，因而即使是拿着同一事物，仍有意义上的细微差别。"执戈、秉钺，持矛、操戈"，同是拿着兵器，但是意义的重点仍有不同，这是须要认真辨析的。

原载北京广播学院《函授通讯》1985 年第 1 期

讲词类活用的两要

汉语无形态，为了解决词类和句法功能之间的复杂关系，所以讲古代汉语语法总要谈到词类活用。所谓词类活用是指词的非经常性的临时用法，它是与本用相对的，本用是指词的经常用法。讲词类活用有两要：一要从汉语的实际出发，不受印欧语法的束缚；二要有历史观点，不能以今律古。

目前一般谈词类活用的往往失之过宽。原因之一是由于受印欧语划分词类的影响。在印欧语里词有形态变化，词类和句法成分之间有对应关系。名词一般只作主语、宾语，动词一般是作谓语，形容词一般是作定语。可是汉语的词没有形态变化，往往是多功能的，每类词都能作好几种句子成分；因此划分汉语的词类必须考虑各类词的句法功能总和，而不能套用印欧语划分词类的标准。长期以来汉语语法的研究深受印欧语法的影响，很多语法学家把主语、宾语位置上的动词、形容词都看成是活用作名词。例如：

乐民之乐者，民亦乐其乐；忧民之忧者，民亦忧其忧。(《孟子·梁惠王下》)

白马之白，无以异于白人之白也。(《孟子·告子上》)

例一处在宾语位置的"乐"和"忧"，被看成动词活用作名词；例二处在主语位置和宾语位置(介词宾语)的"白"被看成形容词活用作名词。其实作宾语的"乐"和"忧"与作谓语的"乐"和"忧"意义完全相同，词性未变，都是动词；作主语或宾语的"白"与作定语的"白"也是一致的，都是形容词。动词、形容词不能作主语、宾语，这是印欧语的语法特点,汉语是不受这条规律制约的。

当然,动词、形容词确有活用作名词的。例如:

> 劳苦不抚循,忧悲不哀怜。(《韩非子·用人》)
> 事死如事生,礼也。(《左传·哀公十五年》)
> 然则小固不可以敌大,寡固不可以敌众,弱固不可以敌强。
> (《孟子·梁惠王上》)

例一中的"劳苦、忧悲"和例二中的"死、生"本是动词,例三中的"小、大、寡、众、弱、强"本是形容词,分别用作主语或宾语。它们是否属于词类活用呢?我们认为应是活用,因为它们的意义与本用已有所不同。"死、生"等活用的动词已由表示动作行为转而表示具有这种行为动作的人或物,"大、小"等活用的形容词已由表示性质状态转而表示具有这种性质状态的人或物。"劳苦"等于"劳苦者","忧悲"等于"忧悲者","死"等于"死者","生"等于"生者","小"等于"小者","大"等于"大者",等等。可以说这些动词、形容词已经名物化,这是它们词性活用的标志。动词、形容词处在主语、宾语位置是否看作词类活用是要根据具体情况来定,不能一刀切。

早期的语法学家还有把名词、动词作定语也当成活用为形容词的。例如:

> 少时好读书,学击剑,故其亲名之曰犬子。(《史记·司马相如列传》)
> 心如涌泉,意如飘风。(《庄子·盗跖》)

章士钊的《中等国文典》就认为例一的"犬"是"假名词为形容词",例二的"涌"和"飘"是"假动词为形容词"。汉语中名词作定语是普遍现象,这是名词的基本功能之一,动词也往往可以作定语;如果把处在定语位置的名词、动词都看成活用,那就无限地扩大了词类活用的范围。后来的语法学家都不赞成这种作法。

古代汉语词类活用扩大的又一重要原因是缺乏历史观点，受现代汉语影响，从现代汉语的词性出发来分析问题。例如：

树吾墓槚，槚可材也，吴其沼乎？（《左传·哀公十一年》）

《马氏文通》认为"树"是名词活用作动词。现代汉语"树"是名词，先秦"树"到底是什么词类呢？我们分析了《尚书》《诗经》《论语》《左传》等九部古籍，将用作谓语的标作动词，将用作主语、宾语的标作名词（下同），统计如下：

	尚书	诗经	论语	左传	墨子	庄子	孟子	荀子	韩非子	共计	百分比
动词	4	10	2	15	17	6	7	6	25	92	75%
名词	0	0	0	3	6	7	0	5	5	26	25%

作谓语是"树"最主要的功能，而作主语、宾语的倒是少数，说它是名词活用作动词显然是不符合语言实际的。金文"树"字象以手植树之形，《说文解字》："树，木生植之总名也。"许慎的意见是对的。"树"的本义是植树、种植，它是动词；与"木"相对，"木"才是名词。从古籍的用例来看，"树"到春秋时代以后才开始用作名词，可能到六朝以后才取代"木"作为木本植物的通称。马建忠在这里是从自己的语感出发，犯了以今律古的错误。同"树"情况相似的还可以举一个"履"字，"履"字和"屦"字相对，在先秦，"履"是动词，"屦"是名词。汉魏以后，"履"才逐渐多用作名词。后来虽然很少再有人认为"树"或"履"在先秦是名词活用作动词，但是犯马建忠同样性质错误的却比比皆是。例如：

出入相友。（《孟子·滕文公上》）

不少人把例句中的"友"看作名词活用作动词，其实"友"同"树"一样，本来是动词。甲骨、金文中"友"字画的是两只手，以手相助是它的本义。这是动词。《说文解字》："友，同志为友。"这是"友"的

后起义。先秦古籍中"友"经常用作谓语,并非临时用法。统计如下:

	尚书	诗经	论语	左传	墨子	庄子	孟子	荀子	韩非子	共计	百分比
动词	8	5	12	2	3	8	19	7	4	68	44%
名词	7	18	7	3	9	11	8	20	3	86	56%

动词用例几乎同名词用例平分秋色,自然不能看作活用。从历史发展来看,"友"原本是动词,引申发展出名词的意义,在先秦只宜看作兼类。

再如"先"字,一般看作方位名词,用作谓语时就被认为是名词活用作动词。这也是从现代汉语出发来谈古代汉语词类活用的。甲骨文的"先"字,上面画的是一只脚,下面是一个"人"字,表示在别人之前走。《说文解字》:"先,前进也。"这一训释是接近本义的,本是动词。例如:

　　子曰:"先有司,赦小过,举贤才。"(《论语·子路》)
　　士季曰:"会请先,不入,则子继之。"(《左传·宣公二年》)

在《尚书》等九部著作中的使用情况如下:

	尚书	诗经	论语	左传	墨子	庄子	孟子	荀子	韩非子	共计	百分比
主语	0	0	0	2	1	1	0	5	0	9	2%
宾语	4	1	0	5	4	6	0	6	5	31	7%
谓语	3	2	7	62	17	24	10	23	21	169	36%
状语	0	4	8	123	39	12	8	17	46	267	56%

作定语的未统计,其中绝大多数是构成"先王、先君、先民、先祖"等固定词语。名词、动词、形容词都可以作定语,这不足以作为划分词类的标准。其他几种成分,可以认作名词的是主语、宾语,总共不足百分之九;作谓语而应该认作动词的接近百分之三十六,超过主语、宾语的用例几倍。作状语可以有两种处理方法:一是看成动词用作状语,一是看成由动词虚化而成副词。总之,把先秦用作

谓语的"先"看成名词活用作动词是不妥当的,因为它不符合当时的语言实际。汉代以后"先"用作谓语的逐渐减少,才开始由动词转变成方位名词。

再如"衣"字更被看成名词活用作动词的典型例证,其实这也是一个值得重新考虑的问题。如果把"布衣、紫衣、衣服"等固定词语不算,"衣"单用时作动词的比例很大。例如:

> 乘肥马,衣轻裘。(《论语·雍也》)
> 老者衣帛食肉,黎民不饥不寒。(《孟子·梁惠王上》)

统计如下:

	尚书	论语	左传	墨子	庄子	孟子	荀子	韩非子	共计	百分比
动词	2	5	14	17	25	9	10	28	110	38%
名词	6	8	19	18	13	4	22	30	177	62%

单用时动词用例占了接近百分之四十,即使加上所有固定词语的用例,动词用例也占百分之二十以上,这就很难说是临时活用了,而应该算兼类。我们还应该看到,在先秦时代没有一个表示穿衣这个动作的专用词,"著衣"是汉代以后才有的说法,"穿衣"就出现得更晚了。"衣"的名、动两用正像 yú(鱼、渔)这个词一样,原本是兼类词;不过 yú 作名词写成了"鱼",作动词写成了"渔",那只是一个书写形式的区别,而从语言的角度来看只是一词兼用于名词、动词两类。这样的兼类词,我们应该承认在古代比后来会更多一些。

有些词在先秦不能看作活用,但是到了汉代以后却又要承认它是活用了。例如:

> 故齐冠带衣履天下,海岱之间敛袂而往朝焉。(《史记·货殖列传》)
> 天子不得而臣也,诸侯不得而友也。(刘向《新序》)

我们说过，在先秦"衣、履、友"都不能看成名词活用为动词；但是到了汉代"衣"已经很少用作谓语了，"履"已经由动词转变成名词，"友"在战国已经多用作名词（朋友），这里不是动词友爱义，而是朋友义的意动用法，因此我们认为到了汉代它们又都应该看作是名词活用作动词。这也是从历史观点来看问题，不同时代应该不同对待。

总之，谈词类活用要有历史观点，不能以今律古，目前这方面存在的问题还很多，我们须要深入研究古代的语言资料，才能作出科学的结论。

原载《湖北电大学刊》1987 年第 1 期

参编《古代汉语》的体会

1987年,国家第一次进行了高等学校优秀教材的评奖工作,文科教材占了很大的比例,而得奖的项目绝大多数是60年代文科教材编选计划中组织编写的。这不仅是对编写者本人的最高奖赏,也是对那次教材编写工作的应有肯定。

我有幸参加了60年代文科教材编写工作的全过程,并作为王力先生主编的《古代汉语》教材编写组的成员之一,在工作和业务方面得到了很大锻炼和提高。王力先生主编的《古代汉语》获得了全国高等学校优秀教材特等奖的殊荣;不幸王力先生早在1986年已经去世,我作为编写组的成员之一,代表王力先生领取了特等奖荣誉证书。在领奖的时候,我心潮起伏,思绪泉涌,不仅想起了我的导师王力先生,也想起了领导、主持文科教材编写工作的周扬同志,还想起了在文科教材办公室共事的领导和同志们。60年代文科教材的编写在文化大革命中曾遭到诬蔑,不少人为此挨过批斗。现在得到了国家和人民的应有肯定,得到了历史的正确评价,我们所有参加文科教材编写工作的同志,无疑都会为此感到欣慰。从我个人来说,我还深深地感到这近三十年来,我走过的学术道路和取得的点滴成绩以及70年代由我主持编写的《古代汉语》也获得了国家教委高等学校优秀教材一等奖,都是同60年代参加教材编写工作分不开的。

从个人的亲身体验来看,60年代文科教材编写之所以取得很大成绩,有下面几点经验应该肯定:

一、国家的重视,"双百"方针的贯彻

1961 年文科教材编选计划会议是在党的八大以后召开的,会议期间周总理、刘少奇和邓小平同志都作过重要指示,实际上是在当时情况下批评了极"左"思想、强调重视教育、重视知识分子、贯彻"双百"方针的形势下组织这次教材编写工作的。周扬同志代表中央直接抓这次教材编写工作。他是一位思想敏锐、学识渊博、真正懂行的学术领导人。他提出教材的编写要贯彻"三基"(基本理论、基本知识、基本技能)、"四性"(思想性、知识性、科学性、系统性)的原则,编写的组织形式要采取主编负责制。他不断重申,教材编写务必真正贯彻"百花齐放、百家争鸣"的方针,学术上完全由主编负责,行政领导方面不要干预。他和他领导的文科教材办公室只过问教材的编选计划、主编的选定和教材是否符合"三基、四性"。他还不断给主编和编写人员解脱极"左"思想的束缚,帮助解决教材编写工作中的各种困难和干扰。比如我们《古代汉语》的讨论稿曾在每篇文选前写了一个简短的题解,着重分析批判选文中不健康的思想内容。周扬同志在出访古巴的飞机上挤时间看了我们的讨论稿,回国后就对我们说:"你们的讨论稿我看了,总的觉得很好。只是每篇文选前面都来一番批判,什么时代局限呀、阶级局限呀。谁没有时代局限、阶级局限? 千篇一律贴标签式的批判有什么用? 建议删去。"在多年极"左"思潮的统治下,当时我们确实还有很多怕的思想,怕被说成不贯彻批判继承精神而招来无穷无尽的批判。周扬同志的话不仅解决了我们所遇到的"党八股题解"难写的困难,而且解除了我们思想上的许多枷锁,因而后来在选文调整和撰写古代汉语通论、常用词时,手脚才敢于放得开些。这也说明《古代汉语》写得比较成功,是与"双百"方针的贯彻分不开的。

二、主编负责制的实行

1961 年计划编选的文科教材的主编,都是由各系科编审组认真讨论决定的。主编大多是该学科全国知名的一流学者。主编有权挑选编写人员,有权决定全书的编写内容、学术观点和体例。教材的质量决定于编写者的学术水平和教学经验。主编的学术水平高、教学经验足,自然使教材的质量得到了保证。

编写人员的组成一般采用老、中、青三结合的方式。既有主编负责,就不致群龙无首、各执己见,陷入无休止的争论,或者变成勉强的拼凑;又有老、中、青三结合,就可以集思广益,保证教材较快地编写出来,同时还培养提高了青年成员的业务能力。

以《古代汉语》编写组为例,除主编王力先生外,还有一位 50 多岁的老教授,两位 40 多岁的中年人,其馀五人都是 20 多岁或 30 刚过的年青人。编写组成立后,由主编王力先生提出编写原则、编写大纲和体例,经过讨论,统一思想,听取意见,进行若干修改补充,然后分工编写。初稿出来后,互相传阅并签注意见,再分组讨论,出现分歧,由主编裁定。个人完稿后,交由主编统一定稿;或删或补,或润色加工,或退还执笔人修改,一切视稿件质量而定。《古代汉语》四大册,110 多万字,虽然是由众手编成,但是全书各部分、各章节能保持质量在同一水平上,内部比较统一,科学性、系统性也较强,这都是实行主编负责制的结果。

三、教材编写与科学研究的结合

教材编写工作刚开始,周扬同志就指出:这次编教材,是中央从长远考虑,下了很大决心要把高等教育和学术研究搞上去而组织的。我们既要抓教材编写,又要抓学术队伍的组织和培养,把教材编写队伍当作学术研究队伍来抓。因此教材编写要与学术研究相结合,既要保证教材的高质量高水平,又要培养学术队伍。也就是说,既出教材,又出人才。

在这一思想指导下,当时各个教材编写组都集中精力,既是在赶写教材,又是在对各门学科进行比较深入的研究。就拿《古代汉语》来说,不少章节的编写,执笔人从阅读前人、今人的有关著作,收集资料到撰写成文,往往花费了几个月的功夫,然后还要集体讨论、主编定稿。编写人员夜以继日,每天工作十多小时,花了两年半全书才定稿。是写教材,也是作了许多专题研究。这样写出的教材,自然能保证有较高质量。在教材的编写过程中,在专题研究中,编写人员也得到了很多锻炼和提高,年青人自然是其中提高最大的。今天来看,当年参加教材编写的青年同志,大多成了各门学科的学术骨干,这应该说也是60年代文科教材编写工作的重要成果之一。

总之,60年代文科教材的编写,是有史以来国家有领导、有组织大力抓高校教材的一次盛举。它不但使我国在短期内编出了一批质量较高的文科教材,影响及于国内外,而且推动了学术研究、学科发展,还培养了不少学术人才。这是应该得到充分肯定的。

现在,我国的高等教育事业有了很大发展,高等学校中有不少教师编写教材的积极性相当高,各类新教材也出了不少,国家又举行了教材评奖活动,并准备以后隔几年就评一次,这无疑对高校教材的编写工作将起到推动作用。但是,总的来看近些年来教材工作似有被忽视的倾向。首先,在评职称时,相当多的地方不把教材当作科研成果看待,似乎一部几十万字有水平的教材还抵不上几篇并无特色的论文。这自然要降低教材编写工作的档次,造成不少有学术造诣的教师轻视教材的编写,而一心撰写个人的论文专著。其次,教育领导部门和不少学校对教材的编写往往采取了一种放任自流的态度。无领导,无计划,任其自发。同一教材出了几十种,其中固然不乏质量上乘的佳作,但是更有不少是粗制滥造的次品。或抄袭模仿,东拼西凑;或猎奇好怪,内容芜杂。这不仅浪费人力物力,而且影响教学质量,还造成学风不正。这些似乎很少有人过问。当然,80年代已不同于60年代,再由中央来领导统编教材,实非易事,似乎也不合潮流;但是教育领导部门、学校领导除了头绪纷繁的行政工作以外,更应该加强教学内容、教材建设等学术业务方面的切实领导。那么,60年代文科教材编写工作中的不少宝贵经验仍然是值得借鉴的。

原载《高等学校优秀教材评介文集》,
高等教育出版社1989年

漫谈汉语研究生的培养

一、过去的培养情况

清末停科举，办学堂，戊戌变法，创建了京师大学堂，它就是北京大学的前身。这是我国最老的大学，也是我国现代高等教育的开始。我国的大学招收研究生是 20 世纪 20 年代才开始的。容庚、董作宾、蒋善国、商承祚是 20 世纪 20 年代从北京大学研究所国学门毕业的研究生；徐中舒、黄淬伯、刘盼遂、王力、姜亮夫都是清华大学国学研究院第二届的学生，1927 年毕业。清华国学研究院办了四届，最红火的就是第二届。32 个学生，后来都成了文史哲各方面的著名学者，除上举五人外，还有陆侃如、高亨、刘节等。当时清华国学研究院有四大导师，他们是：梁启超、王国维、赵元任、陈寅恪。1927 年王国维自沉昆明湖，不久梁启超也离开了清华，添补了杨树达为导师，第三届、第四届招的学生就很少了。第一届因为刚开办，学生也不多。裴学海、王静如大概就是第三届、第四届的毕业生。30 年代北京大学文科研究所又招了七八个语言、文字方面的研究生，如林尹、严学窘、傅懋勣、马学良、周法高、高华年等；也有其他的大学招过一两个，如清华大学有许世瑛、张清常，燕京大学有高名凯、陈梦家，还有辅仁大学的葛信益，北京师范大学的何融，金陵大学的徐复。20 世纪 40 年代前期有西南联大的殷焕先、陈士林、李荣、梁东汉和燕京大学的林焘，后期有中山大学的黄家教、黄伯荣，浙江大学的管燮初、邵荣芬、黄盛璋，南京大学的濮之珍和辅仁大学的王辅世。这就是 20 世纪上半个世纪我国自己培养语言文字研究生的大致情况。

　　新中国成立,大学1953年开始招收研究生。首先,中央民族学院招了民族语言研究班,培养少数民族语言工作者,读完三年毕业的有十多人;东北师范大学也招了两年制的现代汉语研究生(三人?)。1954年北京大学中文系招收了四年制的汉语史(五人)、现代汉语(五人)、语言学理论的研究生(五人)。四年制研究生是向苏联学习,是所谓副博士研究生,但是一年一年往后推,20世纪80年代以前在我国始终没有实行学位制。1955年又有语言所、复旦大学、武汉大学、杭州大学等单位也招了语言方面的研究生,“文革”前招收语言文字方面研究生的还有北京师范大学、中山大学、吉林大学等校。一个单位一届招收15个语言方面的研究生,在20世纪五六十年代也就是北京大学1954年那次。当时全国院系调整刚结束,教育部把中山大学的语言学系调到了北京大学,集中了很强的师资队伍,成立了北京大学中文系汉语专业,目的就是要加强语言学专门人才的培养。以后各单位招收语言文字研究生每届多则三四个,少则一两个。王力先生在北大招收汉语史研究生,除第一届招收五人外,接着三年每年都只招收一个。20世纪60年代又招过两个,总共十人,毕业七人。他应该是20世纪五六十年代语言学方面招收研究生最多的一位导师。因此五六十年代我国自己培养的语言学方面的研究生达不到100人,我能举出名字的不到60人。那时导师的遴选很严格,一般都是全国很有名的教授。实行导师负责制,强调业务上都听导师的。因此没有统一的教学计划,不但不同单位、不同专业的教学不同,不同导师的教学也是不同的。

　　1954年北京大学第一届语言学研究生的教学安排是最有计划的。他们原本是新中国成立后招收的第一届大学生,教学计划变化很大,在本科时又大多不是学语言专业,学的语言课很少,因此首先要补语言专业本科的课。无论是汉语史研究生,还是现代汉语研究生或者语言学研究生,都要学高名凯先生的语言学概论,还要学新开的魏建功先生的古代汉语、袁家骅先生的汉语方言和方言调查、王力先生的汉语史。另外由周达夫先生给汉语史研究生开了音韵学;岑麒祥先生为语言学研究生开的语言学史概要,我们汉语史研究生也要学。王力先生还从语言所为我们汉语史研究生请来陆志韦先生讲高本汉的《中古、上古汉语音韵纲要》(先由周达夫先生译出,印成了讲义),请来吕叔湘先生讲《马氏文通》,请来郑奠先生讲古汉语修辞,从中央民族学院请来金鹏先生讲汉藏语概要。这样的师资阵容,这样高水平的语言学课程,只有在那个年代,也只有北大才能做到。但是也很难长期坚持,后来北大汉语史研究生的开课就一届不如一届了。

二、如何培养汉语研究生的粗浅看法

“文革”以后,我国终于建立了学位制度。20 年来汉语研究生的培养有了很大发展,不仅硕士生培养点的数量远远超过“文革”前汉语研究生培养点的数量,博士生的培养点也远远超过。汉语方面培养出来的硕士、博士数量更是远远超过“文革”前的研究生,这自然首先要充分肯定。但是,又不能不看到,“文革”前是学苏联,现在苏联早已解体,我们也已转向,又回过头来学英美;可是许多问题都没有弄清楚,旧条条框框丢掉了,新的又没有立起来,大家都只好摸索着前进。汉语研究生如何培养呢? 下面就谈谈我的粗浅看法。

(一)打好两个基础

研究生当然是要搞研究的,要搞研究首先要打好两个基础。哪两个基础呢? 简单说就是会读、会写。会读是会读古文、会读外文;会写是会写文章。这是否要求太低呢? 不! 在王力先生他们那个年代,甚至 20 世纪 40 年代,这本来是中学就应解决的问题,可是50年代以后,大学毕业生却恐怕大多没有真正解决它。50年代院系调整以后执行了一条割断教育传统的极"左"路线,那时如果提倡真正读点书、搞点研究,随时都可能被批成"大、洋、古"和"封、资、修",学校政治运动一个接一个,很少有安定的时候。20世纪60年代初曾吹过一阵反极"左"的春风,给知识分子"脱帽加冕",制定了《高教六十条》,召开了文科教材会议,成立了文科教材办公室。周扬领导文科教材编写工作,在当时反"左"的大形势下,实际上周扬批评了流行多年的两个极"左"的口号:一个是"以论带史",一个是"厚今薄古"。周扬说(见《文科教材办公室简报》,下同):"'以论带史'是对的,但是不能'以论代史'。我们不要尽说空话、大话、套话,还是要史论结合。"又说:"'厚今薄古'也是对的,'古为今用'嘛。不过今不到一百年,古有几千年,总不能一百年压过几千年嘛。"根据这种认识,周扬提出:文科教学和教材的编写都要贯彻"三基"(基本理论、基本技能、基本知识)、"四性"(思想性、科学性、系统性、知识性)的原则。中文系的具体措施是:教学计划增加基本技能、基本知识课程的比重,对政治理论课程有所控制和削减,强调要开两年写作课。在古今的分量上,加大了古代的比例,古代汉语和古代文学的课时增加很多。古代汉语原教学计划是上一年,每周四学时(4-4);新计划是上两年半,两年每周四学时,最后一个学期两学时(4-4-4-4-2)。周扬直接提出要王力先生主编古代汉语教材。古代汉语课的这两项措施,目的就是要解决中文系的毕业生必须具有读懂古文的能力。1964年四本古代汉语教材出齐,文科教材编选工作会议定下的教学计划也就快走到终点了;因为阶级斗争的弦又绷紧起来了,1966年就爆发了"文革"动乱。

　　十年动乱过去,学位制度建立起来,阅读古书能力的问题是否解决了呢? 我认为没有解决。20世纪80年代教育部领导制订的汉语言文学专业的教学计划，不但同 20 世纪 60 年代文科教材规划会议的反极"左"精神背道而驰，它甚至比 20 世纪 50 年代实行的教学计划还更"左"。古代汉语在这个教学计划中居然规定只有一学年，每周三学时（3-3），这怎能保证学生具有阅读古书的能力呢？肯定不能。这些年来，北大根本没有管这个计划，我们还是实行 20 世纪 50 年代每周四学时一年的规定；同时还开设多门专书选修课（《论语》《孟子》《庄子》《左传》等），限选两门以上，来弥补古代汉语课时的不足。目前大学本科的状况说明，中文系毕业生大多没有具备阅读古书的能力，做了研究生后还要补这一课。汉语研究生不管是搞古代的，还是搞现代的，或者是搞方言的，都要会读古书，不应该有例外。其实文史哲的研究生都应该具备这一条。据我所知，20 世纪 80 年代初有些学校的古代汉语、汉语史硕士生曾被要求圈点《十三经注疏》，出版过《十三经注疏》白文，提供圈点用。台湾师大也有过这一要求。据说这是黄侃的教学经验，他要求学生圈点多遍。这个办法对提高古书阅读能力是有效的，但是现在却难以办到。我们北京大学的汉语史研究生从 20 世纪 50 年代起就要求通读段玉裁的《说文解字注》，帮助提高古书阅读能力也是其目的之一，20 世纪 80 年代以后的博士生，我要求过他们通读《论语》《孟子》《左传》。

　　第二个会读是会读外文，对现在的汉语研究生来说，似乎已不是问题了，"文革"前却是一个大问题。当时外有封锁，内有极"左"，对研究生外文的要求是不高的。20 世纪 50 年代要学也只有学俄语，学英语有沾上资本主义之嫌。我中学念了六年英语，大学入学考试外文成绩还不错，免修外语；读研究生念了两年俄语，三年级抱着俄语字典，两个小时翻译了两千个印刷符号，就算过关了。现在研究生的英语要六级才过关，作为汉语研究生来说，这就够了。我们对研究生的外文要求，主要是阅读专业文献。从这些年大学的情况看,我觉得学生为外文花的时间似乎不是太少,而是过多。搞语言的研究生,除了一外,倒是应该多学一两门外语,能够有不同类型语言的知识,对开展汉语研究是很有好处的。英语以外最好再学点日语、俄语。

谈到会写,这是一个最低的要求,又是一个很高的要求。现在大学生不见得就解决了会写的问题;做了研究生,还要为提高写作能力而努力。我们知道,现在研究生毕业前要求发表两篇文章,好像已经成了规定;这种要求我是很不赞成的,因为事实上不容易做到。现在研究生越来越多,要找到发表园地已经越来越难,而且这将严重影响学位论文的写作。虽然不赞成另写文章,可是我却主张研究生多写些读书笔记,为某些精读书写出提要,写好一两篇读书报告;这样既可提高读书质量,又可提高写作能力。

(二)掌握广博深厚的语言学基础知识

解放后北京大学第一届汉语史研究生的教学安排,体现了王力先生培养研究生的教学思想,他要求学生具有广泛全面的语言学知识,然后再由博到专。他曾说过(《谈汉语的学习和研究》,《王力文集》第二十卷 318 页):"'博'是指有广博的知识,'专'是指在小范围内深入。研究要专,学习要博,博是专的基础。"下面再引两位先生有关这方面的看法。1990 年我们纪念王力先生九十诞辰,开了学术讨论会,会后出纪念论文集,决定由朱德熙先生写序。朱先生在《序》中说(《纪念王力先生九十诞辰文集》1 页):"先生之学,证古论今,融会贯通,博大与精微兼而有之,所以能够蔚为大家。回过来看 20 世纪 50 年代以来培养的学生,其中虽然也不乏杰出者,但总的看来,失之于陋。这恐怕与大学里教学机构的设置有直接关系。教研室是以课程为单位组织起来的。每人各抱一门课程作为自己的专业,穷年累月地浸淫其中。教研室之间鸡犬之声相闻,而在学术上则老死不相往来。教现代汉语的,不但认为古代汉语是隔行,连方言学也与自己不相干。这种画地为牢的作法无异于自杀。"因此他提出:"要从根本上扭转这种偏向,还须在教学指导思想、课程设置和教学组织上进行改革才能奏效。"朱德熙先生的批评是很严厉的,也许听起来还令人不太舒服,但是它又确实是难以驳倒的。这一批评虽然不是专门针对研究生的,却又完全适应汉语研究生的实际。还有吴组缃先生对解放后的大学教育也有过批评,他说(《宋元文学史稿》前言):"1952 年院系调整,认为原有的旧大学都是英美的即资本主义体制的,必须一边倒地学苏联,大学中文系的专业、课程设置与教学计划也不例外。这带来不少问题。首先,中文系分为语言、文学两个专业就不科学。语言与文学本来是统一的。文学是语言的艺术,它的工具是语言,杰出的文学家也必是语言大师。就文学史而言,如果对古代汉语茫然无知,对它的特别性能、表现方式及它的演变缺乏了解,阅读与欣赏古代文学作品时,可能连基本意思都搞不清乃至误解,更何谈从这一角度体会作品的底蕴和情采、把握文学形式的发展。同样,语言学也离不开文学。最优美、最典范的语言正体现在文学作品中,抛开了它,语言研究恐怕也无从谈起。"朱、吴的批评都集中在培养出来的学生知识面窄这一点上,这无疑是中肯的,目前汉语研究生的培养仍然严重存在这个问题。看看我们的前辈学者,比比我们自己,就会发现差距是多么大。比如:黎锦熙、罗常培、王力、陆志韦、丁声树、吕叔湘、魏建功、周祖谟、李荣、朱德熙,哪一个不是古今都通的? 丁声树先生主编《现代汉语词典》,如果没有音韵学和古代语法、词汇的深厚功底,就编不好这部 20 世纪科学性最强的辞书;魏建功先生主编《新华字典》,如果没有音韵学和古代文献的深厚功底,也编不好这本在辞书编写史上具有里程碑意义的、发行量最大的小型字典。朱德熙先生说"50 年代以来培养的学生","总的看来,失之于陋"。"陋"在哪里呢? "陋"在语言学知识面窄。不但搞古汉语的搞不了现代汉语,搞音韵的也不搞古汉语语法,甚至搞中古音的,对上古音也不太在行;搞上古语法的不大管近古语法,搞近古语法的也不大管上古语法;搞现代汉语语法的不搞现代汉语语音,搞语音的也不大管语法。搞汉语史的教不了整个汉语史,只能教一部分,教语音史就不教语法史,教语法史也就不教语音史。甚至搞现代汉语的教授教不了整个现代汉语基础课。这怎能不被说作"陋"呢? 早些年我们北大汉语专业有的先生提出,汉语专业的教师要做到三门基础课(语言学概论、现代汉语、古代汉语)都能开,我是赞成这一倡议的,不过要做到并不容易。但是这应该是个方向,因为,我认为汉语研究生就应该按这个方向去培养。

那么,什么是汉语研究生要掌握的广博深厚的语言学基础知识呢? 我们不妨从汉语研究的发展历史来考察这个问题。我们知道,乾嘉之学所以能成为传统语言学的巅峰,就因为得益于清代古音学的重大成就。段玉裁说(《广雅疏证》序):"小学有形、有音、有义,三者互相求,举一可得其二。有古形,有今形,有古音,有今音,有古义,有今义,六者互相求,举一可得其五。"王念孙说(《广雅疏证》自序):"今则就古音以求古义,引申触类,不限形体。"他们这种突破字形、"因声求义"观的提出,是传统语言学理念上的革命,从而形成世称的"段王之学","段、王二氏是乾嘉学派的代表"(王力《中国语言学史》,《王力文集》第十二卷 201 页)。根据这一情况,我们可以简单地说:乾嘉时代对汉语研究者提出的要求是:"明音韵,通训诂。"到了清末,马建忠著《马氏文通》,它引进国外的新学科,开辟了我国语法学的新纪元,也成了我国传统语言学向现代语言学转变的标志。语法原来只是训诂学的附庸,主要考察虚词的用法;此后,汉语语法研究不但成了一门独立的学科,而且是居汉语研究各分科之首,因为语法是研究语言结构规律的科学。情况变了，要求也就不能再停留在原来的音韵、训诂两方面，而是增加了语法方面的要求。杨树达先生说(《词诠》序例)："凡读书有二事焉：一曰明训诂，二曰通文法。训诂治其实，文法求其虚。"正是代表了这种意见。"五四"以后，西方语言学理论进一步传入我国。20世纪20年代初古音研究中的一场大辩论，为西方历史语言学理论、方法的传入和汉语音韵研究方法的转变开辟了前进的道路。高本汉用历史比较法研究了韵书、韵图、方言、对音材料，从而构拟了中古音；用内部拟测法把《切韵》音系和《诗经》音系联系起来，构拟了上古音。这些构拟，不但对国外的汉学家影响很大，也被中国语言学家长期尊奉，成为20世纪汉语音韵学的主流。20世纪30年代末爆发了文法革新的讨论，提出了反模仿、寻求汉语语法特点的要求，引进了索绪尔、叶斯柏森、房德里叶斯、布龙菲尔德等的语言理论。20世纪40年代产生了王力的《中国语法理论》和《中国现代语法》、吕叔湘的《中国文法要略》、高名凯的《汉语语法论》等以西方语言理论为指导的重要汉语语法名著。另外，20世纪二三十年代出版了多种专门介绍西方语言学的概论性著作，汉语方言研究的开展更标志着我国真正描写语言学的产生；20世纪三四十年代更开展了中国少数民族语言研究，我国语言学研究从此已经汇入世界语言学研究的洪流，研究汉语再不能不懂现代语言学理论了。王力先生在《中国现代语法》自序中说："中国语法学者须有两种修养：第一是中国语史学(Chinese philology)；第二是普通语言学(general linguistics)。缺一不可。"这是20世纪40年代王先生向语法学者提出的，其实也是向所有汉语研究者提出的要求。因此我对我的学生说："乾嘉时代的学者须要明音韵，通训诂；到了《马氏文通》出版后，就不够了，还要加上识语法；'五四'以后，更要加上懂理论。20世纪80年代以后，进入了讯息时代，还要会电脑。"也就是说，我秉承王力先生的主张，要求我的学生掌握广博深厚的语言学基础知识,语音、语法、词汇、理论,古今中外都要,不能过偏,不能太窄。我认为,无论是搞古的、搞现代的,还是搞理论的,都需要这些基础知识。如果是搞汉语史,就还要在古的方面加深加厚,扩大古籍的阅读面,精读文字、音韵、训诂的名著,文史哲、儒释道都应有所涉猎。当然这不是一蹴而就的,不是在念研究生阶段就能达到的,须要有一个长期的积累。

(三) 要求真,要真正处理好治学的"三难"

二年级研究生就要选题写论文,我们常常对学生说:论文的范围不宜太大,题目小些才能深入,要小题大做,可是学生往往还是选题偏大,到三年级不得不改小题目,或延期,或匆匆完事。这里不谈论文的具体写作,只谈谈搞研究应注意的两个问题。

首先,鉴于多年来学术界浮夸之风很盛,我要谈的第一个问题是:搞研究一定要树立求真务实的精神,离开求真务实,研究就不免误入歧途。有人把求真和创新对立起来,提出搞研究首先要求新,甚至把求真视同保守,这是十分错误的。我们知道:科学研究就是要解决客观实际、社会实践中有待解决的问题;如果选题无误,确实是本学科中有待解决的问题,那么只要研究者具备正确的理论方法,在详尽占有材料的前提下,经过认真仔细的研究,解决了问题,其结论也必然是新的。也就是说:求真必然出新,求真和创新是统一的,而决不是对立的。否则,不是选题不当,就是研究中有纰漏。多年来,我在很多场合都强调搞科研必须把"求真"摆在首位,而对"求新"的说法不表赞同。因为,一提倡"求新"就给浮夸者留下空隙,从选题、论证到做出结论都给他们的虚夸、凿空张开了一顶保护伞。贴上一个"新"字号的标签,就可以随意比附,信口开河,不必经受事实的检验。这样的"新",只能是哗众取宠,误导读者。有人说:"求真"要,"求新"也要,可以是"在求真的基础上求新"。我说:既然同意科学研究要把"求真"摆在首位,就无所谓要不要"求新"了。我们已经说了,求真必然出新,如果搞研究,不能在前人研究的基础上添砖加瓦,不能提出新的观点或结论,那就没有完成任务。单纯重复前人的观点、结论,做得好,也只能是学术介绍,而不是科研成果。应该明白,科学研究是一个揭示客观事物本质、把握规律、探求真理的过程,也就是一项创新知识的活动,不出新就算不上科学研究。

其次,我要谈谈如何正确处理前人所谓的治学"三难"。戴震在谈到治学时,提出了治学"有三难:淹博难,识断难,精审难"(《与是仲明论学书》,《戴东原集》卷九)。这是一个大学者的经验之谈,说得非常深刻。"淹博难"包括两个层面:一个是学习的层面,这不仅包括上文所说的广博深厚的语言学基础知识,还包括与之有关的文史哲知识,甚至有关的自然科学知识。这只有用需要什么学什么,活到老,学到老的精神来对待了。另一个是研究的层面,确定选题后总有两个调查要做:一个是本课题已经有哪些研究成果,包括古今中外,甚至还要考察前人与本课题有关的成果。二是本课题所研究的对象的全部材料,要做穷尽的调查。"淹博"重在一个"尽"字,不在"尽"字上下功夫就难免出纰漏。"识断难",大概许多人都对这深有体会;不仅研究生感到困难,导师也不例外。可是要搞研究,没有识断,却是寸步难行的。王力先生说(《我的治学经验》):"科学研究并不神秘,第一是要有时间,第二是要有科学头脑。"王先生所说的科学头脑,就是要有逻辑思维,要有正确的世界观、方法论作指导。他说:解放后自己学习了马克思主义方法论,"这个马克思主义的方法论,对我五十岁以后的科学研究帮助很大"(同上)。这是王先生发自衷心的体会,实际上他是提到了哲学的高度来谈问题。应该说,一个人的世界观、认识论对他的研究无疑是具有决定性指导意义的。研究汉语,要用辩证唯物主义、历史唯物主义的世界观、方法论作指导,在我看来应该是没有疑义的。识断重在一个"明"字，要识断明，除须要有科学头脑外，还要随时提高自己的识断能力。这就需要四多：一是多学，通过学习，造成基础好、知识博、讯息灵、材料全的局面，给识断提供一个好的基本条件。二是多思，"学而不思则罔"无疑是至理名言。在学习基础知识、经典著作时，要多考虑几个为什么，不但知其然，而且知其所以然。在阅读参考资料、一般著作时，要多提几个是非问，是在哪里，非在哪里。这样就把整个学习过程变成了提高识断能力的过程。三是多比较，我主张把一些争议、讨论同一问题的论著集中起来阅读，比较其是非曲直，如词类问题，主宾语问题，语言和言语问题，系词起源问题，动补结构的产生、发展等。我给研究生开《马氏文通》研读、古音学研究时，也采取讨论、比较的方式，自然也是抱有提高识断能力的想法。四是多借鉴，借鉴现代语言学理论方法来考察遇到的问题，从索绪尔、梅耶、房德里叶斯、萨丕尔、布龙菲尔德到乔姆斯基，各家的理论方法都是借鉴的对象。还有两本语言学史也是要认真读一读的，一是王力的《中国语言学史》，一是岑麒祥的《语言学史概要》。从理论、学科史的高度来看问题，作出的判断更能经得起考验。最后，要谈到精审难。研究生写学位论文，要达到精审是很难的，因为首先就存在时间太紧的问题。古人著书，往往穷毕生之力。例如段玉裁著《说文解字注》，前后花了三四十年。陈焕说（《说文解字注》跋）："先生自乾隆庚子（1780）去官后注此书，先为长编，名《说文解字读》。抱经卢氏、云椒沈氏曾为之序，既乃简练成《注》。海内延颈望书之成，已三十年于兹矣。"濮之珍说（《中国语言学史》425 页）："他（段玉裁）于乾隆四十一年（1776）开始编纂长编性质的《说文解字读》，历时十九载，至乾隆五十九年告成，共五百四十卷。既而以此为基础，加工精炼，又历时十三载，于嘉庆十二年（1807）终于写成了《说文解字注》这部语言学巨著。以后又过了八年，直到嘉庆二十年(1815)才得以刊行。"马建忠著《马氏文通》也花了一二十年,马相伯说(《九三老人马相伯语录》):"讲到《马氏文通》,是吾弟眉叔经二十年长期的记录,与我切磋琢磨而成的,但所发表的只是十分之二。"我以为吕叔湘先生的《汉语语法分析问题》也堪称汉语研究中的精审之作。古人著述,一般都是先作长编,再精简成书,研究生的学位论文,没有时间像古人那么做,但是精审的精神却不能废。精审重在一个"细"字。研究生在考察本课题已有成果和全部材料时,都要深入细致,从多方面、多角度去考察,层层深入,也就是戴震所说的(《与姚孝廉姬传书》,《戴东原集》卷九):"巨细毕究,本末兼察。"至于成文,从论点到论据,又须精选细择,经得起推敲。戴震在这方面提出的要求很高,他对某些宋朝、明朝的有名学者,都说他们"著书满家,淹博有之,精审未也"(《与是仲明论学书》)。这个标准虽然高,难达成,却应该作为汉语研究者的努力方向。

[附录] 汉语史博士生必读书目

(一)音韵类

顾炎武《音学五书》;江永《古韵标准》;段玉裁《六书音均表》;江有诰《音学十书》;高本汉《中国音韵学研究》《中古及上古音韵学简编》;王力《汉语音韵学》,《汉语史稿》上册,《王力文集》第十七、十八卷;李方桂《上古音研究》。

(二)语法类

马建忠《马氏文通》;黎锦熙《新著国语文法》《比较文法》;杨树达《高等国文法》《词诠》;何容《中国文法论》;王力《中国语法理论》《中国现代语法》,《汉语史稿》中册,《汉语语法史》,《王力文集》第十六卷;吕叔湘《中国文法要略》《汉语语法论文集》;高名凯《汉语语法论》;赵元任《汉语口语文法》;丁声树等《现代汉语语法讲话》；朱德熙《语法讲义》；周法高《中国古代语法》；（日）太田辰夫《中国语历史文法》；管燮初《西周金文语法研究》；郭锡良《汉语史论集》（按：2005年出有增补本）。

（三）文字、词汇（训诂）类

章炳麟《国故论衡》《文始》；王国维《观堂集林》；黄侃《论学杂著》；郭沫若《卜辞通纂》《两周金文辞大系》；杨树达《积微居甲文说》《积微居金文说》；唐兰《古文字学导论》；陈梦家《殷墟卜辞综述》；段玉裁《说文解字注》；朱骏声《说文通训定声》；王念孙《广雅疏证》；张相《诗词曲语辞汇释》；蒋礼鸿《敦煌变文字义通释》（第四次增订本）。

（四）理论及其他类

德·索绪尔《普通语言学教程》；安·梅耶《历史比较语言学中的比较方法》；约·房德里耶斯《语言论》；列·布龙菲尔德《语言论》；爱·萨丕尔《语言论》；霍凯特《现代语言学教程》；诺姆·乔姆斯基《句法结构》《支配和约束论集》；高名凯《语言论》；方光焘《方光焘语言学论文集》；王力《中国语言学史》；岑麒祥《语言学史概要》；周有光《比较文字学初探》。

“五四”以来汉语语法史、音韵学的重要论文（专业方向不同，选读可有偏重）。

这是我20世纪90年代在湖北大学的一次讲演稿，

原载《人文讲坛讲演录》第1辑下，

湖北人民出版社2005年

南岳话的词汇、语法特点综述

南岳是我国的五岳之一,自古闻名。主峰祝融峰下的南岳镇很早就人文荟萃,是一个有近四万人的相当繁荣的山区市镇。它历来本属衡山县管辖,但是四十年来多次与县分开,成立特区,有时直接归湖南省管,有时划归衡阳地区。1984 年地市合并,归属衡阳市。

笔者 1984 年 9 月曾带北京大学汉语史研究生杨平、王硕和现代汉语研究生刘一之赴衡山调查了城关镇的方言;1987 年又应《南岳志》编委会之邀,携长媳刘菊黄(中央民族学院民语系青年教师)赴南岳调查了南岳方言。根据两次调查材料写有《南岳方言的语音系统及其来源》(另发),本文也是根据这两次调查材料写成的。为了排印的方便,非十分必要,一般不出国际音标记音。

一、南岳话语音的内部分歧和词汇、语法的一致性

方言的差异在语音方面表现得最突出,而词汇、语法方面的差异却小得多。大方言区是如此,一个小方言区就更加明显。南岳特区除辖南岳镇外,还辖有山上的三个乡。南岳镇的语音系统同山上三个乡的语音系统有很明显的差异。概括来说:南岳镇的声母没有浊音,有[t][tʻ]和[ʈ][ʈʻ]两套舌音声母的对立,古来母字在齐齿韵前变成[ʈ];有两个白读韵[iæ][yæ]和一个声化韵[ŋ];有六个声调(阴平、阳平、上声、阴去、阳去、入声),保留古入声调。在这几点上,山上三个乡都同南岳镇的话有不同情况的区别。龙

凤乡有两点相同，即没有浊音，有[t][tʻ]与[ʈ][ʈʻ]的对立；其他三点不同，来母仍读[l]，没有白读韵、声化韵，只有五个声调，不保留入声调。岳林乡这六点都不同，有一套整齐的浊音，还有一套南岳镇和其他两乡都没有的卷舌音。拜殿乡在所举的五个特点中，只没有浊音这一点与南岳镇的话相同。我们发现，在山区的情况下，几乎隔一个大山头，语音就表现出明显的差别。

但是就词汇、语法来说，南岳镇的话不仅与三十里外衡山县城关镇的话完全一致（语音也一致），同时与山上三个乡的话也很少差别。只有个别词语有所不同。例如：南岳镇和衡山县城关镇对应普通话的"跑"是说"打飞脚"，而龙凤乡是说"打奔[ₚpᵊŋ]鼓子"，或者说"奔起来"；南岳镇称叔叔为"丫叔"，其他三乡只说"叔叔"，因此，所谓南岳话的词汇、语法特点，是就它与普通话的差异而言的。它的这些特点至少可以覆盖整个南岳区和衡山县，某些特点甚至与整个湘方言是一致的。

二、南岳话特殊的日常生活用语

方言词汇的不同主要表现在日常生活用语方面；至于反映政治、经济、文化、科学等的现代词语，一般是相同的。

南岳话的日常生活用语确有许多与普通话不同的。首先就是一些最常见的动植物、天象、地理的名称，有关衣食住行的名称和亲属称谓、职业名称等。这些在口语中最常用的名词，有的是用完全不同的语词形式来表达的。例如：南岳话把野兽叫"野物"，把蜻蜓叫"阳矗矗"[mi²]，把庄稼叫"生芽"，把稻草叫做"菅"；上午叫做"上个叽"（无字音节用同音字代替，下加"·"），下午叫做"下个叽"，晚上叫做"夜巴叽"，冰叫做"构凌子"，平地叫做"平当（阴去）"，"当"就是地方的意思。茶点叫"宿茶"，毛线叫做"洋绳子"，大厅叫做"桃屋（里）"，鼻涕叫做"鼻筒浓"。祖母称"嬢嬢"

[ᵴli]，儿子叫做"崽"，"俫叽"是男孩儿，"妹叽"是女孩儿。

有的语词形式虽然相同，内涵却大不一样。例如：南岳话的"蚊子"是包括各种蚊子、苍蝇的总称，下面分"青脑[ᵴt'ou]蚊"（苍蝇）、"饭蚊子"（家蝇）、"夜蚊子"（蚊子）、"牛蚊子"（牛虻）、"鸡蚊子"（一种生长在鸡群中的小蝇）。南岳话的"白薯"是一种作菜吃的薯类（有的地方叫块薯或脚板薯），而把普通话所说的白薯叫"红薯"。南岳话用"姑娘"指称姑妈，而不是指称未婚的女子（受普通话影响，在较文雅的谈话中，开始取得第二种意义）。

不仅有关日常生活事物的名词有许多的不同，就是表示日常生活中行为、动作的词语也有些不同。例如：南岳话不说刮风，而说"发风"；不说闪电，而说"扯闪"；不说"盖房子"，而说"起屋"；不说起床，而说"起头"。睡觉说成"眮眼闭"，睁眼说成"光起眼珠"；"打讲"就是谈话，"塌场"就是失约或者失误。南岳话一般不说"看"，而是说"望"，"望见"就是看见，远看、近看都用"望"。"看"一般只用在看管（～牛）、观察并加以判断（我～他不会来哒）等意思方面。南岳话一般也不用"说"，而是用"话"。"他话"就是"他说"，"你话你错哒，他话他错哒"，对应普通话，就是"你说你错了，他说他错了"。

这种日常生活用语的不同，在各地方言中都大量存在。方言词汇的调查研究很重要，它不但对汉语方言学、汉语词汇学、汉语史的全面建立有直接关系，而且同民俗学、社会学、文化学都有联系。扬雄的《方言》是西汉方言词语的汇集，它成了我国古代语言学的不朽名著。因此，在方言调查和撰写方言志时有必要详细记录方言词汇，本文只求揭示南岳话词汇、语法的特点，所以只举一些典型例子，以节省篇幅。

三、南岳话的量词

量词的差异是汉语方言的重要差别之一。量词的作用,不仅在核算事物的数量,同时也体现了人们对事物的分类,所以又可以叫做"类别词"。不同方言区的人对事物的分类可以从不同性状出发,所以产生出颇为分歧的现象。南岳话量词的使用与普通话有很多不同的地方。例如:

一条牛(一头牛)　　　　一兜树(一棵树)

一条手帕子(一块手帕)　一皮树叶子(一片树叶)

一餐饭(一顿饭)　　　　骂一餐(骂一顿)

去一回(去一趟)

量词使用最突出的不同是普通话中用得最广泛的量词"个"在南岳话中却很少使用,南岳话使用得最广泛的量词是"隻"。不管是人是物,还是抽象的概念,几乎都可以用"隻"。例如:

箇隻人(这个人)　　　　两隻妹叽(两个女孩)

三隻牛(三头牛)　　　　两隻马(两匹马)

一隻鱼(一条鱼)　　　　三隻树(三棵树)

一隻镜子(一面镜子)　　两隻信壳子(两个信封)

两隻山(两座山)　　　　一隻学校(一个学校)

两隻问题(两个问题)　　一隻事情(一件事情)

一隻机会(一个机会)　　一隻想法(一个想法)

"隻"在南岳话中的使用范围比"个"在普通话中的使用范围还要宽广。

四、南岳话的代词

南岳话的人称代词、指示代词、疑问代词都同普通话有较大差异。比较如下：

(一) 人称代词

南岳话：我　我人　你　你人　他　他人

普通话：我　我们　你　你们　他　他们

南岳话没有表示复数的词尾"们"，只在人称代词后加"人"来表示多数；"人"不是词尾，不能加在表人的名词后面。南岳话更没有"咱"这种第一人称包含式，也没有表尊称的人称代词"您"和"怹"。

(二) 指示代词

南岳话：箇　那　箇隻(个)　那隻(个)　箇里　那里　箇样　那样

普通话：这　那　这个　　　那个　　　这里　那里　这样　那样

南岳话近指代词念ko，我们写作"箇"。它很可能是从唐代白话中的"箇"来的。李白《秋浦歌》："白发三千丈，缘愁似箇长。"寒山诗："箇是何措大？时来省南院。"

(三) 疑问代词

南岳话：哪个　　　么，么咯　　哪里　么里　　么样

普通话：谁，哪个　什么，怎么　哪儿　为什么　怎样

南岳话疑问代词只有"哪"和"么"两个基本形式，不用"谁、什么、怎么"等。例如："谁来了"只能说成"哪个来哒"，"什么时侯"说成"么(咯)时叽"，"干什么"说成"做么咯"，"怎么回事"说成"么咯回事"，"怎么吃"说成"么式[çi²]吃"，"为什么不来"说成"么里不来"，"你打算怎样"说成"你打算么样"。

从历史发展来看，南岳话的代词体系似乎从唐宋以后就同普通话分开来了。

五、南岳话的副词、形容词

普通话有个用得很广泛的程度副词"很"，南岳话一般不用，

用"很"带有书面语味道;口头上大多是说[læ˧],写作"赖",或者
说"蛮",还可以说"好"(山上三个乡说"蛮"、说"好",一般不说
"赖",这是后山话的特点)。例如:

赖好	赖坏	赖多	赖少	赖大	赖小	赖高	赖矮
蛮好	蛮坏	蛮多	蛮少	蛮大	蛮小	蛮高	蛮矮
好好	好坏	好多	好少	好大	好小	好高	好矮

　　普通话单音形容词往往可以带一些固定的附加成分,以表达
说话人的感情色彩,带有"很"的作用。例如:

　　黑乎乎　香喷喷　硬梆梆　灰不溜秋

南岳话中一般没有这种说法,却往往是在该形容词前加一个修饰
成分,既形象化地表示该形容词的状态,又明显带有"很"的意思。
例如:

　　雪白　通红　冰冷　喷香

这少数词语是普通话也有的,但是有很多却是普通话所不说的。
例如:

稀腥　稀臭　稀旧　稀碎　稀烂　稀乱　稀痛　稀痒　稀苦　稀冷

喷[˪poŋ]腥　喷臭　喷馊　喷臊

邪腥　邪苦　邪馊

梆硬　梆紧　梆脆

巴涩　巴酽(很稠)

清甜　擎酸

□[˪p'ia]淡　泗[˪tɕiou]清　捞[˪lou]轻　捞松

朗[˪loŋ]稀　嫩[len˧]软　虾[˪xɑ]嫩　焦干　焦湿

六、南岳话的助词和词尾

（一）名词词尾"子"和"叽"

普通话"儿"尾词应用最广，南岳话却不用"儿"作词尾。南岳话用得多的名词词尾是"子"，它比普通话用得更广泛。例如：

蚂蚁子（蚂蚁）　　豆壳子（豌豆）　　豆干子（豆腐干）

划子（小船）　　　信壳子（信封）　　雪粒子（雪霰）

书架子　　饭合子　　酒杯子　　树叶子　　阴天子　　南风子

老鼠子　　麻雀子　　野鸭子　　飞蛾子　　裤带子　　手套子

瓦片子

许多在普通话中不带"子"尾或带"儿"尾的名词在南岳话中都可以带"子"尾。

南岳话有一个特殊的词尾［ȶɕi］，我们写作"叽"，一般念轻音。它的主要作用同普通话的"儿"尾有些相似，一般是小称，有时也用作昵称，或表示轻蔑、鄙视。例如：

① 细船叽　细碗叽　　细锄头叽　　　细屋子叽　衣架子叽

　　今日子叽（今天）　现样子叽（原样）箇当叽（这地方）

② 猪崽叽（小猪）　　细鸟叽（小鸟）　细虫叽

　　细鸡公子叽（小公鸡）麻雀子叽　　　　老鼠子叽

③ 爷叽（父）　　　　娘叽（母）　　　姑叽（姑妈）叔叽（叔叔）

　　姨叽（姨妈）　　　妹叽（女孩儿）　俫叽（男孩儿）

"叽"用作词尾，名词前往往加形容词"细"，这都是表示小称。第三类"爷叽"等是表示昵称。

"叽"还可以加在重叠形容词或表约数的数量词后，也带有小称的意味。例如：

　　滴滴叽　轻轻叽　好好叽　　慢慢叽　稀稀朗朗叽(稀疏)

　　斤把叽　一滴滴叽(一点儿)　两三下叽

　　三四日叽(三四天)　五六里叽　七八隻叽

　　"叽"还可以用在句末作语气词,带有感叹的语气。例如:

　　祝融峰咯风好大叽!(祝融峰的风多大啊!)

　　我人咯老师几好叽!(我们的老师多好啊!)

"叽"作语气词一般只用在这种谓语为"好(几)+形容词"的句式中。

(二)助词"哒"和"咯"

　　南岳话没有"了、着、的"三个普通话所广泛使用的助词,而有类似的助词[tɑ²]和[ko²],我们写作"哒"和"咯"。一般念轻音。

　　"哒"既表示动作的持续貌,相当于普通话的"着";又表示动作的完成貌,相当于普通话的"了"。例如:

　　他人正在讲哒话。(他们正在讲着话。)

　　桌子高头放哒一本书。(桌子上放着一本书。)

　　你坐哒吃,莫站哒吃。(你坐着吃,别站着吃。)

　　看哒看哒就变咯天哒。(看着看着就变了天了。)

以上"哒"相当于普通话的"着",表示动作的持续貌。

　　他看哒一场电影。(他看了一场电影。)

　　吃哒箇碗饭。(吃了这碗饭。)

　　他为哒几个钱,么咯都肯干。(他为了几个钱,什么都肯干。)

以上"哒"相当于普通话的"了",表示动作的完成貌。

　　"哒"也和普通话的"了"一样,还用作句尾语气词,表示陈述语气。例如:

他丢咯钱哒。（他丢了钱了。）

你讲咯话他都不信哒。（你讲的话他都不相信了。）

助词"咯"可以表示动作已成过去，有点近似普通话的"过"。例如：

他吃咯饭哒。（他吃过饭了。）

他看咯电影就回去。（他看完电影就回去。）

但是"咯"很少单用，一般是和"哒"连用。例如：

他早就眠咯哒。（他早就睡了。）

看哒他，莫给他走咯哒。（看着他，别让他走了。）

箇本书我看咯哒。（这本书我看了。）

"咯、哒"连用，强调动作的已经完成，连用时后面不能带宾语。要带宾语只能插在"咯"和"哒"的中间。例如：

我看咯箇本书哒。（我看过这本书了。）

助词"咯"主要是用在修饰语的后面，表示领属或修饰的关系，相当于普通话的"的"。它也许同表示动作过去的"咯"并非同源，只是语音形式相同罢了。表示动作过去的"咯"可能是"过"发生了音变，由阴去变成阳去，并读轻音；表示修饰关系的"咯"还找不到来源。与"的"相当的"咯"主要是用在名词性成分的前面，表领属或修饰关系。例如：

老张咯笔　我咯书　冰冷咯水　喷香咯花

助词"咯"同普通话的"的"一样，也可以加在谓词性成分的后面，使之转化成体词性成分。例如：

那里有两隻细人叽，大咯十岁，小咯八岁。（那里有两个小孩儿，大的十岁，小的八岁。）

我是教书咯。（我是教书的。）

"咯"同普通话的"的"一样,还可以用作句尾语气词,表示确信或强调的语气。例如:

你咯病总会好咯。（你的病总会好的。）

那隻妹叽还冒上学咯。（那个女孩儿还没有上学的。）

七、南岳话的词序和句式

方言的词序和句式一般是差异很小的,南岳话的词序和句式同普通话比较,总的来说是基本一致的,但是也有一些小的差别。

（一）性别标志的词序

普通话有关动物的性别标志总是加在名词的前面,而南岳话一般却是附在名词的后面。例如:

鸡公子(公鸡)	鸭公子(公鸭)	狗公子(公狗)
鸡婆(母鸡)	鸭婆子(母鸭)	狗婆子(母狗)
猫公子(公猫)	牯牛(公牛)	老虎公子(雄虎)
猫婆子(母猫)	牛婆子(母牛)	老虎婆子(雌虎)

"牯牛"的说法是很个别的,它是和"牸牛"相对应的。"牯牛"本来也指母牛,见《玉篇》;俗称阉割过的公牛为牯牛。公牛性烈,农村的公牛一般都阉割过,性驯顺,所以南岳话用了这个词,实际是指阉割过的公牛,并非一般的公牛。与此相类似的还有一个词"献鸡","献鸡"指阉割过的公鸡,公鸡阉割后,长得快,特别肥大,所以称"献鸡"。这是两个古词在方言中的运用。由于推广普通话的结果,"公鸡、母鸡"的说法也已经在中青年的口语中出现。

（二）副词状语的词序

副词作状语，一般放在动词的前面，在南岳话中也是这样；但是有些单音副词在南岳话中却往往放在动词的后面。例如：

你莫吃净饭，多吃滴菜啰！（你别净吃饭，多吃点菜呀！）

冒做事，吃白饭，么好意思啰！（没有做事，白吃饭，怎么好意思呢！）

在南岳话中似乎是把这种修饰语当作宾语的定语来对待，而不是当作动词的状语。只是从整个句子的意思来考虑，南岳话后置的说法相当于普通话前置的说法。严格来说，这应该是表达方式的不同，而不是句子成分词序的不同。

（三）可能式的结构

普通话带可能式述补结构的句子，宾语总是放在整个述补结构的后面，而南岳话却是把宾语放在述语的后面、补语的前面。例如：

我吃得箇碗饭下。（我吃得下这碗饭。）

我吃箇碗饭不下。（我吃不下这碗饭。）

他看人不起，就看得自己起。（他看不起人，就看得起自己。）

这种宾语插在述补结构中间的格式，在唐宋白话中很常见，例如《舜子变文》："我儿若修得仓全，岂不是于家了事。"南岳话仍然保持这种格式；但是有时也可以把宾语放在补语的后面，说成"我吃得下箇碗饭"，这显然是这二三十年来受了推广普通话的影响。

（四）正反并提式谓语

谓语动词正反并提时，如果不是单音词，普通话是采取全词重叠的方式；但是南岳话一般只须要取第一音节重叠。例如：

箇隻问题还讨不讨论？（这个问题还讨论不讨论？）

你希不希望他好呢？（你希望不希望他好呢？）

你认不认得他？（你认得不认得他？）

他应不应该去，我提不出意见。（他应该不应该去，我提不出意见。）

你鞠不鞠躬都冒关系。（你鞠躬不鞠躬都没有关系。）

老年人口中一般取第一音节重叠的方式，偶尔出现全词重叠的说法，中青年采取全词重叠的方式更多一些。这自然也是受了普通话的影响。

（五）比较句的否定形式

普通话比较句的否定形式往往是"N_1 没有 N_2A"（N 表名词，A 表形容词），南岳话却在"N_2"和"A"之间一定要加一个助词"咯"。例如：

你冒得我咯高。（你没有我高。）

箇块布冒得那块布咯长。（这块布没有那块布长。）

这里虽然只一字之差，但句式却大不一样。普通话采用的是递系式，而南岳话采用的是一般的主—动—宾格式。它用助词"咯"将次系的主谓结构（"我高、那块布长"）变成了名词性的偏正结构，用作全句的宾语。

＊　　　　　＊　　　　　＊

南岳话在词汇、语法方面的明显区别，已如上述；还有些细微差别，有待进一步研究。

总的来看，词汇、语法方面的差别比语音方面小得多；但是作为方言词汇、语法体系来说，并非无足轻重的小异，它不只涉及少数日常生活用语，而是包括量词、代词、副词、助词和词序、句式等多方面都有或多或少的区别。这应该是经过千百年才形成的分歧现象。正如前文指明的,有的现象可以追溯到唐代。同时,我们也要看到,由于推广普通话的影响,有些差异显示了消失的可能性,这体现了汉语方言向普通话接近、集中的总趋势。

1988 年 2 至 3 月初稿
1989 年 12 月修改 　于北京大学畅春园

原载《湖北大学学报》1990 年第 2 期

南岳方言的语音系统及其来源

　　南岳是我国的五岳之一，自古就闻名全国。《尚书·舜典》："五月，南巡狩，至于南岳。"汉魏以后，历代诗人多有歌咏南岳的篇章。南岳七十二峰，南起衡阳市的回雁峰，北至长沙市的岳麓峰，周围八百华里，南北径直四百里，属雪峰山脉。岳区风景秀丽，名胜古迹很多，自古文人雅集，僧道群居，既是文明奥区，又是佛教圣地。主峰祝融峰下的南岳镇很早就人文荟萃，是相当繁荣的山区市镇。古代它是南北驿路的要站，20世纪仍处南北公路交通的要冲。南岳镇历来属衡山县管辖，四十年来多次设为特区，有时归省辖，有时属衡阳地区；1984年地市合并，归属衡阳市。特区除南岳镇外，还辖有龙凤、岳林、拜殿三个乡，由山上的住户组成。

　　1984年9月笔者曾带领北京大学1982级汉语史研究生杨平、王硕和现代汉语研究生刘一之赴衡山调查城关镇的方言；1987年7月应《南岳志》编委会之邀携长媳刘菊黄（中央民族学院民语系青年教师）赴南岳调查了南岳镇和三个乡的方言。1990年5至6月又带领汉语史研究生张渭毅、刘子瑜、田恒金再次赴衡山，调查了望峰乡、白果乡的方言；笔者还核对了前两次的调查材料，又着重考察了青老异读。南岳镇与衡山县城关镇相距三十华里，方言基本上是一致的，是当地人所谓的前山话；岳林乡山南部分与南岳镇的话接近，山北部分原属衡山县东湖乡，与东湖话相似，是比较典型的所谓后山话；龙凤乡原属衡山县望峰乡，与望峰乡的话相似，既有前山话成分，又有后山话成分，被看作"夹山腔"；拜殿乡原属衡山县马迹乡，人们说马迹话，由于南临衡阳县，是带有衡阳话成分的后山话。

　　这里我们以南岳镇的主要发音人唐未之(男,现年60岁)的发音为依据,并参照有关材料来描写南岳镇方言的语音系统,并考察其来源。

一、声韵调表

1.声母

p 巴闭布帮	p' 爬披普滂	m 妈米木明	ɸ 乏呼非奉
t 答低端定	t' 他梯透唐		l 拉脑来郎
ʈ 甲州章间	ʈ' 恰抽昌轻		
ts 渣庄赞争	ts' 差床初从		s 沙山生双
tɕ 鸡猪精见	tɕ' 欺区清枪	ȵ 泥语娘迎	ɕ 溪书心禅
k 歌姑光官	k' 科枯康宽	ŋ 牙我安恩	x 侯河黄洪
∅ 丫鸦乌鱼			

2.韵母

ɿ 支脂之师	i 笔地齐夷	u 布暮骨武	y 居术女玉
ɑ 八麻榻茶	iɑ 壁佳霞雅	uɑ 花瓜夸蛙	yɑ 茄靴瘸
æ 麦泰皆海		uæ 淮怪快外	yæ 决缺血月
e 谋斗口欧	ie 别帖薛聂		
o 末铎浊歌	io 觉雀弱岳		
ɯ 去儿而耳			
ɛi 卑堆追瑞		uɪəi 威归葵微	
ɐu 都六租苏	iɐu 酒秋秀友		
ou 包刀操豪	iou 飘雕焦宵		
æ̃ 凡谈山寒	iæ̃ 病钉清眼	uæ̃ 关惯湾万	yæ̃ 萤
	ĩ 边天先盐		
ɤ̃i 奔缓登耕		uɤ̃i 官管欢碗	yɤ̃i 专川悬元

ʌŋ 分东村工　　iʌŋ兵真青因　　uʌŋ魂滚坤文　　yʌŋ中春熏云

oŋ帮唐苍光　　ioŋ墙良娘杨

ŋ̍ 鱼薤(~莱)

3.声调

阴平 33	阳平 11	上声 213	阴去 45	阳去 334	入声 214
斯低	匙梨	史底	试帝	是弟	识敌

二、声韵调描写

1. 声母

(1)南岳话共有 21 个声母,按发音部位分为 p、t、ʈ、ts、tɕ、k、Ø7 组。

(2)p、pʻ、m 发音大致与北京音相同;ɸ 是双唇擦音,多数人发音带有唇齿作用,青年人唇齿化更明显。

(3)t、tʻ 发音大致与北京音相同;l 发音时略带鼻化。

(4)ʈ、ʈʻ 比 t、tʻ 的舌位靠后,是带点卷舌作用的顶音。

(5)ts、tsʻ、s 发音比北京话靠后。

(6)tɕ、tɕʻ、ɕ 有舌叶音 tʃ、tʃʻ、ʃ 变体。与齐齿呼拼带有舌尖音色彩,与撮口呼拼是 tʃ、tʃʻ、ʃ。

(7)k、kʻ、x 发音比北京话靠后。

(8)Ø 在开口呼中是喉塞音,在齐齿呼中是 j,合口呼中是 w,撮口呼中是 ɥ。

(9)南岳话送气成分一般比北京话强。

2. 韵母

(1)南岳话共有 37 个韵母,其中开尾韵母 22 个,鼻化韵母 8 个,带后鼻音韵尾的 6 个,还有一个声化韵母 ŋ̍。

从韵头来看,开口韵 13 个,齐齿韵 10 个,合口韵 7 个,撮口韵 6 个。

(2)ɑ、iɑ、uɑ、yɑ 中的 ɑ 带有圆唇倾向,舌位偏高,介于 ɒ 与 ɔ

之间。

（3）元音 æ 在各韵中，实际发音偏低偏后。

（4）o、io、oŋ、ioŋ 中的 o，实际发音舌位偏高，介于 o 与 u 之间，唇形不太圆。oŋ、ioŋ 发音时主要元音有轻微鼻化现象。

（5）元音 ɛ 在各韵中，实际发音偏低偏后，接近 ɐ。

（6）ou、iou 中的 o，舌位偏低，介于 o 与 ɔ 之间。

（7）i 作介音或韵尾时，实际发音较松、较弱；u 作介音或韵尾时，发音短而松。

（8）鼻化韵母 ɛ̃i、uɛ̃i、yɛ̃i 在发音时舌尖可以抵上齿背，即带鼻韵尾-n，成为 ɛ̃iⁿ、uɛ̃iⁿ、yɛ̃iⁿ；但是带不带-n 尾不影响为同一韵位，-n 尾只是鼻化的一种伴随现象。

3. **声调**

（1）南岳话有六个声调：阴平、阳平、上声、阴去、阳去、入声。

（2）阴平为中平调，其调值略高于上声 213 的结尾和阳去 334 的开头部分，调尾有微升的趋势。

（3）阳平为低平调，实际调值比上声和入声的最低点高，调尾有微降趋势。

（4）上声和入声都是曲折调。二者前段相同，低平微降，然后上升。后段上升部分，上声升的部分短，调值低；入声升的部分稍长，调值稍高。

（5）阴去是高升调，其开始部分是一段高平，再突然升高，调型应为˥，可记作 445。

（6）阳去是中升调，开始部分是一段中平，然后稍降再升，调型为˧，可记作 334。

（7）南岳话声调与北京话相比，最高值与最低值之间相差较大，高低之差实际上大于 5 度。

三、音节结构表

第一表

声\韵	ɿ 阴平	ɿ 阳平	ɿ 上声	ɿ 阴去	ɿ 阳去	ɿ 入声	i 阴平	i 阳平	i 上声	i 阴去	i 阳去	i 入声	u 阴平	u 阳平	u 上声	u 阴去	u 阳去	u 入声	y 阴平	y 阳平	y 上声	y 阴去	y 阳去	y 入声
p							蓖	○	彼	闭	被	必	○	○	补	布	步	不						
pʻ							披	皮	丕	屁	○	匹	铺	蒲	普	铺	○	勃						
m							眯△	眉	米	眯△	谜	觅	○	○	母	○	暮	木						
ɸ													夫	胡	府	付	户	复						
t							低	○	底	帝	地	敌												
tʻ							梯	堤	体	替	○	狄												
l							(篓	犁	鲤	粒	利	力)												
ʈ																								
ʈʻ																								
ts	支	○	子	志	字	○																		
tsʻ	雌	词	此	刺	○	○																		
s	思	匙	史	誓	市	○																		
tɕ							机	○	几	祭	技	质							朱	○	主	句	巨	桔
tɕʻ							妻	齐	取	气	○	缉							区	除	杵	去	○	屈
ɕ							西	奚	洗	细	系	锡							书	○	许	恕	树	术
ȵ							○	泥	你	○	义	日							○	愚	语	藕	○	○
k													姑	○	古	故	○	骨						
kʻ													枯	○	苦	库	○	窟						
x																								
ŋ																								
Ø							衣	移	以	异	易	一	乌	无	五	恶	雾	物	淤	鱼	雨	餕	玉	入

① 字下加△的是白读音节。

② 旁加( )的是 l 母老年人念 t 的音节。

第二表

声 \ 韵	a 阴平	a 阳平	a 上声	a 阴去	a 阳去	a 入声	ia 阴平	ia 阳平	ia 上声	ia 阴去	ia 阳去	ia 入声	ua 阴平	ua 阳平	ua 上声	ua 阴去	ua 阳去	ua 入声	ya 阴平	ya 阳平	ya 上声	ya 阴去	ya 阳去	ya 入声
p	巴	爬△	把	霸	罢	八	○	○	○	○	○	壁												
p'	○	爬	白	怕	○	拔	○	○	○	○	○	劈△												
m	妈	麻	马	○	骂	抹																		
ɸ	花	华	乏	化	画	法																		
t	○	○	打	○	○	答	爹	○	滴△	滴△	○	捉												
t'	他	○	达	○	○	塔	○	提△	○	○	○	絷△												
l	拉	拿	辣	○	哪	腊																		
ʈ	加	○	假	架	○	隻																		
ʈ'	车△	跨△	扯	○	○	吃△																		
ts	渣	○	紥	诈	栅	札																		
ts'	叉	茶	铡	岔	○	察																		
s	沙	○	傻	杀	○	刷																		
tɕ							○	○	姐△	借△	○	绩							抓	○	抓	○	○	○
tɕ'							○	斜	席	○	○	○							○	茄	○	○	○	○
ɕ							虾	霞	写△	○	下	吓							靴	○	○	○	○	○
ȵ							惹△	○	○	○	○	○												
k	痂	○	○	嫁	○	夹							瓜	○	寡	卦	○	括						
k'	揩	恰	卡	胯	○	客							夸	○	垮	跨	○	○						
x	虾	○	匣△	○	下	吓																		
ŋ	○	牙	○	压	胛	鸭																		
ø	丫	○	哑	○	○	鸭	鸦	牙	雅	亚	夜	轧△	蛙	娃	瓦	轭	话	挖△	○	○	○	日△	○	○

第三表

声＼韵	ш 阴平	阳平	上声	阴去	阳去	入声	æ 阴平	阳平	上声	阴去	阳去	入声	uæ 阴平	阳平	上声	阴去	阳去	入声	yæ 阴平	阳平	上声	阴去	阳去	入声
p							跛	○	摆	拜	败	北												
pʻ							○	排	剖	派	○	魄												
m							○	埋	买	○	卖	麦												
ɸ							○	怀	或	○	坏	○												
t							呆	○	歹	带	代	德												
tʻ							胎	台	特	泰	○	○												
l							跛△	来	乃	○	耐													
ʈ							○	○	者	○	○	○												
ʈʻ																								
ts							灾	○	宰	再	在	则												
tsʻ							猜	才	彩	菜	○	泽												
s							衰	○	洒	赛	○	色												
tɕ																			○	○	○	○	○	决
tɕʻ																			○	○	穴	○	○	缺
ɕ																			○	○	○	○	○	血
ȵ																								
k							皆	○	改	戒	○	革	乖	○	拐	怪	○	国						
kʻ	○	○	○	去△	○	○	开	○	凯	概	○	○	○	○	傀	快	○	○						
x	○	○	○	去△	○	○	○	鞋	海	○	害	○												
ŋ							哀	埃	矮	爱	艾	隘												
∅	○	儿	耳	○	二	○	○	○	矮△	○	○	蔼	挖	怀	踒△	○	外	舀△	○	○	○	○	○	月

第四表

韵＼声	e						ie						εi						uεi					
字	阴平	阳平	上声	阴去	阳去	入声	阴平	阳平	上声	阴去	阳去	入声	阴平	阳平	上声	阴去	阳去	入声	阴平	阳平	上声	阴去	阳去	入声
p							逼	○	○	○	○	憋	杯	○	○	辈	倍	○						
p'							○	○	别	○	○	撇	胚	培	○	配	呸	○						
m							哞	谋	蔑△	○	茂	灭	霉	梅	美	○	妹	○						
φ	○	浮	○	阜	○	○							非	肥	匪	费	惠	○						
t	兜	○	斗	鬥	豆	○	爹	○	○	○	○	跌	堆	○	逗	对	○	○						
t'	偷	头	特	透	○	○	○	○	碟	○	○	贴	推	○	腿	退	○	○						
l	搂	楼	缕	○	漏	○	(○	○	○	○	○	烈)	○	雷	屡	锐	内	○						
ʈ																								
ʈ'																								
ts													追	○	嘴	醉	罪	卒						
ts'													吹	锤	揣	脆	○	○						
s													○	谁	水	岁	瑞	戌						
tɕ							遮	○	姐	借	骤	节												
tɕ'							车	愁	绝	去	○	杰												
ç							奢	蛇	舌	赦	射	屑												
ɳ							○	○	热	○	○	业												
k	勾	嗝	狗	够	○	革													归	○	鬼	贵	跪	骨△
k'	抠	○	口	叩	○	克													亏	葵	傀	溃	○	○
x	吼	侯	○	○	后	赫																		
ŋ	○	○	藕	○	○	额																		
∅	欧	○	沤	沤	○	○	耶	爷	野△	沤	夜	乙							威	危	尾	伪	未	○

第五表

韵\声	ɐu 阴平	阳平	上声	阴去	阳去	入声	iɐu 阴平	阳平	上声	阴去	阳去	入声	ou 阴平	阳平	上声	阴去	阳去	入声	iou 阴平	阳平	上声	阴去	阳去	入声
p													包	〇	保	报	抱	〇	臕	〇	表	俵	〇	〇
p'													抛	袍	跑	炮	〇	〇	标	瓢	漂	票	〇	〇
m													猫	毛	卯	〇	帽		〇	苗	渺	〇	庙	
φ																								
t	都	〇	肚	妒	度	犊							刀	〇	岛	到	道	〇	刁	辽	鸟	钓	调	〇
t'	〇	图	土	吐	〇	突							叨	桃	讨	套	〇	〇	挑	条	斛	跳	桃	
l	撸	奴	鲁	〇	路	绿	(溜	流	柳	馏	〇	〇)	捞	劳	老	绕△	闹		(〇	辽	了	〇	料	〇)
tʂ	州	〇	九	宙	舅	竹							交	〇	狡	照	召							
tʂ'	抽	仇	丑	臭	〇	逐							超	桥	巧	窍	〇							
ts	租	〇	组	做	助	足							遭	〇	早	灶	皂	〇						
ts'	初	雏	楚	醋	〇	族							操	巢	草	糙	〇							
s	梳	〇	数	诉	〇	肃							骚	〇	扫	溲	〇							
tɕ							揫	〇	酒	酱	袖	〇							焦	〇	剿	醮	〇	〇
tɕ'							秋	囚	〇	〇	〇	〇							锹	憔	悄	鞘	〇	〇
ɕ							修	〇	手	秀	寿	叔							萧	韶	少	笑	效	〇
ɲ							〇	牛	纽	扭△	〇	褥							〇	尧	鸟	尿		
k													高	〇	稿	告	〇	〇						
k'													敲	〇	考	靠	〇	〇						
x													蒿	豪	好	耗	浩	〇						
ŋ													熝△	昂	袄	奥	傲	〇						
ø							幽	尤	有	诱	右	狱	熝	〇	〇	坳	〇	〇	妖	摇	扰	要	鹞	〇

第六表

韵＼字＼声	o							io							oŋ					ioŋ				
	阴平	阳平	上声	阴去	阳去	阴入	阳入	阴平	阳平	上声	阴去	阳去	阴入	阳入	阴平	阳平	上声	阴去	阳去	阴平	阳平	上声	阴去	阳去
p	波	○	跛	簸	○	剥									邦	○	榜	棒	蚌					
p'	坡	婆	颇	破	○	泼									乒	旁	膀	胖	○					
m	摸	模	○	○	磨	莫									○	忙	莽△	望	望△					
φ																								
t	多	○	朵	剁	舵	○		○	○	○	○	○	略		当	○	党	当	荡	○	良	两	○	量
t'	拖	驼	妥	唾	○	铎									汤	唐	倘	烫	○					
l	啰	罗	卵	摞	糯	洛		（○	○	○	○	○	略）		朗△	郎	朗	浪	浪	（○	良	两	○	量）
ȶ	○	○	○	剁△	○	脚									张	○	掌	帐	丈					
ȶ'	○	○	掉	○	○	绰△									昌	肠	厂	畅	○					
ts	○	○	左	佐	坐	捉									庄	○	○	葬	状					
ts'	搓	矬	昨	错	○	戳									窗	床	撞	创	○					
s	梭	缩	锁	○	○	速									霜	○	爽	丧	○					
tɕ																				将	○	奖	酱	匠
tɕ'								○	○	嚼	○	○	雀							枪	祥	抢	戗	○
ɕ								○	○	学	○	○	削							香	常	想	向	上
ȵ								○	○	○	○	○	虐							○	娘	仰△	酿	让△
k	歌	○	果	过	○	郭									钢	○	广	虹	缸△					
k'	科	○	可	课	○	阔									康	狂	慷	况	○					
x	○	河	合	货	祸	喝									方	杭	纺	放	项					
ŋ	我	蛾	我	○	卧	鄂																		
Ø	倭	禾	○	喔△	○	恶		哟	○	攞	○	○	岳		汪	亡	往	○	望	央	羊	痒	酿	样

第七表

韵 字声	ʌŋ					iʌŋ					uʌŋ					yʌŋ				
	阴平	阳平	上声	阴去	阳去	阴平	阳平	上声	阴去	阳去	阴平	阳平	上声	阴去	阳去	阴平	阳平	上声	阴去	阳去
p	绷	○	○	蹦	○	兵	○	本	并	病										
p'	喷	朋	捧	喷	○	拼	平	品	聘	○										
m	蠓	蒙	猛	懞	梦△	蚊	门	敏	闷	命△										
φ	分	逢	粉	奋	奉															
t	东	○	董	顿	洞	丁	铃	顶	订	定										
t'	通	同	统	痛	○	厅	亭	挺	听	○										
l	聋	轮	陇	弄	嫩	(○	铃	岭	○	另)										
ʈ	征	沉	整	震	郑															
ʈ'	卿	成	逞	庆	○															
ts	尊	○	总	纵	○															
ts'	村	从	○	寸	○															
s	松	旬	损	送	颂															
tɕ						精	○	井	进	静						忠	○	冢	众	仲
tɕ'						清	秦	寝	侵	○						春	虫	宠	铳	○
ɕ						心	形	醒	信	幸						兄	雄	盾	训	顺
ȵ						○	迎	○	○	认										
k	工	○	拱	贡	共						○	○	滚	棍	○					
k'	空	○	孔	控	○						坤	裙	緄	困	○					
x	轰	红	哄	○	○															
ŋ																				
ø						因	人	忍	映	任	翁	文	吻	甕	问	雍	云	永	泳	用

第八表

韵＼字声	ĩ					ɛ̃i					uɛ̃i					yɛ̃i				
	阴平	阳平	上声	阴去	阳去	阴平	阳平	上声	阴去	阳去	阴平	阳平	上声	阴去	阳去	阴平	阳平	上声	阴去	阳去
p	边	○	贬	变	辨	奔	○	○	半	拌										
p'	编	便	便	片	○	烹	盘	○	叛	○										
m	眠△	棉	免	眄△	面	○	瞒	满	○	孟										
ɸ						欢	○	缓	焕	患										
t	颠	连	点	店	电	登	○	等	凳	段										
t'	天	田	舔	○	○	吞	团	磴	磴△	○										
l	(○△	连	脸	○	练)	龈△	能	暖	○	乱										
ʈ																				
ʈ'																				
ts						争	○	撰	钻	○										
ts'						佘	层	○	窜	○										
s						森	○	省	算	○										
tɕ	尖	○	剪	见	贱											专	○	转	绢	倦
tɕ'	千	钳	浅	歉	○											穿	权	犬	劝	○
ɕ	仙	贤	险	线	县											喧	玄	○	眩	○
ɲ	研	年	碾	○	验											○	○	软	○	○
k						跟	○	耿	更	○	官	○	管	贯	○					
k'						亨	○	肯	○	○	宽	○	款	塌	○					
x						哼	衡	很	○	恨										
ŋ						恩	○	○	○	硬										
Ø	烟	炎	掩	宴	艳						○	○	碗	○	○	渊	元	远	怨	院

第九表

韵＼声	æ̃					iæ̃					uæ̃					yæ̃				
字	阴平	阳平	上声	阴去	阳去	阴平	阳平	上声	阴去	阳去	阴平	阳平	上声	阴去	阳去	阴平	阳平	上声	阴去	阳去
p	班	○	板	扮	办	○	○	饼△	○	病										
pʻ	攀	○	○	盼	○	○	平△	○	○	○										
m	蛮△	蛮	满	○	慢	○	名△	○	○	命										
φ	番	桓	反	范	犯															
t	丹	○	胆	担	淡	钉	铃	鼎	钉	町										
tʻ	贪	谈	坦	探	○	○	○	○	听	○										
l	篮	南	览	○	滥	（○	铃△	岭	○	另△）										
ʈ	间	○	颈	涧	○															
ʈʻ	轻	○	○	磬	○															
ts	簪	○	斩	赞	暂															
tsʻ	餐	残	产	灿	○															
s	山	○	伞	散	○															
tɕ						精△	○	井	○	净△										
tɕʻ						清△	晴	请△	○	○										
ɕ						星△	成	醒△	腥△	○										
ɲ																				
k	甘	○	赶	监	○						观	○	○	惯	○					
kʻ	堪	○	砍	看	○						关△	○	○	○	○					
x	酣	寒	喊	汉	旱															
ŋ	安	颜	眼	暗	岸															
ø						○	赢△	眼	○	○	弯	玩	腕	○	万	萤	○	○	○	

四、音节结构特点

（1）南岳话声韵相配，共出现290个不同的音节（阴声韵176、阳声韵114），其中有21个音节只出现在白读中。如果区别声调，阴声韵有六个声调，可出现1056个音节，实际只出现683个音节，其中有46个白读音节；阳声韵有五个声调，可有570个音节，实际只出现417个音节，其中有39个白读音节。总共实际出现1100个音节，包括85个白读音节。可以肯定，还有一些白读音节没记全。

（2）韵母 ɿ 只跟 ts 组声母相拼，韵母 ɯ 只跟零声母和 k 组声母相拼。其他开口韵都不与 tɕ 组声母相拼，o、ou、oŋ 还不与 ɸ 相拼。带-ŋ 的鼻尾韵不与声母 ŋ 相拼。

（3）齐齿韵都不与 t 组、ts 组、k 组声母和 ɸ 相拼。

（4）合口韵一般只同 k 组和零声母相拼，只有独立的 u 韵还同 p 组声母相拼。

（5）撮口韵只同 tɕ 组和零声母相拼。

（6）iæ̃、yæ̃只用于白读，相应的文读音是 iʌŋ、yʌŋ。

（7）ɛi、uɛi 两韵都来自古代的合口韵，只在喉牙音中介音 u 还是明显的，但也比较轻而短，严式应作 kʷ-: 舌音唇音后明显无 u 介音。

（8）在齐齿韵中，绝大多数南岳人口中 t、l 是不分的，"底、鲤"同音，"帝、粒"同音，"顶、岭"同音，"点、脸"同音，经常念 t，有时念 l，是自由变体。但是也有少数人，青年为主，是能分的。主要发音人唐未之齐齿韵中是 t、l 不分的，所以在表中把这些 l 母音节用圆括弧括了起来，统计音节数时未计算在内。

五、异读和连读

1. 异读

南岳话文白异读的字相当多,青老异读的情况也相当复杂。综述如下:

(1)以韵母区别文白异读,主要有:

(甲)ie(文)—ia(白)

假摄开口三等字:姐 ᶜtɕie—ᶜtɕia;借 tɕieᶜ—tɕiaᶜ;赊 ᶜɕie—ᶜɕia;邪蛇 ᶜɕie—ᶜɕia;写 ᶜɕie—ᶜɕia;射 ɕieᶜ—ɕiaᶜ;爹 ᶜtie—ᶜtia;也野 ᶜie—ᶜia;夜 ieᶜ—iaᶜ。

(乙)i(文)—ia(白)

梗摄入声开口三、四等字:壁 piₒ—piaₒ;劈 pʻiₒ—pʻiaₒ;滴 tiₒ—tiaₒ;绩(~麻)脊(屋~)tɕiₒ—tɕiaₒ;石 ᶜɕi—ᶜɕia。

(丙)ia(文)—a(白)

假摄开口二等字:丫桠 ᶜia—ᶜa;哑 ᶜia—ᶜa。

咸摄入声开口二等字:鸭 iaₒ—aₒ。

(丁)æ(文)—a(白)

梗摄入声开口二等字:摘 tsæₒ—tsaₒ;栅 tsæₒ—tsaₒ。

(戊)o(文)—u(白)

果摄合口一等字:婆 ᶜpʻo—ᶜpʻu;过 koᶜ—kuᶜ;火 ᶜxo—ᶜxu。

(己)iʌŋ/ʌŋ(文)—iæ̃/iæ̃(白)

梗摄开口三、四等帮组、端组、精组、晓组字:病 piʌŋᶜ—piæ̃ᶜ;饼 ᶜpiʌŋ—ᶜpiæ̃;名 ᶜmiʌŋ—ᶜmiæ̃;命 miʌŋᶜ—miæ̃ᶜ;钉 ᶜtiʌŋ—ᶜtiæ̃;鼎 ᶜtiʌŋ—ᶜtiæ̃;听 tʻiʌŋᶜ—tʻiæ̃ᶜ;精(~肉)ᶜtɕiʌŋ—ᶜtɕiæ̃;井 ᶜtɕiʌŋ—ᶜtɕiæ̃;清 tɕʻiʌŋᶜ—tɕʻiæ̃ᶜ;请 tɕʻiʌŋᶜ—tɕʻiæ̃ᶜ;星 ᶜɕiʌŋ—ᶜɕiæ̃;腥 ᶜɕiʌŋ—ᶜɕiæ̃;醒 ᶜɕiʌŋ—ᶜɕiæ̃;影 ᶜiʌŋ—ᶜiæ̃。

梗摄开口三等章组、见组字:整ₒtʌŋ—ₒtæ̃轻ₒtʰʌŋ—ₒtʰæ̃

臻摄开口三等章组字:诊ᶜtʌŋ—ᶜtæ̃。

(庚)yʌŋ(文)—yæ̃(白)

梗摄合口四等字:萤ₒyʌŋ—ₒyæ̃。

(辛)æ̃(文)—oŋ(白)

梗摄开口二等字:冷ₒlæ̃—ₒloŋ;撑tsʰæ̃—ₒtsʰoŋ;掌tsʰæ̃ᶜ—tsʰoŋᶜ。

(壬)æ̃(文)—uɛi(白)

山摄开口一等见母字:肝乾(~湿)ₒkæ̃—ₒkuɛi。

(2)以声母区别文白异读,主要有:

(甲)t(文)—k(白)

见母假摄开口二等字:家痂ₒta—ₒka;架嫁 taᶜ—kaᶜ。

见母咸摄入声开口二等字:夹袷挟(~菜)taˌ—kaˌ。

见母效摄开口二等字:教胶ₒtou—ₒkou;教觉 touᶜ—kouᶜ。

见母山摄开口二等字:间ₒtæ̃—ₒkæ̃;涧间 tæ̃ᶜ—kæ̃ᶜ。

见母江摄开口二等字:讲ᶜtoŋ—ᶜkoŋ。

(乙)tʰ(文)—kʰ(白)

溪母宕摄合口三等字:筐眶ₒtʰoŋ—ₒkʰoŋ。

溪母咸摄入声开口二等字:掐ₒtʰɑ—ₒkʰɑ。

(丙)〇(文)—ŋ(白)

影母开口二等字:矮ᶜæ—ᶜŋæ;坳 ouᶜ—ŋouᶜ。

(丁)〇(文)—ȵ(白)

疑母合口三等字:愚ₒy—ₒȵy。

(戊)ç(文)—tçʰ(白)

晓母止摄开口三等字:喜ᶜçi—ᶜtçʰi;戏 çiᶜ—tçʰiᶜ。

(己)ȵ(文)—t(白)

端母效摄开口四等字:鸟ᶜȵiou—ᶜtiou。

(3)声母、韵母都不同的文白异读，主要有：

(甲)ɕia(文)—xa(白)

晓、匣假摄开口二等字：虾꜀ɕia—꜀xa；下夏 ɕia꜅—xa꜅。

晓母山摄入声开口二等字：瞎 ɕia꜆—xa꜆。

匣母咸摄入声开口二等字：狭꜂ɕia—꜂xa。

(乙)i-(文)—ŋ-(白)

疑母假摄开口二等字：牙芽伢衙꜁ia—꜁ŋa。

疑母效摄开口二等字：咬꜂iou—꜂ŋou。

影母咸效开口二等字：鸭压 ia꜆—ŋa꜆。

疑母山摄开口二等字：颜꜁iæ̃—꜁ŋæ̃；眼꜂iæ̃—꜂ŋæ̃。

(丙)tɕ/tɕʻie(文)—ʈ/ʈʻa(白)

章、昌假摄开口三等字：遮꜀tɕie—꜀ʈa；蔗 tɕie꜄~ʈa꜄；车꜀tɕʻie~꜀ʈʻa；扯꜂tɕʻie~꜂ʈa。

(丁)ɕ/Øie(文)—tɕ/ȵia(白)

邪母假摄开口三等字：斜邪꜁ɕie—꜁tɕia。

日母假摄开口三等字：惹꜀ie—꜀ȵia。

(戊)tɕ/tɕʻi(文)—ʈ/ʈʻa(白)

章、昌梗摄入声开口三等字：隻炙tɕi꜆—ʈa꜆；尺 tɕʻi꜆—ʈʻa꜆。

溪母梗摄入声开口四等字：吃tɕʻi꜆—ʈʻa꜆。

(己)ts/sɛi(文)—tɕ/ɕi(白)

精组止摄合口三等字：嘴꜂tsɛi—꜂tɕi；醉 tsɛi꜄—tɕi꜄；随꜁sɛi—꜁ɕi；遂 sɛi꜅—ɕi꜅。

(庚)其他

菊 tɕy꜆—ʈɐu꜆；蚀꜂ɕi—꜂ɕie；鲫 tɕi꜆—tsæ꜆；荤꜀ɸʌŋ—꜀kʻuʌŋ；活 xo꜆—꜂ɸæ；白꜂pʻæ—꜂pʻa；杉꜁sæ̃—꜀sa。

(4)青老异读

南岳话青老异读主要表现在受普通话影响的大小，一般说来，青年人受普通话影响大一些。比如：知，青年人念 ₌tsʅ，老年人念 ₌tɕi。需，青年人念 ₌ɕy，老年人念 ₌ɕi。老年人口中白读音比青年人多。但是这些不影响音系的差异，影响音系差异的是古来母字的读音。古来母字在齐齿呼前老年人都读成 t,t 和 l 相混，少了许多音节；但是青年人（30 岁以下）很少相混的。例如：

离篱璃犁梨黎	₌li—₌ti（青—老，下同）
礼履李里理	ᶜli—ᶜti
立吏栗律率历	li₌—ti₌
聊辽寥	₌liou—₌tiou
流刘留硫	₌liɐu—₌tiɐu
廉镰帘连怜莲	₌lĩ—₌tĩ
林临邻灵铃伶	₌liʌŋ—₌tiʌŋ
良凉粮梁粱	₌lioŋ—₌tioŋ
略	lio₌—tio₌

青老异读反映了青年人读音向普通话靠近，这是南岳方言中的主要现象。但是我们也发现了一种相反的现象，这就是在青年人口中声化韵母 ŋ̍ 有很强的扩散趋势。前两次调查时，我们的发音人都是老年人，声化韵母 ŋ̍ 只发现两个字："鱼"₌ŋ̍、"蕹"（~菜）ŋ̍₌；第三次调查发现青年人念声化韵母的字特别多。他们不仅把 oŋ 韵中零声母的字都念成了声化韵母，例如："汪"₌ŋ̍、"王"₌ŋ̍、"往"ᶜŋ̍、"望"ŋ̍₌；而且把 oŋ 韵的 x 母字也念成了声化韵母，例如："方"₌xŋ̍、"杭"₌xŋ̍、"纺"ᶜxŋ̍、"放"xŋ̍₌、"项"xŋ̍₌。再找更多老年人核对，念声化韵母 ŋ̍ 的字只多出一个"淹"（~泥巴）ᶜŋ̍。更有少数青年人连 ʌŋ 韵 x 母的字也念成 xŋ̍ 了，变成"红、黄"都不分。这一现象不仅出现在南岳镇的方言中，衡山县城关镇和衡东县城关镇的情况也如此。这是衡山前山话青老异读中非常值得注意的一个现象。

2. 连读

南岳话连读的情况比较单纯,只有某些虚词或某些复音词的后一音节,在连读时很自然地比别的音节念得轻些;用作词尾的成分一般都轻一点。例如"老鼠子"的"子"、"妹叽(女孩儿)"的"叽"、"骨头"的"头"。

六、音系来源

1. 声母

同中古音相比,南岳话的声母系统有很大的简化。最主要的是中古的一套全浊声母在南岳话中消失了,并入了相应的清音,平入吐气,上去不吐气。这是与大多数全浊声母消失的方言的情况——平声送气,仄声不送气——有明显区别的。其次,由于等呼、韵摄的不同,中古的许多组声母也发生了分化和重新组合。从音系来看,南岳话声母唇音 p、p'、m、ɸ 和舌尖前塞音 t、t' 以及舌根音 k、k'、ŋ、x 来源简单,边音 l、鼻音 ȵ 和零声母的来源也不复杂,最复杂的是舌尖前音 ts、ts'、s 和舌面前音 tɕ、tɕ'、ɕ 以及顶音 ʈ、ʈ'。它们都来自中古的多组声母。分别简述如下(为了节省篇幅,例子一律从略,韵母、声调部分同此):

(1)p、p'、m

p、p'、m 来自中古的帮、滂、並、明:

$$p\begin{cases}帮\\並(上、去)\end{cases}\qquad p'\begin{cases}滂\\並(平、入)\end{cases}$$

m—明

(2)t、t'

t、t' 来自中古的端、透、定、来:

$$t\begin{cases}端\\定（上、去）\\来（开三、四）\end{cases}\qquad t'\begin{cases}透\\定（平、入）\end{cases}$$

（3）k、k'

k、k' 来自中古的见、溪、群：

$$k\begin{cases}见（开口、合口一等）\\见（部分开口、合口二等；部分合口三、四等）\end{cases}$$

$$k'\begin{cases}溪（开、合一等；部分开、合二等；部分合口三、四等）\\群（宕摄合口三等平声）\end{cases}$$

（4）ɸ、x

ɸ、x 来自中古的非、敷、奉和晓、匣：

$$ɸ\begin{cases}非、敷、奉（宕摄以外）\\晓、匣（果、宕、通三摄以外的合口洪音）\end{cases}$$

$$x\begin{cases}非、敷、奉（宕摄）\\晓、匣（开口洪音及果、宕、通三摄合口洪音）\end{cases}$$

（5）l、ɳ、ŋ

l、ɳ、ŋ 主要来自中古的泥、来、疑，还有少数日、影两母字：

$$l\begin{cases}泥（开口、合口洪音）\\来（开口、合口洪音）\end{cases}\qquad ɳ\begin{cases}泥（开口、合口细音）\\疑（开口细音）\\日（少数字）\end{cases}$$

$$ŋ\begin{cases}疑（开口洪音）\\影（蟹、效、咸、山、臻等摄开口洪音）\end{cases}$$

（6）ts、ts'、s 和 tɕ、tɕ'、ɕ

这两组声母共同来源于中古的舌齿音，根据等呼或韵摄决定其在南岳话中的归属。tɕ、tɕ'、ɕ 还有部分字来自牙音见、溪、群：

ts〔
精（开口一等）
从（开合一等上去）
知（开口二等）
澄（开口二等上去）
庄（流摄以外）
崇（流、止以外上去）
章（止摄；蟹合口）

ts'〔
清（开合一等）
从（开合一等平入）
彻（开口二等）
澄（开口二等平入）
初（流摄以外）
崇（流、止以外平入）
昌（止摄；蟹合口）

$t\varpi$〔
精（开合四等）
从（开合四等上去）
知（遇、止、咸、山、通等摄）
澄（遇、止、山、通等摄上去）
庄（流摄）
崇（流摄上去；深入）
章（遇、蟹、咸、山、通
　　等摄；深入、臻入）
见（假、效、流、梗以外各
　　摄细音）
群（假、效、流、梗以外各
　　摄细音上去）

$t\varpi'$〔
清（开合四等）
从（开合四等平入）
彻（遇、止、咸、山、通等摄）
澄（遇、止、山、通等摄平入）
崇（流摄平）
昌（遇、山摄）
禅（曾摄入）
溪（假、效、流、梗以外细音）
群（假、效、流、梗以外细音
　　平入）

s〔
心（开合洪音）
邪（止、臻合三、遇部分）
崇（止摄）
生
船（止摄）
书（止、蟹合口）
禅（止、蟹两摄）

ϖ〔
心（开合细音）
邪（止、臻合三、流合三、遇
　　部分以外）
船（止、山合三以外）
书（止、蟹合三以外）
禅（止、蟹以外）

（7）ʈ、ʈʻ

ʈ、ʈʻ来自知、彻、澄、章、昌和见、溪、群等母，与tɕ、tɕʻ同源，根据韵摄的不同而分属ʈ、ʈʻ或tɕ、tɕʻ：

ʈ
- 知（假、效、流、臻、宕、曾、梗等摄）
- 澄（效、流、臻、宕、曾、梗等摄上去）
- 章（效、流、曾、梗等摄）
- 见（假、效、流、梗等摄）
- 群（效、流、梗等摄开三上去）

ʈʻ
- 彻（效、流、臻、宕、梗等摄）
- 澄（效、流、臻、宕、曾、梗等摄平入）
- 昌（流、曾等摄）
- 溪（效、流、梗等摄）
- 群（效、流、梗等摄开三平入）

（8）ø

南岳话零声母来源于中古的影、喻、微、日、疑：

ø
- 喻、微
- 日（大部）、疑（合口）
- 影（蟹、效、咸、山、臻开口洪音以外）

2. 韵母

南岳话的韵母系统同中古音系对照，比声母系统变化更大，各韵的来源交错复杂。变化最大的是入声韵的消失。南岳话同大多数方言一样，入声韵并入了阴声韵，只保留一个入声调。阴入合并基本上按韵摄分类，同一韵摄发生不同变化，则是由等呼或声母的类属不同而引起的。阴声韵和阳声韵也因等呼或声母的类属不同而产生分化或合流，阴声韵的变化大一些，阳声韵的变化小一些。各韵的源流简述如下（例字从略）：

（1）i、ʅ、ɯ

i是由阴声韵止、蟹、遇三摄的部分字和深、臻、曾、梗四摄的部分入声字合并而成的。ʅ、ɯ也来自止摄：

i $\left\{\begin{array}{l}\text{止开口帮、端、知、见、晓五组}\\\text{蟹开三、四}\\\text{遇合三精组}\\\text{深入、臻入、曾入、梗入开三、四}\end{array}\right.$

ʅ　止开口精、庄、章三组

ɯ　止开口日母，外加遇摄"去"字的白读

（2）ɛi、uɛi，æ、uæ、yæ

ɛi、uɛi，æ、uæ 的来源与 i 韵关系密切，同是来源于中古阴声韵止、蟹两摄，合并的入声韵也相同，区别在于等呼不同。yæ 的来源与 i 韵无关，是由山摄的入声字演变来的：

ɛi $\left\{\begin{array}{l}\text{止合口唇音、舌齿音和晓、匣}\\\text{蟹合口唇音、舌齿音和晓、匣}\\\text{臻入合一精组}\end{array}\right.$

uɛi $\left\{\begin{array}{l}\text{止合口见组和影、喻}\\\text{蟹合口三、四喉牙音和合一大部分喉牙音}\end{array}\right.$

æ $\left\{\begin{array}{l}\text{蟹开口一、二}\\\text{梗入开二唇音和舌齿音，曾入开一唇音和舌齿音}\end{array}\right.$

uæ $\left\{\begin{array}{l}\text{蟹合二喉牙音和合一少数牙音}\\\text{曾入合一}\end{array}\right.$

yæ　山入合三、四见组和影、喻

（3）u、y

u、y 来自阴声韵遇摄，合并了臻、曾、梗、通四摄的部分入声字：

u $\left\{\begin{array}{l}\text{遇合一唇音、喉牙音和合三唇音}\\\text{臻入合一唇音（明母除外）和喉牙音}\\\text{通入合一唇音、喉牙音和合三唇音}\end{array}\right.$

y
$\begin{cases} 遇合三喉牙音和知、章两组 \\ 臻入合三知、章、见三组 \\ 曾入、梗入合三 \end{cases}$

（4）e、ie 和 a、ia、ua、ya

ie 和 a、ia、ua 来自阴声韵假摄，合并了咸、山两摄的绝大部分入声字。ie 和 ia 在大多数情况下是文白异读的关系。e 来源于流摄，合并了部分梗摄入声字。ya 来源于果摄，字数不多：

e
$\begin{cases} 流开一舌齿音、喉牙音（影母除外） \\ 梗入开二喉牙音、曾入开一喉牙音 \end{cases}$

ie
$\begin{cases} 假开三 \\ 流开一影母 \\ 咸入、山入开三 \end{cases}$

a
$\begin{cases} 假开二（喉音除外）、合二庄组 \\ 咸入开一舌齿音、开二（影除外）、合三唇音（微除外） \\ 山入开一舌齿音、开二合二庄组、合三唇音 \end{cases}$

ia
$\begin{cases} 假开二喉音、疑母（文读）、开三（白读） \\ 咸入开二影母 \end{cases}$

ua
$\begin{cases} 假合二喉牙音 \\ 山入合一见母、合二喉牙音、合三微母 \end{cases}$

ya　　果摄开三、合三

（5）o、io

o 与 ya 同是来源于阴声韵果摄，只是等呼不同；另外，它还合并了咸、山、宕、江、梗等摄的部分入声字。io 来源于宕、江两摄的部分入声字：

o $\begin{cases}\text{果开一、合一}\\\text{咸入开一喉牙音}\\\text{山入开一喉牙音、合一(见母除外)}\\\text{宕入开一;开三知组和章、昌、见、溪}\\\text{江入(滂、并、疑。匣除外)}\end{cases}$

io $\begin{cases}\text{宕入开三(知组和章、昌、见、溪除外)}\\\text{江入疑、匣}\end{cases}$

（6）ou、iou 和 ɐu、iɐu

ou、iou 来源于效摄;ɐu、iɐu 来源于流摄,合并了通摄的部分入声字:

ou $\begin{cases}\text{效开一、开二}\\\text{效开三知组、章组、见组}\end{cases}$

iou $\begin{cases}\text{效开三(知组、章组、见组除外)}\\\text{效开四}\end{cases}$

ɐu $\begin{cases}\text{流开三知组、见组和章、昌}\\\text{通入合一端组和精组;合三精、知、庄三组和章、昌}\end{cases}$

iɐu $\begin{cases}\text{流开三端、精、晓三组和书、禅、疑}\\\text{通入合三晓组和船、书、禅、日}\end{cases}$

（7）ĩ、æ̃、iæ̃、uæ̃、yæ̃

ĩ、æ̃、uæ̃来自咸、山两摄;iæ̃、yæ̃来自梗摄,是两个白读韵:

ĩ $\begin{cases}\text{咸开三、开四}\\\text{山开三、开四;合三精组}\end{cases}$

æ̃ $\begin{cases}\text{咸开一、开二;合三非组}\\\text{山开一、开二;合三非组(微除外)}\end{cases}$

uæ̃　山合一影母上去;合二见组和影母;合三微母

iæ̃　梗开三、开四的白读

yæ̃　梗合四的白读(只一“蝾”字)

（8）ɛ̃i、uɛ̃i、yɛ̃i

ɛ̃i、uɛ̃i、yɛ̃i 主要来自山摄合口，合并了臻、曾、梗等摄的部分开口字：

ɛ̃i
- 山合一帮、端、精三组和晓、匣；合二庄组和匣母
- 臻开一
- 曾开一
- 梗开二帮组（部分）、庄组、见组、晓、匣（部分）

uɛ̃i　山合一见组和影母

yɛ̃i
- 山合三知、章、见、晓四组
- 山合四

（9）ʌŋ、iʌŋ、uʌŋ、yʌŋ

这四韵来源于曾、梗、通、深、臻五摄。从古音来看，大致是阳声韵中主要元音属 e 系的韵的大合并：

ʌŋ
- 通合一（影母除外）；合三非、端、精、见四组
- 曾开三知组和章、昌、禅
- 梗开二帮组（部分）、知组（部分）；开三知组、见组（疑除外）、章；开四见组；合二晓、匣
- 臻开三知组、见组（疑除外）和章；合一端、精两组和晓、匣；合三非组（微除外）、端组、精组

iʌŋ
- 深摄
- 臻开三帮、端、精、晓四组、章组（章除外）、疑；合一帮组
- 曾开三帮组、晓组和船、书、来、日、疑
- 梗开二影、匣（部分）；开三帮、精、晓三组和书、禅、来、日、疑；开四（见组除外）

uʌŋ
- 臻合一见组和影母；合三微母
- 通合一影母

$$yʌŋ\begin{cases}臻合三知、章、见、晓四组\\梗合三、合四\\通合三知、章、晓三组\end{cases}$$

（10）oŋ、ioŋ

oŋ、ioŋ 主要来源于宕摄和江摄，是两摄的合并和重新组合，外加梗摄的少数字：

$$oŋ\begin{cases}宕开一、合一、合三\\宕开三知组、庄组、见组（疑除外）和章、昌\\江摄帮、知、庄三组；见组（部分）、晓组（大部）\\梗开二帮组（部分）、知组（个别字）和溪母\end{cases}$$

$$ioŋ\begin{cases}宕开三端、精、晓三组；章组（章、昌除外）和疑母\\江摄见组（部分）、晓组（个别字）\end{cases}$$

3. 声调

南岳话六个声调是由中古的四个声调根据声母的清浊而分化组合的。可以概括成四点：

（1）平分阴阳。即中古的平声清声母在南岳话中念阴平，浊声母念阳平。

（2）去声也分阴阳。清声母念阴去，浊声母念阳去。

（3）浊上变去。即全浊上声变成阳去。

（4）保留入声，但全浊入已变上声。

　　　　　1988年3月初稿于北京大学

　　　　　1991年1月修改于斯坦福大学

　　　原载《北京大学学报》1993年第2期

杨时逢《湖南方言调查报告》
衡山音系读后[*]

　　1935 年至 1936 年赵元任、丁声树、杨时逢、吴宗济、董同龢等五位先生调查了江西方言、湖南方言和湖北方言，1938 年"把材料较完整音档较清晰的《湖北方言调查报告》"先整理出版了。这是汉语方言研究史上一次重大活动，对后来的方言调查研究有着深远影响。时隔四十年，杨时逢先生在 1974 年又整理出版了《湖南方言调查报告》(台湾中研院史语所印行)。这无疑要受到国内外语言学界的广泛重视，不仅因为它是第一部湘方言的全面资料，还因为参加调查工作的几位先生在语言学界的崇高地位。

　　笔者祖籍湖南衡山县(后山望峰桥)，在当地生活过多年，80 年代曾先后三次带领研究生赴衡山、南岳(原属衡山县，今为特区，直属衡阳市)调查了多个点的方言。在第三次赴衡山前见到杨时逢先生的《湖南方言调查报告》(以下简称《调查报告》)，研读其中的衡山音系，发现与我们调查的衡山城关音系差异颇大。尽管《调查报告》中说："山前一种即黄桑桥本地话，城内及东南部相近。"但是我仍想它是否同城关话有较大差异呢？带着这个问题，1990 年 6 月笔者抵达衡山后，首先查访黄桑桥这个地名，发现它是在湘江东岸，在衡山县城东北三十多公里处；而杨著《调查报告》的"湖南方言调查点图"却把它标示在县城西北 33 公里处。这显然是错误的。这一位置倒是接近《调查报告》的另一调查点白果(《调查

---

　　* 本文承王福堂同志审阅并提供了宝贵的修改意见。

报告》未著录其材料）。

　　老的衡山县 60 年代以后分为衡山、衡东两县，湘江以东今为衡东县。黄桑桥今属衡东县。弄清黄桑桥的地理位置后，笔者带着杨著《调查报告》衡山（黄桑桥）音系复印件和笔者所整理的衡山城关音系资料，到衡东县县城找到两位黄桑桥人，她们都是城关一小的教师，一个 39 岁，一个 26 岁。复核的结果，两人的口音与笔者所整理的衡山城关音系一致，而与杨著《调查报告》的音系差异颇大。衡山话一般分为前山话和后山话，以南岳山为界，大致是山的东面为前山，山的西面为后山。湘江纵贯前山，两岸语音相当一致，东岸即现在的衡东县；后山是丘陵山区地带，语音相当复杂，各乡之间往往有明显差异。经过对黄桑桥两位发音人复核后，我们进行了分析研究，认识到杨著《调查报告》衡山（黄桑桥）音系与现在衡山城关音系（包括现在黄桑桥的口音）的差异是由三方面原因造成的：一是半个世纪音变的结果；二是由于当时只有几个人，要在很短的时间内实现一个省方言的全面普查，难免有遗误；三是由于整理时的条件所限而造成的明显失误。下面提出我们的一些看法，以供参考。

一、调查报告所反映的语音变化

1. tɕ/tɕʻ—ʈ/ʈʻ

　　《调查报告》排列衡山（黄桑桥）音系的声母 19 个；而现在衡山城关音系有声母 21 个。调查报告缺 ʈ、ʈʻ 两个声母。

　　ʈ、ʈʻ 是衡山前山话中两个比较特殊的声母，过去有人记作 ȶ、ȶʻ，也有人记作 ʈ、ʈʻ。我第三次赴衡山调查时，适逢王福堂同志带领北京大学中文系汉语专业学生到衡山调查方言，经过共同分析讨论，我们认为它是略后于舌尖前 t、tʻ 的带点卷舌作用的顶音。它们来自中古的知、彻、澄、章、昌、禅和见、溪、群等 9 个声纽，tɕ、tɕʻ 的大部分字也来自

这 9 个声纽。9 个声纽在开口细音前根据韵摄的不同而分属 t、tʻ 或
tɕ、tɕʻ。衡山城关话今念 t、tʻ 的字在《调查报告》中都念 tɕ、tɕʻ，我们摘
录列举如下（括号中系《调查报告》的页码）：

例字（中古声纽）	《调查报告》（页码）	今读
周（章）	tɕ（604）	t
甲（见）	k（604，611）	t
家佳假架（见）	tɕ（611）	t
吃（溪）	tɕ（611）	tʻ
觉（见）	tɕ（612）	t
骄（见）招昭照（章）赵（澄）	tɕ（613）	t
超（彻）乔（群）潮（澄）巧（溪）	tɕʻ（613）	tʻ
纠九（见）周嘱（章）蜀（禅）竹（知）	tɕ（614）	t
筹（澄）	tɕʻ（614）	tʻ
张长（知）江（见）	tɕ（616）	t
腔（溪）昌（昌）	tɕʻ（616）	tʻ
今经巾荆（见）正（章）郑（澄）	tɕ（616）	t
轻钦（溪）陈（澄）成诚臣（禅）倾（溪）	tɕʻ（616）	tʻ
沉（澄）	tɕʻ（616）	tʻ

"甲"念 k 可能是当时的白读，也可能是发音人的讹读，依音变规
律应念 tɕ；"吃"念 tɕ，可能有误，依音变规律应念 tɕʻ。

从整个音系来看，《调查报告》应该是保存了 50 年前的旧读。
据笔者回忆，50 年代初衡山城关话"家"仍念 ˪tɕia，不念 ˪ta；"吃"仍
念 tɕʻia˼，不念 tʻa˼；"九"仍念 tɕiau，不念 ˪tau。如果记忆不误，那
么 t、tʻ 是 50 年代以后才产生的新声母。

2. ts/tsʻ/s（细音）—tɕ/tɕʻ/ɕ

《调查报告》"音韵特点"声母部分第二条指出，当时黄桑桥音
系"分尖团，古精组细音读 ts 等，与见系细音读 tɕ 等不混，如'西'

si≠'希'ɕi,'小'siɔ≠'晓'ɕiɔ,'秋'ts'iau≠'丘'tɕ'iau"（617）。
在"同音字表"中,正如"音韵特点"中指出的,尖团分得很清楚。
但是,现在衡山城关音系精组细音字已经读作 tɕ、tɕ'、ɕ（黄桑桥话
也如此）。因此,在有些韵中精组细音字已与原念 tɕ、tɕ'、ɕ 的见组
细音字合流,例如《调查报告》"同音字表"的 i 韵、ĩ 韵中的 ts、ts'、
s 和 tɕ、tɕ'、ɕ 都合成了一套,"音韵特点"中所举的例字都已同音。
但是在 io 韵、iɔ 韵、iau 韵、iʌŋ 韵中原念 tɕ、tɕ' 的字（见系字）大都
又变读 t、t' 了,因此只有 s 和 ɕ 合流,ts/ts' 和 tɕ/tɕ' 并未合流。例
如 io 韵的"雀"今念 tɕio,而"觉"却念 t'o;iɔ 韵的"焦"今念 tɕiɔ,而
"骄招照昭赵"却念 t'ɔ;ioŋ 韵的"将"今念 tɕioŋ、"详"今念 tɕ'ioŋ,
而"张江长"却念 toŋ、"腔昌"却念 t'oŋ;iʌŋ 韵的"津晋进"今念
tɕiʌŋ、"亲秦"今念 tɕ'iʌŋ,而"今京经巾荆正郑"却念 tʌŋ、"轻钦陈
成诚臣倾"却念 t'ʌŋ。

上面已经说过,t、t' 可能是 50 年代以后才产生的;那么 ts、ts'、s
（细音）变为 tɕ、tɕ'、ɕ,形成部分的尖团合流,也应该是 50 年代以后
的新变化。

二、由于调查材料不足所产生的遗误

在《调查报告》的序中作者曾告诉我们,当时是"打算少数人
在几年内给全国方言做一个粗略的初次调查",因此每个调查点所
调查材料很少（大约七百多字）,调查所用的时间也很短（一个省
所用调查时间不超过半个月,一个人一天有时要调查两三个县,可
能包括四五个方言点）。在这种情况下,记录的材料当然不全,方
言现象必然有遗漏,也难免有失误,还要考虑发音人的各种讹误。
我们把杨著衡山（黄桑桥）音系报告同我们三次调查后整理的材
料作过一次全面比较,经过分析研究,发现由于材料不足而产生的
遗误确实不少,这里主要只是提出一些有关音系的问题来进行

讨论。

1. 韵母多少问题

《调查报告》排列衡山(黄桑桥)音系的韵母 31 个。根据我们的调查,衡山城关音系(包括现在的黄桑桥音系)有韵母 36 个,外带一个声化韵 ṇ̩。杨著《调查报告》少 e、yæ、iæ(依杨著应作 iã)、yæ̃ (yã)、uʌŋ 等五个韵母和声化韵 ṇ̩。

(1)《调查报告》有 ie 无 e。这一问题情况比较复杂。根据我们的调查材料,衡山城关话 e 韵的来源有二:一是非入声,来自流摄开口一等的舌齿音和喉牙音;二是入声,来自曾摄入声开口一等和梗摄入声开口二等的喉牙音。æ 韵也有两个来源;非入声来自蟹摄开口一、二等,入声来自曾摄入声开口一等和梗摄入声开口二等的唇音和舌齿音。e 韵入声字在今天的衡山城关话中大都有两读,比如《调查报告》“同音字表”æ 韵所举的“格革客厄黑赫”,老年人大多保存 æ 韵的又读。这些字今读 e 韵,显然是受普通话影响的新读音。杨著《调查报告》把这些入声字列入 æ 韵,应该是保存了五十年前的读音。但是非入声的流摄字读 e、蟹摄字读 æ 却很少相混的。杨著“同音字表”把流摄的“谋斗鬥漏走奏侯後欧”也都列在 æ 韵,却是难以理解的。这些字衡山城关话都读 e 韵。斗≠歹,鬥≠带,漏≠赖,侯≠还偕,後≠害;æ 韵 ts 母的上、去声应是“宰再”,而不是“走奏”。杨著把这些流摄字列入 æ 韵,是原来记音材料的问题呢,还是整理归并音位时的误合? 不得而知。我们也曾考虑,这是否反映了五十年前的实际读音呢? 看来不可能。因为如果流、蟹两摄字真曾合流,那么就很难再整齐地分化出来。

(2)yæ 韵在《调查报告》的“同音字表”中有,显然是整理时的一时疏忽,在韵母表中漏列了。

(3)iæ(iã)、yæ̃(yã)是衡山城关话的两个白读韵,iæ韵的文读是 iʌŋ,yæ̃韵的文读是 yʌŋ。iæ韵的字数较多,《调查报告》“同音字表"iʌŋ 韵中的"平名命听星轻"等字的白读是 iæ 韵。yʌŋ 韵的字很少,除《调查报告》"同音字表"yʌŋ 韵所列的"萤"(₋yæ)字外,还有一个₋yæ(绕)毛线、yæ纱的 yæ,无文读。这两个白读韵很可能是调查时没有发现。

（4）uʌŋ 韵在衡山城关话中包括 k、kʻ 和零声母的字,来自臻摄合口一等的见系和合口三等的微母,以及通摄合口一等的影母。例如:滚棍;昆崑坤綑困;温瘟稳;文纹蚊闻吻刎问;翁甕。《调查报告》"同音字表"把"翁温文闻问"列在 ʌŋ 韵零声母,显然是不当的。uʌŋ 韵的遗漏,有调查材料不足的原因,同时也有记音或整理疏忽的因素。

（5）声化韵 ŋ̩ 是前山话同后山话一个显著的差别,40 年代笔者上中学时,就常常听到后山人笑话前山人把"吃鱼"说成tɕʻiɑ₋₋ŋ̩。声化韵在前山话中本来只有₋ṇ(□泥巴,用泥巴把东西掩埋起来)、₋ŋ̩(鱼)、ŋ̩(蕹,~菜)三个字。现在衡山城关、南岳的老年人口中还只有这三个字念 ŋ̩ 韵,但是二十多岁以下的青年人口中却大有增加,不但有 ŋ̩,还有 xŋ̩,五个声调的字齐全。部分青年ŋ̩韵字仍然很少。看来 ŋ̩ 韵字的大量增加是最近时期的事。半个世纪前,ŋ̩ 韵字本来就少,发音人可能认为 ŋ̩ 这个音太土,所以只念了"鱼"的文读₋y,《调查报告》"同音字表"把它列在 y 韵。

2.古全浊入声今读的调类问题

古全浊入声在衡山城关话(包括现在的黄桑桥话)中今读上声(例外很少)。但是杨著《调查报告》在"与古音比较"的声调表中明确标明全浊入今读入声;在"同音字表"中也把全浊入"直姪实食十达杂匣狭穴学绝热舌熟"等字列在入声;在"音韵特点"声调的描述中又说:"入声独立,不分阴阳。"这显然是不妥的。城关话全浊入"食十实"与上声"喜"同音,而不与清入"息锡析昔"(现在城关话尖音已变团音)同音;全浊入"绝捷"与上声"且"同音,而不与清入"切怯妾"同音;全浊入"舌蚀"与上声"捨写"同音,而不与清入"设协胁"同音;全浊入"夺"与上声"妥"同音,而不与清入"脱讬托铎"同音。《调查报告》把全浊入列为今读入声,很可能是因为入声同上声的调型相同、调值又很近似,记音时一时疏忽的结果。据《调查报告》对黄桑桥声调的描写,黄桑桥的上声是"由低升至半高的(14)","入声是低升调(13)"。根据我们的调查,衡山城关话上声和入声都是曲折调。二者前段相同,低平微降,然后上升;后段上升部分,上声升的部分短,调值低,记作213,入声升的部分稍长,调值稍高,记作214。调型相同,调值又相近,记音时就容易发生混淆,只有仔细对比,才能分辨,到归纳核对同音字表时才会一清二楚。杨著《调查报告》记音时的条件有限,时间很紧,难免失察。我们也考虑到全浊入归上是否最近半个世纪的变化呢? 看来是不可能的。因为在杨著《调查报告》中全浊声母已经清化,全浊声母与清声母合并后,浊入和清入就失去了分化的条件。

3.古来母、泥母的今读问题

古来母在衡山城关话中洪音字和细音字读音不同,洪音今读 l,细音今读 t。例如:"礼底"同音,"粒帝"同音,"恋电"同音,"岭鼎"同音。姓"李"的前山人可能被误听作姓"邸"。五十岁以上的老年人几乎没有例外,年青人受普通话影响,多数人口中来母细音字一般念作 l,但是青老之间并不觉察相互之间有差异。来母洪音字与泥母洪音字合流,发音时虽然带有鼻音成分,但是基本上是边音 l。因此来母洪音、细音今读的分别是 l—t,泥母洪音、细音的分别是 l—ȵ。但是杨著《调查报告》在"与古音比较"的声母表中标示来母今音不分洪细都作 n,在"同音字表"中也把来母的细音字都列在 n 母中,它同今天城关话(包括黄桑桥话)的情况是不一致的。这是否说明五十年前衡山前山话古来母字不分洪细仍读同一声母,而在这半个世纪中来母细音字的读音发生了重大变化,与 t 合流了呢? 这是一个有待探索的问题。

4.“与古音比较”中的问题

材料不足,在与古音比较时,必然会出现缺项或者难以确定的对比项,这主要表现在韵母的古今比较中。《调查报告》韵母古今对比第一表(开口),留下空白的缺项三处,标上问号的难以确定的对比项两处,第二表(合口)缺项三处,难以确定的四处。根据我们的调查材料,这些缺项和未定项可以补充如下:

(1)臻摄开口三、四等庄组字,在城关话中今韵不与三、四等其他组声母相同,而是与开口一等字相同,都念ãi韵(我们记作ɛi)。例如:榛臻 ₌tsãi、衬 ts‘ãi⁼。

(2)咸摄入声开口二等知庄组字,衡山城关话念 a 韵。例如:劄眨插闸炸,《调查报告》“同音字表” a 韵中就列有“插”字。

(3)梗摄入声开口三、四等知、章组字,衡山城关话今念 ie 韵或 i 韵。例如:掷 tɕ‘ie⁼、射 ɕie⁼、隻 tɕi⁼、石 ₌ɕi。

(4)宕摄入声开口三、四等日母字,衡山城关今念 io 韵。例如:若 io⁼、弱 ȵio⁼。

(5)深摄入声开口三、四等庄组字少,常用字“涩”在衡山城关话中念 sæ⁼。

(6)果摄合口一等帮系字,衡山城关话今念 o 韵,《调查报告》“同音字表” o 韵就列有“坡婆”二字。

(7)宕摄入声合口三、四等帮系字,衡山城关话今念 o 韵。例如:缚 xo⁼。见系字今念 io 韵,例如:籰 io⁼。

(8)止摄合口三、四等庄组字,衡山城关话今读 ai 韵或 æ 韵。例如:揣 ⁼tsai、衰 ₌sæ、帅 sæ⁼。

(9)山摄合口三、四等日母字,衡山城关话今念 yãi 韵。例如:软 ⁼ȵyãi。

（10）山摄入声合口二等庄组字，衡山城关话今念 ɑ 韵。例如：刷撒 sɑ꜄。

（11）曾摄入声合口三、四等见系，衡山城关话今念 y 韵。例如：域 y꜄。

韵母古今对照表中除缺项、未定项各六处外，那些虽然列出了今韵却因材料不足而有遗漏的对比项也还不少。这里择要列出几处：

（1）宕摄入声开口二等（即江摄）帮系，《调查报告》今音只列 o 韵，见系只列 io 韵。实际上衡山城关话同北京一样，帮母念 o 韵，滂母念 u 韵（樸朴）；见系除念 io 韵外，还有念 o 韵的。例如：角 ko꜄、确壳 k'o꜄、握 o꜄。

（2）蟹摄合口一等见系，《调查报告》只列 ai、uæ 两韵，这是因为杨著的调查材料只有"灰会"（念 ai 韵，我们记作 ɛi）和"块外"（uæ 韵）四个字。实际上还有念 uai（uæi）韵的，例如：盔魁（꜀k'uɛi）、溃（k'uɛi꜄）、煨（꜀uɛi）、桅（꜀uɛi）。

（3）臻摄合口一等帮系，衡山城关话大多数字念 iʌŋ 韵，例如：盆本笨门闷，只有"喷"念 p'ʌŋ꜄，"奔"念 ꜀pɛ̃。调查报告只列 ʌŋ 韵，可能是根据"同音字表"ʌŋ 韵的"门"字作出的判断，"门"列 ʌŋ 韵又可能是发音人受普通话影响的讹读。见系在衡山城关话中，见母、溪母、影母字都念 uʌŋ 韵，例如"昆坤滚困温稳"；只有晓、匣两母因为变成 ɸ，失去介音 u，才念 ʌŋ 韵，例如"昏婚魂混"。《调查报告》可能是根据"同音字表"ʌŋ 韵的"昏温"二字作出判断的。"温"列 ʌŋ 韵是不妥的。

5."音韵特点"中的问题

由于材料不足，在描述音韵特点时，也难免出现不准确的说法。例如《调查报告》"音韵特点"韵母的第四条，这是讲山摄舒声合口的今读的，欠妥之处有三：

　　一是说"山摄舒声合口一等帮系读ãɪ、ã 不定"。不宜说"不定"，而应该是帮、滂、並三母都读ãɪ，只有部分明母字读 ã（馒漫幔）。所举例字"盘"应念 ₌pʻãɪ，不念 pʻã。"馒漫幔"三字念 mã，也许还是受开口二等明母字"慢"的影响。

　　二是说山摄合口一等"见系读 uãɪ、ãɪ、ã 不定"。这也欠妥。因为见母、溪母字都念 uãɪ，只有晓、匣两母因为变成 ɸ，韵头 u 消失，才读ãɪ韵（个别字读 ã），疑、影两母字读 uã（个别字读 uãɪ）。

　　三是山摄合口二等帮系本无字，整理时误将开口二等字"板"当作合口二等了。

　　又如声母部分第九条说疑母开口"二等读 i、ŋ 不定"。这也欠确，应该是文读作 i，白读作 ŋ，所举例字"牙眼"都有文白两读。

三、材料整理中的失误

　　一个省的方言材料一大堆，湖南省的方言情况又极端复杂，经过快四十年由杨时逢先生独力来整理，这本来就是一件十分艰巨的任务，加上音档也许失效，没有条件复核，在整理中出现一些失误，难以避免。根据我们的认识，提出一些商讨的意见。

1.关于平声吐气、仄声不吐气的问题

　　杨著《调查报告》在"与古音比较"的声母表中，标明古全浊塞声母是平声吐气，仄声不吐气。这是与衡山城关话的情况不合的，考察杨著《调查报告》"同音字表"，也说明这一论断是有误的。"同音字表"收全浊塞入声字 18 个。列在吐气声母的 10 个：直（澄）、及（群），僕（並），特（定）、泽（澄）、绝（从）、傑（群）、竭（群）、突（定）、族（从）。列在不吐气声母的 8 个：集（从）、姪（澄）、极（群）、局（群）、拔（並）、达（定）、杂（从）、跌（定）。实际上只有"极局跌"三字在衡山城关话中确念不吐气声母，是例外。其他"集姪拔达杂"五字杨著列在不吐气声母，有可能是发音人受

普通话影响念成不吐气的,也可能记音有误。因此古全浊塞声母
在衡山前山话中实际上是平入吐气,上去不吐气。

2.关于古音非敷奉晓匣和日母的今读问题

《调查报告》"与古音比较"的声母对照表中,非敷奉三母今音
一律作 ɸ,晓匣两母合口一、二等也作 ɸ;在"同音字表"oŋ 韵中也
把"方黄防放"列在 ɸ 母;在"音韵特点"的描述中又说:"非敷奉与
晓匣合口洪音混,全读 ɸ。"这三处都是欠妥的。其实衡山城关话
这两组声母的今音并非都念 ɸ,古宕摄的这两组字今音就都念 h,
不念 ɸ。例如:"方芳防"和"荒黄"都念 hoŋ。晓匣两母合口洪音
除宕摄外,还有果摄、通摄和曾摄部分字、梗摄部分字今音也念 h,
不念 ɸ。《调查报告》"同音字表"o 韵列在 h 母的"火祸"就是果摄
合口洪音字,ʌŋ 韵 h 母的"红宏弘"就是分属通摄、梗摄、曾摄的合
口洪音字。

此外,古音日母在衡山话中有少数字念 ȵ,《调查报告》"同音
字表"ie 韵列在 ȵ 母的"热"就是日母字。但是在杨著声母古今对
照表中日母的今读没有反映,在"音韵特点"的描述中,也只重复
了"声母失落"的特点。这也是不够全面的。

3.关于古韵的今读问题

《调查报告》在与古音比较时,除了因材料不足造成的遗误
外,整理时的疏忽,也带来一些古韵今读的失误。

(1)山摄入声开口二等帮系、泥组,《调查报告》韵母对比第一
表(开口)把它们并在一栏,标作 *,表示无字;实际上帮系有字,
《调查报告》"同音字表"a 韵中的"八拔"就是。这显然是有所
疏忽。

(2)山摄合口三、四等帮系字,衡山城关话非敷奉念 ã 韵,微母
念 uã 韵;《调查报告》"同音字表"ã 韵就列有"饭",uã 韵就列有
"万"。可是韵母对比第二表(合口)却把今音列作 ĩ、ã,这显然不

妥,帮系字没有念ĩ韵的。

（3）臻摄合口三、四等帮系字,衡山城关话非敷奉念ʌŋ韵,微母念uʌŋ韵;《调查报告》"同音字表"ʌŋ韵就列有"分"和"文闻问",正如前面已经指出的"文闻问"应念uʌŋ韵。可是杨著韵母对比第二表所列的今音是iʌŋ、ʌŋ,这里的失误同上条山摄合口三、四等帮系字是相同的。

（4）蟹摄合口二等帮系无字,但是杨著韵母古今对比第二表（合口）中却列有今音æ韵;山摄合口二等帮系无字,但是表中却列有今音ã韵;宕摄合口一等帮系无字,但是表中却列有今音oŋ韵;梗摄合口三、四等帮系无字,但是表中却列有今音iʌŋ韵;山摄入声合口二等帮系无字,但是表中却列有今音ã韵;梗摄入声合口二等帮系无字,但是表中却列有今音a韵;这些都是明显的失误。

联系《调查报告》"音韵特点"韵母第二条来看,把以上各摄合口无字的帮系都列上今音,也许是整理时偶然疏忽了开合口问题。《调查报告》"音韵特点"韵母第二条讲蟹摄合口的今读问题,其中有"二等帮系读æ"的说明,并举了"拜派"二字为例,其实"拜派"是蟹摄开口二等字,不是合口二等。

4.关于音韵特点描述中的问题

这部分许多问题前面已经提到,不再重复,这里只补充一点。

"音韵特点"韵母第六条说:"宕摄舒声开合口均读oŋ。"这显然欠妥。《调查报告》"与古音比较"的韵母第一表,在宕摄开口三、四等所列举的今音都是ioŋ,而不是oŋ;"同音字表"ioŋ韵所收的22个字也都是宕摄开口字。很可能是整理时一时疏忽。

总的来看,杨时逢先生的《湖南方言调查报告》衡山音系,一方面为我们保存了衡山前山话的珍贵音变资料,有重大参考价值,另一方面又确实存在一些值得商榷、须要修订的地方。杨时逢先生在只有一堆资料、没有复核的情况下,把半个世纪前的调查材料独力整理出来,为我们留下一份比较全面的湖南方言资料,这一功绩是不可磨灭的。半个多世纪以来,我们的方言调查工作已经取得长足的进步,在不久的将来,撰写一部资料更丰富翔实的《湖南方言调查报告》,应当是我们不可推卸的责任。

原载《语文研究》1993 年第 1 期

有关湖南方言调查的一些想法[*]

湖南方言在汉语方言中占有重要地位,早在两千年前就受到扬雄的重视。扬雄在他的名著《方言》一书中提到"南楚"的方言词语达 85 次之多,南楚即指今湘方言地区。中国现代语言学、现代方言学的奠基人赵元任先生 30 年代亲自和丁声树、杨时逢、吴宗济、董同龢等五人普查了湖南各县的方言,四十年以后由杨时逢整理,1974 年在台湾出版了《湖南方言调查报告》。杨遇夫先生是我们湖南 20 世纪最著名而又影响最深远的语言学家,他也很重视方言的考察,曾写过《长沙方言考》《长沙方言续考》。50 年代以来,随着全国方言调查研究的蓬勃发展,湖南方言的调查研究也取得了巨大成绩,这是毫无疑问的。但是,如果同方言研究先进的省市地区相比,如山西、福建、上海、广东等,恐怕不能不承认仍存在一定的差距。80 年代以来各地都在编写地方志,这是全国一项重要的文化建设,也是关系到千秋万代、具有历史意义的大事。地方志包括方言志部分,我看过湖南几个县新编县志中方言志的油印稿,深感须要作很大修改和提高,才能符合志书的要求。因此,哪怕只从保证高水平、高质量完成湖南各县县志中方言志的编写出发,湖南也亟须加强方言的调查研究,希望有关领导部门能对方言的调查研究给予充分重视,在人力、物力、财力方面给予支持,及早做出湖南方言调查研究的新规划。50 年代全国方言经过普查,80 年代湖南语言学会组织会员进行了第二次方言调查,湖南有整理

---

* 本文是作者在纪念毛泽东同志诞辰一百周年湘籍语言学家学术讨论会上的发言。

过的方言调查材料,这当然是十分宝贵的资料;但是现在湖南方言的调查研究无疑应该再上一个更高的台阶,要把湖南方言的研究水平提高到方言研究先进地区同样的高度。

要提高湖南方言的研究水平,是须要花很大力气的,因为湖南方言内部的情况是非常复杂的。80年代我曾先后三次带研究生到衡山调查方言,对衡山方言的复杂性一次比一次认识得更加深刻。老衡山县在60年代分出去一个衡东县,现在的衡山县已经是一个小县,面积纵横都不过七十里,人口只有三十多万,但是县内的方音分歧却异彩纷呈。这里只举衡山十个调查点的声、韵、调作一比较,并加简要说明。

方言点	声母数	韵母数	声调数
城关	21	37	6
店门*①	22	37	6
塘铺*	25	35	5
岭坡*	24	39	5
望峰	24	40	5
东湖	33	40	5
白果	32	43	5
松柏桥*	32	39	6
瓦铺子*	32	41	6
马迹	28	37	6

衡山话一般分为前山话与后山话,以南岳山为界。大致是山

---

① 加*的调查点的材料是采自北京大学中文系87级汉语专业学生1990年的方言调查实习报告,该次实习由王福堂教授带队。

的东面为前山,山的西面为后山。表中前三个点在前山,后七个点
在后山。一般认为前山话和后山话最大的差别有二:一是前山话
没有浊辅音,后山话有一套完整的浊辅音;二是前山话有入声调,
后山话没有入声调。根据这个标准,十个点中只有城关、店门是标
准的前山话,白果、东湖是标准的后山话。岭坡、望峰既无浊声母,
又无入声调,被当地人叫做"夹山腔"或者"夹山话"。松柏桥、瓦铺
子、马迹属后山话,却既有浊声母,又有入声调;塘铺在县的东南角,
属前山话,却同被看作"夹山腔"的岭坡话、望峰话一致,既无浊声
母,又无入声调。从韵母来看,十个点的韵母数不仅有的相差七八
个之多,而且同古音对照,分合的情况更加纷繁复杂。仅从阳声韵
来看,情况就有三种:(1)城关、店门、岭坡、望峰、白果是分成鼻化韵
和后鼻韵(-ŋ)两种;(2)马迹、塘铺是分成前鼻韵(-n)和后鼻韵(-ŋ)
两种;(3)东湖、松柏桥、瓦铺子是分成鼻化韵、前鼻韵(-n)和后鼻韵
(-ŋ)三种。分合的规律与普通话不同,普通话是古-m尾韵合并到
了古-n尾韵中;衡山话却是根据韵摄等呼的不同而重新组合。例
如城关话的iʌŋ韵是由古深摄(-m)、臻摄开口三等(-n)、曾摄开口
三等(-ŋ)和梗摄开口二等(-ŋ)合并而成的。这里我们还只考察
衡山县的十个调查点,也只从大的方面来考察各个调查点之间的
音系歧异。总的来看,衡山的前山话音系比较一致,后山是丘陵地
带,方音分歧特别突出,真可说是五里不同音。

　　衡山方言不仅是不同调查点之间的分歧显著,就是同一个调
查点的人们中,他们的发音也可能存在音系上的分歧。比如衡山
城关话,青年和老年之间口音就在音系上有两大分歧:(1)老年人
(1990年时在50岁以上)口中,声母t、l不分,读"李"为"底",读
"粒"为"帝",读"林"为"停";青年人(30岁以下)t、l分别清楚,发
音时不混。显然青年人是受普通话影响而能分辨t、l的。(2)衡
山城关话中有一个声化韵母。老年人口中只有三个字:□(～泥

巴）n̩、鱼n̩、蕹（~菜）ŋ̍²；可是二十多岁的青年人口中，属于这个声化韵的字特别多。他们不但把老年人口中的oŋ音节的字全念成n̩，还把xoŋ音节的字念成xn̩。更有少数青年人把老年人念xʌŋ音节的字也念成xn̩。在这一点上青年人不但没有接受普通话的影响而向普通话靠拢，反倒是背道而驰，扩大了同普通话的距离。方言中的这些复杂情况，只有在深入调查研究中才能发现。衡山县方音分歧如此复杂，也许并非湖南方言中最突出的地区。要提高湖南方言研究的水平，进入深层次的调查研究，既需要湖南有关领导部门对方言调查研究工作的充分重视，又需要我们湖南全体语言学工作者的共同努力。

　　前面我们提到了杨时逢整理的《湖南方言调查报告》，这是一份珍贵的资料，我们应该充分发挥它的作用。这并非说它是一部没有瑕疵的著作，而是因为它记录了半个世纪以前湖南方言七十多个点的方音。尽管由于调查时间短（只用了半个月就普查了全省方言），调查材料也少（所用调查字表可能只有七百多字），加上时隔四十年再来整理，又无复核条件，各种失误，在所难免。但是，如果拿它和我们今天的调查材料对比，认真分析研究，祛除它的失误，就会发现它有些不合今天调查材料之处，正是保存了五十多年前该地的方音现象，这是极其珍贵的语音史资料。我曾拿杨时逢《湖南方言调查报告》中的衡山（黄桑桥）音系同我的调查材料对比，又找了两位黄桑桥发音人复核，就发现杨时逢整理的衡山前山话音系保存了五十年前的两种旧读现象①：一是衡山前山话中今读ʈ、ʈʻ的两个声母五十年前是念tɕ、tɕʻ。ʈ、ʈʻ是半个世纪中由tɕ、tɕʻ两个声母分化出来的两个新声母。二是杨著保存了衡山前山话半个世纪前区分尖团的现象，现在衡山前山话已经不分尖团。

────────

① 　参见拙作《杨时逢〈湖南方言调查报告〉衡山音系读后》。

1935年赵元任先生等到湖南调查方言，是从第一师范学生中找的发音人。当时他们的年龄是十多二十岁，到现在都是七八十岁了。如果现在组织重新调查杨著中的调查点，有可能凑巧还能找到几位当年的发音人，至少也可以找到六十岁以上的老年人发音。用这样的调查材料来同杨著整理的音系对比，是更有价值的。如果再过一二十年，就很难找到与杨著原发音人年龄相仿的发音人了；而且20世纪以来社会变化越来越快，方音的变化呈现同样的趋势，今后将会变化更快。有的方音现象如不及时调查记录下来，赶快与杨著进行对比研究，许多宝贵的历史音变资料很可能稍纵即逝，那将是湖南方言研究中极其可惜的损失。总之，开展一次针对杨时逢《湖南方言调查报告》的对比调查，是湖南方言研究的一项特殊任务，它不仅将成为湖南方言研究的重大成果，还对汉语语音史、乃至对我国语言理论的建设也将产生影响。1989年湖南师大创办了《古汉语研究》，它不仅促进了湖南古汉语学科的发展，同时也提高了湖南的这一学科在国内外的地位。如果湖南有关领导部门能够下决心组织对杨时逢《湖南方言调查报告》的对比研究，完成这一具体而又意义重大的科研课题，它不仅将促进湖南方言的研究水平的大幅度提高，也必将使湖南方言研究学科在国内外具有更大的发言权。

原载《长沙水电师院学报》1993年第4期

衡山望峰话音系

一、衡山县地理、经济、方言概述

我祖籍是湖南衡山县望峰桥,1930年出生在湖南湘阴县锡安乡同丰垸(现属沅江县)。同丰垸是20世纪20年代洞庭湖围湖造田的湖垸,居民来自湖南各县,口音混杂。祖父教了我四年多古书,我十岁才回到衡山上高小。当时正是抗日战争持久阶段,直到1949年湖南和平解放后的冬天,我高中毕业,大都生活在衡山县(当时包括现在的衡东县和南岳特区)。衡山从衡阳到湘潭,南北纵贯衡山县境,群峰突起,号称72峰,千米以上的高峰就有二十多座,主峰祝融峰1289.8米。县境的大部分在山的东南面,被称作前山;小部分在山的西北面,被称作后山。湘江从南到北流经前山,前山自古就成了南北的驿站、通道的必经之地。20世纪30年代起,湘江东岸有粤汉铁路,西岸有汽车路,交通发达,交际方便,因此前山话内部比较统一。后山是三四百米高的丘陵地和湘江一条支流涓水的发源地带,统称岳北(附:《衡山县水系图》)。解放前被划作五个乡:岭坡乡、白果乡、白山乡、新桥乡、东湖乡。白果铺濒临涓水,有一座九孔的石拱桥,号称"楚南第一桥",麻石路面的街道长约七八百米,有店铺二三十家,是后山的经济、交通中心。当时后山还保留着传统型农村经济,从白果向东南有一条沙石路,经过岭坡坳、福田铺、沙泉铺到衡山县城关,宽不到两米,只能走独轮车和轿子,这就算是县道了。还有一条同样的沙石路,沿着涓水,从白果向北经晓岚港进入湘潭县境,经过花石镇直达湘潭市,肩挑背负的行人、独轮车、轿子都比去衡山城关的多得多。特别是

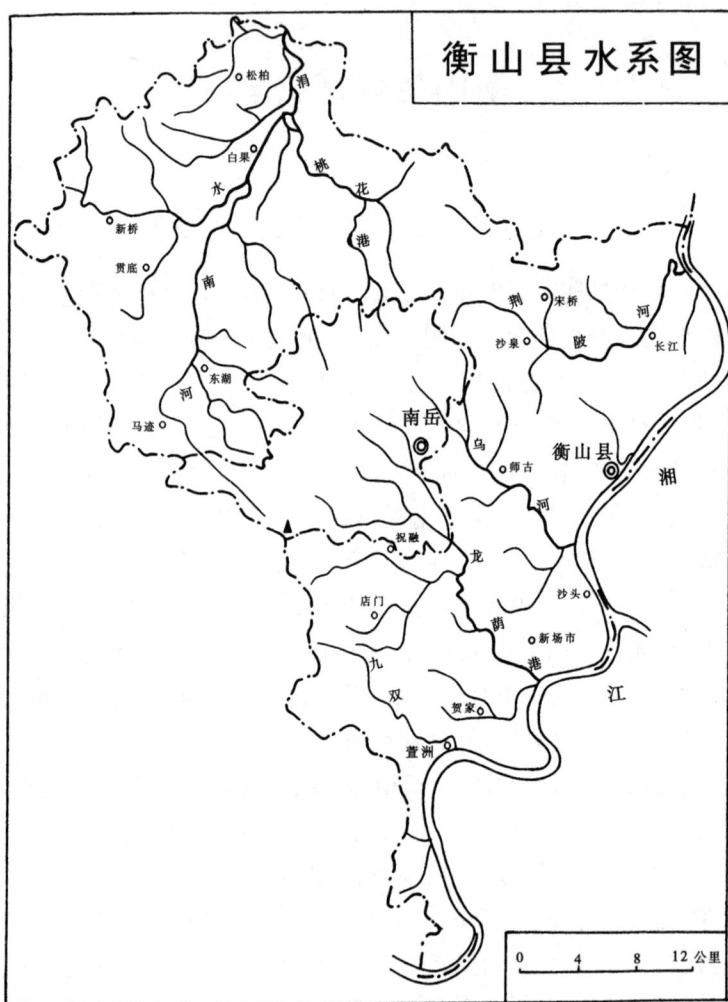

衡山县水系图

涓水在湘潭市南不远汇入湘江,抗战时期双桅帆船还可以通航到
白果、新桥。估计在民国以前它经过新桥,可能通航到十里左右的
湘乡(今属双峰)曾国藩的家。涓水于是成了衡山后山人的经济
命脉,他们把土特产经由这条河运到湘潭市出卖,又带回生活日用

品。经济生活的联系影响口音的趋同,但是丘陵地带的隔阂又影响后山话的复杂多变。解放前农村人固守乡土,很少长时间外出;因而造成五里不同音、十里不同话的现象。岭坡乡是直接与前山接界的,受到前山话的影响比较大,被称作夹山(夹在前山、后山之间)话。望峰乡是解放后从岭坡乡分出来的,地处涓水支流桃花港西分支,有一座单孔石桥,面对正南的祝融峰,因此叫做望峰桥。它靠近前山,但是偏离县道,生产、生活都受白果铺的影响比较大,方音也不能不受到一定影响。白果话是后山话的代表,它受西面双峰话的影响不小,跟前山话的区别是保留了比较完整的全浊声母,五个声调,望峰话就是五个声调。

上个世纪50年代我在北京大学作汉语史研究生时,跟袁家骅先生学了方言学课程后,曾记录自己的方言字表。因为童年时生活在口音很乱的地方,不敢自信,一直让它压在书柜中。1984年、1990年我两次带研究生到衡山调查方言,第一次调查的是前山城关话、南岳话,第二次调查的是后山望峰话、东湖话、白果话。1987年还应《南岳志》编委会之邀带着长媳刘菊黄(中央民族学院教师)调查了南岳镇和山上三个乡的方言(其中龙凤乡本是从望峰乡分出去的),写了两篇有关南岳方言的文章。因此手头有望峰话的材料三种:50年代我的自记材料,1987年刘菊黄跟1990年刘子瑜分别记录的材料。三种材料的差异都不小,本来没有想到再去整理。2008年清理过去的文稿,觉得望峰话的调查材料,特别是解放前的老方音材料,弃之可惜;于是决定以我自记的材料为基础,参考另两份材料,整理出了望峰话的音系和同音字表。刘菊黄调查的发音人是60年代出生的小学教师,南岳龙凤乡人(原属望峰乡),口音受普通话影响较深,可参考程度较低。刘子瑜调查的发音人郭鹏翔是中学数学教师,我高小、初中的同学;两人在望峰桥居住的村子相隔不到一公里。因此,记音材料虽然都存在一些问题,但是郭鹏翔的发音材料参考价值更高。本来还想回望峰找人再核对一下记音材料,一直没有机会。前年(2012)中华书局秦淑华编审热情鼓励我出版《汉语研究存稿》,而且去年就把我收集的大部分稿子编辑、排印出来了;今年我只得挤时间写出《望峰音系》后面的两节,完成这一写作计划。在对望峰话音系进行认真的历史比较中,不但加深了我对望峰话音系的认识,也让我改正了记音和归纳音系中的不少错误。老望峰话的突出特点是文白异读现象突出,本文在这方面给予了较多关注。

二、望峰话声韵调简介

(一)声母表(22 个)

唇　　音	p 帮旁榜谤蚌	p‘ 坡颇破泼	ɸ 飞肥匪费惠	m 妈麻马抹骂
舌 尖 音	t 低题底帝地	t‘ 梯体替踢	l 男篮纳腊落	
舌尖前音	ts 资瓷子炸字	ts‘ 雌此刺辞	s 斯锁死四士	
舌尖后音	tʂ 知池纸制质	tʂ‘ 侈齿尺	ʂ 施时始世十	
舌 面 音	tɕ 珠除主驻距	tɕ‘ 驱杵去出	ɕ 书殊鼠恕树	ȵ 研年碾念
舌 根 音	k 规葵鬼贵跪	k‘ 枯苦库窟	x 酣寒喊汉合	ŋ 安颜眼暗岸
零 声 母	∅ 衣移已意益			

说明:

(1)舌尖前清塞音 t、t‘ 发音时舌尖顶齿背,位置偏前;望峰话中[l]与[n]在洪音前不分,带不带鼻音不起辨义作用,标作[l]。

(2)tʂ、tʂ‘、ʂ 三个舌尖后塞擦音声母只在开口韵中出现。发音时摩擦与卷舌程度比普通话小,舌位也偏前。tʂ、tʂ‘ 在 ʅ 韵中无疑是塞擦音,在与其他韵拼合时,摩擦程度进一步减弱,可以记作舌尖后塞音 t、t‘。从历史和音位系统出发,我们不考虑分开,只作一套声母处理。

(3)tɕ、tɕ‘、ɕ 三个声母与齐齿呼相拼时,摩擦成分明显,与撮口呼相拼时,摩擦成分不强。舌面前浊鼻音 ȵ,只与齐齿呼、撮口呼相拼。

(4)声母 ŋ 在洪音前为 ŋ,在细音前发音部位偏前,接近 ȵ。

(5)以元音开头的零声母音节,如果有介音 i、u、y,发音时带有轻微的摩擦,接近半元音 j、w、ɥ,摩擦程度的强弱,不起辨义作用。

(二)韵母表(39 个)

开	齐	合	撮
ɿ 资慈子四士	i 衣蹄理气习	u 乌湖古布僕	y 淤鱼举恕预
ʅ 知池齿世释			
ɯ 而尔饵二			
e 欧蛇口凑则	ie 街斜也鬥蔑	ue 国或	ye 靴掘缺说月
o 窝合左唾剥	io 岳略鹊削弱		
æ 街台彩爱败	iæ 涯	uæ 摔怀枴块外	yæ 越决缺说血
a 痲耙打诈八	ia 鸦霞假价恰	ua 蛙华垮跨乏	ya 抓靴瘸茄
ei 堆培美肺罪		uei 威葵鬼坠谓	
ou 都锄鲁醋逐	iou 幽求柳肉粟		
ɑu 高桃草诏暴	iɑu 妖辽巧钓妙		
ẽn 登团肯缵硬	iẽn 烟田检遍欠	uẽn 官款碗唤患	yẽn 渊源卷劝院
æ̃ 甘谈产扮岸	iæ̃ 星萤岭听病	uæ̃ 關丸反惯犯	
oŋ 汪狂党创状	ioŋ 央墙抢向样		
əŋ 公囷总振梦	iəŋ 音停今京津	uəŋ 翁文滚奋凤	yəŋ 君云倾舜运

说明:

(1)望峰话的韵母可以分成三大类:以元音构成的单元音和复元音韵;以鼻化元音收尾的鼻化韵;以鼻音 ŋ 收尾的鼻尾韵。主要元音有 i、ɿ、ʅ、u、y、ɯ、e、æ、o、ɑ、ə 11 个,无韵尾的韵母 21 个,按开、齐、合、撮配成七套;以元音作韵尾的韵母 7 个,配成三套;鼻化韵 7 个,配成两套;鼻尾韵 6 个,配成两套。开、齐、合、撮的搭配,在各类韵母中很不平衡。

(2)ɿ、ʅ 是 i 的互补音位,可以纳入 i 音位。ɿ 只与声母 ts、tsʻ、s 相拼,ʅ 只与声母 tʂ、tʂʻ、ʂ 相拼。

(3)韵母 ɯ 自成音节,发音时比国际音标略松。

(4)韵母 ue 只有"国、或"两个字,韵母 iæ 只有"涯"一个字,而且都是又音。

(5)齐齿呼鼻化韵 iæ̃ 严式记音应为 iæ̃ⁿ,带有弱化的鼻尾韵-n。

(6)齐齿呼鼻尾韵 iəŋ 严式记音应为 iᵊŋ,主要元音弱化,在合口、撮口中也带有弱化倾向。

(三)声调表(5 个)

调类	调型	调值	例字
阴平	中平调	33	诗呼归舟醋敦
阳平	低平调	11	时湖葵仇寒同
上声	半高平调	44	始虎轨肘喊懂
阴去	高升调	35	试赴贵纣汉冻
阳去	低升调	213	释户跪竹旱洞

说明:

(1)望峰话有五个声调:阴平、阳平、上声、阴去、阳去。平分阴阳,是与原来声母的清浊有关;中古的平声清声母字归入阴平,浊声母字(包括全浊和次浊)归入阳平。阴平是一个中平调,标作 33;阳平是一个低平调,标作 11。

(2)上声是一个半高平调,尾音有略降的趋势,很不明显,标作 44。

(3)去声分阴阳,不但与去声原来声母的清浊有关,还与入声调消失并入去声连在一起。阴去调在望峰话中调值最高,是一个高升调,我们拟作 35。阳去调是个低升调,屈折较明显,我们拟作 213。

(4)望峰话连读变调的变化不大,在一般情况下,后一个字调值基本不变。只有上声字,连读时大多有下降的趋势。轻声现象在望峰话中也不明显。

三、望峰话同音字表

(一)ʅ、ʅ 韵

tsʅ [阴平]资姿兹咨滋辎[阳平]瓷餈~㞎慈磁词祠辞[上声]紫姊子梓滓[阳去]自字牸寺巳辰~

tsʻʅ [阴平]雌疵[上声]此[阴去]刺赐次廁白

sʅ [阴平]斯厮撕师狮私司丝思[上声]死[阴去]四肆嗜伺嗣饲似祀[阳平]是氏市示视士仕事市恃恃

tʂʅ [阴平]知蜘支枝肢栀脂之芝[阳平]池驰迟持豉豆~,文[上声]纸只~有旨指止趾址[阴去]制製致至置志誌痣智翅蛰惊~[阳去]滞雉稚痔治执汁质织职隻~~,文炙文

tʂʻʅ [阴平]侈痴噄[上声]耻齿[阳去]姪秩直值殖植掷赤斥尺

ʂʅ [阴平]施尸屍诗[阳平]匙时鲥[上声]豕始屎使史驶[阴去]世势誓逝试[阳去]豉豆~,白矢湿十什拾实失石文室识饰适释

(二)i 韵

i [阴平]倚伊医衣依[阳平]移夷姨贻饴遗[上声]椅矣已以[阴去]缢肆意異异逸忆亿翼冀[阳去]一挹抑益亦译易

ti [阴平]低[阳平]堤提题蹄啼[上声]底抵[阴去]帝[阳去]弟第递地的滴文嫡笛敌

tʻi [阴平]梯[上声]體体[阴去]替涕剃屉抽~,剔[阳去]隶踢狄翟

li [阳平]犁黎篱璃梨鳌狸[上声]禮礼履李里理鲤旅

裹[阴去]例_文厉励丽吏泪_白笠粒栗[阳去]荔利痢立律率_速~力歷曆

tɕi [阴平]鸡稽饥肌幾~_乎機_机讥讯基叽妹~,_{词尾}[阳平]齐脐~_带奇骑歧祁鰭祈其期棋旗[上声]挤几_茶~幾~_个己纪嘴_白[阴去]祭际稷~_子荠济剂计继繫~_{鞋带}寄既记季醉_白[阳去]技妓企_文忌辑急吉激骤聚即鲫_文戟屐积跡脊_文籍藉绩~_{麻,文}极繫击娶

tɕ'i [阴平]妻棲欺蛆趋[上声]啓_启豈_岂取杞~_{人忧天}起[阴去]砌契戏_白气汽器企_白[阳平]集级及吸七漆疾膝讫乞戚寂吃_文

çi [阴平]些_白西犀溪_文奚兮牺_文希稀嬉熙虽_白绥须鬚需[阳平]溪_白携畦徐随_白髓_白旋[上声]洗玺徙喜[阴去]细戏_文弃絮[阳去]婿系係序叙绪戌习袭恤息熄悉媳席夕昔惜析锡裼_文

ŋi [阳平]泥阎~_{罗,白}倪宜儀_仪尼疑[上声]擬_拟你[阳去]

藝_艺刈蟻谊義_乂议腻毅逆溺日

pi [阳平]皮疲脾琵枇[上声]彼鄙比[阴去]闭觑_枪~,_白秘泌痹_麻~[阳去]蔽敝弊币獘死蓖陛臂被_白婢避_文备鼻筚笔毕必逼壁_文

p'i [阴平]批披[上声]丕_文庇[阴去]屁[阳去]臂譬避_白匹弼碧璧闢僻劈

mi [阳平]迷眉_白糜彌眠_白[上声]米[阴去]蜜密蠥[阳去]谜觅

(三)u 韵

u [阴平]乌污坞巫坞[阳平]禾_白吴蜈吾梧無无[上声]五伍午武舞侮鹉[阴去]恶_可~[阳去]误悟务雾戊物勿屋

ku [阴平]姑酤孤箍估[上声]古牯股鼓[阴去]故固雇顾[阳去]骨_文穀谷

k'u [阴平]枯[上声]苦[阴去]库裤[阳去]窟哭酷

xu [阴平]呼[阳平]胡湖狐壶乎鬍[上声]虎浒火_白[阴去]戽~_水斛[阳去]户沪互

护忽

文[阳去]出屈

pu　[阳平]蒲菩脯胸~,白婆白
[上声]補补[阴去]布佈怖
[阳去]部簿步埠不

p'u　[阴平]铺~设[上声]谱普
浦捕哺甫[阴去]铺店~[阳
去]勃樸朴撲扑仆曝瀑卜

φu　[阴平]夫敷肤跗脚背孵白麸
[阳平]俘符扶芙[上声]府
腑俯斧抚釜腐辅文[阴去]
瓠~瓜辅白富副付赋傅赴讣
附[阳去]父復妇负福幅蝠
複腹覆服伏忽彿彷~缚文

（四）y 韵

y　[阴平]淤迂[阳平]如鱼渔
於余餘儒愚娱虞愉于盂榆
[上声]与乳雨宇禹羽[阴
去]餧~食,白[阳去]御禦誉
预豫遇寓芋喻裕入疫役玉

tçy　[阴平]:猪诸居车~马炮诛
蛛株朱銖珠拘驹[阳平]除
储渠厨瞿[上声]煮举主矩
[阴去]著据锯文驻註注蛀
铸句剧[阳去]苎~麻箸筷子
巨拒距拄柱住具惧橘菊局

tç'y　[阴平]区驱枢户~吹白[上
声]处相~杵[阴去]处~所去

çy　[阴平]书舒嘘虚墟输[阳
平]薯殊[上声]暑鼠黍许
水白[阴去]庶恕署专~戍卫~
术白~[阳去]竖树術述秫

ȵy　[上声]语文

（五）ɯ 韵

ɯ　[阳平]而儿[上声]尔汝耳
[阴去]饵[阳去]二贰~心

（六）e 韵

ke　[阴平]勾钩沟[上声]狗苟
[阴去]锯白够构购[阳去]
格文革文给文

k'e　[阴平]抠眍[上声]口[阴
去]去白叩扣寇[阳去]刻文
克文客文

ŋe　[阴平]欧瓯殴[上声]藕偶
呕[阴去]沤怄[阳去]额文
扼文轭文

xe　[阳平]侯喉猴[上声]吼
[阳去]後厚后黑文赫文嚇文

te　[阴平]兜文[阳平]头文投文
[上声]斗升~,文抖文陡文[阴
去]鬥[阳去]豆文逗文得文
德文

t'e　[阴平]偷文[阴去]透文[阳
去]特文

le　[阳去]肋勒

tse　[阴平]邹[阳平]愁白[上声]走白[阴去]奏白皱绉[阳去]则侧文摘文责文

ts'e　[阴平]凑[阳去]贼文测文拆文泽文择文宅文策文册文厕文

se　[阴平]腮鳃搜飕馊[上声]叟[阴去]嗽瘦漱[阳去]涩瑟文虱文色文啬文塞文

tşe　[阴平]遮文[上声]者[阴去]蔗文[阳去]摺文褶文哲蜇折浙

tş'e　[阴平]车文[上声]扯文[阳去]彻撤辙特文

şe　[阴平]奢赊文[阳平]蛇文[上声]捨文[阴去]麝射文赦舍舌文[阳去]社文摄涉设失白

pe　[阳去]百文柏伯文白文泊迫文北文

p'e　[阳去]迫拍文魄文帛文

me　[阳去]墨文默文麦文脉脉,文

（七）ie 韵

ie　[阳平]爷文[上声]也文耶野文[阳去]噎葉页夜文乙

tie　[阴平]兜白爹文[阳平]投白头白[上声]斗白抖白陡白[阴去]鬥白[阳去]逗白豆白跌白

t'ie　[阴平]偷[上声]舔以舌取物,白舐白[阴去]透白[阳去]帖贴叠碟蝶谍铁

lie　[阴平]搂~取,白[阳平]楼白耧[上声]篓[阳去]漏陋猎列烈裂劣例白

tçie　[阴平]街文[上声]姐[阴去]借文藉凭借,文[阳去]接节劫揭结洁

tç'ie　[上声]且[阳去]妾捷怯杰切~开截绝

çie　[阴平]些文[阳平]邪斜文鞋文[上声]写文[阴去]泻白卸谢文[阳去]泻文胁协袭白薛泄歇蠍屑雪析白

ŋie　[上声]惹文[阳去]聂镊躡业热白孽捏

pie　[阴平]憋[阳去]鱉

p'ie　[阳去]别区别撇

mie　[阳平]谋白[阳去]茂贸灭篾

附：ue 韵

kue　[阳去]国文

xue　[阳去]或文

按：此韵只有这两个字，是受普通话影响的文读字。

（八）ye 韵

ye　[阳去]悦文阅文月文越文曰文粤文

tçye　[阳去]拙文掘文倔文厥文决文诀文玃文

tç'ye　[阳去]缺文穴文

çye　[阴平]靴~子,文[阳去]血文说~话,文

（九）o 韵

o　[阴平]：阿~胶倭窝蜗[阳平]禾白[阳去]恶可~握沃

ko　[阴平]锅戈歌哥[阳平]咯助词"的"[上声]果裹文馃簡代词,白[阴去]过个簡个[阳去]鸽文割葛各阁胳搁郭廓角文

k'o　[阴平]科窠[上声]颗可棵[阴去]课[阳去]磕喝~彩,文渴阔扩确殻

xo　[阳平]和禾文河何荷[上声]火文夥[阴去]货[阳去]贺祸合鸽白喝曷豁活鹤霍藿或白惑获

ŋo　[阳平]讹蛾鹅俄[上声]我[阳去]那~个,白饿卧鄂鳄

to　[阴平]多[阳平]驼驮[上声]朵躲[阴去]剁砍[阳去]舵惰垛柴~

t'o　[阴平]拖[上声]妥椭[阴去]唾[阳去]脱夺诧托铎

lo　[阴平]啰~唆[阳平]挪~动罗锣箩骡螺腡手~[上声]裸~体裹白卵[阴去]捋~袖子烙~铁摞[阳去]糯~米赂诺落骆酪洛络乐快~

tso　[上声]左[阴去]佐[阳去]坐座撮~~米作桌卓琢啄涿~县捉

ts'o　[阴平]搓[阴去]矬锉措错凿[阳去]戳浊镯~子昨

so　[阴平]蓑梭唆啰~[上声]锁琐所[阳去]塑~造率~领,白蟀索绳~朔速

tʂo　[阳去]着~衣酌脚觉

tʂ'o　[阳去]绰白焯却

po　[阴平]波菠玻[阳平]婆文[上声]跛~足,文[阴去]簸~箕[阳去]薄厚~钵拨博剥驳

p'o　[阴平]坡[上声]颇[阴去]破[阳去]泼薄~荷

mo　[阴平]摸[阳平]魔磨~刀摩馍模摹膜[上声]牡~丹母拇

[阳去]磨~面,石~暮慕墓募莫幕寞末沫抹木目穆牧

（十）io 韵

io　[阳去]乐音~若约药钥跃岳嶽

lio　[阳去]略掠

tɕio　[阳去]角豆~,文

tɕ'io　[阴去]嚼白[阳去]爵雀鹊嚼文

ɕio　[阳去]削勺~子芍~药学白

n̠io　[阳去]弱虐瘧

（十一）æ 韵

kæ　[阴平]皆阶该街[上声]改解讲~[阴去]盖丐械介界芥尬疥届戒[阳去]格白革白隔白

k'æ　[阴平]揩开开[上声]楷凯[阴去]概溉慨[阳去]刻白克白客白咳白

xæ　[阳平]孩谐鞋白还白[上声]海[阳去]害亥懈蟹核黑白骇

ŋæ　[阴平]哀挨~近[阳平]涯白崖山~捱~打埃巌岩,~石,白[上声]蔼矮[阴去]爱礙妨~隘狭~[阳去]艾雁白额白

tæ　[阴平]獃~子[阳平]台臺抬[阴去]戴带[阳去]待怠殆贷代袋大~夫得白

t'æ　[阴平]胎苔[阴去]态太泰[阳去]特白

læ　[阴平]跛~子,白[阳平]来[上声]乃奶文倈~叽,男孩[阴去]奶乳房,白[阳去]耐奈赖癩瀬肋白勒白

tsæ　[阴平]斋灾栽[阳平]才材财裁纔才豺柴[上声]宰载年~[阴去]再载重债寨[阳去]在则白侧白鲫白摘白责白

ts'æ　[阴平]猜钗白差出~[上声]彩采睬[阴去]菜蔡[阳去]贼白测白拆白泽白择白宅白策白册白

sæ　[阴平]筛衰腮鳃[上声]灑洒~水,文[阴去]赛塞白曬率文帅[阳去]塞色白啬白瑟白虱白

pæ　[阴平]跛~脚,白[阳平]排牌簿竹~[上声]摆[阴去]拜[阳去]稗败北百白柏白白白

p'æ　[阴去]派[阳去]拍白魄白帛白

mæ [阳平]埋[上声]买[阴去]卖[阳去]没沉~墨白默白麦白脉白迈

附:iæ 韵

iæ [阳平]涯文

按:此韵只有这个字,受普通话影响的文读字。

(十二)uæ 韵

uæ [阴平]歪挖白[阳去]外

kuæ [阴平]乖[上声]拐[阴去]怪[阳去]国白

k'uæ [上声]块傀蒯[阴去]会~计刽桧快筷

xuæ [阳平]怀槐淮[阳去]坏或白

(十三)yæ 韵

yæ [阳去]悦白阅白月白越白粤白曰白

tɕyæ [阳去]掘白倔白决白诀白

tɕ'yæ [阳去]缺白穴白

ɕyæ [阳去]说白血白

(十四)ɑ 韵

kɑ [阴平]家白痂[阴去]架白嫁白驾白[阳去]挟白

k'ɑ [阳去]掐白

xɑ [阴平]虾鱼~,白哈~腰,白[阳平]蝦~蟆,白[阴去]狭白[阳去]下底~,白瞎白吓白

ŋɑ [阴平]丫~头,白[阳平]牙白芽白衙白伢~子[上声]哑白哪白[阴去]壓压,白咬白[阳去]鸭白额白

tɑ [阳平]哒助词,"了、着"[上声]打[阳去]答搭

t'ɑ [阴平]他[阳去]塔榻塌踏沓獭水~達达

lɑ [阴平]拉拿白[阳平]拿文[上声]哪文[阳去]纳腊蜡捺撇~辣那文

tsɑ [阴平]渣[阳平]茶搽查[上声]紮[阴去]诈榨炸乍忽然窄[阳去]雜杂,文箚用针~眨闸文札摘文

ts'ɑ [阴平]叉杈差~别钗白[阴去]茬岔铡[阳去]插擦察拆

sɑ [阴平]沙纱杉莎[上声]灑洒,文傻撒萨耍[阳去]洒白杀刷

tʂɑ [阴平]遮白[阴去]蔗白[阳去]:隻一~,白炙~火,白

tʂ'ɑ [阴平]车白[上声]扯白[阳去]尺白

ʂɑ [阴平]赊白[阳平]蛇白

[上声]捨白[阴去]射白
[阳去]石白

pa　[阴平]巴芭疤爸父[阳平]
钯~子爬琶杷枇~耙~地[上
声]把[阴去]霸壩堤~[阳
去]八罢伯白

p'a　[阴去]怕帕[阳去]拔拍白

ma　[阴平]妈[阳平]:麻痳蟆
蝦~[上声]马码~子[阴去]
抹[阳去]骂

ɸa　[阳去]乏法發伐罚髮

(十五)ia 韵

ia　[阴平]鸦丫文[阳平]牙文
芽文衙文爷白[上声]雅哑文
也白野白[阴去]亚压文[阳
去]夜白押鸭白压白轧~棉花

tia　[阴平]爹白[阳平]提白
[阳去]滴白

tçia　[阴平]家文加嘉佳[阳平]
斜白[上声]假贾姓姐白[阴
去]架文嫁文驾文稼价借
藉凭借,白[阳去]甲胛肩~闸
白挟文脊白夹袂~衣绩~麻,白

tç'ia　[阴去]襖~子,即草席,白[阳
去]洽吃白恰揢

çia　[阴平]蝦虾,鱼~,文[阳平]
霞瑕遐暇蝦~蟆,文[上声]

写白[阳去]匣箱~下文夏厦
瞎文辖狭文峡

ɳia　[上声]惹白

pia　[阳去]壁白

p'ia　[阳去]劈白

(十六)ua 韵

ua　[阴平]蛙洼挖文[上声]瓦
[阴去]滑猾襪[阳去]话白

kua　[阴平]瓜[上声]寡剐[阴
去]挂卦[阳去]括聒刮

k'ua　[阴平]誇[上声]侉垮[阴
去]跨

xua　[阴平]花[阳平]华中~,姓,
白铧划~船[阴去]化[阳
去]话文画劃划分

(十七)ya 韵

tçya　[阴平]抓[阳去]茄~子瘸

çya　[阴平]靴白

(十八)ei 韵

tei　[阴平]堆[阴去]对碓
队兑

t'ei　[阴平]推[上声]腿[阴
去]退蜕

lei　[阴平]搂~取,文[阳平]楼
雷[上声]吕文缕屡㑩累~
积壘文篓~子,文[阴去]锐
[阳去]虑白滤类泪泪,文内

tsei　[阴平]追[上声]嘴_文走_文[阴去]醉最奏_文[阳去]卒罪

ts'ei　[阴平]催崔吹_文炊[上声]揣[阴去]脆翠粹_{纯~}

sei　[阴平]虽_文绥_文[阳平]随_文髓_文谁[上声]水_文[阴去]碎歳_岁税_白遂隧穗_文睡_白[阳去]瑞

pei　[阴平]杯背_{~负}碑卑悲[阳平]培陪赔裴[阴去]贝辈背_{脊~}[阳去]倍焙_{~乾}背_{~书}被_文

p'ei　[阴平]胚坯_{土~}[上声]丕_白剖[阴去]沛配佩

mei　[阳平]梅枚媒煤眉_文楣_文徽_文谋_文[上声]每美某亩牡_{牝~}[阳去]妹昧寐

ɸei　[阴平]非飞妃[阳平]肥浮_文[上声]匪翡_{~翠}否[阴去]废肺吠痱_{~子}费阜

(十九)uei 韵

uei　[阴平]煨_{~白薯}威[阳平]危爲_{为,白}唯维惟微违围桅[上声]委尾伟苇纬[阴去]秽卫偊_伪餧_{~食,文}畏慰[阳去]位未味魏胃

谓蝟

kuei　[阴平]圭闺规龟_龟归_归[阳平]逵葵[上声]诡轨鬼[阴去]鳜_{~鱼}桂癸贵[阳去]跪柜骨_白

k'uei　[阴平]盔魁奎蒉_亏窥[阴去]溃愧

xuei　[阴平]恢灰麾挥辉徽[阳平]回茴[上声]贿悔毁[阴去]慧讳晦[阳去]汇会绘惠穗_白

tʂuei　[阴平]追_白锥_{~子}[阳平]垂槌锤[阴去]缀赘坠

ʂuei　[阴去]睡_文税_文

(二十)ou 韵

tou　[阴平]都[阳平]徒屠途塗图头_文[上声]堵赌肚_{鱼~,腹~}[阴去]妒[阳去]杜度渡镀独_独读牍犊笃督

t'ou　[上声]土吐_{~痰,白}[阴去]吐_{~痰,文}吐呕_~兔透_文[阳去]突凸秃毒

lou　[阳平]奴廬庐炉芦鸬_{~鹚}驢_驴[上声]努鲁橹虏_虏漏[阴去]露_{白~}[阳去]怒路露_{~水鹭}鹿禄六陆绿録

tsou　[阴平]租[阳平]锄雏愁

文[上声]祖组阻[阴去]做[阳去]助足

ts'ou　[阴平]粗初[上声]楚础[阴去]醋[阳去]猝仓~族促

sou　[阴平]蘇苏酥梳~头疏~远蔬[上声]数动[阴去]素诉数名漱~口[阳去]肃宿缩俗续

tʂou　[阴平]周舟州洲[阳平]绸稠筹仇雠酬售出~[上声]肘帚[阴去]昼纣纣~宙咒[阳去]竹筑祝粥烛烛嘱蜀

tʂ'ou　[阴平]抽[上声]丑乙~醜~恶[阴去]臭香~[阳去]畜~牲逐轴文触

ʂou　[阴平]收[上声]手首守[阴去]兽文[阳去]受寿授叔熟淑属

（二十一）iou 韵

iou　[阴平]憂忧優优悠幽[阳平]柔揉尤邮由油游猷犹[上声]有友酉[阴去]祐诱柚釉幼郁育[阳去]又右辱狱欲慾浴

tiou　[阴平]丢

liou　[阴平]溜~滑,~冰[阳平]流刘留硫~黄琉~璃[上声]柳[阴去]馏蒸~

tɕiou　[阴平]揪鸠纠~缠,~正[阳平]囚泗~水求球[上声]酒九久韭灸针~[阴去]救究臼咎枢[阳去]就舅舊旧

tɕ'iou　[阴平]秋鞦丘[阴去]轴车~束~缚曲~折,歌~

çiou　[阴平]修羞休[上声]朽[阴去]秀绣锈袖兽白~嗅文[阳去]畜~牧蓄储~粟

ȵiou　[阳平]牛[上声]纽扭[阳去]肉褥被~

（二十二）au 韵

kau　[阴平]高膏篙撑船~羔糕膠白[上声]稿搞[阴去]告窖白觉睡~,白教~书,白

k'au　[阴平]敲[上声]考烤[阴去]靠犒

xau　[阴平]蒿蓬~薅~草[阳平]豪壕毫號~号,呼~[上声]好~坏[阴去]好喜~耗[阳去]浩号~数

ŋau　[阴平]熬~白菜,本作"熝"[阳平]熬~粥[上声]襖

咬白[阴去]傲奥懊坳山~

tau　[阴平]刀[阳平]掏桃逃
淘~米陶萄涛脑青~蚊,苍蝇,
白[上声]祷岛倒打~[阴
去]到倒~水[阳去]道稻
盗導导

t'au　[阴平]叨滔[上声]讨
[阴去]套

lau　[阳平]劳捞牢唠~叨挠~
痒[上声]脑文恼老[阴
去]涝旱~[阳去]闹

tsau　[阴平]遭糟[阳平]曹槽
巢[上声]早枣蚤澡爪~牙
找[阴去]躁灶罩[阳去]
皂造

ts'au　[阴平]操抄~袭钞钱~[上
声]草騲炒吵[阴去]糙

sau　[阴平]骚臊梢树~捎~带
[上声]掃扫,~地嫂稍[阴
去]扫~帚潲猪食,~雨

tʂau　[阴平]昭招朝今~[阳
平]朝~代潮[上声]沼~气
[阴去]照诏[阳去]赵兆
召号~

tʂ'au　[阴平]超

ʂau　[阴平]烧[阳平]韶[上
声]少多~[阴去]少~年邵

[阳去]绍

pau　[阴平]褒包胞[阳平]袍
刨浮白[上声]保堡宝饱
[阴去]报鲍~鱼豹爆[阳
去]抱暴

p'au　[阴平]泡水~抛[上声]
跑[阴去]炮枪~泡浸~,~沫

mau　[阴平]猫[阳平]毛茅锚
船抛~矛[上声]卯[阴去]
貌[阳去]冒帽没~得,白

(二十三)iau 韵

iau　[阴平]妖邀腰要~求幺吆
~喝[阳平]摇谣窑姚[上
声]咬文扰绕围~舀~水[阴
去]要重~耀光~[阳去]鹞

tiau　[阴平]刁貂雕[阳平]条
调~和[上声]鸟白[阴去]
钓弔掉调音

t'iau　[阴平]挑[阴去]跳粜
~米

liau　[阴平]撩~起来[阳平]燎
~原疗治~遼辽寥瞭~望[上
声]了~结[阳去]料廖姓

tɕiau　[阴平]交郊膠文焦蕉椒
骄娇浇[阳平]樵瞧乔侨
桥荞[上声]绞铰搅剿矫
狡~诈缴上~佼~倖[阴去]

教校~对,上~觉睡~,文醮打~
叫[阳去]轿

tɕ'iau　[阴平]锹缲~边悄静~~
[上声]巧[阴去]俏鞘刀
~窍

çiau　[阴平]消宵霄硝销嚣萧
箫[阳平]肴淆[上声]小
晓[阴去]醮发~孝笑[阳
去]校学~效

ȵiau　[阳平]饶尧[上声]杳白
鸟文[阳去]尿

piau　[阴平]膘肥~標标彪[阳
平]瓢嫖~赌[上声]表錶

p'iau　[阴平]飘鳔[上声]漂~
洗[阴去]票车~漂~亮

miau　[阳平]苗描[上声]藐渺
秒杳文[阳去]庙妙谬
(二十四)ẽn韵

kẽn　[阴平]跟根更~换庚羹耕
[上声]哽骨~在喉埂田~耿
[阴去]更~加

k'ẽn　[上声]恳垦龈~骨头肯

xẽn　[阴平]亨~通[阳平]痕
茎白恒衡[上声]很[阳
去]恨憾

ŋẽn　[阴平]恩[阳去]硬

tẽn　[阴平]端登灯[阳平]团

腾膛藤[上声]短等[阴
去]凳[阳去]断锻段缎绸
~邓姓

t'ẽn　[阴平]吞[上声]喘~气

lẽn　[阳平]鸾能[上声]暖
[阳去]乱

tsẽn　[阴平]曾姓增争筝风~睁
[阳平]曾~经层[上声]
纂编~撰写[阴去]鑽钻憎
爱~

ts'ẽn　[阴平]伞~丸子[阴去]窜
~犯衬陪~蹭磨~赠

sẽn　[阴平]森参人~酸僧生牲
笙甥[上声]省[阴去]
算蒜

ʂẽn　[阴平]搧风~[阴去]扇~
子[阳去]善膳

pẽn　[阴平]般搬奔崩[阳平]
盘彭膨~胀[阴去]半[阳
去]伴拌绊

p'ẽn　[阴平]潘烹[阴去]判叛
拚~命,白

mẽn　[阳平]瞒隐~[上声]满白
[阳去]孟
(二十五)iẽn韵

iẽn　[阴平]淹阉醃腌~肉煙燕
~京,姓[阳平]炎盐簷涎白

焉心不在~然燃延筵[上声]冉掩演堰兖~州[阴去]厭厌艳焰燕~子咽宴

tiẽn [阴平]颠[阳平]甜田填[上声]點点典[阴去]店[阳去]电殿奠佃垫

t'iẽn [阴平]添天[上声]舔

liẽn [阴平]嬾~~,祖母[阳平]廉镰簾竹~连联憐怜,白莲[上声]敛殮脸[阳去]练炼楝恋

tɕiẽn [阴平]尖兼煎~鱼肩坚[阳平]潜钳钱乾~坤虔前全泉[上声]检剪繭蚕趼手~筧水~碱盐~[阴去]剑箭建键腱荐见[阳去]渐俭践件健溅贱饯

tɕ'iẽn [阴平]殲歼,~灭籤签谦迁笺千牵铅文[上声]浅遣[阴去]欠歉

ɕiẽn [阴平]辖白仙鲜新~轩先宣白[阳平]嫌贤弦白[上声]险鲜~少癣顯显選选[阴去]线羡宪宪献献[阳去]现縣县

ȵiẽn [阴平]拈~捏研[阳平]阎文严言年[上声]染俨~

然碾~米撵~线撵~走[阳去]验酽~茶念砚

piẽn [阴平]鞭编邊边[上声]贬蝙扁匾[阴去]變变汴[阳去]便~宜,方辨辩辫

p'iẽn [阴平]篇偏[阴去]骗遍一~,~地片

miẽn [阳平]绵棉眠文[上声]免勉娩分~湎~池[阳去]缅面脸~麵~食

(二十六)uẽn 韵

uẽn [上声]碗

kuẽn [阴平]乾~湿,白官棺冠衣~[上去]管馆稈稻~,白[阴去]贯白灌罐觀观,寺~冠~军

k'uẽn [阴平]宽[上声]款

xuẽn [阴平]歡欢[上声]缓皖安徽[阴去]唤焕[阳去]汗白换幻白患宦

(二十七)yẽn 韵

yẽn [阴平]冤渊[阳平]椽~子,白圆员缘沿鉛白元原源袁辕园援[上声]宛~转,白远[阴去]怨[阳去]院阮愿

tɕyẽn [阴平]專专砖捐[阳平]

传~达船拳权颧~骨[上声]转~送捲~起[阴去]转~圆圈眷绢圈猪~[阳去]篆传~记卷书~倦

tçʻyẽn [阴平]川穿圈圆~[上声]犬[阴去]串贯~劝劝券契~

çyẽn [阴平]宣文喧[阳平]弦文玄悬[阴去]楦鞋~眩

ŋyẽn [上声]软

(二十八)æ̃ 韵

kæ̃ [阴平]甘柑泔~水尴~尬监~察干~戈,~涉肝乾~湿,文鳱艰间空~,白奸[上声]感敢橄减竿秆稈赶简柬拣[阴去]鑑间~断,白舰干能~谏涧山~

kʻæ̃ [阴平]堪勘~误,探刊[上声]龛神~坎砍[阴去]看~见,~守

xæ̃ [阴平]憨酣犴~声夯打~[阳平]含函咸鹹~淡衔寒韩闲[上声]撼摇~喊罕[阴去]汉翰[阳去]陷旱汗文焊~接限苋~菜

ŋæ̃ [阴平]庵安鞍[阳平]颜[上声]眼[阴去]暗按案晏晚[阳去]岸

tæ̃ [阴平]耽担~任丹单~独[阳平]潭谭谈痰檀坛弹~弓[上声]胆掸鸡毛~子[阴去]担挑~诞旦[阳去]淡但弹子~蛋

tʻæ̃ [阴平]贪坍~塌滩摊[上声]毯坦[阴去]探炭歎

læ̃ [阳平]南男蓝篮难~易蘭兰攔拦栏[上声]览揽榄橄~缆懒冷白[阳去]滥难患~烂

tsæ̃ [阴平]簪[阳去]蠶蚕慚谗谄馋残[上声]斩盏[阴去]站~立赞瓒~水[阳去]暂赚站车~栈

tsʻæ̃ [阴平]参~加攙~扶餐[上声]惨铲产[阴去]燦

sæ̃ [阴平]三衫珊删山闩拴[上声]散鞋带~了伞[阴去]散分~疝~气

tʂæ̃ [阴平]黏~米,文沾~水粘~贴瞻占~卜毡~帽[阳平]蟾~蜍缠[上声]展[阴去]佔~据战颤

ʂæ̃ [阴平]搧~风[阳平]蝉禅~宗[上声]陕闪[阴去]扇~子[阳去]善膳禅~让

pæ̃ [阴平]班斑颁扳~本[上

声]板版[阴去]扮[阳去]
瓣辦办

p'æ̃　[阴平]攀扳同"攀"[阴去]
盼襻纽~

mæ̃　[阳平]蛮[上声]满文[阳去]慢馒~头漫幔蔓~延

ɸæ̃　[阴平]帆~船翻番儿[阳平]凡藩烦礬繁[上声]反[阴去]範规~泛贩[阳去]范姓犯饭

(二十九)iæ̃ 韵

iæ̃　[阳平]赢白萤白[上声]影~子,白

tiæ̃　[阴平]黏~起来,白沾~湿,白霑~湿,白粘~贴,白钉铁~,白[上声]鼎~锅,白[阴去]钉~住

t'iæ̃　[阴去]聽听,~见,白

liæ̃　[阳平]铃打~,白[上声]领衣~,白嶺岭,山~,白

tçiæ̃　[阴平]间文[阳平]晴~雨,白[上声]井~水,白颈~子,白[阴去]间~断,文

tç'iæ̃　[阴平]清~水,白轻~重,白[上声]请~客,白[阴去]磬钟~,白

çiæ̃　[阴平]星~子,白[上声]醒

~来了,白[阴去]腥鱼~,白

piæ̃　[阳平]坪禾~,白[上声]饼吃~,白[阳去]病看~吃药,白

miæ̃　[阳平]名~字,白[阳去]命算~,白

(三十)uæ̃ 韵

uæ̃　[阴平]豌~豆彎弯[阳平]丸肉~玩游~顽~皮[上声]腕手~晚挽[阳去]萬万

kuæ̃　[阴平]观参~鰥~寡關关[阴去]贯惯

k'uæ̃　[阴平]匡白筐白眶白

xuæ̃　[阳平]桓完還还,~原环~绕还~有,文[阳去]幻文

(三十一)oŋ 韵

oŋ　[阴平]汪[阳平]亡忘王[上声]网枉往[阳去]妄望文旺

koŋ　[阴平]冈岗刚纲钢缸光[阳平]狂[上声]廣广講讲,白港[阴去]钢~~刀杠虹白

k'oŋ　[阴平]康糠骯~髒[上声]慷[阴去]抗炕旷况矿

xoŋ　[阴平]荒慌方芳[阳平]行~列航杭黄皇蝗肪脂~妨~碍房防[上声]谎晃~眼纺

仿~效彷~佛访[阴去]放[阳去]项巷

toŋ 　[阴平]当~时,应~[阳平]堂棠螳~螂唐糖塘[上声]党挡阻~[阳去]荡

t'oŋ 　[阴平]汤[上声]倘躺[阴去]烫趟——

loŋ 　[阳平]囊皮~郎廊狼螂[上声]曩从前朗[阳去]浪

tsoŋ 　[阴平]脏髒莊装[阳平]藏隐~床[阴去]葬壯[阳去]藏西~脏内~状

ts'oŋ 　[阴平]仓苍疮窗囱烟~[上声]撞[阴去]创

soŋ 　[阴平]桑丧婚~霜孀雙双[上声]嗓爽[阴去]丧~失

tʂoŋ 　[阴平]张章樟[阳平]长~短肠场[上声]长生~涨掌[阴去]仗帐账障保~瘴~气[阳去]丈杖

tʂ'oŋ 　[阴平]昌菖~蒲倡提~[上声]厂厂闯[阴去]畅唱

ʂoŋ 　[阳平]常嘗尝裳[阳去]尚上~面,~山

poŋ 　[阴平]帮邦[阳平]滂~沱旁螃~蟹傍~边龐庞[上声]榜绑[阴去]谤棒[阳去]蚌

p'oŋ 　[阴去]胖

moŋ 　[阳平]忙芒茫盲虻牛~[上声]莽蟒[阴去]望白

(三十二)ioŋ 韵

ioŋ 　[阴平]央秧殃嚷[阳平]羊洋烊融化杨陽阳扬疡溃~[上声]养癢[阳去]壤攘讓让,文樣样

lioŋ 　[阳平]良凉量~长短粮梁[上声]两~个,斤~辆[阴去]谅[阳去]亮量数~

tɕioŋ 　[阴平]将~来浆薑姜江[阳平]墙详祥强~弱[上声]蒋奖桨讲文[阴去]酱将大~降下~[阳去]匠

tɕ'ioŋ 　[阴平]枪疆边~,新~僵~硬缰~绳羌~笛匡文筐文眶眼~,文[上声]抢强勉~

ɕioŋ 　[阴平]相互~箱厢湘襄镶商伤鄉乡[阳平]降~伏[上声]想赏晌~午偿~还享响饷薪~[阴去]相~貌向[阳去]象像橡~树

ȵioŋ 　[阳平]娘[上声]仰[阳去]酿让白

（三十三）əŋ 韵

kəŋ [阴平]公蚣蜈~工攻功弓躬宫恭供~给,~不起[上声]汞拱~手巩~固[阴去]贡供~养,上~[阳去]共

k'əŋ [阴平]坑空~虚[上声]孔恐[阴去]控空~缺

xəŋ [阴平]轰揈~出去烘~乾[阳平]宏红洪鸿虹文[上声]哄~骗

təŋ [阴平]敦~厚墩蹲白东囱烟~,白冬[阳平]屯豚饨馄~臀囤~积同铜桐筒童瞳[上声]董懂[阴去]沌混~盾矛~顿瞪冻栋[阳去]钝遁动洞

t'əŋ [阴平]通[上声]桶捅~破统[阴去]痛

ləŋ [阴平]聋[阳平]崚伦沦轮笼襱农脓隆浓龙[上声]冷白拢陇垄[阳去]嫩论议~弄

tsəŋ [阴平]尊蹲文遵棱鬃宗综踪~迹纵~横[阳平]存丛从~容,跟~崇松白[上声]总[阴去]俊棱纵放~

ts'əŋ [阴平]村皴脸~撑白船聪

忽葱囱烟~,文[阴去]忖~度寸

səŋ [阴平]孙鬆嵩松文[阳平]寻文荀旬循巡殉[上声]损笋榫~头怂恿[阴去]渗~透,文逊送宋[阳去]诵颂讼

tʂəŋ [阴平]针斟珍榛臻真贞侦徵~求蒸正~月征中当~忠终钟锺盅[阳平]沉文陈尘臣澄橙承丞呈程成城诚蟲虫~重~复[上声]枕~头,~戈诊疹拯整冢种~类腫[阴去]镇振震證症正政中射~众种~树[阳去]阵郑仲重轻~

tʂ'əŋ [阴平]称~呼,~重量蛏~子倾~斜,白充衝舂~米[上声]惩~罚趁逞~能顷顷刻,白宠[阴去]称相~秤一杆~铳放~

ʂəŋ [阴平]深身申伸升声[阳平]神娠辰晨唇乘~坐绳塍塍田~盛~满了[上声]沈~阳,姓审婶[阴去]甚桑甚肾慎胜~败,~任圣盛兴~[阳去]剩

pəŋ [阴平]绷~紧[阳平]朋棚篷蓬奔~起来,白[阴去]迸~裂[阳去]笨~重

p'əŋ [阴平]喷~臭[上声]捧[阴去]喷~香,~水

ɸəŋ [阴平]分芬纷风枫疯豐丰封峰蜂锋[阳平]焚坟獖牡猪冯逢缝~衣服[上声]粉讽[阴去]愤忿粪奋俸~禄[阳去]份~额鳳凤,~凰奉缝一~条~

məŋ [阴平]蒙~骗[阳平]蒙~受虻文[上声]猛懵~懂[阳去]梦

(三十四)iəŋ 韵

iəŋ [阴平]音阴荫树·因姻湮殷鹰蝇文莺鹦~鹉樱英婴缨雍癰[阳平]壬淫人文仁寅瓢瓜~仍盈赢文萤文戎绒融茸参~容蓉镕庸[上声]饮忍引隐影文擁拥~抱甬~道勇湧[阴去]纤缝~任责,白印應应,~当,~对映[阳去]任姓任责~,文刃韧扨~球孕冗用

tiəŋ [阴平]丁钉铁~,文靪疔[阳平]沉白亭停廷庭蜓

[上声]顶鼎[阴去]钉~住,文订[阳去]锭纱~定

t'iəŋ [阴平]廳厅[上声]艇挺[阴去]聽听,~见,~任,文

liəŋ [阳平]林淋临怜文鄰邻鳞燐楞~角陵凌菱靈灵零铃文伶翎[上声]檩~条领文嶺文[阳去]吝文令另

tɕiəŋ [阴平]今金禁~不住襟津巾斤筋京荆惊精晶睛经[阳平]尋寻,白琴禽擒秦勤芹鲸情晴文窮穷[上声]锦侭~前紧谨景警井文颈文[阴去]浸白禁~止进晋劲茎境敬竟镜竞径[阳去]尽近静靖淨

tɕ'iəŋ [阴平]钦亲卿清文轻文青蜻~蜓[上声]寝请文[阴去]侵~犯浸~泡,文僅仅慶庆磬钟~,文

ɕiəŋ [阴平]心掀辛新薪欣興兴,~旺星腥文馨兄胸凶吉~兇~恶[阳平]形型刑行~为熊雄[上声]省反~醒文[阴去]信讯衅挑~兴高~性姓腥文嗅用鼻子闻,白[阳去]杏行品~幸

ȵiəŋ [阳平]吟人白银凝迎宁宁,安~[阳去]咨白赁租~认宁~可

piəŋ [阴平]彬寅宾槟~榔冰兵[阳平]贫频盆凭平评坪文瓶屏萍[上声]禀本丙秉柄饼文[阴去]殡鬓併合~并[阳去]病文

pʰiəŋ [阴平]拼~命,文姘~头[上声]品[阴去]聘

miəŋ [阴平]蚊~子,白[阳平]闽民门萌鸣明盟名文铭[上声]悯敏皿[阴去]闷[阳去]命文

(三十五)uəŋ韵

uəŋ [阴平]温瘟翁[阳平]文纹蚊~子,文闻[上声]稳吻刎[阴去]瓮[阳去]问

kuəŋ [上声]滚[阴去]棍

kʰuəŋ [阴平]昆崑坤昏~君,白婚

~嫁,结~,白荤白薨白[上声]緄[阴去]困

xuəŋ [阴平]昏~暗,文婚结~,文晕头~,文荤文薨文[阳平]魂弘横~直,蛮~[阳去]浑~浊混相~

(三十六)yəŋ韵

yəŋ [阴平]晕~船,白[阳平]匀云雲荣营塋萤~火虫,文[上声]允尹永[阴去]熨韵泳咏[阳去]润闰运

tɕyəŋ [阴平]均钧君军[阳平]群裙琼琼[上声]準准[阳去]窘~迫菌郡

tɕʰyəŋ [阴平]春椿~树倾文[上声]蠢顷文

ɕyəŋ [阴平]熏勋薰[阳平]纯莼醇[上声]炯~然迥[阴去]舜训[阳去]顺孝~,~风

四、望峰话音系的历史比较

根据望峰话同音字表进行历史比较,我们会发现望峰话音系的变化发展同北京音系存在巨大差异,可以从中找出不少规律和非规律的现象。下面从声母、声调变化和韵母变化两方面来分析比较。

（一）声母、声调变化的分析比较

望峰话的声母 22 个，声调 5 个；比中古音系声母五类 35 母（王力《汉语史稿》67—68 页）少了 13 个声母，多了 1 个声调。历来对湘方言的确认大都是以古全浊声母的今读为标准的。袁家骅等《汉语方言概要》说（102 页）："长沙话古全浊声母变不送气清音，类似闽方言；双峰话古全浊声母基本保存，类似吴方言。""以长沙话代表新湘语，以双峰话代表老湘语。"古全浊声母的变化是中古以后汉语方言共有的重要变化现象，它不但涉及方言的声母系统，还涉及方言的声调系统。下面先讨论全浊声母的变化，连带讨论声调问题；然后再讨论其他声母的变化。

（1）北京话塞音、塞擦音全浊声母清化的规律是：平声送气，仄声不送气。衡山望峰话却要分成两类：在阴声韵、阳声韵中，平声也不送气，与长沙话一致；在入声韵中，却又大多变为送气清塞音，与双峰话一致。我们先举 i、ɿ、ʅ 韵为例来讨论。例如：

ɿ 韵只有一个阳平音节：

tsɿ 音　［阳平］七个字：瓷餈~粑慈磁词祠辞。

瓷餈，（广）疾资切，从脂开三平止；

慈，（广）疾之切，从之开三平止；

磁，（集）墙之切，从之开三平止；

词祠辞，（广）似兹切，邪之开三平止。

七个字中古分属从母和邪母两个全浊声母。从母是精组齿音中与塞擦音精、清对应的全浊声母；邪母是与擦音心母对应的全浊声母，这里也变为了塞擦音。望峰话同北京音系是一致的；但是在北京音系中是吐气清音 ts'，而望峰话却是不吐气清音 ts。

ʅ 韵有两个阳平音节：

tʂʅ 音　［阳平］五个字：池驰迟持豉豆~、文。

池驰，（广）直离切，澄支开三平止；

迟，(广)直尼切，澄脂开三平止；

持，(广)直之切，澄之开三平止；

豉，(广)是义切，禅寘开三去止。

澄母支、脂、之三韵合流，浊化为对应的清声母，北京吐气为[tʂʻʅ]，望峰不吐气为[tʂʅ]。这与ɿ韵的"瓷、慈、辞"等读作 tsɿ，是规律变化。"豉"在中古音系中是禅母寘韵去声字，北京音读[tʂʅ]，是不规则的变化。望峰话白读音为[ʂʅ⁵](本文为了排版方便，音节后右上角用1、2、3、4、5标示阴平、阳平、上声、阴去、阳去五个声调，下同)，是规则变化(有的记音材料作阴去，不准确)；这里的文读作[tʂʅ²]，看来是受了北京音的影响(声母与北京音同)。

ʂʅ音　[阳平]三个字：匙时鲥。

匙，(广)是支切，禅支开三平止；

时鲥，(广)市之切，禅之开三平止。

望峰话与北京音一致，将禅母清化为对应的清声母 ʂ，是规则变化。再如：

i 韵有八个阳平音节：

i 音　[阳平]：移夷姨贻遗。这五个字中古全是馀母字，分在支、脂、之三个韵；北京音、望峰话同在零声母 i 韵，是规则变化。

ti 音　[阳平]：堤提题蹄啼。中古"堤"，(广)都奚切，端母齐韵字；"提题蹄啼"，(广)杜奚切，定母齐韵字。定母四字，北京音是阳平吐气 tʻi，望峰话却是阳平不吐气 ti，都是规则变化。端母字"堤"北京音读阴平 ti，是规则变化；望峰话却读阳平，是不规则变化。衡山没有防水的堤防建筑，后山更是山区，老望峰话中很少听到"堤"这个词，念成阳平，很可能是受了北京话"提"的影响。

tɕi 音　[阳平]：齐脐~带奇骑歧祁鳍祈其期棋旗。"齐脐"二字，(广)徂奚切，从齐开四平蟹；"祈"，(广)渠希切，群微开三平止;其他九字都是群母,分在支、脂、之三韵中。两个从母字中古音是舌尖前全浊声母,十个群母字中古音是舌根全浊声母,经过腭化和清音化变成舌面前塞擦清音。这是许多方言的共同变化规律。不过,北京音是平声吐气,念 qí;而望峰话却是不吐气,念[tɕi²]。

ɕi 音　[阳平]有五个字,它们的中古音和北京音是:

携~带,(广)户圭切,匣齐合四平蟹,北京音 xié;

随白,(广)旬为切,邪支合三平止,北京音 suí;

髓白,(广)息委切,心纸合三上止,北京音 suí;

旋~转,白,(广)似宣切,邪仙合三平山,北京音为 xuán;

旋~风,白镟~床,(广)辝恋切,邪线合三去山,北京音为 xuán。

在北京音中三个邪母字"随、旋、镟"浊音清化,不腭化的"随"声母今读 s,腭化的"旋、镟"声母今读 x,三字的读音合乎北京音音变规律。一个心母字"髓",声母今读 s,毫无问题;剩下一个匣母字"携",与它相对应的清音是晓母,再腭化,今读 x,正合规律。因此,五个字在北京音系中都合乎语音演变规律。可是在望峰话中问题就多了。匣母字"携"和邪母字"随",浊音清化后读 ɕi,没问题;心母字"髓"是上声字,读成阳平,这就是形声字读半边造成的。特别是"旋、镟"两字,声母作 ɕ,没问题,可是两个阳声韵的字一下变成了阴声韵的字,这就很难解释了。在我看来,大概只能从字义的牵连上去找理由了。"随"有跟随、随即(随后就、立刻)义,"旋"有旋绕、旋即(不久、很快)义,"携"的携带义与跟随义也有牵连,三个字就都读 ɕi² 了。

ŋi 音　[阳平]六个字,它们的中古音和北京音是:

泥,(广)奴低切,泥齐开四平蟹,北京音 ní;

阎,(广)余廉切,馀盐开三平咸,北京音 yán;

倪,(广)五稽切,疑齐开四平蟹,北京音 ní;

仪,(广)鱼羁切,疑支开三平止,北京音 yí;

尼,(广)女夷切,泥脂开三平止,北京音 ní;

疑,(广)语其切,疑之开三平止,北京音 yí。

部分泥母字和部分疑母字合流,部分止摄支、脂、之三韵和部分蟹摄齐韵合流是北京音系和许多方言的共同规律,两个泥母字和三个疑母字在北京音和望峰话中都应算规律变化。"阎"北京音馀母字浊音清化,变成零声母,也是规律变化,望峰话阳声韵变成了阴声韵,这却是特例了。

pi 音　[阳平]五个字,"皮疲脾"是並母支韵字,"琵枇"是並母脂韵字。北京音系全浊声母清化平声吐气,读 pí;望峰话不吐气,读 pi²。

li 音　[阳平]八个字,"犁黎"是来母齐韵字,"离篱璃"是来母支韵字,"梨"是来母脂韵字,"氂狸"是来母之韵字。北京音、望峰话都读 lí,是规则变化。

mi 音　[阳平]四个字,"迷"是明母齐韵字,"糜弥"是明母支韵字,"眉"是明母脂韵字。北京音、望峰话前三字都读 mí,后一字"眉"北京音、望峰话文读都念 méi 是规则变化。望峰话"眉"白读作 mí,也是望峰话文白异读的多见现象。

统观《望峰话同音字表》,38 韵中吐气、不吐气对立的声母音节有阳平的,无不是不吐气音;可见望峰话塞音、塞擦音全浊声母清化不同于北京音的浊音清化规律,而是走的新湘方言(长沙话)的路子,平声也不吐气。至于上、去声清化为吐气音的,也只有"配 pʻei、强勉~tɕʻioŋ、挺 tʻien"等少数几个字,是个别现象。

可是入声的情况却相反,在望峰话中除群母外,其他塞音、塞擦音都是变为吐气的声母居多,跟北京话一致。列举如下:

群母:不吐气 4 个(掘、倔、剧、屐),吐气 2 个(及、杰);

定母:吐气 17 个(沓、叠、碟、牒、蝶、谍、达、夺、铎、特、狄、籴、

独、读、犊、牍、毒),不吐气 2 个(笛、敌);

澄母:9 个(侄、秩、直、值、泽、择、宅、逐、轴),全部吐气;

从母:吐气 13 个(杂、捷、集、截、绝、疾、凿、嚼、贼、籍、藉、寂、族),不吐气 1 个(辑);

並母:吐气 10 个(拔、别、弼、勃、薄、帛、闢、僕、曝_文、瀑_文),不吐气 2 个(曝_白、瀑_白)。

这正说明望峰话浊音清化要分为两类:阴声韵、阳声韵浊音清化,一律不送气;入声韵的浊音清化,却受了老湘语双峰话的影响,大多送气。少数不送气的字是特例。

(2)古全浊声母清化牵涉到声调的分化、归并,一般说,北京话是:平分阴阳,浊上变去,入派三声(其实是四声:全浊归阳平,次浊归去声,清音散入阴、阳、上、去。);望峰话却是:平、去分阴阳,浊上、入声归阳去。两地声调类别,只差一个;系统变化差别却相当大,问题都出在北京话入派三声方面。例如:

全浊归阳平:别[並]　独[定]　族[从]　俗[邪]　泽[澄]
　　　　　　舌[船]　十[禅]　桀[群]　合[匣]

次浊归去声:木[明]　物[微]　纳[泥]　力[来]　日[日]
　　　　　　月[疑]　易[喻]

清音入阴平:八[帮]　拍[滂]　滴[端]　塌[透]　接[精]
　　　　　　切[清]　锡[心]　织[章]　出[昌]　湿[书]
　　　　　　郭[见]　磕[溪]　喝[晓]　一[影]

清音入阳平:福[帮]　得[端]　囊[透]　则[精]　竹[知]
　　　　　　革[见]　咳[溪]　胁[晓]

清音入上声:百[帮]　匹[滂]　笃[端]　铁[透]　雪[心]
　　　　　　尺[昌]　谷[见]　渴[溪]　乙[影]

清音入去声:必[帮]　迫[滂]　的[端]　沓[透]　室[知]
　　　　　　徹[彻]　作[精]　雀[清]　塞[心]　仄[庄]

策[初]　色[山]　挚[章]　叱[昌]　室[书]
各[见]　客[溪]　赫[晓]　扼[影]

《方言调查字表》收入声字六百多个,占字表收字总数的六分之一,北京话由于清音散入阴、阳、上、去四声中,完全打乱了古音的声调系统。王力先生在《汉语史稿》(上册197页,1980版)中就指出:"至于清音入声字,到了现代北京话里,就没有很清楚的条理可寻。"而且直到上个世纪末清入字的读音还在不断变化之中。至于望峰话,古全浊声母清化后,却是把上文列在阴、阳、上、去四个声调中的入声字,一律都归入阳去,因而跟后山白果话同为五个声调。这里先看几个有关方言点的声调系统:

方言点	阴平	阳平	上声	阴去	阳去	入声
长沙话	33	13	41	55	21	24
衡山城关话	33	11	212	45	34	24
南岳镇话	33	11	213	45	334	214
望峰话	33	11	44	35	213	
白果话	45	11	33	324	213	
双峰话	55	23	21	35	33	

长沙话、双峰话据袁家骅等《汉语方言概要》103、110页;衡山城关话、白果话据《衡山县志》623、634页,南岳镇话据本人《南岳方言的语音系统及其来源》。

从上表可以看出望峰话的声调类型应该是跟前山话、长沙话相似,而白果话却是跟双峰话同类。我们知道,白果西边十公里左右就是双峰,两地口音容易受到影响。双峰话保存古全浊声母,但是"古入声全浊声母一律变成了清音","大部分字归入阳平,小部分字归入阳去"(《汉语方言概要》115页)。白果话也是这样,参看《衡山县志》方言章"后山话·声韵调配合关系表"可以得知(633—642页)。望峰话在声母方面接受了前山话(其实是新湘方言,包括长沙、湘潭等地)浊音清化的变化规律,声调也应该是六个;可是它处在后山话的包围之中,解放前岳北五乡,除岭坡乡外,白果、白山、东湖、新桥四乡的话大都是深受双峰话影响的,望峰话在声调方面不得不向后山话靠拢,丢掉了入声。这就成了望峰话的夹山话特点。可以推想,望峰话原本还有一个低升调,受后山话的影响,两个低升调归并成一个,就算是入声消失了。

(3)汉语中古以后声母趋向简化的第二个方面是舌音、齿音的合流、重组。北京音比较复杂,正如王力先生在《汉语史稿》(149 页)中指出的:"现代 tʂ, tʂʻ, ʂ 的来源很复杂,它们是从知徹澄,章昌船书禅,庄初崇山这十二个声母逐渐演变合并而成的。"知组、章组合流外,庄组也有部分字进来了。例如:

卓(广)竹角切,知母;拙(广)职悦切,章母;捉(广)侧角切,庄母。今音都念 zhuō。

浊(广)直角切,澄母;浞(广)士角切,崇母。今音都念 zhuó。

耻(广)敕里切,徹母;齿(广)昌里切,昌母;豉(广)是义切,禅母。今音都念 chǐ。

示(广)神至切,船母;试(广)式吏切,书母;侍(广)时吏切,禅母;士(广)钮里切,崇母;使(广)疏吏切,山母。今音都念 shì。

庄组的另一部分同精组合并了。例如:

祖(广)则古切,精母;阻(广)侧吕切,庄母。今音都念 zǔ。

刺(广)七赐切,清母;厕(广)初吏切,初母。今音都念 cì。

索(广)苏各切,心母;所(广)疏举切,山母。今音都念 suǒ。

望峰话有所不同,它是精、庄两组合流,洪音前都念 ts、tsʻ、s。例如:

tsou 音　［阴平］租(精母)　［阳平］锄(崇母)　［上声］祖组(精母)阻(庄母)　［阴去］做(精母)助(崇母);

tsʻou 音　［阴平］粗(清母)初(初母)　［上声］楚础(初母)［阴去］醋(清母)　［阳去］族(从母);

sou 音　　［阴平］苏酥(心母)梳疏蔬(山母)［上声］数(山母,动词)［阴去］素诉(心母)数(山母,名词)［阳去］肃宿(心母)俗续(邪母)缩(山母)。

又如：

tsæ 音　　［阴平］灾栽(精母)斋(庄母)［阳平］才材财裁(从母)豺柴(崇母)［上声］宰载(精母,年～)［阴去］再载(精母,～重)债(庄母)寨(文,崇母)［阳去］在(从母)责(白,庄母)；

ts‘æ 音　　［阴平］猜(清母)差(初母,出～)［上声］彩採(清母)［阴去］菜蔡(清母)［阳去］策册(白,初母)；

sæ 音　　［阴平］腮鳃(心母)筛(山母)［上声］灑(文,山母)［阴去］曬(山母)寨(白,崇母)率(～领,文,山母)。

望峰话知组主要归章组，例如，支韵的"知池驰智"、脂韵的"迟致稚"、之韵的"癡持耻置"、宵韵的"朝潮兆召"、尤韵的"抽绸肘宙"都跟章组一样念 tʂ、tʂ‘、ʂ，念 ts、ts‘、s 的字相当少，一般只有澄母字或入声字。例如：

tsa² 茶搽(澄母)　tso⁵ 桌卓琢啄涿(知母,入声)　ts‘o⁵ 浊(澄母,入声)　ts‘e⁵ 泽择宅(澄母,入声)　tse⁵ 摘(文,知母,入声)。

望峰话精、庄两组合流，知组主要归章组的格局，正反映了上古精、庄相近，知、章相近的历史。这说明望峰话没有经过庄、章两组合为照系的过程。

(4)唇音帮、滂、并、明在望峰话中与北京音一样变成 p、p‘、m；但是非、敷、奉则是变成双唇音 ɸ，而不是唇齿音 f。喉牙音见、溪、群、晓、匣望峰话也同北京音系一样，洪音一般变为 k、k‘、x，细音(包括精组细音)颚化成 tɕ、tɕ‘、ɕ。这是中古以后汉语发展的共同规律之一。下面在阴声韵、阳声韵、入声韵中各举数例。

(甲)唇音帮、滂、并、明今读 p、p‘、m，非、敷、奉、微今读双唇音

ɸ 和零声母。例如：

帮母：波 po¹　包 pau¹　补 pu³　班 pæ̃¹　冰 piəŋ¹　八 pa⁵　卜 p'u⁵

滂母：坡 p'o¹　漂 p'iau³　普 p'u³　攀 p'æ̃¹　片 p'iɛ̃⁴　撇 p'ie⁵　扑 p'u⁵

並母：婆 po²　抱 pau⁵　蒲 pu²　办 pæ̃³　平 piəŋ²　白 pæ⁵　僕 p'u⁵

明母：模 mo²　苗 miau²　暮 mo⁵　蛮 mæ̃²　明 miəŋ²　灭 mie⁵　木 mo⁵

非母：非 ɸei¹　赋 ɸu⁴　反 ɸæ̃³　份 ɸəŋ⁵　璧 pi⁵　法 ɸa⁵

敷母：敷 ɸu¹　妃 ɸei¹　帆 ɸæ̃¹　芳 xoŋ¹　副 ɸu⁴　费 ɸei⁴

奉母：符 ɸu²　肥 ɸei²　奉 ɸəŋ⁵　房 xoŋ²　乏 ɸa⁵　泊 p'o⁵

微母：微 uei¹　武 u³　晚 uæ̃³　亡 oŋ²　物 u⁵　襪 ua⁴

　　並母依浊音清化规律，望峰话今读平、上、去一律不吐气，只有入声一般吐气。

　　(乙)中古喉牙音见、溪、群、晓、匣洪音今读 k、k'、x。例如：

见母：歌 ko¹　　瓜 kua¹　　孤 ku¹　　该 kæ¹　　甘 kæ̃¹　　根 kẽn¹
　　　　纲 koŋ¹　　公 kəŋ¹　　郭 ko⁵　　谷 ku⁵

溪母：科 k'o¹　　诤 k'ua¹　　枯 k'u¹　　开 k'æ¹　　堪 k'æ̃¹　　垦 k'ẽn³
　　　　康 k'oŋ¹　　空 k'əŋ¹　　扩 k'o⁵　　哭 k'u⁵

群母：葵 kuei²　　跪 kuei⁵　　柜 kuei⁵　　狂 koŋ²　　共 kəŋ⁵

晓母：火 xo³　　花 xua¹　　呼 xu¹　　海 xæ³　　憨 xæ̃¹　　昏 xuəŋ¹
　　　　荒 xoŋ¹　　烘 xəŋ¹　　霍 xo⁵　　忽 xu⁵

匣母：河 xo²　　华 ɸua²　　湖 xu²　　孩 xæ²　　酣 xæ̃¹　　痕 xẽn²
　　　　黄 xoŋ²　　红 xəŋ²　　惑 xo⁵　　斛 xu⁴

　　喉牙音细音腭化，与精组细音合并，今读 tɕ、tɕ'、ɕ。例如：

tɕiau 音　[阴平]焦蕉椒(精母)交郊郊文骄娇(见母)〔阳平〕樵瞧(从母)乔侨桥荞(群母)〔上声〕剿(精母)绞矫狡~诈搅(见母)〔阴去〕教校~对觉睡~较(见母)〔阳去〕轿(群母)；

tɕ'iau 音　[阴平]锹缲~边悄(清母)〔上声〕巧(溪母)〔阴

　　去]俏(清母);

çiau 音　[阴平]消宵霄硝销萧箫(心母)嚣(晓母)〔阳平〕
　　　　　肴涍(匣母)〔上声〕小(心母)〔阴去〕笑(心母)
　　　　　〔阳去〕校_{学~}效(匣母);

tçioŋ 音　[阴平]将_{~来}浆(精母)薑姜江(见母)〔阳平〕墙(从
　　　　　母)详祥(邪母)强(群母)〔上声〕蒋奖桨(精母)〔阴
　　　　　去〕将_{上~}酱(精母)〔阳去〕匠(从母)像_{~似,白}(邪母);

tç'ioŋ 音　[阴平]枪(清母)羌匡筐眶(溪母)〔上声〕抢(清
　　　　　母)强_{勉~}(群母);

çioŋ 音　[阴平]相_{互~}箱厢湘襄镶(心母)香乡(晓母)〔上
　　　　　声〕想(心母)享响(晓母)〔阴去〕相_{~貌}(心母)向
　　　　　(晓母);

　　(5)疑母在北京音中都念零声母,望峰话中却分成三种情况:
在开口呼中保留舌根鼻音 ŋ,在齐齿呼中念舌面前鼻音 ȵ;只在合
口呼、撮口呼中念成零声母,相反却有部分中古的零声母(影母)
在开口呼中变成了舌根鼻音 ŋ。例如:

　　在开口呼中:蛾鹅[ŋo²] 牙芽_白[ŋɑ²] 崖涯_白[ŋæ²]
　　　　　　　　傲[ŋau⁴] 藕[ŋe³] 颜[ŋæ̃²] 岸[ŋæ̃⁵]

　　在齐齿呼中:倪宜疑[ȵi²] 业[ȵie⁵] 尧[ȵiau²] 严[ȵiẽn²]
　　　　　　　　验砚[ȵiẽn⁵] 仰[ȵioŋ³] 吟银迎凝[ȵieŋ²]

　　在合口、撮口中:瓦[uɑ³] 吴吾[u²] 鱼愚[y²] 桅危[uei²]
　　　　　　　　　　玉[y⁵] 顽[uæ̃²] 元原源[yẽn²]

　　中古影母变舌根鼻音:矮[ŋæ³] 扼轭[ŋe⁵] 奥懊坳[ŋau⁴]
　　　　　　　　　　　　欧瓯[ŋe¹] 暗[ŋæ̃⁴] 安鞍[ŋæ̃¹] 恩[ŋẽn¹]

　　也就是说,今音北京音的零声母来自中古的影母、喻三、喻四和
疑母,而望峰话的零声母却是来自中古的喻三、喻四和部分影母、疑
母、日母。

(6)次浊音泥(娘)、来、日的变化,望峰话与北京音也有很大差异。泥、来两母在北京音中分别十分清楚,泥母今读 n,来母今读 l,没有混淆处。望峰话在细音中有别,泥母读 ȵ,来母读 l。例如:

泥母"泥、尼"今读[ȵi²],来母"犁、黎、离、梨"今读[li²];

泥母"聂、镊、蹑"今读[ȵie⁵],来母"猎、列、烈、裂"今读[lie⁵];

泥母"娘"今读[ȵioŋ²],来母"良、凉、粮、梁、粱"今读[lioŋ²]。

在洪音中望峰话却泥、来不分,带不带鼻音,可以随意,今读 l。例如:

泥母"挪"和来母"罗、箩、骡、脶"不分,今音同读[lo²];

泥母"怒"和来母"路、露、鹭、六、陆"不分,今音同读[lou⁵];

泥母"南、男、难"和来母"蓝、篮、兰、拦、栏"不分,今音同读[læ̃²];

泥母"农、脓、浓、侬"和来母"笼、隆、龙、伦、轮"不分,今音同读[ləŋ²]。

至于日母在北京音中除自成一韵 er[ɚ]外,今音都读 ʐ。在望峰话中除自成一韵 ɯ 外,今音多数读零声母,并入影母;少数读 ȵ,并入泥母。例如:

自成一韵:儿而[ɯ²] 尔耳[ɯ³] 二饵[ɯ⁵];

并入影母:如儒[y²] 扰绕[iɑu³] 柔揉[iou²] 辱[iou⁵] 入[y⁵]
　　　　 若[io⁵] 然燃[iẽ²] 冉[iẽ³] 壬人ɤ仁戎[ieŋ²]
　　　　 壤让[ioŋ⁵];

并入泥母:惹[ȵiɑ³] 日[ȵi⁵] 弱[ȵio⁵] 肉褥[ȵiou⁵]
　　　　 饶[ȵiɑu²] 染[ȵiẽ³] 人白[ȵiəŋ²]。

这样日母在北京音中还自成一个声母,在望峰话中就被合并了;可是疑母在望峰话中还存在,在北京音中却被合并了。因此,彼此相抵,北京音和望峰话都是 22 个声母。

(二)韵母变化的分析比较

望峰话的韵母 39 个,比中古音系的韵母少得多。按王力先生的《汉语史稿》(69—72 页)统计,中古有韵母 141 个,其中阴声韵母 40 个,阳声韵母 51 个,入声韵母 50 个。北京音是 38 个韵母,望峰话跟北京音以及各地方言一样,都是走大量简化的路子,但是具体情况却很不一样。

(1)首先,全部入声韵母都消失了,并入阴声韵。总的来看,望峰话入声韵并入阴声韵,与北京音的一致性大,同是以韵摄的开合、四等及声母的类别为条件来并入不同的阴声韵,最大的区别是在声调归属方面。

(甲)咸摄(-p)和山摄(-t)开口一、二等入声韵,北京、望峰话一般是读 ɑ,只有开口一等合韵、盍韵和曷韵的喉牙音北京读 e,望峰话读 o;开口二等喉牙音读 iɑ。例如(例字后标音:北京拼音/望峰记音):

合韵[咸开一]:答搭(dá/tɑ⁵) 踏沓(tà/tʻɑ⁵) 纳(nà/lɑ⁵)
拉(lā/lɑ¹) 杂(zá/zɑ⁵) 鸽(gē/ko⁵文 xo⁵白) 合盒(hé/xo⁵);

盍韵[咸开一]:塔榻塌(tà/tʻɑ⁵) 臈蠟(là/lɑ⁵) 磕(kē/kʻo⁵);

曷韵[山开一]:獭(tǎ/tʻɑ⁵) 达(dá/tʻɑ⁵) 捺(nà/lɑ⁵)
辣(là/lɑ⁵) 瘌(là/læ⁵) 擦(cā/tsʻɑ⁵) 撒(sǎ/sɑ³)
萨(sà/sɑ³) 割(gē/ko⁵) 葛(gě/ko⁵) 渴(kě/kʻo⁵)
喝(hē/xo⁵) 曷(hé/xo⁵);

恰韵[咸开二]:眨(zhǎ/tsɑ⁵) 插(chā/tsʻɑ⁵) 闸(zhá/tɕiɑ⁵白,tsɑ⁵文)
炸(zhà/tsɑ⁴) 夹袷(jiá/tɕiɑ⁵) 恰(qià/tɕiɑ⁵) 掐(qiā/tɕʻiɑ⁵)
狭峡(xiá/ɕiɑ⁵) 洽(qià/tɕʻiɑ⁵);

狎韵[咸开二]:甲胛(jiǎ/tɕiɑ⁵) 匣(xiá/ɕiɑ⁵) 鸭押压(yā/iɑ⁵);

黠韵[山开二]:八(bā/pɑ⁵) 拔(bá/pʻɑ⁵) 抹(mā/mɑ⁴)
察(chá/tsʻɑ⁵) 札紮(zhā/tsɑ⁵) 杀(shā/sɑ⁵)
轧(yà/iɑ⁵);

鎋韵[山开二]:铡(zhá/tsʻɑ⁴) 瞎(xiā/ɕiɑ⁵) 辖(xiá/ɕiɑ⁵)。

(乙)咸(-p)、山(-t)两摄入声开口三、四等,两地一般多读 ie,

少数读 e。例如：

葉韵[咸开三]：聂镊蹑(niè/n̠ie⁵)　接(jiē/tɕie⁵)　妾(qiè/tɕʻie⁵)

摺褶(zhé/tʂe⁵)　摄涉(shè/ʂe⁵)　葉页(yè/ie⁵)；

业韵[咸开三]：劫(jié/tɕie⁵)　怯(qiè/tɕʻie⁵)　业(yè/n̠ie⁵)

胁(xié/ɕie⁵)；

屑韵[山开四]：憋(biē/pie¹)　撇(piě/pʻie⁵)　篾(miè/mie⁵)

铁(tiě/tʻie⁵)　捏(niē/n̠ie⁵)　节(jié/tɕie⁵)　切(qiē/tɕʻie⁵)

截(jié/tɕʻie⁵)结洁(jié/tɕie⁵)　屑(xiè/ɕie⁵)　噎(yē/ie⁵)。

读作 ie 是规律，读作 e 是因为今音声母为卷舌音。咸摄的业韵(开三)帖韵(开四)和山摄的薛韵与此情况完全一致。

（丙）深(-p)、臻(-t)两摄只有开口三等，没有开口四等，它们的情况与咸、山两摄不同；两摄入声北京、望峰今音都读 i(ɿ、ʅ)，不读 ie 或 e。例如：

缉韵[深开三]：立(lì/li⁵)　笠粒(lì/li⁴)　集(jí/tɕʻi⁵)　辑(jí/tɕi⁵)

习(xí/ɕi⁵)　袭(xí/ɕi⁵文 ɕie⁵白)　蛰(zhé,zhí旧/tʂʅ⁴)

执(zhí/tʂʅ⁵)　汁(zhī/tʂʅ⁵)　湿(shī/ʂʅ⁵)　十什拾(shí/ʂʅ⁵)

入(rù/y⁵)　急(jí/tɕi⁵)　及级(jí/tɕʻi⁵)　吸(xī/tɕʻi⁵)

揖(yī/i⁵)　涩(sè/se⁵)　泣(qì/ɕi⁵)

质韵[臻开三]：笔(bǐ/pi⁵)　毕必(bì/pi⁵)　匹(pǐ/pʻi⁵)

弼(bì/pʻi⁵)　密蜜(mì/mi⁴)　栗(lì/li⁴)　七漆(qī/tɕʻi⁵)

疾(jí/tɕʻi⁵)　膝(xī/tɕʻi⁵)　侄(zhí/tʂʅ⁵)　秩(zhì/tʂʅ⁵)

质(zhì/tʂʅ⁵)　实(shí/sʅ⁵)　失(shī/ʂʅ⁵)　室(shì/ʂʅ⁵)

日(rì/n̠i⁵)　吉(jí/tɕi⁵)　乙(yǐ/ie⁵)　一(yī/i⁵)　逸(yì/i⁴)

这里只有个别字不读 i(ɿ、ʅ)，即"入、涩"两字，暂时看作例外，这里不讨论。

（丁）山、臻两摄入声韵(-t)合口的情况复杂一些。山摄合口一等末韵望峰话都读 o，北京话唇音读 o，喉牙音、舌齿音都读 uo；

臻摄合口一等没韵北京话一般都读 u，望峰话除读 u 外，还有多个读音；山摄合口二等黠、鎋二韵两地一般读 uɑ。例如：

末韵[山合一]：钵拨(bō/po⁵)　泼(pō/p'o⁵)　末沫抹(mò/mo⁵)

　　夺(duó/t'o⁵)　脱(tuō/t'o⁵)　捋(luō/lo⁴)

　　撮(cuō/tso⁵)　括(kuò/kuɑ⁵)　聒(guō/kuɑ⁵)

　　阔(kuò/k'o⁵)　豁(huò/xo⁵)　活(huó/xo⁵)

没韵[臻合一]：不(bù/pu⁵)　勃(bó/p'u⁵)　没(mò/mæ⁵)

　　突(tū/t'ou⁵)　卒(zú/tsei⁵)　猝(cú/ts'ou⁵)

　　骨(gǔ/ku⁵文 kuei⁵白)　窟(kū/k'u⁵)　忽(hū/ɸu⁵)

　　核(hú/xæ⁵)

黠韵[山合二]：滑猾(huá/uɑ⁴)　挖(wā/uɑ¹)

鎋韵[山合二]：刷(shuā/sɑ⁵)　刮(guā/kuɑ⁵)

末韵的"括、聒"在望峰话中应该是 o 韵，却读成了 uɑ 韵，这是因为鎋韵的"刮"字在望峰话中常用所造成的讹读。望峰话没韵读 u 是受普通话影响的文读，读 æ/ei 是望峰话的白读，"骨"字就是典型的例证。黠韵的"挖"字不念入声，也是受普通话的影响。

（戊）山、臻两摄合口三、四等入声韵(-t)，北京话唇音一般读 a/u，喉牙音、舌齿音一般读 u/ue 或 y/ye；望峰话大致相同，但有不少例外和文白异读，文读 ye，白读作 yæ。例如：

薛韵[山合三]：劣(liè/lie⁵)　绝(jué/tɕ'ie⁵)　雪(xuě/ɕie⁵)

　　拙(zhuō/tɕye⁵)　说(shuō/ɕye⁵)　悦阅(yuè/ye⁵文,yæ⁵白)

月韵[山合三]：髮(fà/ɸɑ⁵)　發(fā/ɸɑ⁵)　伐筏罚(fá/ɸɑ⁵)

　　襪(wà/uɑ⁴)　厥掘(jué/tɕye⁵)　月越粤(yuè/ye⁵文 yæ⁵白)

　　曰(yuē/ye⁵文 yæ⁵白)

術韵[臻合三]：律(lǜ/li⁵)　率(lǜ/li⁵)　戌(xū/ɕi⁵)

　　恤(xù/ɕi⁵)　术(zhú/tɕ'y⁴)　出(chū/tɕ'y⁵)

　　術述秫(shù/ɕy⁵)　橘(jú/tɕy⁵)

物韵［臻合三］：佛佛（fú/ɸu⁵） 物勿（wù/u⁵） 屈（qū/tɕʻy⁵）

掘倔（jué/tɕye⁵ 文 tɕyæ⁵ 白）

屑韵［山合四］：决诀（jué/tɕyæ⁵ 文） 缺（quē/tɕʻye⁵ 文）

血（xuè/ɕye⁵ 文） 穴（xuè/tɕʻye⁵ 文）

望峰话薛韵的"劣、绝、雪"念 ie 韵，术韵的"律、率、戌、恤"念 i 韵是不合一般规律的。

附：咸、深（-p）两摄只有一个合口韵，即乏韵［咸合三］：法（fǎ/ɸɑ⁵）、乏（fá/ɸɑ⁵）。唇音后念 ɑ 韵，合规律。

（己）宕、江两摄的入声字在望峰话中一般都读 o/io 韵。例如：

铎韵［宕开一］：博（bó/po⁵） 莫寞（mò/mo⁵） 託托（tuō/tʻo⁵）

铎（duó/tʻo⁵） 诺（nuò/lo⁵） 落烙络（luò, lào/lo⁵）

乐快~（lè/lo⁵） 作工~（zuò/tso⁵） 错（cuò/tsʻo⁴） 索（suǒ/so⁵）

各（gè/ko⁵） 阁胳（gé/ko⁵） 鄂（è/ŋo⁵） 鹤（hè/xo⁵）

恶（è/o⁵）

觉韵［江开二］：剥驳（bō、bó/po⁵） 樸朴（pǔ/pʻu⁵）

桌卓（zhuō/tso⁵） 琢啄（zhuó/tso⁵） 戳（chuō/tsʻo⁵）

浊（zhuó/tsʻo⁵） 捉（zhuō/tso⁵） 镯（zhuó/tsʻo⁵）

朔（shuò/so⁵） 觉（jué/tʂo⁵） 确（què/kʻo⁵） 殼（ké/kʻo⁵）

嶽岳乐音~（yuè/io⁵） 学（xué/ɕio⁵） 握（wò/o⁵）

药韵［宕开三］：略掠（luè/lio⁵） 爵（jué/tɕʻio⁵） 雀鹊（què/tɕʻio⁵）

嚼（jué/tɕʻio⁴） 削（xuē/ɕio⁵） 着酌（zhuó/tʂo⁵）

绰（chuò/tʂʻo⁵） 勺芍（sháo/ɕio⁵） 若（ruò/io⁵）

弱（ruò/ȵio⁵） 脚（jiǎo/tʂo⁵） 却（què/tʂʻo⁵）

虐疟（nuè/ȵio⁵） 约（yuē/io⁵） 钥跃（yuè/io⁵）

藥（yào/io⁵）

铎韵［宕合一］：郭（guō/ko⁵） 廓轮~（kuò/ko⁵） 扩（kuò/kʻo⁵）

霍藿(huò/xo⁵)

药韵[宕合三]:缚(fù/ɸu⁵)　钁(jué/tɕye⁵)

觉韵的"樸朴"和药韵的"缚钁"韵母出韵,是受普通话影响的文读。

(庚)曾、梗两摄的入声字在望峰话中,开口一、二等的韵母一般都读æ,受普通话影响的文读则作e;开口三、四等的韵母一般都读i;合口一、二等的韵母都读o,三、四等则作y。例如:

德韵[曾开一]:北(běi/pæ⁵,pe⁵文)　墨默(mò/mæ⁵,me⁵文)

得德(dé/tæ⁵,te⁵文)　特(tè/t‘æ⁵,t‘e⁵文)　肋(lèi/læ⁵,le⁵文)

勒(lēi/læ⁵,le⁵文)　则(zé/tsæ⁵,tse⁵文)　贼(zéi/ts‘æ⁵,ts‘e⁵文)

塞(sè/sæ⁵,se⁵文)　刻克(kè/k‘æ⁵,k‘e⁵文)

黑(hēi/xæ⁵,xe⁵文)

陌韵[梗开二]:百柏伯(bǎi/pæ⁵,pe⁵文)　迫(pò/p‘æ⁵,p‘e⁵文)

拍(pāi/p‘æ,p‘e⁵文,p‘a⁵土)　魄(pò/p‘æ⁵,p‘e⁵文)

白(bái/pæ⁵,pe⁵文)　帛(bó/p‘æ⁵,p‘e⁵文)

陌(mò/mæ⁵,me⁵文)　拆(chāi/ts‘æ,ts‘e文)

泽择(zé/ts‘æ⁵,ts‘e⁵文)　宅(zhái/ts‘æ⁵,ts‘e⁵文)

窄(zhǎi/tsɑ⁴讹)　格(gé/kæ⁵,ke⁵文)

客(kè/k‘æ⁵,k‘e⁵文)　额(é/ŋæ⁵,ŋe⁵文 ŋɑ⁵白)

赫嚇(hè/xe⁵,xɑ⁵白)

麦韵[梗开二]:麦脉(mài/mæ⁵,me⁵文)　摘(zhāi/tsæ⁵,tse⁵文 tsɑ⁵土)

责(zé/tsæ⁵,tse⁵文)　策册(cè/ts‘æ⁵,ts‘e⁵文)

陌韵[梗开三]:碧(bì/p‘i⁵)　戟(jǐ/tɕi⁵)　劇(jù/tɕy⁴)

屐(jī/tɕi⁵)　逆(nì/ȵi⁵)

昔韵[梗开三]:璧(bì/p‘i⁵)　僻闢(pì/p‘i⁵)　积跡(jī/tɕi⁵)

脊(jǐ/tɕi⁵)　籍藉(jí/tɕi⁵)　夕昔惜(xī/ɕi⁵)　席(xí/ɕi⁵)

掷(zhì/tʂʅ⁵)　隻(zhī/tʂʅ⁵文,tʂɑ⁵白)　赤斥(chì/tʂ‘ʅ⁵)

尺（chǐ/tʂʻʅ⁵ 文,tʂa⁵）　射（shè/ʂe⁴,ʂa⁴）　適释（shì/ʂʅ⁵）

石（shí/ʂʅ⁵ 文,ʂa⁵ 白）　益亦译易（yì/i⁵）　液腋（yè/ie⁵）

锡韵［梗开四］：壁（bì/pi⁵ 文,pia⁵ 白）　劈（pī/pʻi⁵ 文 pʻia⁵ 白）

觅（mì/mi⁵）　的嫡笛敌（dí/ti⁵）　滴（dī/ti⁵ 文,tia⁵ 白）

踢（tī/tʻi⁵）　剔（tì/tʻi⁴）　狄翟（dí/tʻi⁵）　溺（nì/n̠i⁵）

歷曆（lì/li⁵）　戚（qī/tɕʻi⁵）　寂（jì/tɕʻi⁵）　锡析（xī/ɕi⁵ 文）

击激（jī/tɕi⁵）　吃喫（chī/tɕʻi⁵ 文,tɕʻia⁵ 白）

陌韵［梗合二］：虢（guó/ŋo⁵）

麦韵［梗合二］：获（huò/xo⁵）　劃（huà/xua⁵）

昔韵［梗合三］：疫役（yì/y⁵）

曾、梗两摄入声字在望峰话中变化的突出特点是形成系统的文白异读,文读作 e,白读作 æ。有的还有三读,作 a,例如"拍、额、摘""尺、石、滴"。念作 a 的白读解放前多一些,解放后消失较快;只有"吃饭、吃酒、吃烟"的"吃"老年、青年都还多说成 tɕʻia⁵。"喝水"说成白读"吃水"[tɕʻiaᵇɕy³]。昔韵的"疫役"北京话是不规则的变化,望峰话则是规则变化。

（辛）通摄入声字北京话一般读 u,少数读 ou 或 y;望峰话则大都读 ou,少数读 u,一般是舌齿音读 ou,喉唇音读 u,还有少数字读 o 或 y。例如:

屋韵［通合一］：卜（bǔ/pʻu⁵）　撲仆（pū/pʻu⁵）　僕（pú/pʻu⁵）

曝瀑（pù/pʻu⁵）　秃（tū/tʻou⁵）　独读牍犊（dú/tou⁵）

鹿禄（lù/lou⁵）　族（zú/tsʻou⁵）　速（sù/so⁵）　穀谷（gǔ/ku⁵）

哭（kū/kʻu⁵）　斛（hú/xu⁴）　屋（wū/u⁵）

沃韵［通合一］：笃（dǔ/tou⁵）　督（dū/tou⁵）　毒（dú/tʻou⁵）

酷（kù/kʻu⁵）　沃（wò/o⁵）

屋韵［通合三］：福幅蝠服伏（fú/ɸu⁵）　複腹（fù/ɸu⁵）

覆復（fù/ɸu⁵）　目穆牧（mù/mo⁵）　六陆（liù,lù/lou⁵）

肃宿(sù/sou⁵)　竹(zhú/tʂou⁵)　筑(zhù/tʂou⁵)

畜~生(chù/tʂʻou⁵)　逐(zhú/tʂʻou⁵)　轴(zhóu/tʂʻou⁵)

缩(sù/sou⁵)　祝(zhù/tʂou⁵)　粥(zhōu/tʂou⁵)

熟(shú/ʂou⁵)　淑(shū/ ʂou⁵)　肉(ròu/n̠iou⁵)

菊(jú/tɕy⁵)　麴(qū/tɕʻiou⁵)　畜(xù/ɕiou⁵)　郁育(yù/iou⁴)

烛韵[通合三]:绿(lǜ/lou⁵)　録绿~林(lù/lou⁵)　足(zú/tsou⁵)

促(cù/tsʻou⁵)　粟(sù/ɕiou⁵)　俗(sú/sou⁵)　续(xù/sou⁵)

烛(zhú/tʂou⁵)　嘱(zhǔ/tʂou⁵)　触(chù/tʂʻou⁵)

赎(shú/ʂou⁵)　束(shù/tɕʻiou⁵)　蜀(shǔ/tʂou⁵)

属(shǔ/ ʂou⁵)　辱(rǔ/iou⁵)　褥(rù/n̠iou⁵)　曲(qǔ/tɕʻiou⁵)

局(jú/tɕy⁵)　玉(yù/y⁵)　狱欲慾浴(yù/iou⁵)

通摄只有合口,入声字在望峰话中变化比较简单,规律性也比北京话更强一些。少数读 o 或 y 的字,与声母和撮口的保留有关。

总的来看,望峰话入声韵合并到阴声韵的大方向与北京话是一致的,都是以韵摄的等呼和声母的类别来决定音读的;可是北京音情况更复杂,例外现象更多。首先,北京音入派三声,情况就比较复杂;而望峰话入声一律并入阳去,极少例外。其次,望峰话文白异读的现象相当突出,主要是在韵母方面;例如:望峰话的 yæ 韵(白)几乎只有阳去字,除一个后起字"靴"外,全部来自山、臻两摄合口三、四等入声喉牙音,文读受普通话影响,都读 ye 韵。一个成了白读韵,一个成了文读韵(参看第三节"同音字表"和本节戊项)。又,ue 韵只有"国、或"二字,来自中古的德韵(曾合一),成了受普通话影响的文读韵,白读在 uæ 韵。

(2)其次,要谈到阳声韵的归并、发展。中古阳声韵分为-m 尾韵、-n 尾韵和-ŋ 尾韵三类鼻尾韵;在北京音中-m、-n 合并,成为-n、-ŋ 两类鼻尾韵。在望峰话中则分成鼻化韵和-ŋ 尾韵两类阳声韵,分合的情况则大不一样,不是-m、-n 合并,而是以韵摄为条件。咸摄、山摄、臻摄开口一等痕韵、曾摄开口一等登韵今音变为鼻化韵，宕摄、江摄、通摄、曾摄（除登韵外）、深摄、臻摄（除痕韵外）今音并为-ŋ尾韵。

（甲）咸摄、山摄、臻摄痕韵、曾摄登韵在望峰话中的发展变化。

先说咸摄、山摄开口一、二等。在北京话中，咸、山两摄开口一、二等大多读-an，只有二等喉牙音颚化后读-ian，如"减、咸、衔、监"等。望峰话今音都读 æ̃ 韵。例如：

覃韵[咸开一]：潭谭[tæ̃²] 南男[læ̃²] 簪[tsæ̃¹] 感[kæ̃³]
　　　　含函[xæ̃²] 庵[ŋæ̃¹] 暗[ŋæ̃⁴]

谈韵[咸开一]：谈[tæ̃²] 胆[tæ̃³] 毯[t'æ̃³] 蓝篮[læ̃²]
　　　　三[sæ̃¹] 甘柑[kæ̃¹] 敢[kæ̃³] 喊[xæ̃³]

咸韵[咸开二]：谗[ts'æ̃²] 斩[tsæ̃³] 站[tsæ̃⁴] 减[kæ̃³]
　　　　咸[xæ̃²] 陷[xæ̃⁵]

衔韵[咸开二]：搀[ts'æ̃²] 衫[sæ̃¹] 监[kæ̃¹] 巖[ŋæ̃²]
　　　　衔[xæ̃²] 鉴[kæ̃⁴]

寒韵[山开一]：丹单[tæ̃¹] 檀坛[tæ̃²] 旦[tæ̃⁴] 但[tæ̃⁵]
　　　　滩摊[t'æ̃¹] 难兰拦[læ̃²] 残[tsæ̃²] 赞[tsæ̃⁴] 餐[ts'æ̃¹]
　　　　伞[sæ̃³] 干肝[kæ̃¹] 刊[k'æ̃¹] 鼾[xæ̃¹] 寒[xæ̃²]
　　　　安[ŋæ̃¹]

山韵[山开二]：盏[tsæ̃³] 产铲[ts'æ̃³] 山[sæ̃¹] 艰间[kæ̃¹]
　　　　简[kæ̃³] 眼[ŋæ̃³] 闲[xæ̃²] 限苋[xæ̃⁵]

删韵[山开二]：班斑[pæ̃¹] 板版[pæ̃³] 攀[p'æ̃¹] 蛮[mæ̃²]
　　　　慢[mæ̃⁵] 删[sæ̃¹] 奸[kæ̃¹] 谏涧[kæ̃⁴] 颜[ŋæ̃²]
　　　　晏晚[ŋæ̃⁴]

两摄开口三、四等北京话一般念-ian，只在卷舌音后念-an。在望峰话中两摄三、四等一般却念-iẽn，只有在卷舌音后念-æ̃。

例如：

　　盐韵［咸开三］：廉簾［liẽn²］ 尖［tɕiẽn¹］ 潜［tɕiẽn²］

　　　　　粘瞻占~卜［tʂæ̃¹］ 蟾［tʂæ̃²］ 陕闪［ʂæ̃³］ 染［n̠iẽn³］

　　　　　冉［iẽn³］ 钳［tɕiẽn²］ 俭［tɕiẽn⁵］ 验［n̠iẽn⁵］

　　　　　险［çiẽn³］ 淹［iẽn¹］ 盐［iẽn²］ 掩［iẽn³］ 厌［iẽn⁴］

　　严韵［咸开三］：剑［tɕiẽn⁴］ 欠［tɕʻiẽn⁴］ 严［n̠iẽn²］

　　　　　酽~茶［n̠iẽn⁵］

　　添韵［咸开四］：甜［tiẽn²］ 点［tiẽn³］ 店［tiẽn⁴］ 添［tʻiẽn¹］

　　　　　舔［tʻiẽn³］ 念［n̠iẽn⁵］ 兼［tɕiẽn¹］ 谦［tɕʻiẽn¹］ 歉［tɕʻiẽn⁴］

　　　　　嫌［çiẽn²］

　　仙韵［山开三］：鞭编［piẽn¹］ 变［piẽn⁴］ 辨辩便~宜,方~［piẽn⁵］

　　　　　篇偏［pʻiẽn¹］ 绵棉［miẽn²］ 免勉缅［miẽn³］ 面［miẽn⁵］

　　　　　连联［liẽn²］ 煎［tɕiẽn¹］ 钱［tɕiẽn²］ 剪［tɕiẽn³］

　　　　　箭［tɕiẽn⁴］ 践溅贱饯［tɕiẽn⁵］ 仙鲜［çiẽn¹］ 涎［çiẽn²］

　　　　　癣［çiẽn³］线羡［çiẽn⁴］ 毡［tʂæ̃¹］ 缠［tʂæ̃²］ 展［tʂæ̃³］

　　　　　战颤［tʂæ̃⁴］ 搧扇［ʂæ̃¹］ 蝉禅~宗［ʂæ̃²］ 善膳禅~让［ʂæ̃⁵］

　　　　　乾~坤虔［tɕiẽn²］ 件［tɕiẽn⁵］ 然燃焉延筵［iẽn²］ 演［iẽn³］

　　元韵［山开三］：建键［tɕiẽn⁴］ 健［tɕiẽn⁵］ 言［n̠iẽn²］ 轩［çiẽn¹］

　　　　　宪献［çiẽn⁴］堰［iẽn³］

　　先韵［山开四］：边［piẽn¹］ 蝙扁匾［piẽn³］ 遍［pʻiẽn⁴］

　　　　　辫［piẽn⁵］ 眠［miẽn²］文［mi²］白 麵［miẽn⁵］ 颠［tiẽn¹］

　　　　　田填［tiẽn²］ 典［tiẽn³］ 电殿奠佃垫［tiẽn⁵］ 天［tʻiẽn¹］

　　　　　年［n̠iẽn²］ 怜［liẽn²］白 莲［liẽn²］文 练炼［liẽn⁵］

　　　　　肩坚［tɕiẽn¹］ 前［tɕiẽn²］ 茧趼笕［tɕiẽn³］ 荐见［tɕiẽn⁴］

　　　　　牵［tɕʻiẽn¹］ 研［n̠iẽn¹］ 砚［n̠iẽn⁵］ 贤［çiẽn²］ 显［çiẽn³］

　　　　　现［çiẽn⁵］ 烟燕~京［iẽn¹］ 燕~子咽宴［iẽn⁴］

至于臻摄的痕韵在北京话中读-en,望峰话读-ẽn,两者的音读也还接近。曾摄的登韵,来自上古的蒸部,北京话基本上保留了古韵读,都念-əŋ;望峰话却起了重大变化,由鼻尾韵变成了鼻化韵,今读-ẽn;只有一个"朋"字保留在-ŋ尾韵中。例如:

痕韵［臻开一］:吞［t'ẽn^1］ 跟根［kẽn^1］ 懇墾齦［k'ẽn^3］

　　　痕［xẽn^2］ 很［xẽn^3］ 恨［xẽn^5］ 恩［ŋẽn^1］

登韵［曾开一］:崩［pẽn^1］ 朋［pəŋ^2］ 登燈［tẽn^1］ 腾藤［tẽn^2］

　　　等［tẽn^3］ 凳［tẽn^4］ 邓［tẽn^5］ 能［lẽn^2］ 曾姓增［tsẽn^1］

　　　曾~经层［tsẽn^2］ 憎［tsẽn^4］ 赠［ts'ẽn^4］ 僧［sẽn^1］

　　　肯［k'ẽn^3］ 恒［xẽn^2］

　　咸、山两摄的合口在北京话中一般读-uan、-yan;在望峰话中情况就比较复杂。山摄合口一等桓韵唇音、舌齿音今读-ẽn,喉牙音今读-uẽn,少数字今读-æ̃ 或-uæ̃(有文白异读的影响在内,个别字变成了阴声韵,如"卵"［lo^3］)。合口二等山韵、删韵多数字今读-uæ̃,个别字今读-uẽn(幻)或-ẽn(撰),也有文白问题。合口三等仙韵一般读-yẽn,少数字今读-iẽn(恋、全、选),个别字(宣)文读作-yẽn,白读作-iẽn,甚至变成了阴声韵,如"旋"ɕi^2。合口三等元韵唇音今读-uæ̃,喉牙音今读 yẽn。合口四等先韵今读-yẽn。例如:

桓韵［山合一］:般搬［pẽn^1］ 盘［pẽn^2］ 半［pẽn^4］ 伴拌［pẽn^5］

　　　潘［p'ẽn^1］ 判叛［p'ẽn^4］ 瞒［mẽn^2］ 满［mẽn^3］白［mæ̃^{3}］文

　　　漫幔［mæ̃^{5}］ 端［tẽn^1］ 团［tẽn^2］ 短［tẽn^3］ 断锻段缎［tẽn^5］

　　　鸾［lẽn^2］ 暖［lẽn^3］ 卵［lo^3］ 乱［lẽn^5］ 纂钻~探、~子［tsẽn^4］

　　　氽［ts'ẽn^1］窜［ts'ẽn^4］ 酸［sẽn^1］算蒜［sẽn^4］ 官冠衣~［kuẽn^1］

　　　管馆［kuẽn^3］ 贯文灌罐观寺~冠~军［kuẽn^4］贯白［kuæ̃^{4}］

　　　宽［k'uẽn^1］ 款［k'uẽn^3］ 玩丸［uæ̃^{2}］ 欢［xuẽn^1］

　　　缓［xuẽn^3］ 唤焕换［xuẽn^4］ 碗［uẽn^3］ 桓［xuæ̃^{2}］ 腕［uæ̃^{3}］

山韵［山合二］:鳏［kuæ̃^{1}］ 顽［uæ̃^{2}］ 幻［xuæ̃^{5}］文［xuẽn^5］白

删韵［山合二］:闩拴［sæ̃^{1}］ 撰［tsẽn^3］ 惯［kuæ̃^{4}］ 关［kuæ̃^{1}］

还~原环[xuæ̃²] 还~有[xuæ̃²]文[xæ²]白 患宦[xuen⁵]

弯湾[uæ̃¹]

仙韵[山合三]:恋[liẽn⁵] 全泉[tɕiẽn²] 宣[çiẽn¹]白[çyẽn¹]文

选[çiẽn³] 旋~转[çi²] 专砖捐[tɕyẽn¹]

船传~达拳权颧[tɕyẽn²] 椽[yẽn²] 转~送捲[tɕyẽn³]

转~圈眷绢[tɕyẽn⁴] 篆传~记[tɕyẽn⁵] 川穿圈[tɕʻyẽn¹]

喘[tʻẽn³] 软[ŋyẽn³] 圆员缘沿铅白[yẽn²] 铅文[tɕʻiẽn¹]

院[yẽn⁵]

元韵[山合三]:翻番[ɸæ̃¹] 藩烦繁[ɸæ̃²] 反[ɸæ̃³] 贩[ɸæ̃⁴]

饭[ɸæ̃⁵] 晚挽[uæ̃³] 万[uæ̃⁵] 劝券[tɕʻyẽn⁴]

喧[çyẽn¹] 冤[yẽn¹] 元原源袁园援[yẽn²]

阮愿[yẽn⁵]

凡韵[咸合三]:帆[ɸæ̃¹] 凡[ɸæ̃²] 泛範[ɸæ̃⁴] 范犯[ɸæ̃⁵]

先韵[山合四]:犬[tɕʻyẽn³] 玄悬[çyẽn²] 渊[yẽn¹]

(乙)宕、江、曾(除登韵外)、梗、通等摄,望峰话跟北京话一样,今音仍作-ŋ尾韵。宕、江两摄北京话今读-aŋ、-iaŋ、-uaŋ,望峰话今读-oŋ、-ioŋ。例如:

唐韵[宕开一]:帮[poŋ¹] 旁螃[poŋ²] 榜[poŋ³] 谤[poŋ⁴]

忙芒茫[moŋ²] 莽蟒[moŋ³] 当[toŋ¹] 汤[tʻoŋ¹]

堂棠唐糖塘[toŋ²] 囊郎廊狼[loŋ²] 脏[tsoŋ¹] 仓苍[tsʻoŋ¹]

桑丧~婚[soŋ¹] 丧~失[soŋ⁴] 冈岗刚纲钢[koŋ¹]

康糠[kʻoŋ¹] 慷[kʻoŋ³] 抗炕[kʻoŋ⁴] 行~列航杭[xoŋ²]

阳韵[宕开三]:娘[nioŋ²] 良凉量梁粱[lioŋ²] 将浆薑姜[tɕioŋ¹]

墙强详祥[tɕioŋ²] 枪疆僵缰羌[tɕʻioŋ¹]

相互~箱湘商伤香乡[çioŋ¹] 想享響[çioŋ³] 相~貌向[çioŋ⁴]

央秧殃[ioŋ¹] 羊洋杨阳扬[ioŋ²] 养瘍[ioŋ³]

壤让样[ioŋ⁵] 庄装[tsoŋ¹] 疮[tsʻoŋ¹] 霜孀[soŋ¹]

章樟[tʂoŋ¹] 昌菖[tʂʻoŋ¹] 常尝裳[ʂoŋ²] 上尚[ʂoŋ⁵]

唐韵[宕合一]：光[koŋ¹] 广[koŋ³] 旷[kʻoŋ⁴] 荒慌[xoŋ¹]

　　　黄皇蝗[xoŋ²] 谎晃[xoŋ³] 汪[oŋ¹]

阳韵[宕合三]：方芳[xoŋ¹] 妨房防[xoŋ²] 做纺彷访[xoŋ³]

　　　放[xoŋ⁴] 亡忘[oŋ²] 芒[moŋ²] 網輞[oŋ³] 妄望文[oŋ⁵]

　　　匡筐眶[tɕʻioŋ¹]文[kʻuæ¹]白 况[kʻoŋ⁴] 王[oŋ²]

　　　枉往[oŋ³] 旺[oŋ⁵]

江韵[江开二]：庞[poŋ²] 绑[poŋ³] 棒[poŋ⁴] 蚌[poŋ⁵] 胖[pʻoŋ⁴]

　　　窗[tsʻoŋ¹] 撞[tsʻoŋ³] 双[soŋ¹] 江[tɕioŋ¹]

　　　讲[tɕioŋ³]文[koŋ³]白 港[koŋ³] 降下~[tɕioŋ⁴]

　　　虹[koŋ⁴]白[xəŋ²]文 降~伏[ɕioŋ²] 项巷[xoŋ⁵]

曾、梗两摄北京话一般读-eng、-ing，少数字读-ong；望峰话今音开口一般读-əŋ、-iəŋ，合口一般读-uəŋ、-yəŋ。只是梗摄开口二等庚、耕两韵的情况比较复杂，它有曾摄开口一等登韵的类似情况，即由鼻尾韵向鼻化韵演变的倾向，不少字今音读-ẽn。还有一些白读现象，今音也作鼻化韵-æ̃。例如：

蒸韵[曾开三]：冰[piəŋ¹] 凭[piəŋ²] 陵凌菱[liəŋ²]

　　　徵蒸[tʂəŋ¹] 澄承丞[tʂəŋ²] 證症[tʂəŋ⁴] 升[ʂəŋ¹]

　　　乘塍田~绳[ʂəŋ²] 胜剩[ʂəŋ⁴] 仍[iəŋ²] 扔孕[iəŋ⁵]

　　　凝[ɲiəŋ²] 兴~旺[ɕiəŋ¹] 兴高~[ɕiəŋ⁴] 鹰蝇文[iəŋ¹]

　　　应[iəŋ⁴]

登韵[曾合一]：弘[xuəŋ²]

庚韵[梗开二]：彭膨[pẽn²] 烹[pʻẽn¹] 盲虻[moŋ²]

　　　猛[məŋ³] 孟[mẽn⁵] 冷[ləŋ³]文[læ̃³]白 撑[tsʻəŋ¹]

　　　生牲笙甥[sẽn¹] 更~换庚羹[kẽn¹] 哽埂[kẽn³]

　　　更~加[kẽn⁴] 坑[kʻəŋ¹] 亨[xẽn¹] 行~为[ɕiəŋ²]

　　　衡[xẽn²] 杏行品~[ɕiəŋ⁵]

耕韵[梗开二]:棚[pəŋ²] 萌[miəŋ²] 橙[tʂəŋ²] 争筝[tsẽn¹]
　　　　耕[kẽn¹] 耿[kẽn³] 茎[tɕiəŋ⁴] 幸[ɕiəŋ⁵] 鹦鹉樱[iəŋ¹]

庚韵[梗开三]:兵[piəŋ¹] 平评[piəŋ²] 丙秉柄[piəŋ³]
　　　　病[piəŋ⁵]文[piæ̃⁵]白 鸣明盟[miəŋ²] 皿[miəŋ³]
　　　　命[miəŋ⁵] 京荆惊[tɕiəŋ¹] 鲸[tɕiəŋ²] 景警[tɕiəŋ³]
　　　　境敬竟镜[tɕiəŋ⁴] 卿[tɕʻiəŋ¹] 庆[tɕʻiəŋ⁴] 英[iəŋ¹]
　　　　影[iəŋ³] 映[iəŋ⁴]

清韵[梗开三]:饼[piəŋ³]文[piæ̃³]白 併合~[piəŋ⁴] 聘[pʻiəŋ⁴]
　　　　名[miəŋ²]文[miæ̃²]白 领[liəŋ³] 嶺[liəŋ³]文[liæ̃³]白
　　　　令[liəŋ⁵] 精晶睛[tɕiəŋ¹] 情[tɕiəŋ²]
　　　　晴[tɕiəŋ²]文[tɕiæ̃²]白 井颈[tɕiəŋ³]文[tɕiæ̃³]白
　　　　劲[tɕiəŋ⁴] 静净[tɕiəŋ⁵] 清轻[tɕʻiəŋ¹] 请[tɕʻiəŋ³]
　　　　性姓[ɕiəŋ⁴] 贞侦正~月征[tʂəŋ¹] 呈程成城诚[tʂəŋ²]
　　　　郑[tʂəŋ⁵] 逞[tʂʻəŋ³] 声[ʂəŋ¹] 盛~满了[ʂəŋ²]
　　　　圣盛兴~[ʂəŋ⁴] 婴缨[iəŋ¹] 盈赢文[iəŋ²] 赢白[iæ̃²]

青韵[梗开四]:瓶屏萍[piəŋ²] 並[piəŋ⁴] 铭[miəŋ²]
　　　　丁疔[tiəŋ¹] 钉铁~[tiəŋ¹]文[tiæ̃¹]白 亭停廷庭蜓[tiəŋ²]
　　　　顶鼎[tiəŋ³] 钉~住[tiəŋ⁴]文[tiæ̃⁴]白 订[tiəŋ⁴] 定[tiəŋ⁵]
　　　　厅[tʻiəŋ¹] 听[tʻiəŋ⁴]文[tʻiæ̃⁴]白 宁安~[ȵiəŋ²] 宁~可[ȵiəŋ⁵]
　　　　灵零铃伶翎[liəŋ²] 青蜻~蜓[tɕʻiəŋ¹] 星[ɕiəŋ¹]
　　　　腥[ɕiəŋ¹]文[ɕiæ̃⁴]白 醒[ɕiəŋ³] 经[tɕiəŋ¹] 径[tɕiəŋ⁴]
　　　　磬[tɕʻiəŋ⁴]文[tɕʻiæ̃⁴]白 馨[ɕiəŋ¹] 形型刑[ɕiəŋ²]

庚韵[梗合二]:矿[kʻoŋ⁴] 横[xuəŋ²]

耕韵[梗合二]:轰[xəŋ¹] 宏[xəŋ²]

庚韵[梗合三]:兄[ɕiəŋ¹] 荣[yəŋ²] 永[yəŋ³] 泳詠[yəŋ⁴]

清韵[梗合三]:倾[tɕʻyəŋ¹]文[tʂʻəŋ¹]白 顷[tɕʻyəŋ³]文[tʂʻəŋ³]白
　　　　琼[tɕʻyəŋ²] 营莹[yəŋ²] 颖[iəŋ³]

青韵[梗合四]：莹[yəŋ^2]文[iæ̃^{2}]白 迥[çyəŋ^3]

通摄只有合口，北京话一般读-uŋ、-iuŋ，望峰话却变成了开口，今音一般都作-əŋ、-iəŋ。例如：

东韵[通合一]：篷蓬[pəŋ^2] 蒙[məŋ^2] 懵~懂[məŋ^3] 东[təŋ^1] 同铜桐筒童瞳[təŋ^2] 董懂[təŋ^3] 冻栋[təŋ^4] 动洞[təŋ^5] 通[t'əŋ^1] 桶捅[t'əŋ^3] 痛[t'əŋ^4] 聋[ləŋ^1] 笼[ləŋ^2] 拢[ləŋ^3] 弄[ləŋ^5] 椶鬉[tsəŋ^1] 丛[tsəŋ^2] 总[tsəŋ^3] 糭[tsəŋ^4] 聪忽葱囱文[ts'əŋ^1] 囱白[ts'oŋ^1] 送[səŋ^4] 公工功攻[kəŋ^1] 汞[kəŋ^3] 贡[kəŋ^4] 空~虚[k'əŋ^1] 孔[k'əŋ^3] 控空~缺[k'əŋ^4] 烘~干[xəŋ^1] 红洪鸿虹文[xəŋ^2] 哄[xəŋ^3] 翁[uəŋ^1] 甕[uəŋ^4]

冬韵[通合一]：冬[təŋ^1] 统[t'əŋ^3] 农脓[ləŋ^2] 宗综[tsəŋ^1] 鬆[səŋ^1] 宋[səŋ^4]

东韵[通合三]：风枫疯丰[ɸəŋ^1] 冯[ɸəŋ^2] 讽[ɸəŋ^3] 凤[ɸəŋ^5] 隆[ləŋ^2] 崇[tsəŋ^2] 嵩[səŋ^1] 中~当忠终[tʂəŋ^1] 虫[tʂəŋ^2] 中~射[tʂəŋ^4] 仲[tʂəŋ^5] 充[tʂ'əŋ^1] 铳[tʂ'əŋ^4] 戎绒融[iəŋ^2] 弓躬宫[kəŋ^1] 穷[tɕiəŋ^2] 熊雄[çiəŋ^2]

钟韵[通合三]：封峰蜂锋[ɸəŋ^1] 逢缝~补[ɸəŋ^2] 俸[ɸəŋ^4] 奉缝~隙[ɸəŋ^5] 捧[p'əŋ^3] 浓[ləŋ^2] 龙[ləŋ^2] 陇垄[ləŋ^3] 纵~横[tsəŋ^1] 从跟[tsəŋ^2] 纵放~[tsəŋ^4] 松[səŋ^1] 诵颂讼[səŋ^5] 鐘鍾[tʂəŋ^1] 重~复[tʂəŋ^2] 冢种~类肿[tʂəŋ^3] 种~树[tʂəŋ^4] 重轻~[tʂəŋ^5] 衝舂~米[tʂ'əŋ^1] 宠[tʂ'əŋ^3] 恭供~给[kəŋ^1] 拱~手巩[kəŋ^3] 供~养[kəŋ^4] 共[kəŋ^5] 胸凶兇[çiəŋ^1] 雍[iəŋ^1] 茸容蓉庸[iəŋ^2] 拥勇涌[iəŋ^3] 冗用[iəŋ^5]

（丙）深、臻两摄在北京话中分别念-en、-in、-un、-yn；在望峰话

中却由-n 尾韵变为-ŋ 尾韵,分别念-əŋ、-iəŋ、-uəŋ、-yəŋ。例如:

侵韵[深开三]:禀[piəŋ³] 品[pʻiəŋ³] 林淋临[liəŋ²] 檁[liəŋ³]

寻[səŋ²]文[tɕiəŋ²]白 浸[tɕiəŋ⁴]文[tɕʻiəŋ⁴]白 心[ɕiəŋ¹]

针斟[tʂəŋ¹] 沉[tʂəŋ²]文[tiəŋ²]白 枕[tʂəŋ³] 深[ʂəŋ¹]

审[ʂəŋ³] 甚[ʂəŋ⁴] 今金禁~不住襟[tɕiəŋ¹] 琴禽擒[tɕiəŋ²]

锦[tɕiəŋ³] 禁~止[tɕiəŋ⁴] 侵钦[tɕʻiəŋ¹] 吟[ɲiəŋ²]

音阴荫[iəŋ¹] 壬淫[iəŋ²] 饮[iəŋ³] 任责~[iəŋ⁴] 任姓[iəŋ⁵]

真韵[臻开三]:彬宾[piəŋ¹] 贫频[piəŋ²] 殡鬓[piəŋ⁴]

闽民[miəŋ²] 悯敏[miəŋ³] 鳞粼燐[liəŋ²]

吝[liəŋ⁵]文[ɲiəŋ⁵]白 津巾[tɕiəŋ¹] 秦[tɕiəŋ²]

尽紧[tɕiəŋ³] 进晋[tɕiəŋ⁴] 尽[tɕiəŋ⁵] 亲[tɕʻiəŋ¹]

辛新薪[ɕiəŋ¹] 信讯囊峰[ɕiəŋ⁴] 珍真[tʂəŋ¹] 陈尘臣[tʂəŋ²]

诊疹[tʂəŋ³] 镇振震[tʂəŋ⁴] 阵[tʂəŋ⁵] 身申伸[ʂəŋ¹]

辰晨[ʂəŋ²] 肾慎[ʂəŋ⁴] 因姻[iəŋ¹] 人文仁寅[iəŋ²]

忍引[iəŋ³] 印[iəŋ⁴] 刃韧[iəŋ⁵] 人白银[ɲiəŋ²] 认[ɲiəŋ⁵]

殷韵[臻开三]:斤筋[tɕiəŋ¹] 勤芹[tɕiəŋ²] 谨[tɕiəŋ³]

劲[tɕiəŋ⁴] 近[tɕiəŋ⁵] 欣[ɕiəŋ¹] 殷[iəŋ¹] 隐[iəŋ³]

魂韵[臻合一]:奔[pẽn¹] 盆[piəŋ²] 本[piəŋ³] 笨[pəŋ⁵]

喷~香,~水[pʻəŋ⁴] 门[miəŋ²] 闷[miəŋ⁴] 敦墩蹲白[təŋ¹]

屯豚臀囤[təŋ²] 顿[təŋ⁴] 盾钝遁[təŋ⁵] 崙[ləŋ²]

嫩论议~[ləŋ⁵] 尊蹲文[tsəŋ¹] 存[tsəŋ²] 村[tsʻəŋ¹]

寸[tsʻəŋ⁴] 孙[səŋ¹] 损[səŋ³] 逊[səŋ⁴] 滚[kuəŋ³]

棍[kuəŋ⁴] 昆崑坤昏文婚[kʻuəŋ¹] 捆[kʻuəŋ³] 困[kʻuəŋ⁴]

昏白[xuəŋ¹] 魂[xuəŋ²] 浑~浊混[xuəŋ⁵] 温瘟[uəŋ¹]

稳[uəŋ³]

谆韵[臻合三]:伦沦轮[ləŋ¹] 遵[tsəŋ¹] 俊[tsəŋ⁴] 皴[tsʻəŋ¹]

旬循巡殉[səŋ²] 笋榫[səŋ³] 均钧[tɕyəŋ¹] 準准[tɕyəŋ³]

窘菌[tɕʻyəŋ⁵] 春椿[tɕʻyəŋ¹] 蠢[tɕʻyəŋ³] 纯醇[ɕyəŋ²]

舜[ɕyəŋ⁴] 顺[ɕyəŋ⁵] 匀[yəŋ²] 允尹[yəŋ³]

文韵[臻合三]：分芬纷[ɸəŋ¹] 焚坟豶[ɸəŋ²] 粉[ɸəŋ³]

粪奋愤忿[ɸəŋ⁴] 份[ɸəŋ⁵] 文纹蚊闻[uəŋ²] 吻刎[uəŋ³]

问[uəŋ⁵] 君军[tɕyəŋ¹] 群裙[tɕyəŋ²] 郡[tɕyəŋ⁵]

熏勋薰[ɕyəŋ¹] 训[ɕyəŋ⁴] 荤[xuəŋ¹]文[kʻuəŋ¹]白

晕[yəŋ¹] 云雲[yəŋ²] 韵[yəŋ⁴] 运[yəŋ⁵]

深摄只有一个侵韵，它是开口三等韵，除卷舌音今音读-əŋ外，其它字音都是-iəŋ。臻摄真韵、殷韵也是开口三等，真韵跟侵韵一样，殷韵没有卷舌音，所有喉牙音的字今音都念-iəŋ。魂韵是合口一等，今音比较乱；喉牙字念 uəŋ，舌齿字念 əŋ，唇音字既念 uəŋ，也念 iəŋ，有一个"盆"字，留在鼻化韵。谆韵、文韵是合口三等，一般念-yəŋ、-uəŋ，谆韵来母和精组字却念-əŋ。由于深、臻两摄的韵尾变化，望峰话今音-əŋ、-iəŋ 两韵的格局同北京话有很大差距；北京-n、-ŋ 分开，望峰合流，于是造成了"津"（天津）与"京"（北京）不分。如果同广州话相比，还可以加上瑞金，那就是"金、津、京"不分。因此，望峰话这两韵有的音节包括的字特别多，就拿方言调查字表所收的字来看，也有多至十五六个以上的。例如：

təŋ[阴平]：针斟(-m 尾 2 字)珍贞真(-n 尾 6 字)徵蒸征忠终(-ŋ 尾 10 字)(全部例字见同音字表，下同)

iəŋ[阴平]：音阴(-m 尾 3 字)因姻殷(-n 尾 4 字)鹰蝇英婴雍(-ŋ 尾 10 字)

tɕiəŋ[阴平]：今金(-m 尾 4 字)津巾斤(-n 尾 4 字)京荆精晶经(-ŋ 尾 7 字)

总的来看，望峰话阳声韵仍然保留中古阳声韵的大格局，只是古-n 尾、-ŋ 尾韵出现了交叉，还有个别字逸出阳声韵。例如："旋"，今读 ɕi；"眠"，今白读 mi，文读 miẽn。

（3）最后，要谈阴声韵的归并。中古阴声韵母 51 个，在北京话中（包括入声韵）归并为 22 个，望峰话中的阴声韵母是 26 个，却有三个韵母（-ue、-ye、-yæ）是入声韵归并中所产生的。两地归并后韵母，数量差不多，归并同是以韵摄、等呼和声母类别为条件；但是具体归并情况却有巨大差异。分别讨论如下。

（甲）果摄和假摄。果摄歌韵只有开口一等，望峰话一般读作-o，个别字读作-ɑ；戈韵有开、合三个等呼，合口一等也读作-o，开、合三等字少，读作-yɑ。北京话歌韵由开口变成了合口，与戈韵合口一等，除喉牙音外，都读-uo，喉牙音读-e；戈韵开口三等读-ie，合口三等读-ue。假摄只有一个麻韵，有开、合三个等呼，在望峰话中，文白异读现象比较突出。开口二等读-ɑ、-iɑ；开口三等文读作-e、-ie，白读作-ɑ、-iɑ；合口二等读-uɑ。北京话的读音跟望峰话的文读相似。例如：

歌韵［果开一］：多［to¹］ 驼驮［to²］ 舵［to⁵］ 挪罗锣箩［lo²］ 哪［lɑ³］文［ŋɑ³］白 那［lɑ⁵］文［lo⁵］白 左文［tso³］ 佐［tso⁴］ 搓［tsʻo¹］ 歌哥［ko¹］ 可［kʻo³］ 蛾鹅俄［ŋo²］ 我［ŋo³］ 饿［ŋo⁵］ 河何荷［xo²］ 贺［xo⁵］ 阿~胶［o¹］

戈韵［果合一］：波菠玻［po¹］ 婆［po²］ 跛［po³］文［pæ¹］白 簸［po⁴］ 坡［pʻo¹］ 颇［pʻo³］ 破［pʻo⁴］ 摸［mo¹］ 魔磨~刀［mo²］ 磨石~［mo⁵］ 躲［to³］ 剁［to⁴］ 惰垛［to⁵］ 妥［tʻo³］ 唾［tʻo⁴］ 啰［lo¹］ 骡螺脶［lo²］ 裸裹白［lo³］ 摞［lo⁴］ 糯［lo⁵］ 坐座［tso⁵］ 矬锉［tsʻo⁴］ 蓑梭唆［so¹］ 锁琐［so³］ 锅戈［ko¹］ 果裹文［ko³］ 过［ko⁴］ 科棵［kʻo¹］ 颗［kʻo³］ 课［kʻo⁴］ 讹［ŋo²］ 卧［ŋo⁵］ 和禾［xo²］ 火夥［xo³］ 货［xo⁴］ 祸［xo⁵］ 倭窝［o¹］

戈韵［果开三］：茄［tɕyɑ²］

戈韵［果合三］：瘸［tɕyɑ²］ 靴［ɕyɑ¹］

麻韵［假开二］:巴芭疤［pɑ¹］ 爬琶杷耙［pɑ²］ 把［pɑ³］ 霸坝［pɑ⁴］
怕［p'ɑ⁴］ 妈［mɑ¹］ 麻嘛［mɑ²］ 马［mɑ³］ 骂［mɑ⁵］
拿［lɑ²］文［lɑ¹］白 渣［tsɑ¹］ 茶搽查［tsɑ²］ 诈榨炸［tsɑ⁴］
叉［ts'ɑ¹］ 岔［ts'ɑ⁴］ 沙纱［sɑ¹］ 洒［sɑ³］ 加嘉［tɕiɑ¹］
家［tɕiɑ¹］文［kɑ¹］白 假贾姓［tɕiɑ³］ 架驾稼价［tɕiɑ⁴］
嫁［tɕiɑ⁴］文［kɑ⁴］白 牙芽衙［iɑ²］文［ŋɑ²］白 雅［iɑ³］
虾［ɕiɑ¹］文［xɑ¹］白 霞瑕遐暇［ɕiɑ²］ 下［ɕiɑ⁵］文［xɑ⁵］白
夏厦［ɕiɑ⁵］ 鸦［iɑ¹］ 丫～头［iɑ¹］文［ŋɑ¹］白
哑［iɑ³］文［ŋɑ³］白 亚［yɑ⁴］

麻韵［假开三］:姐［tɕie³］文［tɕiɑ³］白 借［tɕie⁴］文［tɕiɑ⁴］白
些［ɕie¹］文［ɕi¹］白 写［ɕie³］文［ɕiɑ³］白 泻卸谢［ɕie⁴］
遮［tʂe¹］文［tʂɑ¹］白 者［tʂe³］ 蔗［tʂe⁴］ 车［tʂ'e¹］文［tʂ'ɑ¹］白
扯［tʂ'e³］文［tʂ'ɑ³］白 奢［ʂe¹］ 赊［ʂe¹］文［ʂɑ¹］白
蛇［ʂe²］文［ʂɑ²］白 捨［ʂe³］文［ʂɑ³］白 赦舍［ʂe⁴］
射［ʂe⁴］文［ʂɑ⁴］白 麝［ʂe⁴］ 社［ʂe⁵］ 惹［ȵie³］文［ȵiɑ³］白
爷［ie²］文［iɑ²］白 耶也［ie³］ 野［ie³］文［iɑ³］白
夜［ie⁵］文［iɑ⁵］白

麻韵［假合二］:傻［sɑ³］ 瓜［kuɑ¹］ 寡剐［kuɑ³］ 夸［k'uɑ¹］
跨［k'uɑ⁴］ 瓦［uɑ³］ 花［xuɑ¹］ 华划～船［xuɑ²］
化［xuɑ⁴］ 蛙洼［uɑ¹］

（乙）遇摄只有合口字。在北京话中变化简单,一等模韵都读
-u,三等鱼、虞两韵轻唇和知照系字也读-u,非知照系的字读-y
(yu)。望峰话的情况复杂得多,一等模韵唇音、喉牙音一般读 u,
舌齿音读 ou,个别字念 o;三等鱼韵、虞韵唇音也念 u,喉牙音则念
y,舌齿音中的知组、章组也念 y,庄组念 ou,精组念 i,个别字念 ei。
例如:

模韵［遇合一］:蒲菩脯胸～［pu²］ 补［pu³］ 布佈［pu⁴］

部簿步[pu⁵] 铺~设[pʻu¹] 普浦捕[pʻu³] 铺店~[pʻu⁴]

模摩[mo²] 暮慕墓募[mo⁵] 都[tou¹] 徒屠途图[tou²]

肚[tou³] 杜度渡镀[tou⁵] 奴庐炉芦[lou²] 努鲁虏潞[lou³]

怒路露[lou⁵] 租[tsou¹] 祖组[tsou³] 做[tsou⁴] 粗[tsʻou¹]

醋[tsʻou⁴] 苏酥[sou¹] 素诉[sou⁴] 姑孤箍[ku¹]

古牯股鼓[ku³] 故固雇顾[ku⁴] 枯[kʻu¹] 苦[kʻu³]

库裤[kʻu⁴] 呼[xu¹] 胡湖狐壶乎[xu²] 虎浒[xu³] 戽[xu⁴]

户沪互护[xu⁵] 乌污坞[u¹] 吴蜈吾梧[u²] 五伍午[u³]

恶可~[u⁴] 误悟[u⁵]

鱼韵[遇合三]:庐茅~驴[lou²] 旅[li³] 虑滤[lei⁵] 蛆[tɕʻi¹]

徐[ɕi²] 絮[ɕi⁴] 序叙绪[ɕi⁵] 猪[tɕy¹] 除储[tɕy²]

著显~[tɕy⁴] 苎箸筷子[tɕy⁵] 锄[tsou²] 阻[tsou³]

助[tsou⁵] 初[tsʻou¹] 楚础[tsʻou³] 疏蔬[sou¹] 所[so³]

诸[tɕy¹] 煮[tɕy³] 处相~杵[tɕʻy³] 处~所[tɕʻy⁴]

书舒虚墟[ɕy¹] 暑鼠黍许[ɕy³] 庶恕署专~[ɕy⁴] 薯白~[ɕy⁵]

居车~马炮[tɕy¹] 渠[tɕy²] 举[tɕy³] 据锯[tɕy⁴]

巨拒距[tɕy⁵] 女语[ȵy³] 汝[ɯ³] 淤[y¹] 如鱼渔於余馀[y²]

与[y³] 御禦誉预豫[y⁵]

虞韵[遇合三]:夫肤敷孵[ɸu¹] 俘符扶芙[ɸu²]

府腑俯斧抚釜腐辅[ɸu³] 付赋傅赴附[ɸu⁴] 父[ɸu⁵]

巫诬[u¹] 无芜[u²] 武舞侮鹉[u³] 务雾[u⁵] 缕屡[lei³]

聚娶[tɕi⁵] 趋[tɕʻi¹] 取[tɕʻi³] 须需[ɕi¹] 续[sou⁵]

诛蛛株朱珠拘驹[tɕy¹] 厨瞿[tɕy²] 主矩[tɕy³]

驻註注蛀铸句[tɕy⁴] 柱住俱具惧[tɕy⁵] 区驱[tɕʻy¹]

输[ɕy¹] 殊[ɕy²] 戍[ɕy⁴] 竖树[ɕy⁵] 迂[y¹]

儒愚虞娱盂榆[y²] 乳雨宇禹羽[y³] 遇寓芋愈喻裕[y⁵]

(丙)蟹摄包括的韵目多,北京话根据等呼区分读音。开口

一、二等和合口二等读-ai,开口三、四等读-i,合口一、三、四等读-uei或-ei。望峰话与北京话相似,情况稍微复杂。哈、泰、皆、佳、夬五韵开口一、二等一般读-æ,个别字读-ei、-ɑ;三、四等读-i。合口更复杂一些,合口一等灰韵、泰韵唇音、舌齿音念-ei,喉音念-uei,牙音念-uæ;合口二等皆韵、佳韵、夬韵只有喉牙音,字数很少,却有-uæ、-uɑ两音;合口三等祭韵、废韵和合口四等齐韵舌齿字读-ei,喉牙字读-uei。例如:

哈韵[蟹开一]:獃[tæ¹] 臺台抬[tæ²] 戴[tæ⁴] 待怠殆贷代袋[tæ⁵]

来[læ²] 乃[læ³] 耐[læ⁵] 灾栽[tsæ¹] 才材财裁纔[tsæ²]

宰[tsæ³] 再载[tsæ⁴] 在[tsæ⁵] 猜[tsʻæ¹] 彩采[tsʻæ³]

菜[tsʻæ⁴] 腮鰓[sæ¹] 赛[sæ⁴] 该[kæ¹] 改[kæ³] 开[kʻæ¹]

凯[kʻæ³] 概溉慨[kʻæ⁴] 哀[ŋæ¹] 呆~板埃[ŋæ²]

爱[ŋæ⁴] 碍[ŋæ⁵] 孩[xæ²] 海[xæ³] 亥[xæ⁵]

泰韵[蟹开一]:贝[pei⁴] 沛[pʻei⁴] 带[tæ⁴] 太泰[tʻæ⁴]

蔡[tsʻæ⁴] 盖丐[kæ⁴] 蔼[ŋæ⁴] 艾[ŋæ⁵] 害[xæ⁵]

皆韵[蟹开二]:排[pæ²] 拜[pæ⁴] 埋[mæ²] 斋[tsæ¹]

豺[tsæ²] 皆阶[kæ¹] 介界芥届戒械[kæ⁴] 揩[kʻæ¹]

楷[kʻæ³] 谐[xæ²] 骇[xæ⁵] 挨~近[ŋæ¹]

佳韵[蟹开二]:牌簲竹~[pæ²] 摆[pæ³] 粺[pæ⁵] 派[pʻæ⁴]

罢[pɑ⁵] 买[mæ³] 卖[mæ⁴] 奶[læ³] 柴[tsæ²] 债[tsæ⁴]

钗差出~[tsʻæ¹] 筛[sæ¹] 洒~水[sɑ³]文[sæ³]白 晒[sæ⁴]

佳[tɕiɑ¹] 街[tɕie¹]文[kæ¹]白 解[kæ³] 鞋[xæ²]

懈蟹[xæ⁵] 涯[iæ²]文[ŋæ²]白 崖捱[ŋæ²] 矮[ŋæ³]

隘[ŋæ⁴]

夬韵[蟹开二]:败[pæ⁵] 迈[mæ⁵] 寨[tsæ⁴]文[sæ⁴]白

祭韵[蟹开三]:蔽弊币斃毙[pi⁵] 例文厉励[li⁴] 例白[lie⁵]

祭际际[tɕi⁴]制製[tʂʅ⁴] 滞[tʂʅ⁵] 世势誓逝[ʂʅ⁴]

艺[ŋi^5]

废韵[蟹开三]:刈[ŋi^5]

齐韵[蟹开四]:闭[pi^4] 蓖~麻算陛~下[pi^5] 批[pʰi^1] 迷[mi^2]

米[mi^3] 谜[mi^5] 堤题提蹄啼[ti^2] 底抵[ti^3] 帝[ti^4]

弟第递[ti^5] 梯[tʰi^1] 体[tʰi^3] 替涕剃屉[tʰi^4] 隶[tʰi^5]

泥[ni^2] 犁黎[li^2] 礼[li^3] 丽[li^4] 鸡稽[tɕi^1]

计继繫~鞋带[tɕi^4] 齐脐~带[tɕi^2] 挤[tɕi^3] 济剂[tɕi^4]

妻棲[tɕʰi^1] 启[tɕʰi^3] 砌契~约[tɕʰi^4] 西犀溪ᵩ奚兮[ɕi^1]

溪ᵦ[ɕi^2] 洗[ɕi^3] 细[ɕi^4] 婿系繫係[ɕi^5] 倪[ŋi^2] 缢[i^4]

灰韵[蟹合一]:杯背~包袱[pei^1] 培陪赔裴[pei^2] 辈背肩~[pei^4]

倍背~诵焙[pei^5] 胚坯土~[pʰei^1] 梅枚媒煤[mei^2] 每[mei^3]

妹昧[mei^5] 堆[tei^1] 对碓队[tei^4] 推[tʰei^1] 腿[tʰei^3]

退[tʰei^4] 雷[lei^2] 儡累[lei^3] 罪[tsei^5] 催崔[tsʰei^1]

碎[sei^4] 盔魁[kʰuei^1] 傀~偏块[kʰuæ^3] 溃[kʰuei^4]

恢灰[xuei^1] 回茴[xuei^2] 贿悔[xuei^3] 晦[xuei^4]

汇[xuei^5] 煨[uei^1]

泰韵[蟹合一]:兑[tei^4] 蜕[tʰei^4] 最[tsei^4] 会~计刽桧[kʰuæ^4]

会开~绘[xuei^4]

皆韵[蟹合二]:乖[kuæ^1] 怪[kuæ^4] 蒯[kʰuæ^3] 怀槐淮[xuæ^2]

坏[xuæ^5]

佳韵[蟹合二]:枴[kuæ^3] 挂卦[kuɑ^4] 歪[uæ^1] 画[xuɑ^5]

蛙[uɑ^1]

夬韵[蟹合二]:快筷[kʰuæ^4] 话[xuɑ^5]ᵩ[uɑ^5]ᵦ

祭韵[蟹合三]:脆[tsei^4] 岁[sei^4] 缀赘[tʂuei^4]

税[ʂuei^4]ᵩ[sei^4]ᵦ 鳜[kuei^4] 卫[uei^4] 锐[lei^4]

废韵[蟹合三]:废肺吠[ɸei^4] 秽[uei^4]

齐韵[蟹合四]:圭闺[kuei^1] 桂[kuei^4] 奎[kʰuei^1] 携畦[ɕi^2]

慧[xuei^{4}] 惠[xuei^{5}]

蟹摄开口个别字念-ei(贝、沛)、-ɑ(罢)、-iɑ(佳),合口个别字念-i(携、畦),大概与文读、白读和普通话的影响有关。

(丁)止摄支、脂、之、微四韵只有三等韵,在北京话中,开口一般读-i及其变体ɿ、ʅ,部分唇音读-ei;合口一般读-uei,微韵唇音(非、敷、奉)转入开口,读-ei。望峰话跟北京话大致相似,文白现象较多,个别字读音较特别。例如:

支韵[止开三]:碑卑[pei^{1}] 皮疲脾[pi^{2}] 彼[pi^{3}] 臂被白婢避[pi^{5}]
被文[pei^{5}] 弥靡[mi^{2}] 离篱璃[li^{2}] 荔[li^{5}] 紫[tsɿ^{3}]
雌疵[tsʻɿ^{1}] 此[tsʻɿ^{3}] 刺赐[tsʻɿ^{4}] 斯厮撕[sɿ^{1}] 是氏[sɿ^{5}]
玺徙[ɕi^{3}] 知蜘支枝肢栀[tʂʅ^{1}] 池驰[tʂʅ^{2}]纸只[tʂʅ^{3}]
智翅[tʂʅ^{4}] 侈[tʂʻʅ^{1}] 豉[tʂʅ^{2}]文[ʂʅ^{5}]白 施[ʂʅ^{1}]
匙[ʂʅ^{2}] 豕[ʂʅ^{3}] 儿[ɯ^{2}] 尔[ɯ^{3}] 奇骑岐[tɕi^{2}]
寄[tɕi^{4}] 企技妓[tɕi^{5}] 牺[ɕi^{1}]文[ɕiẽn^{1}]白 宜仪[ȵi^{2}]
蚁谊义议[ȵi^{5}] 倚[i^{1}] 移[yi^{2}] 椅[yi^{3}] 易[yi^{5}]

脂韵[止开三]:悲[pei^{1}] 眉楣[mei^{2}]文[miẽn^{2}]白 黴[mei^{2}]
美[mei^{3}] 媚寐[mei^{5}] 备[pei^{5}]文[pi^{5}]白 琵枇[pi^{2}]
比[pi^{3}] 秘泌痹[pi^{4}] 备鼻篦[pi^{5}] 丕文庇[pʻi^{3}]
丕白[pei^{3}] 咨[tsɿ^{1}] 瓷[tsɿ^{2}] 姊[tsɿ^{3}] 自[tsɿ^{5}]
次[tsʻɿ^{4}] 私师狮[sɿ^{1}] 死[sɿ^{3}] 四肆嗜[sɿ^{4}] 示视[sɿ^{5}]
脂[tʂʅ^{1}] 迟[tʂʅ^{2}] 旨指[tʂʅ^{3}] 致至[tʂʅ^{4}] 雉稚[tʂʅ^{5}]
尸屍[ʂʅ^{1}] 屎[ʂʅ^{3}] 矢[ʂʅ^{5}] 饥肌[tɕi^{1}] 祁鳍[tɕi^{2}]
几[tɕi^{3}] 器[tɕʻi^{4}] 弃[ɕi^{4}] 伊[i^{1}] 夷姨[i^{2}] 冀肄[i^{4}]

之韵[止开三]:你[ȵi^{3}] 釐狸[li^{2}] 李里裏理鲤[li^{3}] 吏[li^{4}]
兹滋辎[tsɿ^{1}] 慈磁辞词祠[tsɿ^{2}] 子梓[tsɿ^{3}] 字巳辰~寺[tsɿ^{5}]
厕[tsʻe^{5}]文[tsʻɿ^{4}]白 司丝思[sɿ^{1}] 似祀伺嗣饲[sɿ^{4}]
士仕柿事市恃侍[sɿ^{5}] 之芝[tʂʅ^{1}] 持[tʂʅ^{2}] 止趾址[tʂʅ^{3}]

置志誌痣[tʂʅ⁴] 痔治[tʂʅ⁵] 痴嗤[tʂʻʅ¹] 耻齿[tʂʻʅ³]

诗[ʂʅ¹] 时鲥[ʂʅ²] 使史驶始[ʂʅ³] 试[ʂʅ⁴] 而[ɯ²]

耳[ɯ³] 饵[ɯ⁴] 基[tɕi¹] 其棋期旗[tɕi²] 己纪[tɕi³]

记[tɕi⁴] 忌[tɕi⁵] 欺[tɕʻi¹] 起杞[tɕʻi³] 疑[ȵi²] 拟[ȵi³]

嬉熙[ɕi¹] 喜[ɕi³] 医[i¹] 饴[i²] 矣已以[i³] 意异[i⁴]

微韵[止开三]：几~平机讥饑[tɕi¹] 祈[tɕi²] 几~个[tɕi³]

既[tɕi⁴] 岂凯[tɕʻi³] 气汽[tɕʻi⁴] 希稀[ɕi¹] 毅[ȵi⁵]

衣依[i¹]

支韵[止合三]：累~积,连~[lei³] 嘴[tsei³]文[tɕi³]白 随髓文[sei²]

髓白[ɕi²] 吹炊[tsʻei¹] 揣[tsʻei³] 瑞[sei⁵] 垂[tʂuei²]

睡[ʂuei⁴]文[sei⁴]白 规[kuei¹] 诡[kuei³] 跪[kuei⁵]

亏窥[kʻuei¹] 危为[uei²] 委[uei³] 伪餧[uei⁴] 麾[xuei¹]

毁[xuei³]

脂韵[止合三]：垒[lei³] 类泪[lei⁵] 醉[tsei⁴] 翠粹[tsʻei⁴]

虽绥[sei¹]文[ɕi¹]白 遂隧穗文[sei⁴] 穗白[xuei⁵]

追[tʂuei¹] 槌锤[tʂuei²] 坠[tʂuei⁴] 衰[sæ¹] 帅[sæ⁴]

锥[tʂuei¹] 谁[sei²] 水[sei³]文[ɕy³]白 龟[kuei¹]

逵葵[kuei²] 轨[kuei³] 癸[kuei⁴] 柜[kuei⁵] 愧[kʻuei⁴]

维惟唯[uei²] 位[uei⁵]

微韵[止合三]：归[kuei¹] 鬼[kuei³] 贵[kuei⁴] 挥辉徽[xuei¹]

讳[xuei⁴] 威[uei¹] 违围[uei²] 伟苇纬[uei³] 畏慰[uei⁴]

魏胃谓[uei⁵]

止摄个别字读-æ(衰、帅)，白读有作-ei(虽)、-y(水)的，甚至读作阳声韵-iẽn(牺、眉)，也要从文白异读和普通话影响去考虑。

(戊)效摄和流摄在中古是带-u韵尾的复合韵母，只有开口呼。北京话效摄开口一、二等豪、肴两韵一般读-ao(喉牙字腭化则读-iao)，三、四等宵、萧两韵一般读-iao(卷舌音则读-ao)；流摄一等侯韵一般读-ou,三等尤、幽两韵一般读-iou,明母字读音例外。在望峰话中效摄跟北京话相似,一般读-au 或-iau。流摄望峰话的文白异读突出,读音复杂;除读-ou 和-iou 外,还读-e、-ie、-ei、-au、-u、-o等韵母。例如:

豪韵[效开一]:褒[pau¹] 袍[pau²] 保堡宝[pau³] 报[pau⁴]

抱暴[pau⁵] 毛[mau²] 冒帽[mau⁵] 刀[tau¹]

桃逃淘陶萄涛[tau²] 祷岛倒[tau³] 到[tau⁴] 道稻盗导[tau⁵]

滔叨唠~[tʻau¹] 讨[tʻau³] 套[tʻau⁴] 唠~叨捞劳牢[lau²]

脑恼老[lau⁴] 涝[lau⁵] 遭糟[tsau¹] 曹槽[tsau²]

早枣蚤澡[tsau³] 躁灶[tsau⁴] 皂造[tsau⁵] 操[tsʻau¹]

草騲[tsʻau³] 糙[tsʻau⁴] 骚臊[sau¹] 扫~地嫂[sau³]

扫~帚[sau⁴] 高膏篙羔糕[kau¹] 稿[kau³] 告[kau⁴]

考烤[kʻau³] 靠[kʻau⁴] 熬[ŋau¹] 傲[ŋau⁴] 蒿薅~草[xau¹]

豪壕毫号呼~[xau²] 好~坏[xau³] 好喜~[xau⁴] 浩号~数[xau⁵]

袄[ŋau³] 奥懊[ŋau⁴]

肴韵[效开二]:包胞[pau¹] 刨[pau²] 饱[pau³] 豹爆鲍[pau⁴]

猫[mau¹] 茅[mau²] 卯[mau³] 貌[mau⁴] 挠[lau²]

闹[lau⁵] 抓[tɕya¹] 巢[tsau²] 爪找[tsau³] 抄钞[tsʻau¹]

炒吵[tsʻau³] 梢捎[sau¹] 稍[sau³] 潲猪食,~雨[sau⁴]

交郊膠胶,文[tɕiau¹] 绞狡铰搅[tɕiau³] 教校~对上~觉睡~,文[tɕiau⁴]

胶[tɕiau¹]文[kau¹]白 搞[kau³] 窖觉睡~,白[kau⁴]

肴淆[ɕiau²] 孝酵[ɕiau⁴] 效校学~[ɕiau⁵] 咬[ŋau³]

坳山~[ŋau⁴]

宵韵[效开三]:膘标[piau¹] 瓢嫖[piau²] 表[piau³] 飘[pʻiau¹]

漂~洗[pʻiau³] 票漂~亮[pʻiau⁴] 苗描[miau²] 藐渺秒[miau³]

庙妙[miau⁵] 燎疗[liau²] 焦蕉椒骄娇[tɕiau¹]

憔瞧乔侨桥荞[tɕiau²] 小[ɕiau³] 孝[ɕiau⁴] 朝今~昭[tʂau¹]

朝~代潮[tʂau²] 沼~气[tʂau³] 召号~[tʂau⁵] 烧[ʂau¹]

韶[ʂau²] 少多~[ʂau³] 少~年邵[ʂau⁴] 绍[sau⁵]

饶[n̠iau²] 妖邀腰要~求[iau¹] 摇谣窑姚[iau²] 舀~水[iau³]

要重~耀夸~[iau⁴] 鹞[yau⁵]

萧韵[效开四]:刁貂雕[tiau¹] 條条调~和[tiau²] 挑[tʰiau¹]

鸟[n̠iau³]文[tiau³]白 钓弔掉调~动[tiau⁴] 跳粜~米[tʰiau⁴]

尿[n̠iau⁵] 撩~起来[liau¹] 聊辽寥[liau²] 了~结[liau³]

料[liau⁵] 萧箫[ɕiau¹] 浇[tɕiau¹] 缴侥~幸[tɕiau³]

叫[tɕiau⁴] 窍[tɕʰiau⁴] 晓[ɕiau³] 尧[n̠iau²] 么~二三[iau¹]

杳[miau³]文[n̠iau³]白

侯韵[流开一]:剖[pʰei³] 某亩牡[mei³] 母拇[mo³] 茂贸[mie⁵]

戊~辰[u⁵] 兜[te¹]文[tie¹]白 头投[te²]文[tie²]白

斗升~抖陡[te³]文[tie³]白 鬥[te⁴]文[tie⁴]白 豆逗[te⁵]文[tie⁵]白

偷[tʰe¹]文[tʰie¹]白 透[tʰe⁴]文[tʰie⁴]白 搂[lei¹]文[lie¹]白

楼[lei²]文[lie²]白 篓[lei³]文[lie³]白 漏陋[lie⁵]

走[tsei³]文[tse³]白 奏[tsei⁵]文[tʂe⁴]白 凑[tsʰe⁴] 叟[se³]

嗽[se⁴] 勾钩沟[ke¹] 狗苟[ke³] 够构购[kɛ⁴] 抠[kʰe¹]

口[kʰe³] 叩扣寇[kʰe⁴] 侯喉猴[xe²] 吼[xe³] 後厚后候[xe⁵]

欧瓯殴[ŋe¹] 藕偶呕[ŋe³] 沤怄[ŋe⁴]

尤韵[流开三]:浮[ɸei²]文[pau²]白 否[ɸei³] 阜[ɸei⁴]

富[ɸu⁴] 妇负復[ɸu⁵] 谋[mei²]文[mie²]白 矛[mau²]

溜[liou¹] 流刘留硫琉[liou²] 柳[liou³] 馏榴石~[liou⁴]

廖姓[liou⁵] 钮扭[n̠iou³] 邹[tse¹] 愁[tsou²]文[tse²]白

皱绉[tse⁴] 搜飕馊[se¹] 瘦漱[se⁴] 揪鸠纠[tɕiou¹]

囚泅~水求球[tɕiou²] 酒九久韭灸[tɕiou³] 救究臼咎枢[tɕiou⁴]

就舅旧[tɕiou⁵] 秋鞦[tɕʰiou¹] 修羞休[ɕiou¹] 朽[ɕiou³]

秀绣锈嗅文[ɕiou⁴] 嗅白[ɕieŋ⁴] 周舟州洲[tʂou¹]

绸稠筹仇酬售~出［tʂou²］　肘帚［tʂou³］　昼宙咒［tʂou⁴］
抽［tʂʻou¹］　丑乙~丑恶~恶［tʂʻou³］　臭香~［tʂʻou⁴］　收［ʂou¹］
手首守［ʂou³］　兽文［ʂou⁴］　受寿授［ʂou⁵］

幽韵［流开三］：彪［piɑu¹］　谬［miɑu⁵］　纠［tɕiou¹］　幽［iou¹］

　　流摄读音复杂的情况主要是在侯韵和唇音中。北京话"牡母姆"读 mǔ，"戊"读 wù，"浮阜富妇负复"读 fù，"茂贸矛"读 mào，"彪"读 biāo，都越出了流摄北京话的一般读音范围。望峰话侯韵的读音，更是没有一个读-ou 的，-e 倒成了主要读音，这是望峰话复韵母单元音化倾向的表现，另外还有蟹摄字中古和北京话大多都读-ai，在望峰话中却大多读-æ。

　　综观望峰话声、韵、调的发展变化，三者之中，变化巨大、复杂的当数韵母。首先，阴、阳、入三类韵母中 50 个入声韵母消失了，并入到了阴声韵。其次，正如上文指出的，在文白异读突出的影响下，多出了两个字数少、来自入声的文读韵-ue（国）、-ye（月）。还有一个"涯"字，来自中古佳韵（蟹开二），虽不是入声韵问题，却也因文白异读，要多出一个文读 iæ 韵。"涯"，《广韵》宜佳切；同反切的字还有"厓、崖"。在望峰话中，白读同读 ŋæ，北京音却都念作 yá，疑母字丢了声母 ŋ。解放前的影片《天涯歌女》的主题歌歌词有"天涯呀海角，觅呀觅知音啊"。在社会上、中小学非常流行，望峰话的"涯"字受此影响冒出一个文读 iæ，解放后这个文读得到广泛流行，甚至超过白读。但是山崖的"崖"却只能念 ŋæ。第三，阳声韵的变化不但由-n 尾、-ŋ 尾两类鼻尾韵变成鼻化韵和-ŋ 尾韵两类，还打乱了两类韵尾的系统。

五、望峰话音系与衡山方言

　　1990 年我带三个汉语史研究生到衡山调查方言，接着王福堂教授也带本科生来进行方言调查实习。这是改革开放后北大中文系一次大型的外出方言调查,出动的指导教师就有十多个,衡山县政府、领导也给予了我们很大的支持。我们一共选了十四个调查点:前山话六个点(城关音系三个点,南岳音系、店门音系、塘铺音系),后山话五个点(白果镇音系、东湖音系、瓦铺子音系、松柏桥音系、马迹音系),夹山话三个点(望峰音系、灯山〔上望峰〕音系、岑坡音系)。从调查结束时初步整理出的调查报告来看,把衡山方言分成前山、后山、夹山三类话还是比较恰当的。

前山话六个点:五个点是 22 个声母,没有全浊声母;38 个韵母,有鼻化韵、-ŋ 尾韵;六个声调,有入声。这是属于以长沙话为代表的新湘方言类型。唯独塘铺音系是 25 个声母,有 b-、d-、g-、dz-、dʐ-五个全浊声母;35 个韵母,有-n 尾、-ŋ 尾韵;五个声调,无入声。塘铺临近洣水流入湘江的汇合口,洣水流经赣方言区的茶陵、攸县。塘铺离攸县不远,塘铺话正是接受了赣方言"吉安茶陵片的主要特点","没有入声"(侯精一《现代汉语方言概论》147 页)。至于全浊声母,调查报告有个说明:"浊声母气流不太强,但能分出清浊。大多在阳调中,也有少数念阴调。"赣方言是没有全浊声母的,塘铺的"浊声母"应该不是来自攸县的影响,原因何在? 没有机会实地调查,只能推测了。塘铺西接衡阳县,袁家骅先生的《汉语方言概要》(102 页)说:"衡阳郊区离城不远,有些地点还大体保存这类沉浊的语音。"受衡阳话的影响,这是一个可能。但是也不排除记音、整理时可能出现的疏漏。赵元任先生在《湖南方言调查报告·序》中说:"长沙话对于古全浊声母的处置都是用不送气的软清音,例如皮、题、其、地、技,不论平仄,都读成[b、d、g]的声母。因为湖南分阴阳,阳声较低,所以不太注意的人往往以为长沙有浊音[b、d、g]。"这段话对我们调查、研究方言是很有启发、教育意义的。

后山话五个点:大都是声母 32 个,有全浊声母;韵母 40 个左右,有-n 尾、-ŋ 尾和鼻化韵三类阳声韵。至于声调,却要分成有入

声(6 个)和无入声(5 个)两种情况。白果镇音系、东湖音系都是
32 个声母,40 个韵母,5 个声调,无入声,从声、韵、调三方面看都
是典型的老湘方言双峰话的类型。瓦铺子音系、松柏桥音系都是
32 个声母,39 个韵母,6 个声调,有入声。两地都东临湘潭,在声
调方面,应是受了湘潭话的影响。马迹音系 28 个声母,有全浊
声母,是老湘方言类型;37 个韵母,6 个声调,有入声,这是因为
西面、南面都跟衡阳接界,在声调方面受了衡阳话的影响。这里
还要指出,岳北五乡的白山乡、新桥乡(现在的江东、贯塘、贯
底),我们没有选点;从其地理位置来看,应是典型的老湘方言双
峰话的类型。

　　夹山话三个点,调查报告三个音系都是 24 个声母,5 个声调;
韵母分别是望峰话 40 个,灯山话 36 个,岑坡话 37 个。望峰话是
郭鹏翔的发音,比本文"声韵调简介"多两个声母,分歧何在呢?
原因在本文的舌尖后塞擦音 tʂ-、tʂʻ-两个声母,这三个点的调查报
告都分成舌尖后塞擦音 tʂ-、tʂʻ-和塞音 t-、tʻ-两套。t-、tʻ-是这次调
查对前山话这些字读音的共同认识。但是观察前山话和后山话十
一个点的声母系统,后山话跟北京话同有两套舌尖塞擦音 ts-、tsʻ-、
s-和 tʂ-、tʂʻ-、ʂ-(这里不提浊音);前山话却因为 s-、ʂ-合并了,tʂ-、
tʂʻ-的摩擦、卷舌程度小,自然可以处理为 t-、tʻ-。我们在《南岳方
言的语音系统及其来源》一文中就是这样处理的;但是望峰话既然
跟后山话一样有两套舌尖塞擦音,正如我们在第二节"声母表"中
所指出的:"从历史和音位系统出发","只作一套声母处理";因为
tʂ-、tʂʻ-只在 ʅ 韵中出现,而 t-、tʻ-却出现在其他八个开口韵(e、a、
ou、au、æ̃、ẽn、oŋ、eŋ)中,二者正好互补。

　　至于韵母,刘子瑜整理的望峰音系是 40 个,比我在本文中整
理的韵母表多一个 yei 韵,例字是"水(白)瑞(白)"。反复考虑,
"水"只有 sei(文)和 ɕy(白)两读,没有 ɕyei 这个第三读;"瑞"只

有 sei 这个读音,也没有 çyei 这个又读。灯山话 36 个韵母,比本文少 ue、ye、iæ 三个韵母,岑坡话 37 个韵母,也比本文少上面提到的三个韵母,但是它列出了声化韵 ŋ̍。这两个点少三个韵母是因为记音时对文白异读重视不够,漏记了受普通话影响而字数不多的文读。从以上三个音系可以看出它们的全浊声母都已清化,这跟前山话相同;同是 5 个声调,这却同后山话白果音系、东湖音系相同,走了老湘方言双峰话声调简化的路。望峰音系正表现了这种夹山话的特点。

最后我们还想指出:20 世纪世界巨变,中国的变化更加巨大。我们推翻了两座大山,走上了改革复兴的道路。现在的农村跟解放前相比,完全成了两个天地。衡山早已村村通公路,出门就有公交车;独轮车、轿子早已绝迹,涓水也已经淤塞,成了大雨期间的泄洪通道。加上 50 年代开始的义务教育和推广普通话,解放后出生的居民都成了二言人,既会说方言,又会说普通话。方言的天地越来越小,八九十年代出生的望峰人,会说地道的望峰话的,大概已经是凤毛麟角了。方言的衰落是必然的,20 世纪汉语方言调查、方言研究留下的成果将成为后人研究今天的现代汉语、汉语史和语言理论中国化的有用资料。

后记:本文写作过程中,承汉语史研究生雷瑭洵对国际音标的输入提供了许多帮助,特致谢意。

参考文献

王　力　《汉语史稿》,《王力文集》第九卷,山东教育出版社 1988。

袁家骅等　《汉语方言概要》第二版,文字改革出版社 1989。

侯精一主编　《现代汉语方言概论》,上海教育出版社 2002。

鲍厚星　《湘方言概要》,湖南师范大学出版社 2006。

郭锡良　《汉字古音手册》增订本,商务印书馆 2010。

编委会　《衡山县志》,岳麓书社 1994。

编委会　《南岳志》,湖南出版社 1996。

2008 年 7 月完成前三节初稿于京郊燕园

2014 年完成后两节,4 月 14 日定稿于京郊燕园

《王力古汉语字典》音读校勘记

　　王力先生八十四岁高龄接受中华书局的稿约,开始编写古汉语字典。1985 年他患了脑动脉硬化症,预感到字典难以如期完稿,于是要求我们几个在他身边工作的学生帮助共同完成任务。我当时负责教研室的工作,王先生对我抱着很高的期望;可是由于各种原因,编写进度很慢,直到先生去世十年后,1996 年全稿才陆续完成。经过编写组匆匆的交换意见,统一体例,于 1998 年交付出版社,以编写者"各自负责"的形式于 2000 年出版,受到读者的广泛欢迎。2001 年获得了第四届国家辞书奖一等奖和第五届国家图书奖。这是大家努力的结果,应该是可以告慰先生的。然而作为我个人来说,总觉得还是有负先生的厚望,如果我抓得紧一些,始终抓到底,也许还会更好一点。因而字典出来后,在查阅的过程中,我总是留意某些问题,随手记录下来。《长江学术》约稿,我把它整理出来,就成了这篇《音读校勘记》,一则以之应付稿约,再则可供字典重印时参考,并就正于方家读者。

一、古韵归部存在的问题

　　古韵归部是一个很复杂的问题,清代以来的古音学者意见分歧尚多。本字典王力先生所写部分,先生于写出初稿后,即遽归道山,未能复审修改;其他执笔人的看法,难免也互有分歧抵牾,甚至同一作者,也会出现前后矛盾。审音者匆匆通读稿件,似乎全未措意,以此存在的问题不少:有归部欠妥者,有本音、假借音混淆者,有该列古韵部(汉以前有用例或字书记载)而未列者,有不该列

（汉以前无用例亦无字书记载）而列出者。这里只举出部分归部欠妥者。

（1）代（17 页）、岱（244 页）古韵列之部。

按：《汉语史稿》"代"字在职部；《诗经韵读·谐声表》"弋"声也列职部。从"弋"得声的字《广韵》多在入声职、德两韵，少数在去声代韵，没有平声、上声字，无疑应归职部。本字典所收"忒、贷、黛、忒、弋、杙"都在职部。"代、岱"二字也应改归职部。

（2）位（21 页）古韵列微部。洷（592 页）、莅（1064 页）、蒞（1091 页）古韵列质部。

按：《汉语史稿》"位"字在物部；《诗经韵读·谐声表》"位"声也在物部。甲骨金文"立""位"同字，竹简《孙膑兵法》才出现"位"字。《说文》以"位"为会意字，其实"立"也表音。《广韵》中从"立"得声的字大都在缉、合、盍等-p 尾入声韵中，个别字在职、屋等-k 尾入声韵中；古韵应在缉部。"位"及其谐声字在《广韵》至、霁等去声韵中；古韵也应在缉部。但是《诗经·大雅·假乐》第四章它同物部字押韵："不解于位，民之攸塈。"段玉裁《六书音均表》五还指出"位"在《周易》中的五处押韵："位、爱、谓"（《家人》）；"位、退、悖"（《解》）；"位、快、逮"（《旅》）；"外、大、位、害"（《涣》）；"位、气"（《说卦》）。全都是与物部字同押。这反映了-p 尾韵缉部的长入向-t 尾韵物部转化的音变事实。《字典》把"位"列微部，显系疏忽，当改作物部。本字典还把"洷、莅、蒞"列在质部，是从中古至韵开口来考虑的。王先生说（《古韵脂微质物月五部的分野》，《文集》十七卷 275 页）："去声至怪两韵，入声黠韵是古音质物两部杂居之地。其中的开口呼应划归古音质部，合口呼应划归物部。"本字典这三字的归部正是根据王先生的上述认识，考虑了中古的规则变化而列入质部的；这就打破了谐声系统，使得"位"声出现在质、物两部。当然也未始不可以根据诗韵、谐声，把这三字改列物部。

（3）侬（28页）、恑（312页）、沇（585页）、觤（1256页）、诡（1275页）、跪（1359页）古韵列歌部。蛫（1148页）古韵列微部。

按：《汉语史稿》"危、诡、跪"列歌部，《诗经韵读·谐声表》却将"危"声列在支部。段玉裁、朱骏声、江有诰"危"声归支部，周祖谟先生却归歌部。出现这种分歧、摇摆的原因何在呢？因为"危"声字中古大都在支、纸、真三韵中，这三韵的字来自上古的支、歌两部；而"危"声字在《诗经》《楚辞》中没有入韵的，这就失去了鉴别是归支部还是归歌部的标志。但是段玉裁《六书音均表》五有"危、埤"押韵（《晋语》八《医和视平公疾》"拱木不生危，松柏不生埤"），"埤"在支部。宋玉《神女赋》有"婑婳"叠韵联绵词（"既婑婳于幽静兮，又婆娑乎人间"），"婳"在锡部，"婑"当在支部。这说明"危"声字列支部的理由更充分一些。本字典收"危"声字十三个，歌部、支部各六个，微部一个。原列支部的"危"声字有：危、埤、婑、袆、觤、陒。二者统一，上述"侬"等六字，宜改列支部。至于列在微部的"蛫"，显系误定，应该改正。

（4）懈（335页）、瀣（638页）、獬（703页）、蟹（1184页）四字古韵都列支部。

按：《汉语史稿》"解、懈"在支部，《诗经韵读·谐声表》"解"声也列支部；但是王先生的《汉语音韵》的谐声表却是将"解"声列在锡部。段玉裁《六书音均表》也将"解"字列在十六部（支部）入声押韵部分。在《广韵》中"解"及其谐声字大都只读去声或上声，只有一个"薢"字有平、上、去三读，平声皆韵古谐切显系不规则变化的后起音。从审音出发，上古平、上是一类，去、入是一类；现在"解"声在中古的韵类情况是上、去对立，那么上古韵部的归属如何定夺呢？这正是"解"声字是归支部还是归锡部的困难所在。我们只能从另一个渠道来考虑这个问题了。"解"声字在《诗经》

中押韵三次:"解、易、辟"(《大雅·韩奕》一章);"解、帝"(《鲁颂·闳宫》三章);"辟、绩、辟、适、解"(《商颂·殷武》三章)。《诗经》中支、锡两部押韵总共26组,"解"声进入押韵的就是这三组,全是跟锡部字相押;因此我在《也谈上古韵尾的构拟问题》中曾引用王先生的话(见《上古汉语入声和阴声的分野及其收音》):"支部阴入通押四个例子有三个是'解'字和入声通押,'解'字如果算入声,比重就很小了。"然后说:"我们认为,'解'字在上古诗文中,只与入声相押,无疑是应该归锡部的。"本字典"解"声的其他字都归入了锡部,如:廯、㠏、薢、解、邂。上述四字也应改入锡部。

(5)湜(609页)古韵列支部。

按:《汉语史稿》中"是、提、题"等都列在支部;《诗经韵读·谐声表》也将"是"声归支部,各家无异议。但是"是"声字到中古虽然大多是在平声韵、上声韵和去声韵中,却也有几个字在入声韵中;这就需要我们像对待上古诗文押韵有阴入通押一样,承认上古某些声符也有阴入通谐的现象。不然我们就得设定这些中古的入声字的入声韵尾是后来发展出来的,这是不符合入声消失的汉语发展规律的。"湜"与"寔"(225页)同音,同在《广韵》职韵,常职切。寔,本字典归锡部,并注云:"按,大徐《说文》读常隻切,是。"上古锡部字按规则是不会变入职韵的,所以王先生引大徐本《说文》的反切,"常隻切"是昔韵,正合锡部的规则变化。因此"湜"也当改列锡部。

(6)翍(556页)、眊(784页)两字古韵都列宵部。

按:《汉语史稿》"毛、旄"列在宵部,《诗经韵读·谐声表》和各家谐声表也都将"毛"声列宵部;但是,正如本字典注明的,"翍"是个入声字,屋韵莫卜切。眊,字典取《广韵》去声号韵的莫报切;可是它在《广韵》中,还有入声觉韵的莫角切一读。这两个字是否还可以列入宵部呢? 这就值得考虑了。从"毛"得声的字,虽然多数在平、去两声,但是又有两个字在入声,因而是一个兼顾平、入的声符。其得声的字中古在平声韵、上声韵,古韵当列阴声韵宵部;中古若在入声韵,古韵当列入声韵药部;中古若在去声韵,可视其与平、上韵或入声韵的关系酌定。"眊"字去、入两读,因此应归药部,而不宜归宵部。字典列其通假义:通"耄"。"耄"(974页),古韵也列在宵部;根据它同"眊"字通假,也以改作药部为宜。"翭"字除莫卜切外,还有觉韵莫角切一读;药部字去到号韵、觉韵是合规则的演变,一般是不到屋韵去的。因此屋韵莫卜切一读应该是后起的不规则变化;字典当改取觉韵的莫角切,今音也当改为miǎo,与"邈"同音。

(7)浼(602页)古韵列文部。又:腕(1002页)一音愿韵无贩切,古韵列元部;二音问韵亡运切,古韵列文部。

按:《汉语史稿》中"免、冕、勉"列在寒(元)部,《诗经韵读·谐声表》却将"免"声列在文部。段玉裁、朱骏声归文部,江有诰、周祖谟归元部。因为《诗经》有"洒、浼、殄"押韵(《邶风·新台》),所以段、朱等归文部。但是"免"声字中古大都在狝韵、阮韵、愿韵和桓韵(合乎元部字的规则变化);只有几个字在问韵(合乎文部字的规则变化),却有狝韵、阮韵或愿韵的又读。这就是说,如果将"免"声字归入文部,结果是十多个字成了不规则变化;如果归入元部,只是《诗经》韵读中多了一组文部、元部合韵罢了。衡量得失,当然以江、周的意见更妥当。因此,本字典所收"免"声字,大多列在元部,上面两处也应改为元部。还有"腕"字一字两音,分列不同类的两部,这与古音"同声必同部"的原则矛盾,不是将假借音混作了本音,就是另有原因。

(8)涵(618页)、菡(1071页)、顄(1648页)、顲(1651页)四字古韵都列谈部。

按:《汉语史稿》"函"列侵部,《汉语音韵·谐声表》将"弓"声

（函从马声）列侵部，《诗经韵读·谐声表》却将"函"声列谈部。段玉裁、朱骏声、江有诰、周祖谟也都列谈部。列谈部是因为《诗经》"涵、谗"押韵（《小雅·巧言》），"谗"在谈部。但是"函"声字中古大都在覃韵、感韵，归侵部才合规则变化。又："顄"与"颔"通，"含"声在侵部。总的来看，因一组诗韵让众多"函"声字成为不规则变化，似乎不如承认这两个押韵字是侵、谈合韵，因而我们倾向归侵部。本字典收"函"声字八个，侵部（"函、涵、𦧅、蜬"）、谈部各四个。上述四个谈部字，宜改列侵部，至少应该统一。

（9）璊（724页）古韵列文部。

按：《汉语史稿》中"满"列寒（元）部，《诗经韵读·谐声表》也将"㒼"声列元部。段玉裁、朱骏声也归元部，但是江有诰、周祖谟却归文部。归文部是因为《诗经》中有"啍、璊、奔"（《王风·大车》）押韵，段玉裁另立"璊"声。本字典所收㒼声字有：㒼、懑、樠、瞒、鬘，都是《广韵》桓韵母官切，"满"是缓韵莫旱切，都列在元部，是合规则的变化；"璊"是魂韵莫奔切，"懑"是恩韵莫困切，都列文部才是合规则的变化。现在"懑"也列元部，惟有"璊"列文部，还不如把"璊"也改列元部。

（10）腄（1005页）收两音：支韵竹垂切，古韵列歌部；尤韵羽求切，古韵列之部。

按：《汉语史稿》"垂、睡"在歌部，《诗经韵读·谐声表》也将"垂"声列歌部。各家无异议。这里"腄"的第二音古韵列之部，大概是考虑中古尤韵一般是来自之部或幽部。其实"腄"的这个意义在《广韵》中有两读，一是尤韵羽求切，另一是寘韵驰伪切。尤韵一读是不规则变化（可能是因"郵"而讹），应取寘韵的反切，古韵自然也就在歌部了。改了反切，今音也要改为 zhuì。一字两音，分属两个非对转的韵部，本来就可疑，除非特殊原因，不是混淆了本音和假借音就是出了别的错误。

（11）縢（1009页）古韵列铎部。

按：《汉语史稿》"素"在鱼部，《诗经韵读·谐声表》也将"素"声列鱼部，各家无异议。"素"声字都在去声暮韵，但是《诗经》中有"著、素、华"押韵（《齐风·著》一章），押平声，因此归鱼部。本字典"素"字及其他"素"声字也列在鱼部，"縢"也应改列鱼部。

（12）苓（1050页）收两音，古韵都列真部。

按：《汉语史稿》"苓、领、令"在耕部，并注明："'令'声的字从高本汉归耕部。"但《诗经韵读·谐声表》和《汉语音韵·谐声表》都把"令"声列真部。段玉裁把"令"声列真部。在《六书音均表》中《诗经》"令"声字与真部字押韵的有十三次，与耕部字押韵的三次，段氏认为耕部是合韵；群经押韵的情况反过来了，在真部押韵只有一次（是合韵），在耕部押韵九次（三次合韵）。因此江有诰、周祖谟"令"声在真、耕两部兼收，这是比较圆通的办法。本字典收"令"声字近三十个，除"苓"字外，没有列真部的。列在真部也可以，但是第一音的中古音取青韵的郎丁切，却属不妥了，这是耕部的归宿之一。如果列真部，恐怕应该取《集韵》谆韵的戾困切。第二音的音义都是采自《辞源》（《汉语大字典》也袭用），只是增加了古韵部，而问题也最大。首先，这里的书证是枚乘的《七发》，段玉裁在《六书音均表》说："'令'声在此部（指真部），《诗·简兮》《采苓》二见。自汉枚乘《七发》韵'青缨鸣'，扬雄《反离骚》韵'荣'，今韵乃专入青矣。"这就是说，段玉裁认为"令"声到汉代已经专在耕部。其次，二音的释义认为是"通'莲'"，根据是李善注。《两汉文学史参考资料》引用了清儒的批评："李善注：'苓，古莲字也。'但清儒多以此说为非……据清儒考证，'苓'就是《诗经》中的卷耳。"这更动摇了立这个音义的基础。

（13）蘲（1172页）收两音：尤韵莫浮切，古韵列侯部；《集韵》东韵谟蓬切，古韵列东部。

按:《汉语史稿》:"矛、茅、柔"列幽部,《诗经韵读·谐声表》也将"矛"声列幽部,各家无异议。本字典所收"矛、蝥、鬏、髳"四字,都有"蝥"字第一音的尤韵莫浮切,古韵都列在幽部;它们的处理是对的,幽部到中古尤韵是规则变化,侯部不是。因此,"蝥"字第一音应改列幽部。"蝥"字第二音原列东部,看来是照顾侯东阴阳对转定的。中古东韵字,有来自上古东部的,也有来自冬部的;既然"蝥"字不是侯部字,而是幽部字,那么东韵莫红切一读,也相应要改列冬部。

(14)觊(1249 页)古韵列脂部。

按:《汉语史稿》:"岂、凯、恺"列微部,《诗经韵读·谐声表》也将"岂"声列微部,《汉语音韵》的谐声表却列在脂部。觊,《广韵》至韵几利切,单从"觊"字本身来说,列脂部是合乎规则的变化;但是"岂"声的绝大多数字中古是在咍、海、代和微、尾、灰、队等韵中,列在微部才合乎规则的变化。能不能认作脂、微通谐呢?看来还是把"觊"这一两个字算作微部到中古的不规则变化更加合理。本字典收"岂"声字十多个,都列在微部,"觊"字也应改列微部。

(15)譬(1303 页)古韵列质部。

按:《汉语史稿》"彗"列月部,《汉语音韵·谐声表》也将"彗"声列月部;《诗经韵读·谐声表》却列在质部,《古韵脂微质物月五部的分野》也列质部。段玉裁、朱骏声列质(脂)部,江有诰、周祖谟则列月(祭)部。意见比较分歧,归入质部的重要依据是在《诗经》中有两处押韵:"嘒、淠、届、寐"(《小雅·小弁》);"淠、嘒、驷、届"(《小雅·采菽》)。归入月部,是因为"彗"声字中古多数在祭韵,合乎规则变化;但是也有一些字是在至韵,列在质部才合乎规则变化。王先生还在《汉语音韵·谐声表》的注中作了说明(《文集》五卷 175 页):"彗声有霅,霅即雪字。""雪"确实应该归入月部。但是在我们看来,"彗"声归入质部的理由并不比月部弱;不过本字典所收八个"彗"声字，其他七个都列在月部，为了统一，也许只得把"譓"字也改列月部。

（16）阂（1566页）收三个音，古韵都列之部。

按：《汉语史稿》"该、孩"列之部，"刻"列职部；《诗经韵读·谐声表》将"亥"声列之部，另立"刻"声列职部。"亥"声字中古大多在平声、上声韵，但也有少数字在入声韵。例如："刻"（德韵苦得切）、"核"（麦韵下革切）、"劾"（德韵胡得切），所以王先生在职部另立"刻"声，代表从"亥"得声的入声字的声符。本字典"亥"声的入声字古韵都列在职部。"阂"字三个音在中古分列上、去、入三个韵。第二音是《集韵》德韵纥则切，现在列入之部，那么就得承认从上古到中古添加了一个辅音韵尾，这是不符汉语语音演变发展规则的；因此应该改列职部。第一音去声代韵五溉切，与第二音意义上有引申关系，也宜一并改列职部。第三音《集韵》下改切，是上声，意义上也很可能是通假，可以不改。

（17）靠（1623页）古韵列宵部。

按：《汉语史稿》："告、诰、酷、鹄"等列觉部，《诗经韵读·谐声表》也将"告"声列觉部。周祖谟《诗经韵字表》则幽、觉两部兼收"告"声，幽部作"告（造）"。阴入不分，"告"声无疑归幽部，阴入分开，"告"声字就比较麻烦。它虽然大多数字中古是在去、入韵，却有少数字是在上声韵。而且《诗经》押韵既有押觉部的，例如："祝、六、告"（《鄘风·干旄》三章）；"陆、轴、宿、告"（《卫风·考槃》三章）；又有押幽部的，例如："好、造"（《郑风·缁衣》二章）；"皓、懰、受、慅"（《陈风·月出》二章）。可见周先生的意见是对的，王先生实际也是这样做的。但是具体划分却经常有出入，本字典也很不统一。例如："造"（1436页）字两音，一音号韵七到切，古韵列觉部；二音皓韵昨早切，古韵列幽部。这是根据平、上为一类，去、入为一类决定的。可是"慥"，号韵七到切，"簉"，宥韵初救切，中古都在去声韵,古韵却都列在幽部,这是根据"造"声决定的。又如:"皓、晧、浩",都是晧韵胡老切,"皓、晧"古韵列在幽部,"浩"却列在觉部。再如:"告、诰、郜",同是号韵古到切,"告、郜"列在觉部,"诰"却列在幽部;作为上声晧韵苦浩切的"祮"反而列在觉部。从统一的角度考虑:凡"造"声字不管中古在上声韵还是去声韵,一律归幽部,那么"造"字第一音也要改列幽部。凡"告"声字中古是上声,一律归幽部,中古是去声,一律归觉部;那么"浩、祮"要改列幽部,"诰"要改列觉部。至于"靠"字列宵部,显系误置,自当改列觉部。

(18)骥(1693页)古韵列微部。

按:段玉裁将"異"声列之部,"冀、骥"两字也在之部;孔广森、严可均、朱骏声无异议,江有诰除"異"声列之部外,另在脂部列有"冀"声。王力先生的《诗经韵读·谐声表》只在职部列有"異"声;但是他在《古韵脂微质物月五部的分野》一文中把"冀"声列入了脂部,并作了深入论证。王先生根据金文批评了《说文》"冀,从北異声"的说法,指出金文的"冀":"从異,象人立之形,北是头上的装饰。"又指出"冀"在《广韵》中是几利切,属至韵(点明此字不应在之部或职部);还引韵文押韵(《楚辞·九辩》叶"冀、唏")和异文(《史记·孝武纪》"冀至殊庭焉",《汉书》作"几")——从多方面论证了"'冀'应是脂部字"(《文集》十七卷268页)。"冀、異"并非同一声符。本字典"冀"(60页)列脂部,"骥"也当改列脂部。

(19)係(32页)古韵列脂部。

按:《汉语史稿》"係"在锡部;《诗经韵读·谐声表》"系"声在支部。段玉裁、江有诰也列支部,只有严可均列在脂部。"係、系"通用;"系"与"繫"通用,"繫"在锡部。《汉语史稿》从与"繫"通用出发,列入锡部;如果考虑与"系"统一,"係"当改作支部。

(20)藜(1119页)古韵列支部。

按:《汉语史稿》"犁"在脂部,《诗经韵读·谐声表》也将"黎"声列脂部,"利"声列质部,各家意见无矛盾。本字典所收"梨、犁、黎、鑗"等字都列在脂部,"藜"也应改列脂部。

(21)沈(569页)古韵列幽部。

按:《汉语史稿》"尤"字在之部,《诗经韵读·谐声表》也将"尤"声列之部,各家无异议。本字典所收其他"尤"声字都列之部;此字列幽部,应是一时疏忽,当改列之部。

(22)舀(1023页)古韵列宵部。

按:《汉语史稿》"韜"在幽部,《诗经韵读·谐声表》也将"舀"声列幽部,各家无异议。从"舀"得声的字中古都在豪、晧、号三韵中,"舀"不在,而是在小韵。对幽部来说,小韵是不规则变化,这大概是归入宵部的原因。本字典"舀"声字"滔、韬、稻、蹈"等都列幽部,"舀"字也应改入幽部。

(23)腑(1004页)古韵列鱼部。

按:《汉语史稿》失收"付"声字,《汉语语音史》侯部收有"附"字,《诗经韵读·谐声表》将"付"声列在侯部,各家无异议。本字典所收"付"声字除"腑"字外都列侯部。"腑"在麌韵,虞、麌、遇三韵来自鱼、侯两部;可能因此而一时疏忽列入鱼部,当改列侯部。

(24)甗(1134页)古韵列鱼部。

按:《说文》:"甗,古陶器也。从豆虍声。"段注:"虍声当在五(鱼)部,而甗、戲转入十六(支)部、十七(歌)部,合音之理也。"《说文》:"戲,从戈甗声。"段玉裁、江有诰把它列歌部;王力先生在《上古韵母系统研究》中也把"戲"列在歌曷寒系开口呼(其中的阴声韵即歌部)。甗,支韵许羁切,中古支韵在上古有支部和歌部两个来源;列入鱼部,显系误置,当改列歌部。

(25)饫(1661页)古韵列鱼部。

按:《汉语史稿》"饫"列侯部,注云(《文集》九卷103页):

"'饫'从'夭'声,'夭'在宵部;但《诗经·小雅·常棣》叶'豆饫具孺','饫'当属侯部。"《说文》"餩"下段玉裁注:"古音在二(宵)部,今字作饫。"又云:"此引《常棣》六章说,假借也。韩诗作'醧'。""醧"在侯部。字典列鱼部,是从中古遇韵向上推,不妥,当依《汉语史稿》改列侯部。

(26)喹(126)、埂(161页)、煙(661页)、裡(834页)、緸(933页)、闉(1572页)这六个字古韵都列真部。

按:《汉语史稿》"裡"列文部,《汉语音韵·谐声表》《诗经韵读·谐声表》都将"壼"声列在文部。《诗经》有"典裡"(《周颂·维清》)押韵,"典"属文部。中古先韵、真韵有真部、文部两个来源,要根据诗韵和谐声来定。本字典收"壼"声字十个,有四个列在文部(湮、硬、陻、黫),六个列在真部。应该将六个列真部的字改列文部。

(27)娠(196页)、宸(222页)、脣(1000页)这三个字古韵都列真部。

按:《汉语史稿》"辰"及其谐声字都列文部,《诗经韵读·谐声表》也将"辰"声列文部,各家无异议。"辰"声字《诗经》都在文部押韵,如"诜、振"(《周南·螽斯》一章)。本字典收"辰"声字十多个,除上列三字外,都列在文部。如辰、晨、振、震等;上列三字也应改列文部。

(28)滋(614页)古韵列元部。

按:《汉语史稿》中"玄、昡"等列在真部;《诗经韵读·谐声表》也将"玄"声列真部,各家无异议。《诗经》中有"玄、矜、民"押韵(《小雅·何草不黄》二章),在真部。《广韵》中"滋"与"玄、兹"同为先韵胡涓切,本字典"玄、兹"都归真部,"滋"也当改归真部。

(29)蜝(1147页)古韵列元部。

按:《汉语史稿》:"根、痕、眼、银"等在文部,《诗经韵读·谐声表》也将"艮"声列文部,各家无异议。《诗经》有"艰、门、云"押韵(《小雅·何人斯》一章),在文部。本字典所收"艮"声字近二十个,"龈"以外全都列在文部,"龈"也应改列文部。

(30)䰜(1487页)古韵列蒸部。

按:《汉语史稿》"靈"列耕部,《诗经韵读·谐声表》也将"靈"(灵)声列耕部,各家无异议。《诗经》有"声、灵、宁、生"押韵(《商颂·殷武》五章),在耕部。本字典其他"靈"声字都列耕部;"䰜"列蒸部显系误置,当改列耕部。

(31)减(607页)、轞(1411页)两字古韵都列谈部。

按:《汉语史稿》中"减"及"咸、缄"等字都列在侵部;《诗经韵读·谐声表》也将"咸"声归侵部,各家无异议。本字典收录"咸"声字二十多个,大都列侵部,如"咸、喊、感、撼、缄"等。上述"减、轞"两字也当改列侵部。

(32)櫪(枥)(531页)古韵列铎部。

按:《汉语史稿》"歷、曆"都在锡部,《诗经韵读·谐声表》也将"歷"(历)声列锡部,各家无异议。《楚辞》有"画、历"押韵(《天问》"应龙何画? 河海何歷?")、"役、瀝(沥)、嗌、惕"(《大招》)押韵,在锡部。本字典"曆、歷、瀝(沥)"也都列锡部。"櫪(枥)"列铎部,显系误置,古韵当改列锡部。

(33)潏(647页)此字两音,古韵都列觉部。

按:《汉语史稿》中"爵、爝"列在药部,《诗经韵读·谐声表》也将"爵"声列药部,各家无异议。《诗经》有"的、爵"押韵(《小雅·宾之初筵》一章),在药部。本字典"嚼、皭、爝、爵"都在药部,"潏"也当改归药部。

(34)膈(1009页)古韵列职部。

按:《汉语史稿》"隔"在锡部,《诗经韵读·谐声表》也将"鬲"声列在锡部,各家无异议。鬲声字中古大都在麦韵、锡韵,不在德韵、职韵，古韵当属锡部，而非职部。《诗经》有"甓、鹝、惕"押韵（《陈风·防有鹊巢》），在锡部。本字典"鬲"及所收其他"鬲"声字都列锡部，"膈"字也应改列锡部。

（35）彀（289页）古韵列侯部。縠（722页）古韵列觉部。

按：《汉语史稿》"彀、穀"在屋部，《汉语音韵·谐声表》也将"殻"声列屋部，各家无异议。"殻"声字中古多数在入声韵，少数在去声韵，个别字在平、上韵，而且只是又读，无疑应该归入声韵屋部。本字典收"殻"声字十个，其他字都列屋部。"縠"字列觉部，显系误置，执笔者以此字同"珏"，而将"珏"字列屋部，《汉语史稿》也在屋部列有"珏"。因此两个字都要改列屋部。

（36）瞵（795页）古韵列幽部。

按：《汉语史稿》中"攸、修"在幽部，《诗经韵读·谐声表》也将"攸"声、"修"声列幽部，各家无异议。但是"攸"声字中古虽然大多在平声韵中，却也有少数字在去声和入声韵中。例如："倏"，屋韵，式竹切；"涤"，锡韵，徒历切；瞵，锡韵，他历切。如果入声韵中的字认为上古也是在幽部，那么就得承认后来产生了一个辅音韵尾-k，这是不合汉语语音演变规律的。妥当的办法是像承认阴入通押，也承认阴入通谐。"倏"（36页）和"涤"（627页）正是这样处理的，列在觉部。"瞵"也应改列觉部。

（37）熨（667页）、㷉（958页）、螱（1173页）、蠿（1190页）古韵都列微部。

按：《汉语史稿》"尉、慰"列物部，《诗经韵读·谐声表》也将"尉"声列物部。"尉"声字多数在去声韵，有三个字兼属入声韵，没有平、上字，无疑应属物部。本字典收"尉"声字八个，微部、物部（尉、慰、蔚、熨）各四个；上面所列"熨"等四个微部字，应该改列物部。

（38）翠（968页）、顇（1648页）两个字古韵都列微部。

　　按:《汉语史稿》"卒、猝、翠、醉"等列物部,《诗经韵读·谐声表》也将"卒"声列物部,周祖谟先生微、物兼收。中古"卒"声字几乎都在去声韵和入声韵,只有个别从"翠"得声的字兼入上声。《诗经》中"卒"声字押韵多处,都在入声韵部。本字典收"卒"声字近二十个,除"翠、顇"外都列物部,这两个字也当改列物部。

　　(39)钓(1512页)古韵列宵部。

　　按:《汉语史稿》"勺、灼、约"等列药部,《诗经韵读·谐声表》也将"勺"声、"钓"声列药部。中古"勺"声字大多在入声韵,其次在去声韵,只有个别字在平声韵或上声韵,无疑是个入声韵声符。"钓"字中古是去声啸韵多啸切,古韵当改列药部。

　　(40)赛(1335页)古韵列之部。

　　按:《汉语史稿》"塞"列职部,《诗经韵读·谐声表》也将"塞"声列职部。"塞"有代韵先代切和德韵苏则切两读,"塞"声字都在去声、入声韵。"赛"无疑应改列职部。

二、编写和排印时在音读方面的
笔误和技术方面的失误

　　古韵归部存在的问题以外,编写时一时疏忽和排印中的技术性失误也造成音读方面的一些小问题,一并罗列如下,以供参考。每条先列页码,再列字头,然后举出失误音读,再改正,必要时作些简要说明。

　　19页　役　(误)营只切　(正)《集韵》营只切　按:《广韵》该小韵无此字。

　　33页　倢　(误)即葉切　(正)《集韵》即涉切　按:《广韵》即葉切小韵无倢字,只在"婕"字的注中出现。

　　37页　俾　(误)并弭切　(正)并弭切。

　　81页　勤　(误)巨巾切　(正)巨斤切。

121 页　喥　（误）元部（正）之部。

162 页　墍　（误）具冀切（正）其冀切。

172 页　壚　（误）模韻，匣（正）模韻，來。

198 页　婧　（误）疾正切（正）疾政切。

202 页　媞　（误）文部（正）支部。

223 页　密　（误）美畢切（正）美筆切　　按：依周祖谟校本。

262 页　帆　（误）符咸切（正）符芝切　　按：依周祖谟校本。

264 页　帬　（误）渠雲切（正）渠云切。

282 页　建　（误）居萬切（正）居万切。

290 页　弡　（误）黄部（正）蒸部。

315 页　悝　（误）文部（正）之部。

322 页　慨　（误）苦盖切（正）苦愛切　　按：依周祖谟校本。

349 页　扡　（误）纸韻（正）纸韻，徹。

380 页　揚　（误）與章切（正）與章切。

391 页　摠　（误）zong（正）zǒng。

391 页　撙　（误）zun（正）zǔn。

394 页　撮　（误）末韻（正）末韻，清。

432 页　昫　（误）xū（正）xù。

438 页　瞀　（误）min（正）mǐn。

453 页　朔　（误）床二（正）審二。

457 页　枂　（误）lì（正）lè。

487 页　梜　（误）古洽切，入，洽韻（正）古協切，入；怗韻。

516 页　樞　（误）冒朱切（正）昌朱切。

520 页　榼　（误）xí（正）xī。

526 页　檡　（误）tū（正）tú。

566 页　汐　（误）xì（正）xī。

570 页　泜　（误）渚市切（正）諸市切。

570 页　汨　（误）陽部　（正）錫部。

578 页　泱　（误）yǎng　（正）yāng。

589 页　澣　（误）gàn　（正）hàn。

612 页　湫　（误）2.七由切……尤韻，精。（正）2.七由切……尤韻，清。

674 页　爣　（误）tāng　（正）tǎng。

677 页　爽　（误）2.陽韻，照二。（正）2.陽韻，審二。

705 页　獝　（误）屑韻，曉。（正）屑韻，匣。

710 页　玞　（误）fú　（正）fū。

770 页　的　（误）2.dí　（正）2.dí《正字通》丁歷切。　按：的确义见于唐以前，不应无反切。今长沙、衡山的确义与目的义同读 di 入声；今普通话阳、去异读是后起现象。

772 页　膇　（误）沃部　（正）藥部。

794 页　暖　（误）xuān　（正）xuǎn。

794 页　瞯　（误）yū　（正）yú。

846 页　稟　（误）2.力錦切　（正）2.《集韻》力錦切。

852 页　穜　（误）2.用韻。（正）2.用韻，照三。

982 页　聏　（误）之韻。（正）之韻，日。

999 页　脅　（误）業部　（正）葉部。

1008 页　脿　（误）耀韻　（正）耀韻，澄。

1091 页　蒿　（误）式羿切　（正）式羊切。

1140 页　蚆　（误）麻韻，幫　（正）麻韻，滂。

1148 页　蛛　（误）陟輪切　（正）陟輪切。

1275 页　詻　（误）è　（正）é。

1383 页　蠚　（误）xiè　（正）xuè。

1433 页　連　（误）2.之部　（正）2.元部。

1483 页　鄑　（误）蕭部　（正）宵部。

1551 页　鍥　（误）jí（正）qiè。

1651 页　顚　（误）2.直部　（正）2.真部。

1655 页　颲　（误）力郎计切　（正）力计切。

1727 页　鱉　（误）并列切　（正）《集韻》必列切　按:《广韵》正文无此字。

1732 页　鳲　（误）式之切　（正）式脂切　按:依周祖谟校本。

1741 页　鵴　（误）jū（正）jú。

1775 页　蠻　（误）qì（正）qī　按:直音"音戚"，今音"戚"作阴平。

主要参考文献

王力主编　《王力古汉语字典》，中华书局 2000。

王　力　《汉语史稿》，《王力文集》第九卷，山东教育出版社 1988。

王　力　《诗经韵读》，《王力文集》第六卷，山东教育出版社 1986。

段玉裁　《六书音均表》，《说文解字注》，世界书局 1936。

江有诰　《谐声表》，《音学十书》，中华书局 1993。

朱骏声　《说文通训定声》，中华书局 1984。

沈兼士主编　《广韵声系》，汉字改革出版社 1960。

周祖谟　《诗经韵字表》，《问学集》，中华书局 1966。

郭锡良　《汉字古音手册》，北京大学出版社 1986。

陈复华、何九盈　《古韵通晓》，中国社会科学出版社 1987。

原载《长江学术》2006 年第 1 期

汉藏诸语言比较研究刍议[*]

对汉藏诸语言进行比较研究的最早一篇作品是雷顿（J. Leyden）1808 年的《论印度支那民族的语言和文学》①，1896 年孔好古（August Conrady）明确提出了印度支那语系的分类，当时的认识实际是从地域观念出发的②；最早从类型学的角度对汉藏语系作出论证的则是李方桂先生 1937 年的论文《中国的语言和方言》③。从 20 世纪 40 年代起国内外对汉藏诸语言的研究越来越深入，原来据以提出论证的类型学的条件越来越失去作用。白保罗（Paul Benedict，保罗·本尼迪克特）1972 年出版的《汉藏语概论》推动了汉藏诸语言的比较研究④，但他是从同源词的角度来考察系属关系的，选材带有很大的主观性、任意性，缺乏严谨的对应规律，可信程度不高。不少步白保罗后尘者，更加主观、任意，各执一端，使目前汉藏诸语言的谱系划分纷乱抵牾，莫衷一是。如何看待汉藏语系？怎样对汉藏诸语言进行比较研究？对此，学者们的意见大相径庭。有人宣扬汉藏诸语言构成一个语系已经是常识问

---

* 本文是 2007 年为参加"继往开来的语言学发展之路学术论坛"而写的。初稿、修改稿曾送各方面专家和友好审阅，承张传玺、伍铁平、李维琦、陆俭明、王宁、鲁国尧、蒋绍愚、宋绍年、李小凡、陈保亚、孙玉文、邵永海、汪锋等教授提供宝贵意见，多有采纳，特此致谢。

① 参看岑麒祥《普通语言学》121 页。

② 参考孙宏开、江荻《汉藏语言系属分类之争及其源流》，见《当代语言学》1999 年第 2 期 118 页。

③ 参考徐通锵《历史语言学》47 页；又，同注②，19 页。

④ 同上 51—54 页；又，同注②，21 页。

题,我却大不以为然。

一

语系是从语言分化着眼的,它是以印欧语为材料建立起来的,它是否适合东方汉藏诸语言的实际呢? 这还是一个疑点成堆的大问题。

我们看到,现在不少研究者在讨论汉藏语系及其谱系分类时,大都是同语言单源说和人类起源单中心论分不开的(参看《汉语的祖先》59 页)。可是半个多世纪以来,中国考古发现的类人猿和古人类化石十分丰富。它说明,喜马拉雅造山运动造成了中华大地从猿到人转变的客观条件,在这广袤的大地上,禄丰古猿、直立人(猿人)、早期智人(古人)、晚期智人(新人)的化石分布极广,涵盖的年代达几百万年,进化链条基本上没有缺环。正如费孝通先生所指出的(《中华民族多元一体格局》3—4 页):"很难想象在这种原始时代,分居在四面八方的人是出于同一来源。而且可以肯定的是,这些长期分隔在各地的人群必须各自发展他们的文化以适应如此不同的自然环境。这些实物证据可以否定有关中华民族起源的一元论和外来说,而肯定多元论和本土说。"因此,我国的人类学家、考古学家一般都不相信西来说、单中心论。王钟翰先生主编的《中国民族史》说(32 页):"总之,中华民族起源于中华大地,既不是来自中华大地的任何一方,也不是均起源于黄河中下游。中华民族是在中华大地上多元起源,多区域不平衡发展,而又存在不可分割的内在联系与统一性。"就是在西方,现代人起源于东非的单中心说也已发生动摇;因为这种被载入西方教科书几十年的"人类的祖母""320 万岁高龄的露西"这一"东边的故事",由于在1995 年古生物学家米歇尔·布昌内在乍得沙漠深处发现人猿化石阿贝尔而被质疑①。另外,通过遗传基因研究人与人的亲缘关系固然有它的独特作用,但是要用它来解决现代人的起源,恐怕还存在许多有待解决的困难。其实即使人类起源于单一中心,也不能决定语言就一定是单源的。因为现代意义的语言产生于人类发展的哪个阶段并没有确定的结论。再退一步说,即使语言产生在东非老太太走出非洲之前,可是"夏娃"在12—15万年前走出非洲,她的后裔在7—9万年前进入西亚,4万年前进入东亚和欧洲(参看《汉语的祖先》59—61页),那么欧亚两洲的现代人类分开活动都在4万年以上;经过这样漫长时间的分开发展,还能是同一种语言吗?硬要把它还定作同源,试问,这在语言比较研究中又有多大价值呢?

我们无意讨论语言起源的问题,也不准备研究中国境内诸语言的系属;只想探讨一下"汉藏语系"诸语言之间的真实关系,即是否真是一个语系?我们认为,语言本质上是社会现象,它是随着社会的发展而发展的;中国境内诸语言的关系离开了中国古代各民族社会历史的发展及其相互关系,是肯定无法弄清的。下面就从中国古代各民族社会历史的发展及其相互关系来进行讨论。

历史告诉我们,中华大地在八九千年前已经进入新石器时代。居住在黄河流域中下游的炎帝族和黄帝族已经进入了以农耕为主的社会阶段,经过斗争、融合,组成了近亲的部落联盟,成为华夏族的最早核心。他们所留下来的物质文化从时间和地域上来考察,大约就是考古学上所发现的仰韶文化(约前5000—约前3000年)、大汶口文化(约前4300—约前2500年)、山东龙山文化(约前2900—约前2000年)。这一文化经过尧、舜,传承到夏、商和西周,

---

① 见法国《周末三日》周刊2003年9月10日一期的文章《错误的科学课程》,转述自《参考消息》2003年9月26日《教科书的错误》。

与东夷、西戎、南蛮、北狄互相交流,互相融合,进一步发展了华夏文化,部分蛮夷等族也融合为华夏族的组成部分。春秋时期华夏文化向南发展至吴、楚地区;战国时期华夏文化更向巴、蜀、百越、百濮和苗、蛮地区发展,远涉湖广、川贵。秦始皇统一六国,北起长城,南到海隅,在中华大地建立起了一个空前强大的封建帝国。因此,黄河流域既是华夏族和华夏文化起源的摇篮,也是华夏族和华夏文化同其他各族及其文化融合的大熔炉。

新石器时代在仰韶文化、龙山文化的北面,有红山文化(约前3500年)。再往北,长城外还有一支细石器文化,这应该是匈奴、通古斯族祖先的遗迹,他们大都形成了以游牧为主的部族,不断向西南发展,长期与华夏族发生斗争、融合,甲骨文中的鬼方、土方,周代的猃狁、东胡,汉、晋时代的匈奴、鲜卑,唐、宋时的契丹、女真,都是这一文化的后裔,他们是与华夏族同属蒙古人种而语言各异的部族。

新石器时代在南方长江流域中游和下游也有大溪文化(前4400—前3300年)、屈家岭文化(前3000—前2600年)和河姆渡文化(前5000—前4000年)、良渚文化(前3300—前3000年)。传说中的九黎、三苗,周朝的群蛮、百濮,是这些南方古文化的创造者和继承者。传说炎帝、黄帝与蚩尤发生过一场大战,大概就是南方九黎族向北发展与华夏族争夺中原的一种反映。九黎失败,退回长江以南,就是尧舜时的三苗和后代的苗、蛮;留在北方的部分就融合到华夏族中去了。春秋时期的百越、百濮主要应是南方新石器时代文化的继承者,融合于楚。百越的语言系属与华夏族是不同的,《说苑》记载的《越人歌》提供了有力的证据,它透露出古越语与今天壮语的一定联系①。

---

① 　参韦庆稳《〈越人歌〉与壮语的关系初探》,载《民族语文论集》,中国社会科学出版社 1981;又,赵日和《闽语辨踪》,载《福建文博》1984 年第 2 期。

新石器时代黄河下游是东夷族的活动范围,传说中的太昊伏羲氏是他的著名首领。不管他同炎帝族是否族属同源,但是自始就同华夏族邻居杂处,夏、商、周三代的九夷、淮夷、徐夷,同华夏族有和有战,不断融合到华夏族中去,使华夏族在群体、文化方面都不断发展、壮大。东夷同华夏族的语言原本是否相同,很难深究,本文也已无此必要。

在华夏族的西面,夏、商时期就出现了叫做氐、羌的游牧部落,他们同华夏族有着很多联系和交往。甲骨文中的羌方,已臣服于商。周人同羌人的关系更加密切,常常互相通婚,还联合抗商。周武王灭商,羌人就是积极的参加者。到了春秋时期,通称西戎的羌人各部,活动在河湟地区和渭水上游,有的与秦、晋杂处,晋人常联合姜戎与秦争霸。戎夏之间,融合与斗争并存。战国时,秦国日益强大,武力扩张至渭水源头,羌人的一支从河湟西迁、南徙。留在西北的羌人,汉朝初年曾臣服匈奴,后来归附汉朝,时服时叛,内迁外徙,不断与汉族斗争、融合。魏晋时汉化已经相当深的氐族苻氏大姓曾在北方建立前秦,吕光继之建立后凉,羌族姚氏大姓也建立了后秦,416年后秦被东晋所灭。从三代就已出现在西北的氐、羌经过两三千年的融合、斗争,除西迁、南徙的部分外,至此大致已经融合于汉族或其他北方民族。

羌人与华夏族是否同源,看法分歧。一说,炎帝姓姜,炎帝族也就是姜姓部族。炎帝族向东发展,在黄河中下游建立农耕社会定居后,留在西北继续过着游牧生活的姜姓部族就叫做羌、羌人、西羌。“羌”就是“姜”,因此羌族是与华夏族同源的。但是,这只是根据传说做出的一种推论,并非信史。《左传》记载了姜戎氏驹支对答晋国执政范宣子诘问时的一段话(襄公十四年):“我诸戎饮食衣服不与华同,贽币不通,言语不达,何恶之能为?”这里明确说明了当时(春秋时代)的羌人与华夏族既不同族属,也不同语言。羌人从夏、商时代就与华夏族交往,到春秋时代少说也有七八百年,关系越来越密切,不可能是分离久远造成的"言语不达",也就是说,不是分化的结果。

　　这里须要特别讨论的是怎样对待六朝以后典籍中提到的"羌"人部落。一般都把他视同先秦的"羌"族的后裔,甚至把吐蕃(藏族)都论断为来自古代的西羌。这是缺乏坚实根据的。比如《新唐书·西域下》提到苏毗"本西羌族"、多弥"亦西羌族"(6257页),当时多弥羌分布在今青海南部与川、藏接界的通天河一带,苏毗羌分布在多弥羌的西面;他们虽然是来自原河湟地区古羌人的后裔,然而后来"为吐蕃所并"(6275页),也就是融合到吐蕃中去了。《隋书·西域·党项传》载(1845页):"党项羌者,三苗之后也。其种有宕昌、白狼,皆自称猕猴种。东接临洮、西平,西拒叶护,南北数千里,处山谷间,每姓别为部落,大者五千馀骑,小者千馀骑。"他们"开始活跃于今青海省东南部黄河上游和四川松潘以西山谷地带。当时还处于原始社会末期"(《中国大百科全书·民族卷》89页)。《隋书》既称他为"羌",又说是"三苗之后",这是矛盾的;还说"皆自称猕猴种",这又与吐蕃相同了。从党项羌出现的时间、地域和所处的社会阶段及其习俗来看,确实是与吐蕃有密切渊源而与古羌人未见有联系的。因此,我们认为,对党项来说,"羌"的称谓是后人归类的泛称,并非族源专称。

　　《后汉书·南蛮西南夷列传》载(2855页):"自汶山以西,前世所不至,正朔所未加。白狼、盘木、唐菆等百馀国,户百三十馀万,口六百万以上,举种奉贡,称为臣仆。""今(永平,58—75年)白狼王、唐菆等慕化归义,作诗三章。"这三章诗的汉译和白狼语的汉字译音都是44句,每句4字。这就是著名的《白狼歌》。《白狼歌》的白狼语汉字译音及其汉译,经中外学者长期研究,"一般认为白狼语属藏缅语族,但究竟同哪种语言最近,则有藏语、嘉戎语、彝语、纳西语、西夏语等不同说法"(《中国大百科全书·民族卷》28 页)。这里的白狼部落应该同《隋书·西域·党项传》所载的白狼部落是族源相同的。可以设想，青藏高原的土著白狼所属的部族不断向东发展，东汉时已经抵达川西高原阿坝地区(汶山郡)，再向北发展，到隋代就抵达了河湟地区(西平)。更值得重视的是，白狼语被论证属藏缅语族，同藏语、西夏语接近，这正是党项、吐蕃关系密切的有力证据之一。

至于把藏族也认定来自古代的西羌，更是经不起史实的检验。考古资料告诉我们，西藏境内早在八千多年前就有人类居住，那曲、聂拉木、定日等县都发现了旧石器时代的遗物①。《后汉书·西羌传》载汉和帝永元十三年(101)汉军大败烧当羌，"其种众不满千人，远逾赐支河首，依发羌居"(2884—2885 页)。这里的"发羌"应该是古代典籍中提到吐蕃的最早记录。同传还提到"发羌、唐旄等绝远，未尝往来"(2898 页)。这就是说，直到范晔写《后汉书》时期，发羌还同中原没有往来，怎么会与早两三千年就已活跃在陇甘的古羌人同属一个族源呢？按藏文史籍记载：大约在 3、4 世纪西藏地区兴起了悉补野部吐蕃，第一代赞普号鹘提悉补野，直到第七代赞普时，"尚保留着某些母系氏族社会的传统和习俗"②；7 世纪第三十二代赞普松赞干布进行改革，统一吐蕃全境，向唐求婚，臣服于唐。因此，吐蕃和古羌人的历史少有联系。《旧唐书·吐蕃传》只说(5219 页)："吐蕃在长安之西八千里，本汉西羌之地也，其种落莫知其所出也。"可是《新唐书·吐蕃传》却说(6071 页)："吐蕃本西羌属，盖百有五十种，散处河、湟、江、岷间。"可见称吐蕃为西羌，只是后人的推测。王钟翰主编的《中国民族史》指

---

① 参恰白·次旦平措等《西藏通史》和王文光《中国民族发展史》(下册)501 页。
② 参看王文光《中国民族发展史》502 页。

出(351页):"古羌人西迁而形成吐蕃之说,源于古汉文史籍。此说忽视了民族的发展和演变,将吐蕃的形成过程,包括与其他民族同化、融合的历史简化甚至曲解,自然不是科学的论断。"我很赞同他的这个意见。

只有今天分布在四川岷江上游阿坝藏族自治州的羌族,一般都溯源至战国时期的南徙羌人。但是这支脱离主体的南徙羌人不能不同迁居地的原住民(大概是吐蕃的先民)交往;尤其是隋唐以后吐蕃迅速强盛,这支南徙羌人融合于吐蕃的成分也是很大的,不过还保留着原来的族称。

再说,《史记》《汉书》中所谓的西南夷是对散布在云贵和川西等地众多少数民族的总称。他分成农耕型和游牧型两类,农耕型民族以夜郎、滇、邛都为大,游牧型部族以嶲、昆明为大。他们大都居住在高原的山地间,交通不便,秦汉以前,很少与外地交往。《史记·西南夷列传》载:"始楚威王时,使将军庄蹻将兵循江上,略巴、(蜀)黔中以西。"经夜郎进入滇池,后因秦并巴蜀,断了楚军的归路,于是只得"变服,从其俗"(2993页)。也就是说,这支楚军融入到当时的滇族中去了。这应该是西南地区各民族进入中国古代民族大融合之中的最早记录。它也说明,春秋时期以前这些古代的西南地区各民族是无缘同在中原活动的华夏族或羌人交往的,因为在他的北面,还隔着巴人、蜀人和吐蕃的先民。因此把西南这些古代部族也归入三代以前就活跃在河湟地区的古羌人的后裔是难以令人信服的。我们知道,在云贵两省和川西不但搜集到许多新石器时代的遗物,还发现了不少旧石器时代的早期人类文化遗存(如云南的元谋人、丽江人,贵州的桐梓人、兴义人,四川的资阳人)。他们的地理位置是处在长江流域南方文化遗址之间,但是实际上不少学者是把他们同西羌挂上了钩,即归进了中原文化遗址中。他们甚至把同属汉藏语系也当作了论据之一。例如费孝通先生的《中华民族多元一体格局》说（26 页）："汉语和藏语的近亲关系也支持了我在上面所提到的羌人是汉藏语之间的联系环节的假设。从这个线索再推一步，我们又看到了和藏语近亲的彝语。而彝语的来源有许多学者认为是羌人。"这恐怕有陷入循环论证的危险。因此，我认为青藏高原、云贵高原是中国境内西南高原文化遗址，它的进化较慢，进入中华民族大融合之中也较晚。这就是说，西南夷应是旧石器时期就生活在西南地区的土著民族，他们同说藏缅语是很自然的；不过，汉语和藏缅语同源关系的历史事实却是难以找到的。

二

　　语言是民族划分的重要依据之一，但是，正如德·索绪尔早已指出的（《普通语言学教程》310 页）："认为语言相同可以断定血统相同，语言的系属同人类学的系属相吻合，那是错误的。"他还指出，与语言联系在一起的"无比重要的、唯一基本的"因素是"民族统一体"，"所谓民族统一体就是一种以宗教、文化、共同防御等等多种关系为基础的统一体"（311 页）。中华民族同印欧诸民族的历史是不同的，华语（汉语）同印欧语的历史发展也是大有区别的。夏代以前的语言情况没有资料，尚难讨论；商、周的语言一致，已是大量文献资料所证实的。众所周知，周朝已有雅言、通语，秦实行"书同文，车同轨"，保证了汉语书面语的统一，也对方言的分化起到一定的制约作用。特别是中华民族长期统一为主的国情，使得有文字记录以来三千多年前殷商时代的古汉语（华语）只分化成现在的官话、吴方言、湘方言、赣方言、客家方言、粤方言、闽方言等七大方言，没有继续分化成不同的语言。这是有案可查的。

　　语言有分化，自然也有融合。在中华大地，语言融合的事例，从古至今，不断出现。如：殷商的鬼方据说就是周代的猃狁、汉代

的匈奴,可是唐朝以后这些名称不再见于史书,哪里去了? 南匈奴
融合到汉族里面来了。至于北匈奴,则在东汉桓帝元嘉元年
(151)以后,远徙顿河草原一带,5世纪初曾在中欧建立匈奴帝国,
5世纪末就衰落下去,被融合到欧洲别的民族中去了①。从鬼方到
匈奴所说的语言,原来肯定不是汉语,在他们被融入汉族时,语言
也就改用汉语了。从说匈奴语——说匈汉双语——说汉语,这样
一个语言的取代过程,也不妨看作是语言融合,广义的融合。又
如:宋代源出鲜卑的契丹人在北方建立了辽国,稍后女真人又建立
了金国,辽、金先后灭亡,南徙的契丹人、女真人与汉人杂处,大多
融合到汉族中了,语言也被融合了。再如:满族本是元灭金后留在
黑龙江的女真人,明朝晚期,努尔哈赤统一女真各部,建立后金,南
向攻明。其子皇太极改国号为"大清",势力日强;顺治元年
(1644)清兵入关,建立清王朝,十传九代,不到三百年,到现在也
不到四百年,满汉已难分。虽然现在统计的满族人口还有四百多
万(1982:4299159人),但能说满语的人却已经很少②。这应该是
语言融合最清楚的事例。再看移居美国的华人,一两百年间有好
几百万,由于散布美国各地,也无法长期保持说汉语。华裔移民经
过两三代,势必要改说美式英语。历史上中国北方少数民族向南
发展,融合进汉族以后,其语言使用情况,大概都只能是这种结果。

　　南方的苗、瑶、壮、侗诸族的情况则有所不同。总的来看,汉族
是向南扩张的,汉人到了南方,与土著杂处,凭借政治、经济、文化
和人数的优势,不断把他们融合进来,或者把他们挤到山区、边地。

---

① 参刘作奎《被汉军打败逃到欧洲——匈奴西进改变欧洲历史》,载《科学大观园》
　　2006年9月上半月,总第266期。
② 由清华大学赵丽明教授代询黑龙江大学满族语言文化研究中心主任赵阿平教授,
　　承告:"目前能说满语的人仅在黑龙江的一些满族村屯及市、县,约百人,其中说得
　　好的有十八位老人,年龄都在八十岁以上。"

被挤到山区、边地的土著,虽然在大环境下也与汉人长期杂处,但保存了小聚居,因而几千年来仍然保存着原有的语言。这些语言虽然也接受了汉语的影响而有某些趋同,但是并非同源关系。如果要说有同源关系,那也是在旧石器时代的事情,这里只好存而不论。

三

汉语与藏缅语族是否同源,除了从历史方面来探索外,我们还可以从另一角度来考察,即用这几种语言的现代形式来检验它。这应该是很能说明问题的。大家知道,汉语是孤立语,无形态变化;藏缅语是黏着语,"有一定的形态变化","动词的语法范畴比较丰富"(《大百科全书·民族》523页)。汉藏同源说者认为藏语比汉语的形式古老,也就是说,汉语是由黏着语变成孤立语的。那么,用汉语三千多年可考的历史来检验这个假设,不能不说,这是缺乏根据的。

我曾在《先秦汉语构词法的发展》中,根据徐中舒主编的《甲骨文字典》来考察甲骨卜辞的词汇构成情况,指出"根据《甲骨文字典》所收近四千个义项来考察,其中所举复音结构不到一百个",分成八类,经过分析,"这八类复音结构大多是专有名称(神名、方国名、地名、人名),又几乎全是偏正结构"(《汉语史论集》增补本144页),于是作出了一个结论(164页):"殷商时代语言的词汇系统本质上是单音节的,少数复音结构应该是词组而不是词。"我同时又作出了另一结论(165页):"周代复音化现象十分明显,复音化的构词方式有两大类:一是多种形式的双音节的音变构词,二是多种形式的结构构词。复音化的各种构词法萌芽于西周早期,完备于春秋战国。"后来杨逢彬的《殷墟甲骨刻辞词类研究》和崔立斌的《〈孟子〉词类研究》两部专著,提出了更加充实的证据和论述。

　　杨逢彬的《殷墟甲骨刻辞词类研究》用《殷墟甲骨刻辞摹释总集》作资料,对甲骨卜辞的词类做了全面、穷尽性的研究,得出《摹释总集》全部用词共 1061 个。其中非祭祀动词 181 个,祭祀动词 81 个,形容词 11 个,普通名词 195 个,专有名词 550 个,数词 13 个,代词 7 个,副词 17 个,语气词 4 个,介词 2 个。除名词外,全部是单音词。名词中也只有专有名词有双音结构共 87 个,人名(共 228 个)就占 72 个,其中妇名又占 31 个。如"妇好、妇康",都是"妇+x"形式。国族名(共 106 个)双音结构 15 个,如"鬼方、人方","x+方"就占 12 个。地名(共 208 个)双音结构 6 个,如"有师、丘商、密山、黄林"等。宫室名、星名等(共 8 个)双音结构 5 个:东寝、西寝、东室、南室、鸟星。《摹释总集》收甲骨五万多片,刻辞内容涉及的社会生活面非常广泛,足以反映当时的语言面貌。这有力地证实了甲骨文单音节性质的特点。

　　崔立斌的《〈孟子〉词类研究》全面研究了《孟子》的词类,根据他研究的统计(1—2 页):"《孟子》一书共有 2886 个词,其中有单音词 2562 个,占 88.8%;双音词 300 个,三音词 24 个。《孟子》中只有动词、形容词、名词有复音词,其他类词只有单音词,没有复音词。"具体情况是:不及物行为动词(95 个)中有双音词 19 个,如"驰驱、号泣、交际、匍匐、沐浴、田猎、巡狩、斋戒"等(34 页);及物行为动词(505 个)中有双音词 12 个,如"尝试、雕琢、颠覆、扶持、祭祀、选择"等(40—58 页);不及物状态动词(185 个)中有双音词 17 个,如"充实、泛滥、荒芜、觳觫、流连、龙断、憔悴、死亡"等(38—39 页);及物状态动词(46 个)中有双音词 2 个:"充塞、曾益"(66 页);心理动词(34 个)中有双音词 4 个:"恻隐、怵惕、恭敬、般乐"(36 页);感知动词(131 个)中有双音词 3 个:"忖度、讴歌、以为(认为)"(62—65 页);能愿动词(10 个)中有双音词 2 个:"可以、足以"(77—78 页);性质形容词(225 个)中有双音词 11 个,如"颁白、空乏、糜烂、忸怩"等(94—97页);状态形容词(89个)中有双音词47个,如"茁壮、迟迟、昏昏、源源、勃然、浩然、填然、蹴尔、跃如、赫斯"等,还有三音词24个,如"纷纷然、芒芒然、荡荡乎、皇皇如、洋洋焉"等(97—100页)。《孟子》使用名词1269个,有双音词182个。具体情况是:人物名词(201个)中有双音词88个,如"君子、小人、先生、弟子、天子、庶人"等(113—117页);动物名词(46个)中有双音词3个:"凤凰、鸿鹄、麒麟"(117页);国家名词(5个)中有双音词3个:"天下、四海、国家"(118页);事物名词(318个)中有双音词31个,如"草莽、典籍、光辉、四体、五音"等(120—121页);处所名词(127个)中有双音词24个,如"道路、宫室、丘陵、中国、宗庙"等(122—123页);抽象名词(111个)中有双音词8个,如"功烈、礼貌、世俗、条理"等(124页);时间词(44个)中有双音词9个,如"今日、平旦、斯须、中古"等(129页)。专有名词(402个)包括人名、地名和书名,自然有不少双音词,如"仲尼、子夏、北海、箕山、《春秋》、《汤誓》"等,还有一些三音词,如"北宫黝、薛居州、公孙丑"等(125—128页)。

从甲骨刻辞到《孟子》成书,相隔大约八九百年,仅以杨逢彬和崔立斌的研究成果作比较,就足以说明这期间汉语词汇系统变化巨大。概括起来,有三大变化:

(一)汉语已由纯粹的单音词变成单音词与双音词相结合的语言。不少学者指出,春秋战国时期是汉语复音化迅速发展的第一个时期,此时汉语的复音词大概超过了20%。

(二)词类系统有重大发展。根据杨逢彬的研究,甲骨刻辞中只有12个单音节的性质形容词(幽、黄、黑、白、赤、大、小、多、少、新、旧、高),没有状态形容词;只有2个单音节介词(于、自),没有连词。我在《远古汉语的词类系统》中曾采用陈梦家、管燮初两先生的意见,把"又、有、眔、及、乍(则)、若"六个词列作连词,这里应该改从杨逢彬的意见。杨逢彬在他专著的"副词"一章中附带讨论了四个语气词"惠、佳、抑、执";拙文是把"惠、佳"列作语气副词,不同意把"抑、执"看作句尾语气词。我仍坚持原来的意见,认为杨逢彬有关语气词的看法不可取。现在用我们认识的甲骨文词类系统来对比崔立斌所分析的《孟子》的词类系统,变化发展最大的有两点:一是产生了两类新虚词:连词和语气词;二是形容词和介词也有巨大变化。形容词的变化,首先是产生了一类新的状态形容词,其次是性质形容词也由意义局限很窄的 12 个词扩展为意义范围十分广泛的 225 个。介词由"于、自"2 个增加到 13 个(於、于、乎、焉、以、为、与、自、由、从、及、诸、当①),不但介词数量增加,所表示的语法作用、语法意义也明显扩展。甲骨文中介词只引介地点、时间和动作涉及的对象,到了《孟子》时,还能引介工具、方式、原因、目的。

　　(三)汉语构词法已由词义构词和单音节的音变构词相结合的方式转变为双音节的音变构词和多形式的结构构词相结合的方式。这里首先须要说明,古今汉语都是孤立语,这是共识;但是春秋、战国以后附加式构词法构成的新词,在某种意义上来说,对汉语的孤立语性质确实也带来了一定的冲击。例如"油然、跃如、赫斯、巍巍然",都是词根+词尾(构词后缀),词尾就是黏着性的成分。特别是中古以后,"的、地、得"和"了、着、过"的产生,还不只是牵涉到词尾的问题,正如王力先生所指出的:"'了'字表示完成貌,'着'字表示进行貌,严格地说,它们不是词尾,而是'形尾',因为不是构词法的问题,而是形态变化的问题。"②因此,从广义的角度来看,不妨承认汉语发展的趋势有向黏着变化的迹象,这不正是

---

① 　"於、于、乎、诸"可以合并。
② 　见《汉语语法史》120 页,《王力文集》第十一卷,山东教育出版社 1990 年。

同汉藏语同源说者的假设背道而驰吗？总之，汉语从有文献可考的历史来看，是完全不支持他们的假设的。

当然，他们还可以改变说法，做出另一种假设，即藏缅语比汉语发展快，那么藏缅语就是由孤立语变成黏着语的。如此一来，汉藏语比较研究就要来个彻底改变。能否行得通，恐怕谁也很难说。

四

怎样看待汉藏语系？怎样做汉藏诸语言的比较研究？这是近些年来汉语古音学研究争论的中心问题。我在《历史音韵学研究中的几个问题》和《音韵问题答梅祖麟》中讨论汉藏语比较时，除了批评梅祖麟、潘悟云、郑张尚芳的错误外，还引用了李方桂先生、张琨先生和俞敏先生的意见来说明问题。李先生在《上古音研究》中对这个问题讲得比较原则、概括，竟然招来了某人的诘问。他借口李方桂先生与张琨先生对汉藏语系的态度有所不同，居然看不出两位先生的态度、意见基本是一致的，从而质问我"到底听谁的"？现在《李方桂先生口述史》出版了，在这个问题上他谈了很多意见，也更加具体、明确。为了更好地弄清是非，我决定把李先生在《口述史》中的话引得多一点、全一点。首先，在谈历史比较语言学的主导原则和方法论时，李先生讲了三点意见：

（一）汉藏语是不是一个语系？他说（104页）："我认为在这方面我们仍处在相当低级的阶段。这些语言是否有系属关系至今还是问题。"

（二）归根结底，我认为，要判定语言之间是不是发生学上的关系，必须采用几种标准。具有发生学关系的语言间可以有许许多多相似特征，而一门非发生学关系的语言是不会具备这么多相似特征的。然而，它们也可具有某些（少数）相似特征,但仅仅凭此无法说明它们一定具有发生学关系(106页)。

(三)我认为自己对某门语言与另一些语言的联系这个问题并不十分感兴趣,我更感兴趣的是,发现那些语言中的结构(规律)。研究一门语言,又再研究别的语言,这样,它们之间的相似性和非相似性最终会冒出来。在未把相互有关的语言都弄清楚之前,不值得费尽心机去过早地做比较工作(107页)。我只想知道这门语言的面貌如何,是否把它与别的语言联系起来,那是最次要的问题(108页)。

在如何看待汉藏语的系属、如何划分语言的系属及如何研究民族语言等问题上,郑张尚芳、潘悟云等人的看法和做法都与李先生这里所说的是完全相反的。

李先生对白保罗(保罗·本尼迪克特)在汉藏语历史比较研究中的错误倾向作出了尖锐批评。我认为,这些批评对我国目前这方面的现状,也许更有针对性,不妨摘引一些段落:

(一)我认为那不能称之为方法论,根本不能成其为方法论。那仅仅是,——他(按:指白保罗,下同)——你们都知道,他读过许多词典。他是读过许多词典,并从词典里抽出了大量的词汇等等。但是,他的确很聪明,确实是个精明人。但在方法论上我不赞赏,因而我从不对我的学生引用他的话。我认为他的方法论让人误入歧途(93页)。

(二)众所周知,他至今还在研究各种不同的语言。你们知道,他使用所有的词典,从中抽出许多词汇来,编出了他那本书——叫什么来着?(罗:他主要有两本著作:《汉藏语言概论》和《澳泰语言与文化》)(94页)。对,他肯下功夫,把许多东西拼凑在一起,不管对错,然后就开始写书。(笑了)因

此,大人物都得下苦功夫(94页)。嗯,我以为所有此类构拟纯属胡闹。(95页)

(三)是这样,他说:"啊,这是这样构拟的。"至于他为什么这样构拟,无人去深究。既然本尼迪克特这样构拟,好吧,这就是圣经,这太可悲了(95页)。

第一次念到这些段落时,我不禁想到:李先生的话似乎都是对着郑张、潘悟云这些人说的。我翻看他们的著作时,常常会冒出一个想法:这样做是要贻误青年的;这就是李先生说的"让人误入歧途"。我看了梅祖麟、潘悟云等靠翻字典弄出的同源词时,还只敢就事论事,一个一个指出错误,总结成三隔(音隔、义隔、类隔)现象。哪里比得上李先生斩钉截铁的结论:"此类构拟纯属胡闹。"这才是一针见血。梅、潘等的汉藏比较构拟完全跟着白保罗亦步亦趋,真的把白保罗的纯属胡闹的构拟当成"圣经"了。李先生说:"这太可悲了。"可惜,处在可悲境地的人却偏偏还趾高气扬。

从2002年我就古音问题驳梅祖麟的言论开始,他们一直就要把我塑造成汉藏语比较的反对派。请问,我什么时候反对过汉藏语比较呢?我在2002年《历史音韵学研究中的几个问题》一文的最后一句话就是(465页):"当然,我们也希望汉藏语比较研究能尽快建立在语音对应规律的稳固基础之上。"在那里我反对的实际就是李方桂先生批评的"纯属胡闹"的汉藏语比较,我反对的是比照藏语来构拟上古音系。其实只要不轻易地作出语言系属的结论,连汉英语言类型的全面比较,我也不反对。我在2003年《音韵问题答梅祖麟》中又指出:"汉语和藏语从分化到有文献的古藏语,据最短的估计也在三千年以上",它同汉语上古音不可能相近,比照古藏语来构拟汉语上古音是很错误的(491—492页)。我的这些意见错在哪里呢?他们无力反驳,有的就在背后散布流言蜚语,说什么"北大落后了";或者说,"北大不搞汉藏语比较,没有出路";有的就装作充耳不闻,继续我行我素。比如,郑张尚芳2003年出版了他的《上古音系》,附录了他"以沈兼士《广韵声系》为基础"而做成的收字一万八千的"古音字表"。《广韵声系》是一部很有用的工具书,但是拿它"作基础"来编"古音字表",恐怕要算音韵学研究者的常识性错误。我在2003年的文章中就对郑张的古音系统作过比较全面、系统的批评,从材料论据到理论方法,都有扼要的解剖分析。我的总结性评语是,郑张的填空白式的古音系统"既不合诗文押韵,又必然乱了谐声系统。因此这个'上古六元音系统'的古音体系既是建立在沙滩上,又是自相矛盾的"(499页)。现在看来,李方桂先生"此类构拟纯属胡闹"的批评,似乎比我更直率中肯。

《李方桂先生口述史》对怎样看待汉藏语系、怎样研究汉藏诸语言,有很明确、中肯的意见。他指出:首先要把一门一门语言研究好,才谈得上比较;要重视发现语言材料的结构规律,包括口语和文献。这也就是说,要搞唯物主义,要实事求是;不要凭印象,不要主观拼凑。至于汉语,它是一种保存了三千多年丰富文献的语言,从甲骨文到今天,是有据可查的。研究这三千多年的汉语史、汉语语音史,不把文献资料的考证摆在第一位,视我国语言学的优良传统如敝屣,侈谈什么新理论、新材料,想靠汉藏比较来打天下,这恐怕也难逃李先生的批评吧。

参考文献

费孝通等　《中华民族多元一体格局》,中央民族学院出版社1989。

王钟翰主编　《中国民族史》,中国社会科学出版社1994。

萧君和主编　《中华民族史》,黑龙江教育出版社2001。

王文光　《中国民族发展史》,民族出版社2005。

恰白·次旦平措等　《西藏通史》(陈庆英等译),西藏古籍出版社1996。

《中国大百科全书·民族卷》,中国大百科全书出版社 1986。

(汉)司马迁 《史记》,中华书局 1959。

(南朝)范晔 《后汉书》,中华书局 1965。

(唐)长孙无忌 《隋书》,中华书局 1973。

(后晋)刘昫 《旧唐书》,中华书局 1975。

(宋)欧阳修 《新唐书》,中华书局 1975。

费尔迪南·德·索绪尔 《普通语言学教程》(高名凯译,岑麒祥、叶蜚声校注),商务印书馆 1985。

岑麒祥 《普通语言学》,科学出版社 1957。

孙宏开、江荻 《汉藏语言系属分类之争及其源流》,《当代语言学》1999 第 2 期。

徐通锵 《历史语言学》,商务印书馆 1991。

李方桂 《李方桂先生口述史》,清华大学出版社 2003。

王士元主编 《汉语的祖先》(李葆嘉主译),中华书局 2005。

郭锡良 《先秦汉语构词法的发展》,《汉语史论集》增补本,商务印书馆 2005。

——— 《历史音韵学研究中的几个问题》,《汉语史论集》增补本,商务印书馆 2005。

——— 《音韵问题答梅祖麟》,《汉语史论集》增补本,商务印书馆 2005。

杨逢彬 《殷墟甲骨刻辞词类研究》,花城出版社 2003。

崔立斌 《〈孟子〉词类研究》,河南大学出版社 2004。

郑张尚芳 《上古音系》,上海教育出版社 2003。

2007 年 7 月 13 日初稿,12 月 13 日修改

2008 年 1 月 13 日定稿于京郊守拙居

原载《中国语言学》第 1 辑,山东教育出版社 2008 年

也谈语法化

近若干年来有关汉语语法化的研究十分兴盛,确实出了一些有内容、有价值的好作品;但是又不能不看到,语法化研究中也存在概念混淆不清、滥用语法化和理论偏颇的倾向。下面我们举例就语法化的个别问题、个别论点(x 标记)谈一点个人的看法。

一

有的论著用"语法化"作理据把许多带"说"的词语("x 说")都论定为词。这是很难令人苟同的。

作者说:"现代汉语中有一批'x 说'正在发生词汇化,其中的'说'已不再表示具体的言说之义,而是虚化了,可以表示打算、计划、考虑等心理活动,有些'说'的意义甚至变得很难分析,与其前的 x 合为一体,成了词内成分。"接着分成五类,列举了 50 多个"x 说":

(1)"x 说"构成的动词:再说　心说

(2)"x 说"构成的副词:再说　照说　不用说　可以说　应该说　难道说　按理说　一般说　依我说　俗话说　老实说　实话说　比方说　譬如说　比如说　好比说　怎么说　再怎么说　就是说　不说　正说　本来说　还说　刚说　严格地说　具体地说　反过来说　换句话说　总的来说　不管怎么说　不是我说

(3)"x 说"构成的连词:甭说　别说　漫说　不要说　不用说　纵说　就说　或者说　与其说……不如说　与其说……毋

宁说　如果说　所以说　这么说　那么说　再者说　虽然说

（4）"x 说"构成的话题标记：要说　就说

（5）"x 说"构成的话语标记：我说

大都作了分析。不妨引几条来作些评点：

（1）心说

> 韩有福心说，你又错打了主意，我老韩为人滑头点儿。可不至于出卖中国人，这点还能把握住。（邓友梅《别了，濑户内海！》）

> "心说"是一个偏正结构，字面的意思是"在心里说"，实际义为"想"，在句中作谓语。"心说"中"心"和"说"之间不能插入任何副词性成分，可以看作一个动词。

评议：这样的分析、论证妥当吗？因为"心说"的"实际义为'想'"，中间"不能插入任何副词性成分"，就能把一个"偏正结构"定作动词吗？按语法化的说法，"说"是行为动词，到了"心说"中就转为心理动词了，意义虚化了。可是"心"还在，偏正结构并不是那么容易就变成词的。所引例句可以改成"韩有福在心里说"，是否"在心里说"也"可以看做一个动词"呢？应该说，按照作者的推论方式是完全可以的。作为行为动词的"说"，说的是语言；作为心理动词的"想"，也是要用语言想的。"心"固然可以"想"，"心"也未尝不可以"说"，不过是说着无声的语言。要知道，在这里邓友梅用"心说"，还是用"想"或"心想"是有细微差别的。

（2）按理说

> 按理说两月一次的零用费，可以看一次电影，外加吃一顿"代用食"，或者既不看也不吃，而买一顶代用品战斗帽。（邓友梅《别了，濑户内海！》）

> 他按理说也该到了。

"按理说"作为副词可以出现在句首,也可以出现在句中。"按理说"表示命题的依据,属于传信范畴,同时也表示对于句子所表达的命题意义的主观评价,意思近于"应该",具有一定的情态功能。"按理说"往往并不是真正的根据某个客观的事理,而只是表达说话人的主观认识。与"按理说"意思相同的"按说"已收入《现汉》,我们认为"按理说"是"按说"的同义形式,也应作为词条收入词典。

评议:作者说:"'按理说'往往并不是真正的根据某个客观的事理,而只是表达说话人的主观认识。"可见他明确知道例句中的"按理说"是"按道理说"的意思。三个词的词义明明白白,并没有虚化;可是一贴上"近年来颇受关注的一种语法范畴,传信范畴"后,它就变成了"表示命题的依据",就"词汇化"了,就由"偏正结构"神奇地变成了"词"。我不知道该怎样给这种分析、推论作个恰当的评语。作者还提了一条次要理由,《现代汉语词典》把意思相同的"按说"收进了词典,那么同义形式的"按理说"自然也就是词了。众所周知,《现代汉语词典》不只收词,还收了不少词组、成语、熟语,这应该是常识。退一步说,就算"按说"可以看做一个词,也没有理由把"按理说"论定为一个词。可是作者却用这同一个理由"表示命题的依据、表示命题的来源",把"一般说、依我说、俗话说、老实说、实话说"都论定为一个词了。这恐怕有点武断吧。

(3)要说

　　要说这次受灾比较严重的湖南、湖北、安徽、江苏,这都是咱中华民族人精扎堆儿的地方。(《编辑部的故事》)

　　要说主意,人主意比咱大。(《编辑部的故事》)

　　"要说"是一个话题标记,对其后所引进的话题有一定强调作用。从词性上看,与介词最相近,只是与一般介词不同的是,它可以用于介词引进的话题前，而汉语中一般介词不能用在另一个介词之前(但在英语中介词是可以用于介词之前的)……

评议：不少研究语法化的文章都喜欢做出"x标记"的判断，似乎做出了这个判断就什么问题都解决了。这就是一个例证。作者把"要说"列在"'x说'构成的话题标记"。然后认定"'要说'是一个话题标记，对其后所引进的话题有一定强调作用"。可是又说"从词性上看，与介词最相近"。这样一来，"话题标记"是说它的功能呢还是词性，就叫人摸不着头脑。其实，这里的"要说"一点也没有虚化(语法化)，还是偏正结构，它后面的名词或名词性词组是它的宾语，也就是"说"到的事物。现在强把它拉到语法化中来谈，变一种说法"话题标记、引进一个话题"，试问，是利？是弊？是推进语法研究？还是造成混乱？恐怕是大可研究的。

(4)我说

唉，我说。老刘啊，你怎么把别人都往坏处想呢？(《编辑部的故事》)

唉。唉，我说，你们找谁啊？(《编辑部的故事》)

我说，我骗您干吗呢？(《编辑部的故事》)

"我说"的作用主要是组织话语，提醒听话人注意，表示自己有意见要发表。或者用于开启一个新的谈话，或者是插入到别人正在进行的谈话中，设立新的话题，有时用于引进不同于对方意见的话语，带有一种分辩的语气。

"我说"还可以用在疑问得到答案的情况下，在表示话轮转接(turn taking)的同时，也表示一种恍然大悟的语气，这时其后经常可以出现语气词"呢"。如：

我说呢，你这么半天才回来。(《编辑部的故事》)

可以说，"我说"是一个带有语气词性质的话语标记。

评议:既然说,"'我说'的作用主要是组织话语,提醒听话人注意,表示自己有意见要发表",那么"话语标记"就是从"我说"的作用来考虑的;"我说"应该还是一个主谓结构,事实上"我说"确实也没有虚化(语法化)。可是作者又说"'我说'是一个带有语气词性质的话语标记",这就是说作者不是在考虑"我说"的作用,而是在为"我说"定词性。不少讨论语法化的著作也常出现这种情况,连自己也不知道到底想要说什么,糊里糊涂就给一个词组完成了词汇化(凝固成词)的过程。

二

有篇文章,是专谈汉译佛经中"增译的话题转移标记"的。作者通过对《妙法莲华经》进行梵汉对勘和异译比较,提出了"尔时、今(者/日)、复次/次复、(复)有"等是汉译佛经中增译的话题转移标记。在分析、论证中出了不少问题,我们分三方面来谈:

(1)作者一方面说:"有时原文中有表话题转换的小品词,如'atha khalu、punar api、tatra'等,或时间词,相应被译成'尔时、于是、复次'等位于句首的时间词、连词、副词等。"另一方面又说:"蒲立本(1995)认为居于句首话题位置的'今'常常是一个引介性的小品词,并不涉及特定的时间因素。我十分赞同他的观点,并由此断定居于句首话题位置的'时、是时、尔时'等也具有相同的性质。"还说:"至于这些前加成分是否已经像现代汉语里后附于话题的'吧、呢、啊、的话'等表停顿的语气词一样,语法化为话题的句法标记,还有待讨论。"这就是说,作者对"今、时、是时、尔时"等提出了三种性质:时间词、引介性的小品词、话题的句法标记。到底是什么?作者首鼠两端,并没有说清楚。还有,作者说:"我十分赞同他(按:指蒲立本)的观点。"其实,作者并没有真正弄清楚蒲立本的观点,蒲立本是把虚词叫做小品词,"引介性的小品词"就是一般所谓的连词;蒲立本在他列举的众多话题位置上的时间词("今也、昔、昔者、古、古者、初、然后")中,只提出了"今""跟英语中的 now 一样","是一个引介性的小品词",并没有涉及其他的时间词。作者却把"时、是时、尔时"拉了进来,这是同蒲立本的观点相左的,把这些词归入连词内,也是很勉强的。

(2)作者还把"有"字起首的无主句中的"有"定为引进新话题的标记,把"夫、若夫、且夫、唯"等定为"冠于话题前的引介性小品词",把"也、哉"定为"附于话题的小品词";却把前面梵汉对勘中经常出现、并且自己提到过的连词"于是"从"显性话题标记的使用频率"表中删了出去。这难以叫人理解。是不是因为没有把"于是"从旧名词"连词"改成新名词"引介性小品词",它就丧失了作为话题标记的资格呢? 作者好用新名词,把新旧名词、术语混用,似乎不懂得不同语法体系搅在一起是容易出毛病的。

这里更要指出的是,作者把话题标记定了这么多,既有时间词"时、是时、尔时",又有连词"于是、若夫、且夫",还有(句首/句尾)语气词"夫、唯、也、哉"(采王力主编《古代汉语》意见),句首副词"又、次复",动词"有"等十多个词语,那么,这个所谓的"话题标记",就大可怀疑了。因为任何一个实词或虚词都有自己的特定词义或语法意义,这样多不同类型的词义和语法意义的语言成分,集中表现一个语法意义"话题标记",是否太不经济了? 时间词"时"的词义是"当时","是时"是"这个时候","尔时"是"那个时候",它们都是名词。"于是"是介宾词组虚化(语法化)成的连词,连接句子,表示顺承关系。"夫"是由指示代词语法化而成的句首语气词,表示要发议论。"唯"是用在句首,表示希望、确认的语气词。"若夫"是由连词"若"和语气词"夫"组成的复合连词(由虚词词组凝固而成),连接句与句、段落与段落,表示假设前提下的转折或递进,并带有发议论的成分。"且夫"是由连词"且"和语气词"夫"

组成的复合连词,连接句子,表示递进关系,并带有发议论的成分。"次复"是由译经人造的一个近义复合词。"次"是按顺序叙事,摆在前项之后的意思。如《尚书·洪范》:"初一曰五行,次二曰敬用五事,次三曰农用八政,次四曰……""复"是重复、再次的意思。合成一个词,表示前面说了,下面再说另一个。其他词语"又、也、哉"词义、语法意义明显,不必赘说。上面十几个词经过作者一股脑扫进话题标记,它们的所有区别都蒸发了。这是很不妥当的。

　　比如,作者认定"夫"是"冠于话题前的小品词","用以凸现话题的标记手段",举"夫战,勇气也"等为例,这就是说,"夫"的作用是引进话题、凸现话题"战"的。果真是这样的吗?《左传·庄公十年》原文是:

　　　　夫战,勇气也。一鼓作气,再而衰,三而竭。彼竭我盈,故克之。

按一般的理解,"夫"是冠于句首或段首,表示要发议论,其作用一直贯穿到"故克之"。这应该是更符合原作谋篇布局的分析。我们不妨另外举个例子来分析:

　　　　夫天地者,万物之逆旅。光阴者,百代之过客。而浮生若梦,为欢几何?古人秉烛夜游,良有以也。(李白《春夜宴桃李园序》)

按"话题标记"说分析,"夫"只管话题"天地者",而"光阴者、浮生、为欢"则是另外三个无标记的话题。话题换了几个,都用不着"话题转移标记"了。这是怎么回事呢?如果按一般理解,"夫"是句首语气词,表示要发议论,它的作用一直贯穿到"良有以也"。两种说法的优劣、是非,恐怕不难分辨吧?从汉语的整个系统和历史发展来看,作者所有列举的话题标记的例证,都是难以自圆其说的。

(3)至于从讨论话题标记而散开去所作出的一些一般性推论,就更经不起推敲。作者说:"他们(指法护和罗什)的译作极具普及性和影响力,至少可以如实反映当时佛教汉语的语言面貌。而且两个译本相隔一百馀年,可以让我们比较直观地看清楚其间语言发展演变的轨迹。"说什么"译作极具普及性"? 试问,有多少人读过他们的译作? 就是在僧侣(包括古今)中也并不多。谈到"影响力",恐怕只限于译经界。说什么"佛教汉语"? 只听说过"佛教词语、佛教文献",忽然冒出来一个"佛教汉语",是否还要弄出一个"道教汉语"来? 创造出这样的名称,难免遭人非议吧? 说什么"看清楚其间语言发展演变的轨迹"? 这也是轻浮地做出了很大的推论。应该知道,译经是文白夹杂的,口语程度还不如敦煌变文高,并带有译文的生涩味道,怎么可能"看清楚其间(指六朝100年)语言发展演变的轨迹"呢?

又如,作者说:"总之,译者有意添加话题标记的倾向对此类带有明显翻译色彩的话题结构起着至关重要的作用,他们的主观自觉直接作用于译文,并凭借译文的广宣弘传深刻影响着汉语全民语的表达习惯和表达方式。"作者在这里又做出了一个多么巨大的推论啊! 佛教的流传给中国文化带来了很大影响,也给汉语添加了不少佛教词语,对汉语的影响不小;但是这与佛经"译文的广宣弘传"无关,更谈不上"深刻影响着汉语全民语的表达习惯和表达方式"。

其他还有一些有待商榷之处,这里就不说了。

三

我以为,在语法化研究中有以下一些重要说法和现象是值得重视的:(1)有的研究者提出:汉语的句子、名词和动词、主语和谓语等范畴都是语法化程度不高的范畴,在本质上都是具体的语用范畴。因此，讲汉语语法，"离开了语用范畴就没有办法讲句法"。这实际上又回到了把"语法"这个概念理解为"形态"的老路上去了。（2）有的研究者试图用语法化研究涵盖整个汉语历史语法研究，把汉语自甲骨文以来的历史变化解释为语法化的进程。而事实上，汉语语法系统的历史演变是新旧要素相互兴替的相当复杂的过程；许多变化是无法纳入语法化的框架中去的。（3）还有不少研究，其实是把前人在传统框架内讨论得比较充分的语言事实，用语法化的名词术语重新包装一下，对汉语历史语法演变，既无材料上的新发现，也缺少深入细致的观察描写。我们必须看到，语法化理论有其特定的研究目标和研究范围，也有自己的局限性。这些重大问题须要有专文来进行讨论，我没有涉及。

上面我只从一个侧面举了一两个例子，来考察最近一些年来争谈语法化成风所出现的具体问题。我看重的不是某些论著中出了这样、那样的毛病，而是在某些场合形成了一种潜在的意识流，似乎研究古代汉语语法，不谈语法化就脱离了本领域的研究主流。上个世纪90年代提倡的专书语法研究、断代语法研究，虽然有中国社会科学院语言所由刘坚先生主持申报了"九五"国家社科基金重点课题"近代汉语专书语法研究"，由董琨先生主持申报了中国社会科学院重点课题"古代汉语专书语法研究"；可是实际上多年来这一重大项目却遭到了某些人的冷落，大有被边缘化的状况。我们认为，有必要重申，"要建立科学的汉语语法史必须以专书语法研究为基础"。专书语法研究、断代语法研究仍然是古代汉语语法研究的主体，需要几代人的认真努力才能完成这一艰巨任务。到那时，我们才有条件完成一部详尽、全面、科学的汉语语法史的撰写任务。

这里还想顺便提到，我上面举的用例，是从年轻人的著作中引来的，特别还有正在上学的研究生。我不是有意挑他们的错，而是因为问题实际上是出在导师和某些大讲语法化的权威人士那里。上面提到的这篇文章，我是从一个刊物上看到的，觉得问题不少，经过打听，才知道是一个研究生的开题报告，心里更不是滋味。因为这篇作品的整个作法恐怕都存在问题。一是它提出的所有"话题转移标记"都与梵汉对勘没有必然联系；而且，据季羡林先生的意见，玄奘以前的译本是否出自梵文都还有待考证。二是靠梵汉对勘和异译不可能研究汉语的语法特点和"语言发展演变的轨迹"。我们能靠英汉对勘和异译比较来研究现代汉语语法的特点和鸦片战争以来汉语语法发展演变的轨迹吗？还有俄汉、德汉、法汉的对勘和异译都可以做，但是没有听说有这样做的。其实梵汉对勘在这里不过是一个耀眼的光环罢了。导师是学生的学术领路人，从上面谈到的问题来看，不少方面恐怕都打上了导师的烙印；即使不是如此，学生的开题报告中有问题不指出来，还大加赞扬鼓励，帮助他出奇迅速地在权威刊物上发表出来。这样做，暂时确实给年轻人戴上了光环，会得到他们的好感！但是，从长远来看，只怕难逃误导的干系。至于权威刊物，不管出自什么原因，对这样的稿件怎么会看不出问题来？怎么会这样迅速把它发表出来？这不得不让人思索。我的这些不合时宜的唠叨，希望能引起某些人的一点反思。因为这种情况对学术的发展，实在太不利了。

后记：本文是 2007 年 8 月 14 日我在陕西师范大学召开的"第六届国际古汉语语法研讨会"上的发言稿，《陕西师范大学学报》编辑部杜敏约稿，又承陆俭明教授、蒋绍愚教授、张猛教授、邵永海副教授提供宝贵意见，稍作修改，发表在这里，希望得到同行专家学者的批评指正。

原载《陕西师范大学学报》2008 年第 4 期

从湘方言的"盖"和"匲"
谈到对古代语言学文献的正确释读

一

　　湘方言中双峰话和衡山话把"盖"这类动作既说成"盖",又说成"匲"。双峰音是:盖[kue³⁵],匲[kæ³¹],衡山音是:盖[kæ³⁵],匲[kēi⁴⁴]①。这是两个近义词。人们可以说"把杯子盖上","把箱子盖上","把锅盖盖上";也可以说"把杯子匲上","把箱子匲上","把锅盖匲上"。但是只能说"拿块布/张纸把它盖上",却不能说"拿块布/张纸把它匲上";只能说"拿张草席把晒在禾场上的稻谷盖上",却不能说"拿张草席把晒在禾场上的稻谷匲上"。我们认为,"盖"和"匲"是语义、用法有部分交叉而语音上并无联系的两个词,而且是古已有之的;它们在现代方言中的词义和用法之间的差别与它们的本义不同有关。

　　先说"盖",《说文》:"盖,苫也。""盖、苫"两字都既用作名词,又用作动词。"苫"用作名词,《广韵》盐韵失廉切,本指盖屋用的白茅苫,引申泛指用白茅等编成的覆盖物;用作动词,《广韵》艳韵舒赡切,本指编茅盖屋,引申泛指用席、布等物来遮盖东西。"盖"用作名词或动词,完全同音,《广韵》泰韵古太切。名词本指盖屋

---

①　双峰音据《汉语方言词汇》(第二版);衡山音据本人 20 世纪 80 年代带研究生赴衡山实地调查本人祖籍衡山县后山望峰话资料。彭泽润《衡山方言研究》记衡山县前山城关话载(221 页):"□(盖)kēi¹³用盖子罩住,盖:~盖子,~锅子盖(读成'亘')。"又:"□(按)keŋ⁴⁴¹摁,按。"锡良按:《衡山县志·方言》此音作 kēi³⁴梗(627 页),彭著记音有误,当作 kēi⁴⁴。

用的茅草编织物,引申泛指器物上部有遮蔽作用的东西,也特指车盖;动词表示覆盖、搭盖,引申泛指一切有遮蔽、掩盖作用的动作行为。

　　再说"𪐴",《说文》:"𪐴,小杯也。"段注:"《方言》曰:'盈、械、盏、盌、閜、㼜、㽎,栖也。自关而东赵魏之间曰械……按'械'盖即许之'𪐴',音同字异。许则械训医,各有本义也。"按段玉裁的分析,"𪐴"和"械"两个字都表示"杯"这个词,"械"还表示"医"(箱子)。另据《广韵》感韵古禫切:"𪐴,《方言》云'箱类',又云'覆头也'。"这就是说,"𪐴"也能表示箱子。《正字通》:"𪐴,古送切,音贡……旧注音感,训器盖。"其实,可以说:"𪐴"是表示一种带盖的器皿。这是"𪐴"的名词用法。同"盖"一样,"𪐴"也有动词用法。《汉语大字典》引宋人葛长庚《水调歌头·自述》:"草涨一湖绿,天𪐴四山青。"这里的"𪐴"就是覆盖、笼罩的意思。名、动对应表现得最明确的是"械"和"缄"。"械"作名词,指带盖的器皿,"缄"多作动词,表示封闭、遮蔽,《广韵》咸韵:"缄,缄封。古咸切。"

　　正因为"盖"本是指盖屋用的茅草编织物,而"𪐴"是指带盖的器皿,于是造成了后来两个"盖"义动词之间的词义特点:"盖"是表示从上面用东西把对象遮盖起来,使它免受外物的侵袭或侵蚀;"𪐴"是表示从上面用东西把对象关闭起来,以免它流失或腐败。我们还注意到,双峰、衡山话中不但有"盖"和"𪐴"这两个近义动词,还有一个"搤",它同"𪐴"在语音上是阳去(衡阳话是浊去)和上声的区别,意义上自然也有明显区别。比如:描写武松打虎,可以说"他两只手搤住哒老虎略脑壳"。概括地说,"搤"是表示用手从上面把东西压住,类似北京话的"摁"。这是湘方言利用音变造词的例证之一。

　　"盖、𪐴"共存,不只双峰、衡山话如此,湘方言其他不少地方也一样,比如沅江、衡阳、临湘①。据《汉语方言词汇》(第二版),不但湘方言,其他不少南方方言,如南昌、温州、广州等地方言也是"盖、甌"共存。这进一步说明"甌"不是个别地方新产生的方言词,而是古已有之,在南方许多地方使用,这很像在北方话中"盖"和"苫"共存,双峰和衡山话中不用"苫",吴、粤、客赣方言似乎也很少用;由于"苫"在书面语中并不罕见,人们就把它认作通语。"甌"尽管在书面语中很少出现,但是这不应该影响它古已有之并在南方话中广泛使用的事实。

二

如上所述:"盖"南北通用,"甌、苫"南北分用,三个词都是历史悠久的词语,不是后起的方言词。这是三个字,也是三个词,应该是不存在疑义的。可是潘悟云在《汉语历史音韵学》中却说(129页):

> "盖"在南方许多方言中还有见母覃韵上声读音,折合成上古音就是[*kom]。后人不知它就是"盖"这个词的另一种读音,就造了一个方言字"甌"去代表它。

我在《历史音韵学研究中的几个问题》中批评潘书乱谈谐声原则反映上古汉语形态时,附带指出"这本书知识性错误实在太多",举了两个例子:一个是"雇"字,批评作者连《广韵》都没有读懂;一个就是这里提到的"'盖'这个词有两个读音",也是犯了知识性错误。为了让大家看清双方的辩论态度,我不得不把原来交锋的话引得全一些。我引出上面他的这段话后,就分析说(458页):

---

① 分别咨询了陈其光(沅江话)、莫衡(衡阳话)、杜纯梓(临湘话)三位先生。

《广韵》覃韵上声是感韵,感韵"古禫切"小纽首列"感"字,收有这个字。注云:"《方言》云:箝类。又云:覆头也。又音贡。"我对方言所知甚少,不知南方哪些方言说"盖"这个词(还是这个字,不知作者到底指什么。是一个词还是两个词,都值得讨论)有这个音。作者也没有交代,我只能推测了。可以肯定,《广韵》的注释中的"方言"是指扬雄的名著《方言》,而不是指现代的方言。今本《方言》卷五作械。它绝不是后人造的方言字,《说文》就收了这个字,注云:"小杯也。"段玉裁《说文解字注》引《方言》后说:"按,械盖即许之齍,音同字异。"

在这里,我是分两层意思来批评潘书的:第一层是批评"盖""还有见母覃韵上声读音"这个论断的。首先,应该分清字和词,词是音义的结合物,有点语言学的基本知识,都不应犯这样的错误。其次,不管是指"盖"这个字还是词,一个入声韵的字或词都不可能有个阳声韵的又读。第二层是批评"齍"是后人造的方言字这个论断的。我从《广韵》谈到《方言》《说文》都是论证"齍"是早已存在的古字,把它说成后人造的方言字,也是知识性的错误。

我对潘书的批评出来后,麦耘气势蛮足地出来打抱不平,质问我,除了我指出的错误例子外,"还有多少?"还说什么"如果这真的就是最离谱的错误,那么我对潘书反而就比较有信心了"。我在《音韵问题答梅祖麟》中,不点名地反驳了他,说道:"我真不知道质问者为什么不自己再审核一下潘书,看看自己能否发现更多错误,再来'仗义执言'。"也点到他在网上以权威的面孔指手画脚教训人的情形,并且不客气地作出了一个评价(495页):"俗话说:'内行看门道,外行看热闹。'看来这位批评者至今都没有看清潘书的门道,还处在'看热闹'的境况之中。"在《古汉语研究》发表时,应编辑部的要求,这段话删去了,收入《汉语史论文集》(增补本)时,恢复原样。后来麦耘承认,"雇"字是潘悟云错了,也就是说:连《广韵》都没有读懂;但是仍坚持"𪨶"字是后起方言字,在网上遭到了一位网友的批评,那位网友表示自己不懂广州话,麦耘于是以广州方言权威研究者自居,教训人家不懂广州方言就先回去学会了再来说话。我看在眼里,没有说什么。

麦耘的出手大概鼓励了潘悟云,去年(2005)潘悟云在《音史新论——庆祝邵荣芬先生八十寿辰文集》中发表了《字书派与材料派——汉语语音史观之一》,这是一篇歪曲前人成果、逻辑混乱、自相矛盾、错误加胡编的奇文。他一开篇就引用了王力先生《略论清儒的语言研究》中的两段话:"清儒凡是相信材料时,就做出了成绩;凡是迷信字书时,就陷于错误。""古代的字书和训诂书都是个人的著作,个人的知识无论多么渊博,也终是有限的,而不可能每一句话都讲得很对。"他竟然断定"这就是王力先生论述字书与材料之间关系的根据"(368页),并拿来作为他自己划分字书派和材料派的张本,硬给王力先生贴上他潘悟云的标签。要知道,王先生这篇论文是发表在《新建设》1965年的8、9期,正是"文革"的前夕,学术界的名人大都被迫要写文章批判封、资、修。王先生的文章分成两节,第一节,写清儒"值得肯定的地方",简单地提出了四点;第二节,写"应该批判的地方",展开来谈了两点:一是"缺乏历史主义",二是"缺乏辩证法"。潘文引用的两段话,就都在讨论"缺乏辩证法"的段落中(69页)。王先生不过是说:清儒有时过分迷信字书,这是缺乏辩证法,哪来"论述字书与材料之间的关系"?潘悟云不但把这个论断强加给王先生,还非常霸道地指责人家引用古文献材料、《汉语方言词汇》,就是字典派;而他引用古文献材料、《汉语方言词汇》就是"面向活的语言",就是材料派。潘文自我划派,抬高自己,压低别人,其目的无非为他研究中系统的不科学和大量的知识性错误打掩护,并企图拉成小宗派来救援自己学术上的破产。本文无意浪费笔墨来揭露他理论上的荒谬和反驳孙玉文的无理,只准备解剖一下他有关"盖、𬺈"向我提出的反批评。

他引了上文举出的他在《汉语历史音韵学》中的那段话后,就说(372页):

> 于是,郭老先生就去翻字书,发现今本《方言》卷五有个"械"字,《说文》作"𬺈",注云:"小杯也。"这下子算是找到了潘悟云的知识性错误;他居然不知道南方方言中盖义的"𬺈"字早在《说文》中就已经有了。我不由得愕然,南方方言中盖义的"𬺈"与《说文》中小杯义的"𬺈"真的是一回事? 如果是这样的话,现代汉语近指代词"这"就不是后造的方言字,因为古代还有一个作"迎"讲的疑母仙韵去声的"这"。他犯了一个常识性的错误:字与词不能混为一谈。

这里首先必须指出,正如前面我们已经说过,我对潘书"盖"有"见母覃韵上声"的批评分两层意思:一是字词不分,不管是指"盖"这个词还是这个字,都不应有"见母覃韵上声"这个音读;第二层才是论证"𬺈"不是后造方言字。由于潘悟云在《汉语历史音韵学》中谈到"盖、𬺈"时,闭口不谈出处是从《汉语方言词汇》(第二版)那里来的,却搬出"见母覃韵上声"的中古音读和上古音,我当然只能根据作者提供的线索"去翻字书"《广韵》。从感韵中找到了潘书提到的"𬺈",再从"𬺈"下的注顺藤摸瓜,查阅了《方言》和《说文》,指出《广韵》的"𬺈"最早见于《方言》,也见于《说文》,今本《方言》作械,段玉裁下的断语:"按,械盖即许之'𬺈',音同字异。"我的考察过程清清楚楚,不知潘文为什么既要删去我对他的第一点批评,又要把我对他的第二点批评删改成现在的样子。用隐瞒对方论点、歪曲对方论据的办法来讨论问题,不仅是虚弱的表现,而且历来都会被人斥责和轻视。图得一时混人耳目,恐怕是划不来的。现在本文对"盖、𣡔"作出了更全面的论述,指出了"𣡔"与《方言》的"械"与《说文》"𣡔"字"小杯"义的关系,说明了"𣡔"与"盖"的语义差别,并进一步说明了今方言中名词"𣡔"和动词"𣡔"的意义联系。"盖"义的"𣡔"与《说文》中"𣡔"的"小杯"义有没有关系,潘悟云还可以反驳,不过恐怕要拿出真凭实据。

其实他在使用《汉语方言词汇》(第二版)时,早就看到了编者是把各方言"盖"义的阳声韵的词列作"盖"的同义词,而不是"盖"的另一种语音形式,标注了它的本字"𣡔",编者的观点在这里表明得清清楚楚。可是潘悟云不作任何交代,一手把材料拿过来,把它变成了自己的"新说"——"盖这个词的另一种读音","是上古汉语形态的反映",后人"就造了一个方言字'𣡔'去代表它"(122—129页)。又指责孙玉文相信《汉语方言词汇》,就是"不知道上面的方言记录与本字考释都是学者的个人的研究",就是迷信字书,就要被打入字书派(368页);他不需要任何理由,凭空下结论,就是面向口语、富有革新精神的材料派。这完全是颠倒黑白。我们在上文已经证实《汉语方言词汇》(第二版)标注的本字是正确的,应该给予充分肯定①。所谓的"盖这个词的另一种读音","是上古汉语形态的反映",都是子虚乌有的胡猜。潘悟云应该知道,根据现有的论证,你即使不承认"𣡔"是本字,最不济也只能说是用了一个假借字;说什么后造的方言字,就是把语言文字最基本的一些概念都搅乱了。我们看60年代《汉语方言词汇》的第一

———————————

① 王福堂先生看了本文初稿后,认真地提出:"《词汇》只是收集别人的成果,'𣡔'不是《词汇》考证出来的;而是白婉如说本字是'𣡔'。"表现出了与潘悟云完全不同的学风。

版,只有温州、广州、厦门、潮州、福州列有"盖"的阳声韵同义词的记音,编者在这里大都没出汉字,只以□代表;惟有广州话记音[k'am³⁵]的前面,加有齃字,这个才是后造方言字。在著作中把这两种情况搅混在一起,只能是概念混乱的表现。更有甚者,潘悟云还在《字书派与材料派》一文中提出:现代汉语近指代词"这"也是后造的方言字,从而指责郭某犯了字、词不分的常识性错误。我真佩服他的狡辩和勇气。试问:近指代词"这"在现代汉语里是哪个地方的方言? 是谁论定了历史上它是个方言词? 前人讨论它的来源时有哪几种意见? 文献中还用过"者、遮"等来表示它,是不是这些字也都是后造方言字? 潘文要下断语,要不要先回答这些问题? 要知道,任何学科都有自己的基本规范,不是谁想怎么说就可以怎么说,要改变共同规范,先必须提出理由,做出明确交代。潘文潘著根本不守这些学术规范,表现出既缺乏基本知识,对古代语言文献正确释读的能力都不具备,却又好师心自任的坏学风。

　　潘文还同在其他文章中一样,大演汉藏语比较的招数,举了"盖"义词在藏文、泰文、越南语、佤语、南岛语中的多个形式。我在《音韵问题答梅祖麟》中早已批评过他这方面的表现,这里只补充指出:汉藏诸语言,他除汉语外,一门少数民族语言都没有掌握,全靠翻字典来找同源词,以这样的治学态度和语言水平来作汉藏语历史比较,我不知道他的话有几分可信。有个研究藏语的朋友告诉我,潘悟云谈汉藏比较的文章,引用藏文时,四个例子中就有三个是错误的。我认为这个话是很值得重视的。潘文说(375页):"材料派是面向活的语言的,他们不断地在拓展材料来源,根据新材料提出各种假设。这些假设在字书派们看来会是一种'臆测'。"是的,学风轻浮,经常出知识性错误而不改正的人,要取得信任是不容易的。试想,如果一个人连《方言》《说文》《广韵》等古代语言学文献都不能正确释读，一使用自己所操方言的材料就随意作出错误的结论；那么，拓展到他根本不掌握的语言作材料时，他所作的论断或假设能不是臆测的，恐怕也不太容易吧。李方桂先生在《口述史》中批评白保罗专靠双语词典搞古音构拟和决定汉藏同源词是"纯属胡闹"，批评把白保罗的著作当作"圣经"，亦步亦趋地跟着白保罗的人"太可悲了"；这对潘悟云及其"同志"（潘文用语）来说，应该是一针见血的定评（见本书 264—265 页）。我认为，没有比这更贴切的批评了。

　　后记：本文原是 2006 年赴湖南参加"首届湘方言国际学术会议"所写的论文，题目是《从湘方言的"盖"和"豓"谈到音韵学研究的方法问题》。初稿送请王福堂、鲁国尧、王洪君、孙玉文等教授审阅，承提供宝贵意见，多有采纳。并遵王福堂教授的意见，删去了批评麦耘《汉语史研究中的假设与证明》一节，王教授指出："内容离本题较远，适宜另外成篇。"2007 年为参加中国训诂学会 9 月在邯郸召开的学术研讨会，删去了有关古音研究的第三节，对第二节也略作修改，改成现在的题目，以应会议的需要，并望能听到更多宝贵意见。

参考文献

北京大学中文系语言学教研室　《汉语方言词汇》第二版，语文出版社 1995。

潘悟云　《汉语历史音韵学》，上海教育出版社 2000。

——　《字书派与材料派》，《音史新论——庆祝邵荣芬先生八十寿辰文
　　集》，学苑出版社 2005。

郭锡良　《历史音韵学研究中的几个问题》，原载《古汉语研究》2002 年第 3
　　期，收入《汉语史论集》增补本，商务印书馆 2005。

——　《音韵问题答梅祖麟》，原载《古汉语研究》2003 年第 3 期，收入《汉

语史论集》增补本,同上。

王　力　《略论清儒的语言研究》,原载《新建设》1965 年 8、9 期,收入《王力文集》第十六卷,山东教育出版社 1990。

李方桂　《李方桂先生口述史》,清华大学出版社 2003。

原载《中国训诂学报》第 1 辑,商务印书馆 2009 年

"美"字能归入微部吗？
——与梅祖麟商榷

从海南回来，看到了梅祖麟教授的《从楚简"散（美）"字来看脂微两部的分野》。梅氏在文章中说（188—189页）："我们（梅祖麟2000：488、2002：215）两次连带着董先生的《上古音表稿》来叙述王先生的功业，两次都不怎么成功。这回自己做了些'脂微分部'方面的研究，又重读《中国音韵学》（1936）里面王先生当时对拟构上古韵母的音值的看法，也许第三次的叙述可以比前两次更全面一些。"还说（189页）："按我们现在的看法，《上古韵母系统研究》里面的'脂微分部'之说在当时有继往和开来两种作用。"这里的态度和看法显然同那两次有别，表明梅氏对这些年来古音学研究中我们的一场争论有了某种认识；尽管他对许多问题采取了回避的方式，对"脂微分部"的解说也难令人苟同，但是我们仍然是表示欢迎的。然而梅氏这篇文章的主旨是要把王力先生和其他诸家列在脂部的"美"字归入微部，这却是无法让人首肯的；我们不得不花点笔墨，指出问题所在，以正是非。

"美"字和"散"字早在甲骨文中就已出现。"美"写作美或美。李孝定《甲骨文字集释》（1323页）："羊大二字相连，疑象人饰羊首之形……又作美，上不从羊，似象人首插羽为饰，故有美义。"但甲骨文中多用作人名或地名，无用作"美丑"之义者。《说文》："美，甘也。从羊从大。"段玉裁注："甘者五味之一，而五味之美皆曰甘。"《孟子·尽心下》："脍炙与羊羹孰美？"这就是说，依据《说文》，"美"的本义是味道好，而与"丑"相对的"形貌好"义，与"恶"

相对的“善”义，是“味美”的引申。至于“散”字，甲骨文写作𢼸，只用作人名，又有“甲散”，据陈邦怀《甲骨文零拾考释》此即“上甲微”（转引自徐中舒《甲骨文字典》887页）。《说文》：“散，妙也。”段玉裁注：“眇，各本作妙，今正。凡古言微眇者，即今之微妙字。眇者，小也，引申为凡细之称。微者，隐行也。微行而散废矣。”再从音来说，“美”及从美得声的字“媄”在《广韵》上声旨韵，“无鄙切”；“散”及从散得声的字“微薇溦”等字都在平声微韵，“无非切”。总的来看，无论从形、音、义哪一方面说，“美”和“散”都是不同的两个字。这应该是材料翔实、学界鲜有异议的共识。

可是，经过梅氏的一番研究，“美”和“散”却成了异体字，他说（174页）：“‘美’字在先秦有几个以散字为声符的异体字：《周礼》写作‘媺’，楚简写作‘𢼸散𢼸’，金文写作‘散’。”于是他据此作出结论（174页）：“按照段玉裁‘同声必同部’的原则，‘媺（美）’字与‘微’字同声，‘微’属于微部，所以‘美（媺、散）’字也该入微部。”我们不知道梅氏为什么要抹杀上面提到的有关“美、散”形、音、义的诸多材料。是有意吗？那可是做学问的大忌。无意吗？只能说明作者对传统文字、音韵、训诂之学过于生疏。梅氏要把“美”字归入微部的主要依据是出土文献楚简《老子》中的两条材料：

> 天下皆督散之为散也，亚已。（廖名春《郭店楚简老子校释》570页）
>
> （对应今本《老子》：“天下皆知美之为美，斯恶已。”2章）
>
> 𢼸与亚，相去可若。（廖名春《郭店楚简老子校释》573页）
>
> （对应今本《老子》：“善之与恶，相去何若。”20章）

大家都知道，出土文献通假现象很多，郭店楚简《老子》中这两条材料的“美”字写作“散、敊、𢼸”，明显地是古音通假现象，怎么到了梅氏的手里，却变成了异体字，这不是有点像变戏法吗？按照梅氏的办法，"亚"与"恶"、"可"与"何"也都可以认作异体字。这样是会把汉字的系统弄得天下大乱的。

梅氏还有两条辅助材料：一条是陈初生《金文常用字典》对"散"字的分析（774—775页）：

[析形]

散字甲骨文作𣬉、𣬉，从长从攴，金文并同，象人梳理头发。发经梳理则美，故散有美妙意，当为"媺"之初文。《周礼·地官·师氏》："掌以媺诏王。"疏："媺，美也。"又《大司徒》："一曰媺宫室。"……

[释意]

（1）同"媺"，美也。召尊："甲午白懋父赐（赐）召白马，每（拇）黄髪散（媺）。"

（2）古国名，文献作"微"。墙盘："青幽高且（祖），才（在）散（微）霝处。"

这本字典对散字作出了新的分析解释，提出了"散""当为'媺'之初文"的观点。作者说"当为"乃是不能肯定的意思。在[释意]部分出了两个义项：一义"同'媺'"，那么就当读《广韵》无鄙切，在上声旨韵，今读 měi；二义"古国名，文献作'微'"，那么就当读《广韵》无非切，在平声微韵，今读 wéi。其实一义《召尊》的用例，也是古音通假现象，应说"通'媺'"，而不应该说"同"。正因为如此，才会有陈梦家先生的不同意见，他在《西周金文断代》中就认为它是通"徽"（30页），那么就应读《广韵》武悲切，在平声脂韵，今音 méi。

再一条辅助材料就是陈初生引用的《周礼》的"媺"字用例，《周礼·地官·师氏》："掌以媺诏王。"郑玄注："告王以善道也。"

贾公彦疏："媺，美也。"陆德明《经典释文》："媺，音美。"《周礼》是用"媺"字最多的一部著作，共有 9 次，大多用作"善"义，其中"媺恶"对举的就有 6 次；《楚辞·九歌》中"媺"也有几例，如《少司命》："望媺人兮未徕。"朱熹集注："媺，一作美。"《广韵》上声旨韵无鄙切小纽首列"美"字，紧接着下列"媺"字，注云"上同"。这两个字倒真是被前人认作异体字了，但是不能因为异体字与别的字同声，就认定这个字也与别的字一定同声。恕我不得不旧话重提，我们曾在《历史音韵学研究中的几个问题》中说（445 页）："从讲话可以看出批评者确实没有全面弄过谐声资料，对谐声字系统了解得非常肤浅。"应该知道，异体字的产生，有古今南北问题，还有声符跨部的特例。正如先秦的诗文押韵，同部相押是规律，却不能排除邻部相押的合韵；谐声字也一样，"同声必同部"是谐声的一般规律，却也不能排除跨部谐声的现象。自段玉裁以来，古音学家都是这样处理的。我们考察从"敳"得声的谐声字，它有两个系列：

微韵系：敳 微 溦 薇 璏（无非切，明微合三平，微部 mǐwəi）

　　　　徽 徽（许归切，晓微合三平，微 xǐwəi）

脂韵系：徽（武悲切，明脂开三平，脂部 mǐei）

　　　　媺（无鄙切，明旨开三上，脂部 mǐei）

微韵系的字古韵自然要归微部，脂韵系的两个字也归入微部，就将出现矛盾。因为微部开口三等字一般是到中古的微韵，同条件应该变化相同；既然不到微韵，就可以据中古音归部，列在脂部，看成跨部谐声。这样一来，"美"字归入微部就一点依据也没有了。即使将"媺"字归入微部，也没有理由将"美"字也硬塞进微部。这里不妨比照一下"徽"字，它也有一个后起的异体字"霉"，我们能不能根据"霉"字的声符就断定"徽"字要归入之部呢？那显然是荒谬的。秦汉以后，谐声系统日益混乱，"媺"字虽然出现在今本《周礼》中，但是不见于《说文》，不能保证不是汉以后的后起字，把它与一千多年以前的甲骨文时代就已出现的"美"字摆在同一个谐声系列，这不免有些牵强附会。

上面是对梅文提出的第二条辅助材料进行分析，我们是从语音系统的角度来讨论"美、媺、黴"的读音的，也可以说是针对梅文第四节"从审音的角度看'美'应归微部"的论点提出不同看法。梅氏的结论是："脂开三至少有'美（媺）''黴'这两个来自上古微部的字。"我们分析了他的结论的不可信，尤其是论证他把"美"字归入微部没有根据。

梅文第四节还进行了另一方面的分析，他说："王力先生（1937）给脂微分部定的标准，其中丙条说'《广韵》的脂皆两韵是上古脂微两部杂居之地；脂皆的开口呼在上古属脂部，脂皆的合口呼在上古属微部。"又引用了王先生在《古音脂微质物月五部的分野》（1963）中的结论："我们认为：齐韵应划入古音脂部；微灰两韵应划入古音微部；脂皆两韵是古音脂微两部杂居之地，其中的开口呼的字应划归古音脂部，合口呼的字应划归古音微部。"接着，梅氏引用了董同龢先生在《上古音表稿》中的一段话，提出："王先生的丙项标准须要稍微改正一下。我们不能说脂皆的开口字全属脂部而合口字全属微部。事实上脂皆两韵的确是上古脂微两部的杂居之地，它们的开口音与合口音之中同时兼有脂微两部的字。"然后把他在文章中将"黴、媺（美）"归入微部作为根据，判定"王先生的丙项标准要改成董先生所说的样式"（179页）。这里必须指出，王力先生1963年写《古音脂微质物月五部的分野》时，并没有采纳董同龢先生的意见，这不是没有考虑的。王先生的结论，是从语音系统、发展规律来说的，如果"改成董先生所说的样式"，那么人们不禁要问：杂居有没有标准？发展有没有规律？要知道，王先生不是没有看到那少数越轨的字（不是梅氏提出的"黴、媺"），只要查看一下《汉语史稿》脂微两部的发展就清楚了。

《汉语史稿》脂部合口三等列有脂韵合口的喉音,例字有:"夔"和从"癸"得声的三个字"葵、骙、揆"。微部开口二等列有皆韵开口二等唇音字:"排、俳"(109页)。从字面看,这显然与王先生的标准矛盾。原因何在呢?从脂微两部的整个系统来看,我们就会发现:微部合口三等喉唇音中古是到了微韵,舌齿音才到脂韵;如果脂韵喉音合口三等字也列微部,那么就与微韵合口三等字发生了冲突。特别像"鬼"和"癸"在上古将变成同音字,怎么到中古一个在尾韵,一个又在旨韵呢?这是不合发展规律的。从"癸"得声的字中古进入脂、旨、至三韵的在十个以上,不宜以不规则变化处理;为脂部保留一个合口韵母,不仅解决了脂韵合口三等喉音的问题,也解决了与齐韵协调的问题(齐韵也有从"癸"得声的合口字,齐韵是脂部的归宿)。"夔"字是单个儿的,到了《王力古汉语字典》中,王先生却把它列入了微部,那就是把它跟"悲"一样,作为"不规则的变化"了。至于皆韵开口二等从"非"得声的"排、俳"两字,当然是微部字。但是唇音的开合口本不易分,所以王先生在《古音脂微质物月五部的分野》中加注说"这两个韵的唇音字算开口呼";其实算作合口,也没关系,因而并不与王先生的结论矛盾。总之,在这里王先生是从系统性出发来谈问题,看重一般和个别、规律和特殊的区别。如果说要在王先生的结论方面有什么改动的话,也只能在最后加个附注:"脂韵合口三等喉音列脂部。"

回头来我们再谈谈梅文对自己这篇文章的期许:"也许第三次的叙述可以比前两次更全面一些。"恕我直言,经过上面的分析,我们很难苟同梅氏的自许。在我看来,梅氏及其崇拜者,都有一个缺点,对前贤和时人的著作没有深究,甚至没有读懂,就好师心自用,妄下雌黄,还不时把别人打进落后保守派,这样的心态,不出纰漏,恐怕也是很难的。

参考文献

陈初生 《金文常用字典》,陕西人民出版社 1987。

郭锡良 《汉字古音手册》,北京大学出版社 1986。

——— 《历史音韵学研究中的几个问题》,原载《古汉语研究》2002 年第 3
期,收入《汉语史论集》增补本,商务印书馆 2005。

李孝定 《甲骨文字集释》,台湾史语所 1965,1970 年再版。

廖名春 《郭店楚简老子校释》,清华大学出版社 2003。

梅祖麟 《从楚简"敚(美)"字来看脂微两部的分野》,《语言学论丛》第 32
辑,商务印书馆 2006。

王 力 《上古韵母系统研究》,原载《清华学报》12 卷 3 期,《王力文集》第
十七卷,山东教育出版社。

——— 《汉语史稿》(上册),科学出版社 1957,《王力文集》第九卷,山东教
育出版社。

——— 《古韵脂微质物月五部的分野》,原载《语言学论丛》第 5 辑,收入
《王力文集》第十七卷,山东教育出版社。

王力主编 《王力古汉语字典》,中华书局 2000。

徐中舒主编 《甲骨文字典》,四川辞书出版社 1990。

2006 年 5 月 5 日初稿

6 月 22 日定稿于京郊守拙居

原载《语言学论丛》35 辑,商务印书馆 2007 年

再谈"美"字能归入微部吗?
——与郑张尚芳商榷

　　我曾针对梅祖麟的《从楚简"散(美)"字来看脂微两部的分野》(下称梅文),写了一篇《"美"字能归入微部吗?——与梅祖麟商榷》(下称郭文),最近看到郑张尚芳批驳我的文章《"美"字的归部问题》(下称郑张文)。郑张仗义为梅氏出手,一方面自作检讨,要"改弦易辙",放弃原来把"美"列在脂部的"旧说";另方面使出全身解数,宣称"'美'字上古音当以归入微部为是",从六个方面大发"宏论",要为梅祖麟讨回公道。我看了郑张文以后,本来觉得明眼人一定会看得清楚的,不准备作答;但是有的朋友却对我说,郑张的文章还是有一定的迷惑性,一般读者,甚至一般审稿人,都不一定能看出问题来,你当然应该做出回答。我一想,朋友的话也有道理,就简单地做个回答吧。

一

　　我与梅氏商榷的文章从形、音、义三方面讨论了甲骨、金文中"美"和"微"是两个字的问题;郑张主要是从古音方面来讨论问题的。他的文章分为六小节,第一节提出的问题是:"《诗经》叶韵",这确实是古音分部的首要问题,也是本文要重点讨论的。为了公平讨论,让读者看清双方的观点,该文这一节又不长,就全文引在下面(312页):

　　　　此字《诗经》叶韵只见于《邶风·静女》:"彤管有炜,悦怿

女美。""美"正与微部"炜"为韵,属于上下句连韵,是常见的
正则协韵。虽然该诗下章"自牧归荑,洵美且异,匪女之为美,
美人之贻"。有人以为除"异贻"为之部相叶外,其中"荑美"
又为脂部相叶,但《释文》"荑"为徒兮反,与"美"平仄不同,此
二字本为奇句脚,也可以不入韵,段玉裁、朱骏声就都没有列
入韵例。即使宽些作为交韵列入,美字改归微部了,它们也可
看作脂微合韵例子。但不能把奇句的"荑美"相叶看得比"炜
美"连韵相叶更重要,用来反证美不归微部。

郑张在这里极力使用了抑扬手法:一方面肯定《静女》第二章
"炜、美"上下句连韵,"是常见的正则协韵",为"美"字归入微部作
铺垫。另方面对《静女》第三章"荑、美"一、三隔句相押,提出种种
疑虑:这只是"有人"的看法;"荑、美"二字"平仄不同";奇句脚,
"可以不入韵",段玉裁、朱骏声就如此处理;即使承认是"交韵",
也可把"美"字归入微部,看成脂微合韵;综括起来就是一句话,交
韵的"荑美"比连韵的"炜美"重要性低,不能用它"来反证美不归
微部"。似乎讲得头头是道,"美"字归微部有充足理由。

我们不妨逐条分析一下,倒看葫芦里卖的什么药。"有人"指
谁呢?也许同我有关吧?因为上个世纪60年代我参加了王力先
生主编的《古代汉语》的编写工作,通论《〈诗经〉的用韵》一节是我
执笔的。我在这节通论中,选了六首诗来说明《诗经》的韵例,其
中就有《静女》这首诗。我是这样标注、分析的:

> 静女其姝,俟我于城隅。爱而不见,搔首踟蹰。
> 静女其娈,贻我彤管。彤管有炜,说怿女美。
> 自牧归荑,洵美且异。匪女之为美,美人之贻。

并明确说明《静女》第三章是"奇句和奇句押韵,偶句和偶句
押韵"的"交韵"(535—536页)。但是这并不是我的"创见",我对

《静女》的韵脚标示完全跟江有诰的《诗经韵读》一致。我在这里是专讲韵例,因此只用不同符号标示韵例,未注韵部。江有诰《诗经韵读》除用不同符号圈出韵脚外,还在第一章韵脚字后面注有反切,最后注明"侯部";在第二章韵脚字"管"字后注有直音,并注明"元部",在韵脚字"美"字后注明"脂部";在第三章韵脚字"娈"字后注有"与美叶",在韵脚字"美"后注明"脂部",在韵脚字"贻"后注明"去声之部"(33页)。还有王力先生的《诗经韵读》的韵例也与江有诰一致,第二章"炜美"押韵是注明"微脂合韵";第三章韵脚字"娈"后注有"与'美'叶",韵脚字"美"后注有"脂部";韵脚字"贻"后注有"职之通韵"(《王力文集》第六卷188页)。江有诰脂、微两部不分,自然只注脂部;我们如果注明韵部,当然是与王力先生一致。

再说,第二条,"娈"与"美"平仄不合;第三条,"奇句脚"不入韵。这是唐代以后律诗的押韵规矩,怎么拿来否定先秦《诗经》的韵例呢? 第四条,交韵比连韵地位低,不能用交韵的"娈、美""来反证美不归微部"。首先须要指出,在《诗经》中交韵跟连韵都是"正则协韵",没有地位高低之分;但是更重要的是,这一条暴露了郑张没有弄清楚人们把"美"字归入脂部的真正原因,也就是没有弄清楚从顾炎武以来古音学家对古韵归部所实行的原则。

大家知道,确定古韵的归部有三方面的材料:一是《诗经》和先秦其他典籍的用韵,二是汉字的谐声系统,三是《切韵》系统与古韵的对应(用《切韵》上推古音)。三者相互联系相互制约。下面就以"美"字为例来具体讨论。王力先生1937年写《上古韵母系统研究》时,他是"以段氏《六书音均表》为依据"(《王力文集》第十七卷184页)来讨论脂微分部的。段氏《六书音均表》四只收了《静女》第二章"炜美"押韵例(段误作三章,王先生沿用),因此王先生在此文中是把"美"字归入"微部独用"之中的(同上书185

页）。这是以《诗经》用韵为据作出的结论,却与《广韵》"美"字在脂韵产生了矛盾。50 年代王力先生写《汉语史稿》时,就把"美"字列在了脂部(中古脂韵开口三等),60 年代在写《古韵脂微质物月五部的分野》时,他根据江氏《诗经韵读》析《静女》的二、三两章用韵,"依照江有诰的《谐声表》",也把"美"字列在脂部(同上书 253页)。王先生还在文章中说(同上书 288 页):"在过去(指 30 年代),我对语音的系统性是注意得不够的。"并指出(同上书 290页):"拙著《上古韵母系统研究》,归字的错误更多一些。"另方面又强调(同上书 289 页):"《切韵》音系在很大程度上反映了上古汉语的语音系统。由于语音的发展是有规律的,所以差不多一切的变化都是系统的变化。中古语音不就是上古语音,但中古语音系统是上古语音系统的线索。当然,例外是有的,但系统性则是主要的。考古的结果符合审音的原则,这正是很自然的,而不是主观主义的东西。假如考古的结果是缺乏系统性的,反而是值得怀疑的了。"王先生在这里强调的系统性是古韵归部的重要原则,郑张的"美"字当归微部的论述,则完全抛弃了系统性原则,陷入了随意推测的泥坑。他的结论当然是错误的。

其实,"美"字押韵的材料,段玉裁的《六书音均表》虽然只提到《诗经·静女》,但是汉代有没有呢?郑张大概连想也没有想,他如果在作结论前,只要查一下罗常培、周祖谟的《汉魏晋南北朝韵部演变研究》(第一分册),就会发现该书给我们提供了汉代"美"字押韵的四个用例:

(1)刘胜(?—前 117)《文木赋》叶"几、美"。("制为杖几,极丽穷美。"见《全汉赋》124 页)

(2)刘向(前 79—前 8)《九叹·惜贤》叶"美、夷、死"。("扬精华以炫耀兮,芳郁渥而纯美。结桂树之旖旎兮,纫荃蕙与辛夷。芳若兹而不御兮,捐林薄而菀死。"见《楚辞补注》296 页)

（3）扬雄（前53—18）《蜀都赋》叶"美、苇"。（"俊茂丰美，洪溶岔苇。"见《全汉赋》161页）

（4）冯衍（？—76以前）《显志赋》叶"夷、美"。（"攒射干杂蘼芜兮，构木兰与辛夷；光扈扈而煬耀兮，纷郁郁而畅美。"见《全汉赋》262页）

还有，江有诰在《唐韵四声正》中提到（《音学十书》286页，孙玉文提供）："《逸周书·文传解》'不淫于美'与'茨费'叶，《史记·龟策传》'目得所美'与'嗜利'叶。"

（5）《逸周书·文传解》叶"茨费"（《音学十书》190页）："不淫于美，栝柱茅茨，为民爱费。"

（6）《史记·龟策列传》叶"嗜利"（3232页）："口得所嗜，目得所美，身受其利。"

六个押韵用例，除扬雄一例是脂微合韵外；《逸周书·文传解》"费"在物部，属脂物合韵；《史记·龟策列传》"利"在质部，属脂质合韵；其他三例都是脂部押韵。这样的押韵情况，"美"字难道不应归脂部，而要归到微部去吗？同时还可以看出，与"美"押韵的脂部声符有几声、夷声、死声、次声、耆声，而与微部有联系的声符只有一个韦声。王力先生在《上古韵母系统研究》中曾指出，根据段玉裁的《六书音均表》先秦脂微押韵的韵例"共一百一十个例子，可以认为脂微分用者八十四个，约占全数四分之三"（《王力文集》第十七卷187页）；"脂微合韵比其他各部合韵的情况更为常见"的原因是"两部的主要元音""的音值一定非常相近"（同上书188页）。由此可见，上古时期无论从押韵、谐声、与《切韵》的对应关系来看，"美"字都应该归脂部是毫无疑义的。我不知道还有什么托词能为"美"归入微部作辩解。

二

　　郑张文第二节标作"谐声（求之于古异体）"，谐声无疑也是古韵归部的重要材料，但是郑张的说法却是无法令人首肯的。他说（313页）："美字《说文》只谐媄字"，"不能提供更多的信息。但美字的谐声可以从其异体字'嫩'字求得。""'嫩'既是先秦使用较多的"美"之异体字，则其谐声声符'微'应能表示'美'的上古音分部。"用"美"谐声的字少就"不能提供更多的信息"吗？那么《说文》中只有一两个同谐字的声符不少，特别是入声韵部这种情况很多，甚至一个同谐字也没有的声符也不少，难道它们就无法提供信息了吗？只有从"美"的异体字去找信息，这是郑张提供的出路。在我们看来，这却是一条斜路。这种情况不禁使人感到惊讶，郑张为什么对如何运用诗文押韵、谐声系统与《切韵》音系的对应关系来考察古韵分部，表现出如此生疏、隔膜，为什么会提出这样的歪招呢？如果对他的古音论著有所了解，就不会感到奇怪的；因为他研究古音原本是完全割断或否定了从顾炎武以来古音学家的理论、方法的，我曾在《音韵问题答梅祖麟》一文中指出，郑张的六元音古音系统"固然不可能符合诗文押韵的实际，也必然要打乱谐声系统"（498页）。

　　那么，怎样找"美"字谐声系统、古韵归部的信息呢？其实很简单。大家知道，顾炎武研究古音的功绩不仅在系联诗韵，还在于能"离析唐韵"，即考察上古和中古音的对应。这也就是人们常说的，从《切韵》出发，来上推古音。一查《广韵》，就可以找到："美，无鄙切。"它的音韵地位是：明母，旨韵开口三等，上声。有了这条信息，我们就可以作出一个推测：《广韵》平声脂韵和上声旨韵中的部分字是与"美"同部的。根据前人的研究，已经知道，脂（旨）韵有开口三等和合口三等两个韵母；王力先生又在《汉语史稿》中指出了:《广韵》脂(旨)韵开口三等全部来自古韵脂部,合口三等喉牙音字来自脂部,舌齿音字来自微部(108—109 页)。这就是离析唐韵。有了这些认识,根据"美"在《广韵》中的音韵地位(旨韵开口三等),就不难从《广韵》脂、旨两韵中确定一百多字是来自古韵脂部的。例如(同声符的字只举一个):脂、遟、柢、师、尸、矢、示、嗜、资、姊、私、死、兕、伊、夷、彝、几、梨、比、匕、麋、眉、美等。这就是寻找"美"字谐声系统、古韵归部信息的阳光大道;而且经过这样一番考察,"美"字的谐声系统也大致显露出来了。再加上前面已经讨论过的"美"字在先秦、两汉的押韵情况,"美"字的古韵归部问题也就解决了。

这里还要指出,我在与梅祖麟商榷的郭文中,不但分析、讨论了"美、微"的形、义关系,也讨论了它们的古今音的关系,分析了从"散"得声的谐声字。我列举、分析了从"散"得声的谐声字,分成两个系列:(一)微韵系,即有微韵的"微、薇"(无非切)等五字和"徽、黴"(许归切)二字,共七字,它们的古韵当然属微部。(二)脂韵系,即有脂韵的"黴"(武悲切)和旨韵的"媺"(无鄙切)两字。我明确提出(299 页):"脂韵系的两个字也归入微部,就将出现矛盾。因为微部开口三等字一般是到中古的微韵,同条件应该变化相同;既然不到微韵,就可以据中古音归部,列在脂部,看成跨部谐声。"郭文明确摆出了矛盾,提出了自己的解决办法:

微部开口三等[ǐəi]——微韵[ǐei](补例字:衣、褘、譏、豈、希)

微部合口三等[ǐwəi]——微韵[ǐwei]微、薇、徽、媺(微声字共七个)

脂部开口三等[ǐei]——脂韵[i]黴、媺(微声字二个)

"黴、媺"与"微、徽"等七字同谐散声,到中古不入微韵而到了脂韵,这明显是不合变化规律的。郭文将它们按归部三条件之一(《切韵》音韵地位)归入脂部,这是办法之一;否则就只能根据谐声系统,认为是微部的不规则变化。两种处理办法都必须受另两个归部条件的检验。在这里，郑张却避而不问；拿起郭文顺便"比照一下'黴'字"的"一个后起的异体字'霉'"的论述，来大做文章。讨论问题，应该针锋相对，郑张在这里回避要害，是不解决问题的。我们还要顺便说一下，郑张文说："'嬍'字用作美字，是先秦就有的"（313 页），"嬍"虽然见于今本先秦典籍，但是《说文》未收，恐怕尚未可论定；至于该文接着说："其谐声所从微声反映的便是先秦之音"，郑张的本意是说它反映了"'美'字的上古音当以归入微部为是"，这恐怕有点瞒天过海、颠倒黑白之嫌了。在郑张文写作的当时，还算有一条伪证，《诗经·静女》第二章的韵例作用高过第三章的韵例，现在有了汉代的六个韵例，难道还能继续拿它来做挡箭牌吗？

三

至于郑张文的另外四节实在没有必要再多费笔墨讨论，但是也不能不简单地交代一下。

第三节"转注、通假"，讨论出土文献中"奻、散"等字与"美"字的关系。梅文提出出土文献中的"奻、散"等是"美"的异体字，郭文不同意，认为是假借，郑张文同意"奻"是异体字，"散"等是转注字。转注的说法纷繁，郑张介绍他的新说"是指由同一字根变形分化增生新字"（313 页）。直白地说，郑张无非是肯定"奻"与"美"是音、义都相同，只是形体有异，而"散"等与"美"则是形、音、义都有联系而可有变化的新字。那么，"奻"就应该在《广韵》旨韵，读无鄙切（"美"的异体），今音 měi；"散"则应该在《广韵》微韵，读无非切（《说文》散，妙也），今音 wēi。按照王力先生的古音系统，"散"当然在微部，而"奻"则只能归脂部。这是可以经受诗韵、谐声和《切韵》对音三者共同检验的结论。郑张还批评我（314 页）："爱把问题推向通假，却似乎不太关注通假的语音基础的说明。"

我有关通假的看法，清清楚楚写在王力先生主编的《古代汉语》我执笔的通论《双声叠韵和古音通假》中，是最一般通行的说法。我说（547页）："所谓古音通假，就是古代书面语言里同音或音近的字的通用和假借。"我还举了"早、蚤"等许多用例，谈了"本有其字"的通假和"本无其字"的假借，"本字"和"区别字"等问题，不在这里啰嗦。通假的语言基础就是"同音或音近"，字义可以有关，也可以无涉，字形当然是各别的。"美"与"媺"通假在上古是有语音基础的。"美"古音脂部开口三等[mǐei]，"媺"古音微部合口三等[mǐwəi]，脂、微两部的主要元音相近，这是音近通假。中古以后，两个字的声韵都变了，特别是合口三等的"媺"字，明母的 m 变成了零声母 ∅，与有 m 声母的"美"就很难通假了。

第四节"同源词"，列举了"徽"字作为"美／媺"的同源词，用他"改弦易辙"后的新拟音来论证。不管它们是不是同源词，用什么拟音来论证，都不起作用。应该知道，列举的同源词再多，也不能作为古韵归部的决定条件，最多只有一定的参考价值。

第五节"汉藏比较"，补充了梅文没有列举的"美、微"的藏文、缅文的"同源词"（？），说明"美"也应归入微部。梅文花了大量篇幅从汉藏比较方面列举了许多例证来论述"美"字应归微部，我没有发表具体意见，只是表示"无法让人首肯"。为什么呢？因为根据梅氏自己说，汉语与藏缅语分离在六千年以前；按我在《汉藏诸语言比较研究刍议》中的意见，分歧就更大。我说（本书257页）："西南夷应是旧石器时期就生活在西南地区的土著民族，他们同说藏缅语是很自然的；不过，汉语和藏缅语同源关系的历史事实却是难以找到的。"有些先生所做的汉藏语比较研究与郑张等人有别，认真得多，但是也不可能作为"美"字归部的论据，我是抱着对汉藏语比较关注和宽容的态度，才那样说的。至于郑张等人这方面的研究，我在《从湘方言的'盖'和'𪓐'谈到对古代语言学文献的正确释读》中,曾引用《李方桂先生口述史》的话批评他们。李先生指出(22页,又本书286页):"专靠双语词典搞古音构拟和决定汉藏同源词是'纯属胡闹'。"

　　第六节"分韵规则";郑张用他在上古音系中运用得意的二等韵和重纽三B带-r-说来解释"美"归微部的合理性。他说(316页):"因此美归微部而后读脂韵三B,是在r条件下非常规则的演变。这里头并没有什么不规则的变化,需要作'跨部、越轨'解释的。"这是郑张在第二节里就应拿出的招数,在那里作了保留;大概是想用作重磅炸弹,作最后一击吧!不过,这种带r的说法只是某些人为了解释某种古音现象而作出的假设,并未经证实;拿这种未经证实的假设作为论据,来论证古音演变,能有多大说服力呢?我看,这不过是自吹自娱,可圆可方,有很大的自由性;同时也是在自误误人,经不起考验,有很大的危险性,就像吹起的肥皂泡,很快就会破灭。现在本文从诗韵、谐声和《切韵》音对应三方面都论证了"美"字只能归脂部,郑张的这个重磅炸弹恐怕要失效了。不知郑张是否又要拣起"旧说",再来一次"改弦易辙"呢?

　　最后,我不禁有些感想要发。记得很早以前,对于郑张这样搞古音的方法,李荣先生表示过深恶痛绝,当时我还不太理解李先生的态度。现在经过古音学方法论的一场争论,才明白了李先生的学术敏感和他的见地深刻,不得不自认见识晚,须要加强学习。

参考文献

梅祖麟　《从楚简"散(美)"字来看脂微两部的分野》,《语言学论丛》第32
　　　辑,商务印书馆2006。
郑张尚芳　《"美"字的归部问题》,《语言学论丛》第38辑,商务印书馆2008。
王　力　《诗经韵读》,《王力文集》第六卷,山东教育出版社1986。
——　　《上古韵母系统研究》,《王力文集》第十七卷,山东教育出版社 1989。

—— 《古韵脂微质物月五部的分野》,《王力文集》第十七卷,山东教育出版社 1989。

—— 《汉语史稿》,《王力文集》第九卷,山东教育出版社 1988。

王力主编 《古代汉语》第二册,中华书局 1999。

罗常培、周祖谟 《汉魏晋南北朝韵部演变研究》第一分册,科学出版社 1958。

郭锡良 《"美"字能归入微部吗?》,《语言学论丛》第 35 辑,商务印书馆 2007。

—— 《音韵问题答梅祖麟》,《汉语史论集》增补本,商务印书馆 2005。

—— 《汉藏诸语言比较研究刍议》,《中国语言学》第 1 辑,山东教育出版社 2008。

—— 《从湘方言的'盖'和'曆'谈到对古代语言学文献的正确释读》,《中国训诂学报》第 1 辑,商务印书馆 2009。

洪兴祖 《楚辞补注》,中华书局 1986。

费振刚等辑校 《全汉赋》,北京大学出版社 1993。

段玉裁 《六书音均表》,《说文解字注》,上海古籍出版社 1981。

江有诰 《音学十书》,中华书局 1993。

2009 年 10 月 20 日初稿于燕园

2009 年 10 月 31 日修订于燕园

原载《中国语言学》第 5 辑,北京大学出版社 2011 年

谈谈《水调歌头·明月几时有》的流行释读和评述

苏轼的《水调歌头·明月几时有》是一首传诵千古的咏月名作,《苕溪渔隐丛话》说(见《宋词选》《苏词汇评》):"中秋词,自东坡《水调歌头》一出,馀词尽废。"它确实流传甚广。一个世纪以来,古代文学作品选大都要选它,中国文学史也没有不谈到它的;可是在训释和评述方面却大都不甚令人满意。为了分析、讨论的方便,先把它抄在下面。

水调歌头

丙辰中秋,欢饮达旦,大醉,作此篇,兼怀子由。

明月几时有?把酒问青天,不知天上宫阙,今夕是何年。我欲乘风归去,又恐琼楼玉宇,高处不胜寒。起舞弄清影,何似在人间?　转朱阁,低绮户,照无眠。不应有恨,何事长向别时圆?人有悲欢离合,月有阴晴圆缺,此事古难全,但愿人长久,千里共婵娟。

上个世纪40年代刘大杰在《中国文学发展史》中说(《中卷245—246页):"《水调歌头》,是中秋夜怀念他的弟弟苏辙而作。他自己在密州,苏辙贬齐州,都是政治上的失意人。万里离愁,中秋良夜,把酒对月,情绪万端。作者以丰富的想象,清丽无比的语言。将宇宙的奥妙神奇,结合人世的实感,由浪漫的世界,回到了现实的人生。深入浅出,曲折回旋,达到了艺术的高度成就。"60

年代胡云翼在《宋词选》中说（65 页）："作者是在密州（今山东诸城县）做官时候写这首词的。当时他在政治上的处境既不得意，和亲人也多年不能团聚（苏辙和他已七［？］年没有见面），心情本有抑郁的一面。可是他并没有陷于消极悲观。词中反映了由超尘思想转化为喜爱人间生活的矛盾过程。词的开头是幻想着游仙，到月宫里去，可是他又亲自涂抹掉这种虚无的空中楼阁的采画，而寄予人间现实生活以热爱。'千里共婵娟'，体现了诗人能够不为离愁别苦所束缚的乐观思想。"半个世纪以来，其他多种中国文学史和各种文学作品选，在评述或训释这首词时，大都不出上述两种著作的思路。也就是说，是失意人中秋佳节思念亲人的佳作。

　　例如游国恩、王起、萧涤非、季镇淮、费振刚主编的《中国文学史》（第三册 625 页）："作者幻想琼楼玉宇的'高处不胜寒'，从而转向现实，对人间生活寄予热爱。""作者写这些词时正在政治上受到挫折，因而流露了沉重的苦闷和'人间如梦'的消极思想，然而依然掩盖不住他热爱生活的乐观态度和要求为国建功立业的豪迈心情。"又如章培恒、骆玉明主编的《中国文学史》说（中册 385 页）："《水调歌头》的开头，把酒问天，今夕何年，乃是对永恒存在的向往；在这永恒存在的对映下，不可避免地变化着月的阴晴圆缺，人的离合悲欢。既然认识到这一点，也无须自怨自艾。"袁行霈主编的《中国文学史》更只是指出这首词"体现出奔放豪迈"的新风格，他说（第三卷 67 页）："虽然苏轼现存的 362 首词中，大多数词的风格仍与传统的婉约柔美之风比较接近，但已有相当数量的作品体现出奔放豪迈、倾荡磊落如天风海雨般的新风格。如名作《水调歌头》。"

　　只有曾枣庄作出了新解的尝试，他在《苏轼评传》中说（100—101 页）："词的上阕表现了作者的忠君思想，下阕反映了兄弟的离合之情。"还指出了"就在苏轼知密州这一年王安石因旧党的围攻和新党内部的互相倾轧而第一次罢相；写这首词后不到两个月又第二次罢相"。但是在他和曾枣庄译注的《苏轼诗文词选译》中也只是说（107—108 页）："对久别的弟弟的怀念，加上政治上的失意，促使苏轼在中秋夜对月书怀，写下了这首千古名篇。上阕写把酒问月，幻想乘风进入月宫而又怕月宫寒寂，表现了他盼望回朝而又怕朝廷难处的矛盾心情。下阕写倚枕望月唤起的离愁别绪，先是怨月无情，后又从月的盈亏得到启发，以美好的祝愿作结。"《选译》点出了"盼望回朝而又怕朝廷难处的矛盾心情"，这是对这首词的理解前进了一步，但是仍然未中肯綮；特别是说"下阕写倚枕望月唤起的离愁别绪"，完全是停留在前人的认识上，有明显的误解。因为"照无眠"是写照着"欢饮达旦"的苏轼，并非照着"倚枕望月"而被"唤起""离愁别绪"的别的什么人。

请看这首词的小序，苏轼在这里说："丙辰中秋，欢饮达旦，大醉。"稍加思考，我们难道不会感到：这与"政治上的失意人""对久别的弟弟的怀念"而"对月书怀"的"离愁别绪"是有矛盾的吗？他为什么会在这个中秋的夜里高兴得喝了一个通宵的酒？是什么事让他这么高兴呢？评述者、选注者似乎都没有把这个问题放在心上。这首先就是没有落实字、词、句。再者，古人说"诗言志"；不把诗人创作时的思想感情弄清楚，就很难确切理解、训释、评述其作品。《水调歌头·明月几时有》的评述、训释者笼统地从政治上失意、佳节倍思亲的角度来考虑问题，这是对知人论世原则的忽视。由此泛泛地凭字面来推测、想象就难免落入"六经注我"的泥坑。

我们不妨考察一下苏轼的经历，据文献记载：嘉祐二年（1057）苏轼二十二岁应进士试，以《刑赏忠厚之至论》被欧阳修擢置第二名，名动京师，得到宋仁宗的高度赞许。不久因母丧回蜀守丧三年。嘉祐六年（1061）二十六岁又应制科考试，系统地提出了他的革新主张,得入三等(一、二等虚设)。这时才真正出仕,任凤翔府参军三年,有政绩。英宗治平二年(1065)苏轼还朝,受到英宗的重视,得值史馆;明年父苏洵逝世,扶丧归蜀,又守制三年。神宗熙宁元年(1068)除丧,苏轼年底回朝,时年三十二岁。不久他就陷入了新、旧党争之中。

神宗是北宋的第六个皇帝,宋朝开国已经百年以上,内外矛盾日益突出;神宗即位时才二十岁,是一个企图改变国家积贫积弱的年轻人。即位第二年就任王安石为参知政事(副宰相),大事改革,推行新法,即历史上的熙宁变法,也被称做王安石变法。苏轼虽然也主张革新,但是他同参加过庆历新政的老一辈重臣欧阳修、富弼、韩琦等思想一致,提倡政治清明,刷新吏治,删汰冗官、冗费,但不赞成大肆改制变法,与王安石的政见不合而反对新法。因而苏轼就成了以司马光为首的反对新法的旧党中的活跃分子。这时朝中的官吏大致有三代人:第一代是欧阳修、富弼、韩琦、张方平等年老重臣,他们都比苏轼年长三十岁左右,原来官高权重;但到了致仕(退休)年龄,对变法虽提些反对意见,却对朝政已不起决定作用。第二代是司马光、王安石等,司马光比苏轼大十七岁,王安石比苏轼大十五岁,年龄都在五十岁左右,正是掌握朝政的中坚力量。司马光本来与王安石是朋友,几次写信劝告,王安石执拗不听,于是成了水火不相容的政敌首领。第三代是苏轼这些三十多岁的新进少壮派,如程颢(大苏轼4岁)、程颐(大3岁)、吕惠卿(大4岁)、章惇(大1岁)等。吕、章是王安石手下的干将,二程、苏轼活跃在反对新法的一方。熙宁二年王安石请建学校,罢诗赋、明经诸科,苏轼就作《议学校贡举状》,明确反对。神宗拟用苏轼修中书条例,王安石就设法阻扰,让苏轼以直史馆权开封府推官,想用繁重的政务困住他。却没想到苏轼决断精敏,声誉日隆;熙宁三年,更有《上神宗皇帝书》《再上神宗皇帝书》,反对新法更全面,态度也更坚决。因此熙宁三年八月苏轼就被新党谢景温劾奏"居丧除服,往复贾贩,妄冒假借兵卒"。经过追究穷治,虽属捕风捉影,苏轼却也无法自明,只得请求补外。神宗批了:"予知州差遣。"又被中书阻扰,不予知州职务,熙宁四年才得通判杭州(通判相当于副知州兼秘书长)。应该说明,这只是出京做地方官,不被重任,但并非像某些著作所说的"贬官"。

熙宁七年(1074)四月旱,罢方田法,王安石第一次罢相,出知江宁府;九月苏轼杭州任满,以苏辙在济南,求为东州守,获以太常博士直史馆权知密州军州事。明年二月王安石复相,十一月苏轼在州衙作超然台。其实苏轼一点也不超然,他深深地沉浸在政务和政争中。他通判杭州,权知密州,正因为并非贬官,只是离开京城到地方做官;反而可以避免政敌的掣肘,能够发挥才能,作出政绩。他在《超然台记》中说(《苏轼文集》二,351页):"始至之日,岁比不登,盗贼满野,狱讼充斥。""处之期年……予既乐其风俗之淳,而其吏民亦安予之拙也"(二,352页)。于是就治园圃,修葺超然台,常与宾客登台远眺,饮酒赋诗。我们还可以在他同年所写的《江城子·密州出猎》中,读到他轰动倾城的出猎盛况("锦帽貂裘,千骑卷平岗。为报倾城随太守,亲射虎,看孙郎")和立功边疆的豪情壮志("会挽雕弓如满月,西北望,射天狼",《选译》102页)。在苏轼的一生中,这些年应该算是他仕途比较顺畅的时段之一;他也十分关心政争,写下了一些批评新法、不满新政的诗词,种下了后来"乌台诗案"(元丰二年,1079)的祸根,几乎招致了杀身之祸。我们应该看到,变法引起的社会矛盾非常激烈,加之新法本身的问题,且用人不当,新党内部的内讧以及实行中产生的弊端,问题越来越多;王安石虽然罢相又复相,仍然无法解决矛盾,神宗对新法的热情和对王安石的信任也在逐渐衰减中。这就是苏轼写《水调歌头·明月几时有》的时代背景。

那么，到底是什么事让苏轼高兴得在"丙辰中秋"（熙宁九年，1076）的夜晚"欢饮达旦"呢？是家有喜事吗？根据考察，我们知道，这时苏轼四十一岁，家中只有继室王季章和三个儿子，大概还有几个家人，"丙辰中秋"前后无重大变化；分别已经五年多（《宋词选》作七年，不确）的亲弟弟苏辙更只是怀念的对象，不是一同"欢饮达旦"的团聚人。有的著作认为是"中秋与客饮于超然台，欢饮达旦"；这是缺乏论据的推测之辞，不但小序没有提到"与客"，整首词的内容，特别是"起舞弄清影"（出自李白《月下独酌》"我歌月徘徊，我舞影零乱"）一语，都点明苏轼是"独酌"，不是欢宴亲朋。

既然不是家有喜事，那么从处在党争漩涡中心的苏轼来看，自然不排除政务、党争中有使他颇为高兴的事情。经考察：据《续资治通鉴》卷七十一载："八月，己丑（按，乃农历初八）罢鬻祠庙。"下面叙述司农寺下令，要把天下的祠堂、庙宇卖给私人，"收取净利"；张方平上疏反对说："阏伯迁商丘，主祀大火，火为国家盛德所乘；微子开国于宋，亦本朝受命建号所因。又有双庙，乃唐张巡、许远，以孤城死贼，能捍大患者也。今若令承买，小人规利，冗亵渎慢，何所不为！岁收微细，实损国体。乞存此三庙，以称国家严恭典礼，追尚前烈之意。""疏上，帝震怒，批付司农曰：'慢神辱国，莫此为甚，可速止之！'于是天下祠庙皆得不鬻"（1792 页）。张方平是向欧阳修推荐苏轼，一直提携、卫护苏轼的前辈重臣。这时，新法在多年的推行中不断失误，旧党反对更加坚决，变法处在转折关头，张方平的这次上疏无疑对新党是个打击，也成了新党失势的标志之一。十月王安石再次罢相，更显示了变法失败的前途。在这样的社会政治形势下，八月上旬从东京开封府发布"罢鬻祠庙"的命令，中秋前无疑会传到密州，这成为苏轼"欢饮达旦"的原由，应该是情理之中的。据此再来看《水调歌头·明月几时有》就会有更贴切的理解和全新的感受。

　　因此这首词并不是简单地写失意人把酒对月,幻想游仙,怀念久别的弟弟;而是词人带着看到政争对手失势而产生的极大喜悦,在中秋登台赏月,开怀畅饮。上阕写他把酒问天,幻想乘风登月又怕月宫寒冷,耽心那会比不上在人间起舞;表面上是写他当时登台赏月的情景和思想活动,实际上也是在写他想乘神宗批评新政而回朝参政的冲动与忧虑。由于朝政的脉搏还把握不定,诗人发出了多个疑问。"今夕是何年"是对朝政风向的探询,"何似在人间"是对回朝参政成败的耽心(能否有"为报倾城随太守"的盛况)。"高处不胜寒"是对回朝处境危险的认识,也是总结了人生的哲理。下阕写对离别多年不见的弟弟苏辙的思念和关怀。"转朱阁,低绮户,照无眠",是对"欢饮达旦"时空转换的描写,而不是写"有心事""不能安眠"人的"倚枕望月"。月亮从东升转到了西落,在欢饮中神驰天宇、人间之后,不能不想到离别已五年多的弟弟。一想到中秋是团圆节,可是同被外放的兄弟却不能团圆,于是把一股怨气移向了月亮("何事长向别时圆")。这表现了他对兄弟的深切怀念。然而从感情转向理智,清醒地认识到"人有悲欢离合,月有阴晴圆缺",这是客观决定的,不随人意。于是只能遥寄一个美好的祝愿:千里之外能永远平安地共赏天上的一轮明月("千里共婵娟")。这里还带上了对弟弟的无限关怀,因为苏轼清楚,苏辙在齐州任期将满,即将解职,可能还京,会不会因政争招惹麻烦,也是他所耽心的。果然,《苏颍滨年表》载:熙宁九年,"十月,宰相王安石罢,辙归京师,有自齐州回论时事书"(273 页)。苏辙在上书中对青苗法、保甲法、免役法、市易法都进行了攻击。其中还有"易置辅相,中外踊跃"之语,如《年表》所载,上书应在王安石罢相之后。苏辙未受上书影响,得回朝任职。可是当年十二月,苏轼在密州任满后,原命移知河中府,到了汴京,却有命不许入城,后又改知徐州。看来,这正说明宋神宗对苏轼极力反对新法仍存有相当的不满情绪。四年后(元丰二年,1079)更发生了"乌台诗案",这是王安石变法的继承者元丰党人对苏轼的严厉迫害;不但张方平等年老重臣上疏相救,连王安石都不以为然,也出面相救。案情还惊动了两宫,出来为苏轼说话,神宗对某些诬陷之词也不赞同。这样,苏轼才免遭杀戮,出狱后,贬黄州(今湖北黄冈市)团练副使。这是苏轼第一次真正贬官,也是"高处不胜寒"的一种注脚。

据《岁时广记》载(《苏词汇评》29 页):"元丰七年(1084),都下传唱此词。神宗问内侍外面新行小词,内侍录此进呈。读至'又恐琼楼玉宇,高处不胜寒'。上曰'苏轼终是爱君'。乃命量移汝州(今河南汝州市)。"这说明神宗晚年对苏轼反对新法的言行有了新的看法,也说明神宗认为这首词是与变法有联系的。又据《续资治通鉴》卷八十载:元祐三年(1088)神宗的母亲高太后问苏轼,他为何两年之间会从汝州团练副使升为翰林学士(为朝廷草拟文件,并兼侍读),"轼曰:'遭遇太后、皇帝陛下。'曰:'非也。'…太皇太后曰:'此乃先帝之意也。'先帝每诵卿文章,必叹曰'奇才,奇才!'但未及用卿耳"(2035 页)。又据《续资治通鉴》卷七十七载,苏轼'量移汝州'的详细情况是这样的:元丰七年正月,神宗也许是读了这首词以后,"尝语辅臣曰:'国史大事,朕意欲俾苏轼成之。'辅臣有难色"。"复有旨起轼,以本官知江州"。仍然遇到辅臣的阻挠。最后只得"卒出手札,徙汝州"(1944 页)。元丰八年三月(1085)神宗就去世了,这就是"未及用卿耳"的注脚。

最后,我们还补充说一点。有的著作把"明月几时有,把酒问青天",说成是探询月亮的起源,这也是一种以今律古的猜测。其实这两句出自李白的《把酒问月》:"青天有月来几时,我今停杯一问之。"李白的诗句没有探询月亮起源的意思,苏轼的词句自然也是没有的。"明月几时有"在这里只是苏轼对当时中秋月皎洁、明亮、圆满的赞美，表现了他饮酒赏月时的高兴心情，或许也带有认为旧党形势好转的喜悦之情吧。

参考资料

刘大杰　《中国文学发展史》，古典文学出版社 1958。

胡云翼　《宋词选》，上海古籍出版社 1982。

游国恩、王起、萧涤非、季镇淮、费振刚主编　《中国文学史》，人民文学出版社 1964。

章培恒、骆玉明主编　《中国文学史》，复旦大学出版社 1996。

袁行霈主编　《中国文学史》，高等教育出版社 2005。

曾枣庄　《苏轼评传》，四川人民出版社 1981。

曾枣庄、曾弢　《苏轼诗文词选译》，巴蜀书社 1990。

曾枣庄主编　《苏词汇评》，四川文艺出版社 2000。

孔凡礼点校　《苏轼文集》，中华书局 1986。

（清）毕沅　《续资治通鉴》，中华书局 1979。

王水照　《宋人所撰三苏年谱汇刊》，上海古籍出版社 1989。

2006 年 8 月 4 日　　于京郊蓝旗营初稿

2011 年 10 月 6 日　　于北京燕园定稿

原载《中国语言学》第 6 辑，北京大学出版社 2012 年

谈谈古音研究的十年论争

2002 年 6 月我在南昌纪念《中国语文》创刊五十周年学术会议上发言，驳斥梅祖麟 2001 年在香港语言学会年会上的讲话，揭开了古音研究的一场争论。至今正好十年，回顾一下这场争论，不无意义。

梅祖麟在讲话中，集中攻击了王力先生和王念孙，还扫荡了乾嘉学派、章黄学派及其"旁支别流"，骂倒一切；又"册封"了"主流"音韵学家，俨然是中国语言学界的霸主。潘悟云也早就写了"劝进信"，要梅氏来领导中国语言学界，拨正大陆语言学研究保守、落后的研究方向，言辞谦卑，情意恳切。

论争展开后，很快形成了海峡两岸联合进行的一场学术论争。不过情势诡谲，有理一方的发言、文章竟然遇到了阻力，是《古汉语研究》主动承担了开展这场学术论争的重任。初步统计：十年来梅氏及其信徒共六人，发表论争文章九篇；批梅的两岸学者（包括一名华裔美籍学者）一共二十五人，发表论争文章三十三篇。

一

梅氏的讲话《有中国特色的汉语历史音韵学》攻击王力先生不懂"同声必同部"的重要性，不懂得利用谐声字研究上古音，不赞同复辅音，不用汉藏语资料，在古音研究中犯了"总退却路线"错误，被他开除出"主流音韵学"行列。梅文又歪曲地表述王念孙《广雅疏证》的"一声之转"，轻蔑地挖苦说，"只有清儒才会发明这种论证方法，外国人可没有这个能耐"；还轻狂地攻击章黄学派

"根本不是语言学",进而横扫章黄学派的"徒子徒孙"和"旁支别流"。

我的发言《历史音韵学研究中的几个问题》针锋相对地批驳了梅氏对王力先生的攻击,揭示了他的无知和武断;并指出梅氏自己考察汉藏同源词的错误,还分析了潘悟云的《汉语历史音韵学》"知识性错误实在太多",被捧为历史音韵学的主流著作实在太荒诞。文章发表在《古汉语研究》2002年第3期,第4期又发表了孙玉文的《〈汉语历史音韵学·上古篇〉指误》。孙玉文在文章中说:"发现本书《上古篇》错讹太多,初步核查,有100多处。"他只举出38例,作了有理有据的分析、批评。这就证实了我批评潘著的论断。

这里须要说明,在我去南昌开会前,曾将发言草稿送请正在清华大学讲课的陈新雄教授提意见,获得赞许。陈先生回台湾后,撰写了《梅祖麟〈有中国特色的汉语历史音韵学〉讲辞质疑》,召集、举办了汉语历史音韵学研讨会。他们把梅氏2000年在史语所七十周年研讨会上的发言,以阐述二三十年代语言学界的新旧之争的面目而重点攻击章黄学派的《中国语言学的传统和创新》一文,一并进行了全面、深入的批驳,编发了《会前参考论文集》。

再说,当时梅氏在香港的讲话是贴在语言所和北大的网上,南昌会后,我把发言稿也贴上北大的网站。不久,梅氏给我来了一封信,承认自己的讲话有错误,"妄言王先生不懂'同声必同部'更是不当"。但是,却向我提出了三个难题:"(1)一声之转是否能用来做同源词研究,(2)怎样做汉藏比较,(3)王先生的上古音系统是否能用来做汉藏比较。"要我回答。

我不得不写了第二篇驳议文章《音韵问题答梅祖麟》。主要内容是:(1)论证了梅氏攻击王念孙的《广雅疏证》和王力先生的词源研究的论点是错误的。(2)陈述了双方对历史比较法和汉藏语比较的不同看法,指出了汉藏语比较中现存的普遍缺陷。(3)指出王力先生明确表示拟测先秦古音是依靠传统使用的三种材料,一般不用汉藏比较材料。从高本汉到董同龢、陆志韦、李方桂各家影响最大的古音构拟系统,都是如此,并介绍了五家系统的异同。同时批评了潘悟云古音构拟观念和郑张尚芳六元音古音系统的荒诞。然后点出俞敏的《汉藏同源字谱稿》就是采用王力先生的古音构拟系统,梅氏应该把眼光放开一些。

2003年《古汉语研究》在发表鲁国尧的《论"历史文献考证法"与"历史比较法"的结合》、华学诚等的《就王念孙的同源词研究与梅祖麟教授商榷》(1期)、薛凤生的《中国音韵学的性质和目的》(2期)后,发表了我的《音韵问题答梅祖麟》(3期);同时也发表了为潘悟云辩护的文章,即麦耘的《汉语历史音韵研究中若干问题之我见》和董建交的《关于"正月"及其他》(4期)。《语言学论丛》(28辑)发表了唐作藩的《王力先生的"谐声说"》、张雁的《上、去二声源于韵尾说不可信》、李香的《关于"去声源于-s尾"的若干证据的商榷》。《语言研究》发表了陈新雄的《梅祖麟〈有中国特色的汉语历史音韵学〉讲辞质疑》和梅祖麟的《比较方法在中国,1926—1998》(这是2000年一文的缩写本)。《语言科学》发表了耿振生的《论谐声原则——兼评潘悟云教授的"形态相关"说》。还有韩国《中国学研究》发表了耿振生的《汉语音韵史与汉藏语的历史比较》。此外,郑张尚芳也在《南开语言学刊》发表了《汉语与亲属语言比较的方法问题》,又在潘悟云的"东方语言学"网站贴上了《〈汉字古音手册〉勘误》。因此可以说,2003年成了这次古音论争的高潮阶段。

2004年《古汉语研究》发表了黄易青的《论上古喉牙音向齿头音的演变及古明母音质》(1期)、张猛的《关于〈小雅·正月〉中"正月"的训诂问题》(1期)。黄文从历史音变角度对复辅音进行了质疑。张文是与杨剑桥在"东方语言学"网站为潘悟云辩护的说法(内容与董建交一文基本相同)进行商榷,分析了他采用俞樾说动摇不了古训毛传。

2005年《古汉语研究》发表了孙玉文的《试论跟明母谐声的晓母字的语音演变》(1期)、周守晋的《汉语历史音韵研究之辨伪与求真》(2期)。孙文也是从语音演变角度论证构拟复辅音不可信,周文则对麦耘维护潘悟云的观点进行了全面批驳。《语言学论丛》发表了孙玉文的《上古音构拟的检验标准问题》,主要从理论、方法角度批评了潘悟云古音构拟的错误,揭示出他理论方法上的荒诞、材料分析方面的主观随意。《学术界》发表了王宁、黄易青的《汉语历史音韵学要尊重历史、尊重事实、尊重科学》,也主要是从理论、方法角度着眼,批评梅氏评价前人不尊重历史事实,研究古音不重视古汉语事实,进行汉藏比较表现出明显的循环论证。两文考察都比较全面,分析都比较深入。此外,潘悟云在《音史新论——庆祝邵荣芬先生八十寿辰文集》中刊登了《字书派与材料派——汉语语音史观之一》,对我(2002)和孙玉文(2003)批评他《汉语历史音韵学》存在的大量常识性错误中找出"皫"和"硬"两个字的论断进行辩论,把我们二人归入字书派,他自己是材料派。我们分别写了文章,对他的辩论进行了批驳,这是后话。这两年,可以说论争已经进入延续阶段。

2006年《古汉语研究》发表了节于今的《建设创新型语言学》(1期),文章视野开阔,带有对这场论争小结的性质。该文提倡自主创新,反对盲目"接轨";重视继承优良传统,反对"嘲讽王氏(王念孙)贡献";提倡不同学派的争鸣,对梅氏"不应战"表示了"遗憾"。梅祖麟则在《语言学论丛》(32辑)发表了《从楚简"散(美)"字来看脂微两部的分野》,承认"两次连带着董先生的《上古音表稿》来叙述王先生功业,两次都不怎么成功"。肯定王力先生

"《上古韵母系统研究》里面的'脂微分部'之说在当时有继往开来两种作用"。评价与他原来的说法完全变了样;但是整篇文章却是要论证王先生列在脂部的"美"字要归入微部,认为"王先生的丙项标准要改成董先生所说的样式"。仍然留下了一项须要驳正的话题。可以说,这次古音研究论争已经到了收官阶段。这时,不断有学者建议将这次古音学国际大讨论的文章编成一部论文集;大家觉得确有意义,也很必要,于是成立了编辑组,确定了拟收录的论文目录。收录的论文要征得作者本人的同意,梅祖麟教授及其信从者都不肯授权,我们只得把他们的论文目录在《编后记》中列出。2007年底交商务印书馆,2009年出版。

二

2007年以后,古音学论争的浪头虽然逐渐平静下来,但是馀波仍然不断荡漾。这里有两起风波必须有所交待:一是梅氏留下的"美"字的归部问题,2007年我在《语言学论丛》(35辑)发表了《"美"字能归入微部吗?——与梅祖麟商榷》,对梅文作了辨正,分析了错误所在及其原因。郑张尚芳2008年在《语言学论丛》(38辑)发表了《"美"字的归部问题》批驳我。我2009年写了《再谈"美"字能归入微部吗?——与郑张尚芳商榷》,2011年发表在《中国语言学》(第5辑)。我在文章中揭示了郑张研究古音完全割断了从顾炎武以来古音学家的理论方法,对如何运用诗文押韵、谐声系统和《切韵》系统的对应关系来考察古韵分部的基本方法都十分生疏;并指出他把"美"字归入微部是抛弃了系统性原则,陷入了随意推测的泥坑。

另一风波是冯蒸2008年在《汉字文化》(第4期)发表了《第三次古音学大辩论》讲辞。他自称是两位音韵学大家的传人,看似客观公正,却不顾事实,为梅祖麟、郑张尚芳巧作辩护;把郭某的表现描写成霸气十足,并借别人之口,攻击郭某"他们以卫士自居,可是在学人的眼中,他们是学术界的恐怖分子"。黎新宇撰写了《读冯蒸教授第三次古音学大辩论讲辞——兼回应梅祖麟教授对"一声之转"的批评》,发表在2009年《中国语言学》(第3辑)。文章首先揭示了冯蒸"自炫头衔",自称"音韵大家的学生",弃业师于不顾……他的讲辞看似公正,明显偏袒梅氏,甚至替梅氏向王先生"追加质疑";又抬高郑张尚芳,为贬低王先生张目;还宣扬郑张尚芳为帮助梅氏而攻击《汉字古音手册》的网帖,却对杜纯梓批评梅氏的文章《对"杀"和"死"形式标志的确立与应用的追踪分析》于不顾。作者在回应梅祖麟对"一声之转"的批评时,首先揭示出梅氏读不懂《广雅疏证》,把"一声之转"片面化为同源,从而挖苦"只有清儒才能发明这种论证法,外国人可没有这个能耐",进而扫荡"代代相传师承不变"的章黄学派及其徒子徒孙、旁支别流,"骂尽了中国的历史语言学界"。最后剖析了冯蒸的拥趸,指出他谩骂郭某等的言辞,正暴露了自己"文革""遗老遗少"的面目。该文分析有理有据,行文生动有力。

再说,郭锡良、孙玉文对潘悟云2005年的辩论文章都在2006年写了批驳文章,在不同的国际学术会议上宣讲。郭锡良的《从湘方言的"盖"和"毉"谈到对古代语言学文献的正确释读》,2008年发表在《湘方言首届国际学术会议论文集》,2009年又收入《中国训诂学报》第1辑。孙玉文的《汉语史研究中材料的考证与运用——答〈字书派与材料派——汉语语音史观之一〉》,发表在《中国音韵学——中国音韵学研究会2006年南京研讨会论文集》。郭文把"盖"和"毉"在湘方言中词义、语法的异同详细分析后,又讨论了它们的历史发展,然后分析潘文的错误,指出它概念混乱,缺乏语言学基本知识,"是一篇歪曲前人成果、逻辑混乱、自相矛盾、错误加胡编的奇文"。孙文就潘文提出的"硬"和"毉"两字的考证,从学识和学风两方面进行了批驳:揭露他隐瞒学术事实,"对前辈成果只字不提";曲解对方意见,掩盖自己错误;引证材料粗疏,论证方法荒谬。

此外,2008年《中国语言学》(第1辑)发表了郭锡良的《汉藏诸语言比较研究刍议》、陈新雄的《郑张尚芳〈诗经的古音学价值〉述评》、孙玉文的《汉藏诸语言词汇比较中的词义对应问题》,自然也是属于这次论争的范围之列。

郭文根据考古成果、文献资料论证了:中华大地华夏族与四周其他族群是语言各异的部族;华夏族有史以来就使用同一语言,周代形成雅言,长期国体统一,书面语统一,形成语言融合成为主流,汉语没有分化成不同的语言。又从语言类型学方面论证了汉语与藏缅语族同源不可信。最后引用了《李方桂先生口述史》中他看低汉藏语系的可信性和批评白保罗靠双语词典搞汉藏语比较和构拟上古音的意见("他的方法让人误入歧途",此类构拟"纯属胡闹"),并批评某些人把白保罗的书捧作圣经,"这太可悲了";然后点出,"李先生的话似乎都是对着郑张、潘悟云这些人说的"。此文明显是对论争初期某些人声称"汉藏诸语言构成一个语系是常识"的说法,作出了决定性的回击。

陈文揭示出郑张的古音系统一部有三套三个主元音;入声韵尾不是向来的清塞音,而要根据民族语改成浊塞音;一个韵部既可以收喉(质-g、真-ng),也可以收舌(质-d、真-n)。不但扰乱《诗经》押韵,而且系统混乱,把人"搞得如堕五里雾中"。还批评郑张在一篇"古音学价值"中,推断出"莫须有"的"前冠音",弄出个"史无前例"的"连读音变"。这是这次论争中对郑张古音系统的一篇画龙点睛的专论。

孙文偏重从理论、方法的角度批驳了白保罗及郑张尚芳等运用比较词义的论证方法来证明汉藏同源,揭示他们在词义的对当

上常常任意牵合，荒谬比附；对那些为这种论证方法辩解、找托词
的论调也进行了直接批驳，指出是"颠倒了是非"。

三

这场论争从 2002 年爆发算起已经十年，如果从梅氏 2000 年
发表《中国语言学的传统和创新》算起，那就是十多年了。其实我
们同梅氏的分歧还早得多，只是没有爆发罢了。梅氏及其追随者、
信奉者把这场论争看作新与旧、先进与落后、科学与不科学之争；
我们则把这场论争看作崇洋轻中与以我为主（中外古今）、主观轻
浮与求真务实之争。毫无问题，这是学风和学术思想路线的大是
大非，迟早避免不了要爆发。现在分歧摆开了，事实俱在，是非自
有公论。

总之，经过论争，梅氏两次表示有错，这是我们应该欢迎的。
大家都看到，当初梅、潘他们那种来势汹汹的架势看来是没有了。
"汉藏语是一个语系是常识"的高调也唱不出来了，"研究古音不
用汉藏语比较资料"就是倒退的唬人戏文，听的人也应该少了。梅
氏及其信徒的不良学风和学术思想方面的底细受到了一次应得的
清算。他们打着李方桂的旗帜，却落得要被李先生斥为此类构拟
"纯属胡闹"，要被李先生叹息，"这太可悲了"。另方面，乾嘉学
派、章黄学派和以王力先生为主要代表的中国现代语言学的真实
价值，得到了一次比较全面的展示，中国语言学自己的优良传统得
到了一定维护。我们留下了一本《音韵学方法论讨论集》，组织编
辑了一本学术辑刊《中国语言学》，宗旨是"以中国语言学的优良
传统为根，取世界语言学的精华而融通之，坚定地走自主创新之
路，为繁荣中国语言学而奋斗"。综观全局，十年论争梅氏及其信
徒是处在被动挨批局面。然而问题相似的论争不限于古音学界，
语言学的其他分支也有这个问题，语言学领导机构中也有这个问

题,看来势力还不小;因此,对这场论争的前途我们虽然乐观,但是需要各方面的努力,才能遏制这种坏学风和坏的学术思想路线的泛滥。

2012 年 3 月 10 日初稿于海口
2012 年 7 月 6 日修订于燕园

原载《中国音韵学暨黄典诚学术思想国际学术研讨会论文集》,厦门大学出版社 2014 年

汉语史的分期问题

一 引言

汉语史是研究汉语的历史发展过程及其内部发展规律的科学。在历史科学中分期是个十分重要的问题。因为任何事物的长期发展都必然形成发展过程的不同阶段，不分期就很难说明客观事物发展过程的全貌及其规律。汉语在它的发展过程中也是有阶段性的，分期可以使我们正确认识汉语发展过程的全貌及其规律。如果不能科学地解决汉语史的分期问题，实际上就是没有弄清楚汉语是怎样发展的，研究将只能停留在表面，哪谈得上发现汉语的内部发展规律。但是在学术界对于汉语史分期的重要性并非已经取得一致的认识，在怎样分期，即根据什么标准分期和分成多少期等问题上，意见更是大有不同。

怎样分期呢？这是一个相当困难的问题。语言是一种社会现象。社会的发展推动着语言的发展，社会的分化、统一影响着语言的分化、统一。研究汉语史的分期当然应该联系汉民族的发展历史，应该注意中国社会发展对汉语发展的影响。但是社会发展只是语言发展的外在条件，而语言发展的方向和变化形式却是由语言的内部发展规律决定的，因此，汉语史的分期首先只能以汉语的语音、语法、词汇三方面的变化状态作为依据。古人的语言主要靠书面语保存下来，汉语的书面语已经有三千多年历史；先秦就形成了"雅言、通语"，也就是汉语的文学语言。汉语史的研究对象应该是这种文学语言，我们要考察各个时代的文学语言在语音系统、语法系统、词汇系统方面的发展变化,据此来给汉语史分期。

东汉以后汉语书面语分成文言、白话两个系统;我们重视白话资料,因为它更反映当时的口语。但是我们必须以这些书面语为主(包括文言),并结合现代汉语方言、中外借词对音、诗文押韵、汉字应用等其他材料,从文学语言的角度来考察汉语语音、语法、词汇的发展,才能弄清汉语发展的全过程。正如王力先生在《汉语史教学一年的经验和教训》中所指出的:"我们并不重视俗文学里昙花一现的东西。无论语音方面,语法方面,词汇方面,如果不能说明文学语言的发展的情况的,就不能认为汉语史的主要对象。"[10]上3

二　汉语史的两种分期意见

王力先生是汉语史研究的开创者,1954 年他在北京大学开设了一门从未有的新课"汉语史"。此后四年之中,王力先生全力以赴,不但综合了我国传统小学、当代汉学(包括中、外学者)的学术成果和个人二三十年的研究心得,还参考了当时条件下所能找到的苏联有关语言史的教学大纲和教材(《俄语历史语法》和教学大纲、俄译本的英语史和法语史教学大纲等),完成了《汉语史稿》这部开山之作,并于 1957 年 3 月至 1958 年 6 月分成上、中、下三册由科学出版社先后出版。

《汉语史稿》上册第一章设有专节《汉语史的分期》,讨论了分期的重要性、分期的标准,提出了分期的"初步意见",把汉语史的发展分为上古、中古、近代、现代四个时期:

(一)公元 3 世纪以前(五胡乱华以前)为上古期(3、4 世纪为过渡阶段)。

(二)公元 4 世纪到 12 世纪(南宋前半)为中古期(12、13 世纪为过渡阶段)。

(三)公元 13 世纪到 19 世纪(鸦片战争)为近代(自 1840 年

鸦片战争到 1919 年五四运动为过渡阶段)。

(四)20 世纪(五四运动以后)为现代[10]上35。

并且分别列举了四个时期汉语的语法、语音变化特点。

一直以来,汉语史研究者大多采取王力先生的分期观点,但是从上个世纪末起也有研究者是持古代和近代两分的看法。这其实是从五四时期文白之争延续下来的。黎锦熙先生在上个世纪 20 年代末发表的《中国近代语研究法》(参见《黎锦熙语言学论文集》)中就把"宋元至清末约九百年间"算作近代汉语,并说:"此一大段实为从古语到现代语之过渡时期,且为现今标准的国语之基础。"[4]16不过,影响最深远的论述还是吕叔湘先生在《近代汉语指代词·序》中的一段话。他说[7]:

> 秦以前的书面语和口语的距离估计不至于太大,但汉魏以后逐渐形成一种相当固定的书面语,即后来所说的"文言"。虽然在某些类型的文章中会出现少量口语成分,但是以口语为主体的"白话"篇章,如敦煌文献和禅宗语录,却要到晚唐五代才开始出现,并且一直要到不久之前才取代"文言"的书面汉语的地位。根据这个情况,以晚唐五代为界,把汉语的历史分成古代汉语和近代汉语两个大的阶段是比较合适的。至于现代汉语,那只是近代汉语内部的一个分期,不能跟古代汉语和近代汉语鼎足三分。

这仍是从五四时期文白之争来讨论问题的,不能认为是汉语史的严格历史分期。王力先生明确指出,汉语史的分期不能"以文体的转变为标准","文体的转变不等于全民语言的转变"[10]上33-34。

我们觉得,"以晚唐五代为界"划分文言、白话两种书面语,不无道理;可是由于两种书面语的发展同口语的关系复杂,"以晚唐五代为界"来把汉语分成"古代、近代"两个时期,实在是难以解释清楚汉语语言系统的历史发展过程。应该指出,给语言史分期,总得把语音、语法、词汇三方面联系起来考虑。汉语语音史先秦有《诗经》音系,隋唐有《切韵》音系,元代有《中原音韵》音系,三个音系将其两分,怎么切分呢? 至于汉语口语语法的历史发展过程以晚唐五代作为分期界限,也是缺乏根据的。比如,现代汉语判断句须用系词"是"和处置式"把"字句的确立都是在六朝或隋唐时期,而不是晚唐五代。又如,现代汉语表示情貌的形尾"了、着"的确立是在宋代,而不是晚唐五代(参看王力《汉语语法史》)。再说,汉语词汇系统在晚唐五代前后也变化不大,不足以划分为两个阶段。总之,这个两分意见看来是不宜奉为圭臬的。

我们不妨再参看几种外语史:

(一)英语史通常分为三个时期四个阶段(参看李赋宁《英语史》和秦秀白《英语简史》):(1)古英语时期:从公元450年至1150年;(2)中古英语时期:从公元1150年至1450年;(3)现代英语时期(分两个阶段):①从公元1450年至1750年为早期现代英语时期,正好也是文艺复兴时期;②从公元1750年至今为现代英语时期。

(二)俄语史一般分为四个时期(参看车尔内赫《俄语历史语法》"导言"第6节和阿列克先柯《俄语语法史》导言):(1)共同斯拉夫语时期,公元1世纪至6世纪。公元1世纪出现在东欧平原的斯拉夫——安特人,还处在氏族部落社会,他们不断发展,占据了东欧广阔的土地,有共同语言;6世纪后分为西斯拉夫部落、南斯拉夫部落、东斯拉夫部落,语言也逐渐分化。(2)东斯拉夫语时期,公元7世纪至12世纪。公元7世纪作为东斯拉夫人共同体的罗斯人,9世纪建立了基辅罗斯公国。基辅罗斯公国的发展在东斯拉夫人的历史进程中占有重要地位,它是俄罗斯、乌克兰、白俄罗斯三个斯拉夫族的文化摇篮,也是这三个语言的共同来源。

（3）古俄语时期,公元 12 世纪至 17 世纪。公元 11 世纪基辅罗斯公国瓦解,大小封建公国林立,公元 1147 年莫斯科城建立,莫斯科公国日益强盛,完成了统一俄罗斯的事业,形成了统一的古俄罗斯语。（4）现代俄语时期,公元 18 世纪以后。公元 17 世纪初罗曼诺夫王朝建立,彼得一世的改革推进了俄国的发展,18 世纪在俄语中也产生了许多新现象,奠定了现代俄语的基础。

（三）德语史分为六个时期（阶段）（参看约阿希姆·席尔特《简明德语史》）：（1）早期中古德语（5 世纪—11 世纪中叶）；（2）中期中古德语（11 世纪中叶—13 世纪中叶）；（3）晚期中古德语（13 世纪中叶—15 世纪末）；（4）早期近代德语（15 世纪末—18 世纪末）；（5）近代德语（18 世纪末—20 世纪中叶）；（6）现代德语（从 20 世纪中叶起）。

《简明德语史》在叙述分期之前还专列一章,讨论了德语的史前史,介绍了北欧日尔曼部落及其语言状况。

比照英语史、俄语史和德语史,它们都从公元以后讨论起,还分为四个时期（阶段）到六个时期（阶段）；汉语史从殷商时代讨论起,时间长了一倍以上,如果只分古代、近代两段,显然欠妥。

三　先秦汉语和近代汉语的分期问题

王力先生上世纪 50 年代提出他的分期时,明确指出：由于研究还不充分,"现在只能提出一个初步意见"[10]上35。因此,60 年代初,我们在汉语史课程的教学中,就开始对分期问题有了一些想法。

首先,对比甲骨刻辞和周秦典籍的语言,我们深感二者的语法系统和词汇系统差别很大,所以当时在讲稿中作了一些陈述。"文革"后又写了十多篇先秦语法史论文,大致可以归纳为以下几点：

（一）甲骨刻辞没有句尾语气词、疑问代词、状态形容词,没有表示判断的名词谓语句和特指问句（参看拙作《先秦语气词新探》

《远古汉语的词类系统》《远古汉语的句法结构》,载《汉语史论集》,下同)。

（二)甲骨刻辞指示代词只有"兹、之"两个不分远近的泛指代词,跟先秦典籍相比,不只是少了"其、此、斯、是、彼、夫、他(它)、莫、尔、若、然"等十几个指示代词,而且从体系上看,一个是单一的一类泛指代词体系,另一个是复杂的五类指示代词体系(包括:泛指和特指;近指和中指;远指;无定;谓词性代指)(参看《试论上古汉语指示代词的体系》)。

（三)甲骨刻辞名词、动词、形容词、副词、介词等词类也不只是数量的变化,而是在结合关系和句法功能上也多有变化发展(参看《远古汉语的词类系统》)。

（四)甲骨刻辞基本上只有单音节词,西周出现复音词,春秋、战国时代复音词占了词汇总量的百分之二十。这对语法系统的影响是巨大的。复音词的构词法、结合关系和句法功能都与单音词有差异,涉及语法系统的诸多方面(参看《先秦汉语构词法的发展》)。

总之,甲骨刻辞与周秦典籍之间词汇、语法的变化之大,是之后任何时候都无法相比的。后来杨逢彬发表的《殷墟甲骨刻辞词类研究》有更多可供对比、具有参考价值的材料和分析。至于音系面貌,两者之间的差别也不小,我在上世纪80年代发表的《殷商时代音系初探》中有所分析、探讨。

因此,我们将殷商时代的甲骨刻辞从上古汉语中切分出去,定为远古汉语。1960年我与唐作藩先生第一次合讲汉语史课时,曾把这个意见写进讲稿,后被印成讲义散发;1996年讲义被人抄袭,由济南出版社以《汉语史》名义出版。这一抄袭行为遭到了学术界应有的批评。

其次,王力先生提出"公元13世纪到19世纪(鸦片战争)为近

代",我们也有疑虑,认为似可分为两期:

(一)13 世纪至 14 世纪(南宋后半、元)为近古期,周德清的《中原音韵》音系和动词形尾"了、着"的确立是近古时期的语言变化标志。

(二)14 世纪至 17 世纪(明、清前期)为近代期,徐孝的《等韵图经》音系和用"拿、捉"表示处置式,用"吃、教"表示被动式的出现是近代时期的语言变化标志。

我们看到,从南宋后期到鸦片战争七八百年间,元、明之间音系的变化不小。拿《等韵图经》同《中原音韵》比较:声母由 25 个减少为 20 个;韵母由 19 部减少为 15 部,3 个-m 尾韵部消失了;声调也有差异,入声消失后转入其他声调,两者的区别也很大(参看王力《汉语语音史》)。语法系统、词汇面貌也有一些变化。总之,分为两个时期是比较适宜的。

把远古、上古分开,近古、近代也拆分为二,这当然是我个人的想法,也只能是"提出一个初步意见"。

四　社会发展与汉语史分期

有人把上古期、中古期、近代期再按朝代分为上古前期、上古中期、上古后期、中古前期、中古中期、中古后期、近代前期、近代中期、近代后期。这是依据王力先生的分期作了一些变动,也应该是"一个初步意见"。其中"鸦片战争至五四运动"阶段,王力先生定为近代至现代的"过渡阶段",而这里却划作"近代后期"。我认为,恐怕还是王力先生的处理更妥当,定作"近代后期"是不容易说清楚汉语发展的。王力先生四个时期之间都设有"过渡阶段",这是很有讲究的。因为语言的发展是渐进的、缓慢的,新、旧形式的并存时间可能很长,旧形式被替代而确立新形式需要时间,这就是设立过渡阶段的客观需要。

　　总的来看,汉语史的分期同中华大地、中华民族的社会发展、民族融合是息息相关的。殷商时代(公元前 14 世纪~前 11 世纪)政治、经济、文化远比春秋、战国时代(公元前 8 世纪~前 3 世纪)落后,春秋、战国时代是中国政治、经济、文化发展最迅速、变化最大的黄金时代,反映到语言上也发生了巨大变化,这就是分为远古、上古两个时期的客观现实。西周(公元前 11 世纪~前 8 世纪)不妨看作汉语远古时期到上古时期的过渡阶段。

　　汉魏以后,战乱频仍,匈奴、鲜卑、羯、氐、羌入主中原,民族融合,民众远道迁徙,都给汉语带来了重大影响,促进了汉语中古时期的确立。王力先生定"3、4 世纪"为汉语上古期和中古期的过渡阶段,正是看到了南北朝语言融合这一事实。有人据佛经译文的出现把东汉也算作中古汉语,则是完全缺乏说服力的。

　　王力先生把"12、13 世纪"定为汉语中古期和近代期的过渡阶段,这也是对宋代南北分治影响汉语状况的关注。后晋石敬瑭把燕云十六州割让给契丹后,今天的北京成了辽代的南方重镇(五京之一的"南京"),也是金代的燕京、"中都"。三百年间(936~1234)从东北地区到北京,契丹人(辽)、女真人(金)同汉人长期杂居,人口不断流动,逐渐融合汉化,给汉语带来了重大影响。正如马克思、恩格斯在《德意志意识形态》中指出的:在民族大迁移后的时期中,"到处都可见到的一件事实,即奴隶成了主人,征服者很快就学会了被征服民族的语言,接受了他们的教育和风俗"[8]81。辽、金两代在幽燕方言基础上形成的"燕京话"(北京官话的前身)应是北方辽、金两代所使用的文学语言。

　　辽、金南面的北宋、南宋却还是使用着以河洛方言为基础形成的《切韵》系统(《广韵》《集韵》),沿袭着中古时期的文学语言。蒙古统治者灭金后,建都燕京,改名大都,"燕京话"得以继续沿用,这就是《中原音韵》系统。

元朝覆亡,蒙古统治者仓促逃离大都,城池残破不堪,人口稀少。朱元璋公元 1368 年建立明朝,攻破大都不久,就封朱棣为燕王,两次移民近四万户屯田北平(即元大都)。建文四年(1402)朱棣夺得惠帝的帝位后,改北平为北京,更是频繁地从各地向北京移民,永乐十九年(1421)迁都北京,也带入了众多官民。前后 50 年从全国各地移居北京的人口,"估计当有几十万人"(参看林焘《北京官话溯源》)。方言杂处,不能不影响北京话,徐孝《等韵图经》就记录了这一事实。

王力先生还提出自鸦片战争到五四运动为近代至现代的过渡阶段,在我看来,这是更富有启发意义的。我们知道,英帝国主义者用鸦片毒害、腐蚀中国朝野,发动鸦片战争,把中国变成了半殖民地国家,英语也成了入主中国的外语,这与历史上汉语与境内语言接触的状况不同。因为这时我们的政治、经济、文化已不是处于先进的一方,而是处于落后的一方,因此,鸦片战争以后西方的哲学、社会科学、自然科学的名词术语大量传入中国,汉语的借词、译词比任何时候都多得多。正如王力先生指出的:"佛教词汇的输入中国,在历史上算是一件大事,但是,比起西洋词汇的输入,那就要差千百倍。"[10]下525汉语吸收西方哲学、政治、经济、文学、科学方面的名词术语,从明末清初就已开始,后来逐渐加快,戊戌变法以后,进度相当迅速。王力先生还指出:"现在在一篇政治论文里,新词往往达到百分之七十以上。从词汇的角度来看,最近五十年来汉语发展的速度超过以前的几千年。"[10]下525这正好说明鸦片战争到五四运动是汉语史从近代至现代的过渡阶段。

总之,我完全赞同王力先生设立过渡阶段的方案,只是认为应该增加远古、近古两个时期,这就是我对汉语史的分期意见。

本文 2013 年 7 月 23 日于蓝旗营完成初稿,8 月 17 日于蓝旗营修改定稿。初稿承张猛、华学诚、孙玉文三教授提供意见,多有采纳;孙玉文还提供了去年出版的《简明德语史》。在此深表谢意。

参考文献

[1]阿列克先柯 《俄语语法史》(中国人民大学俄语教研室译),时代出版社 1956。

[2]车尔内赫 《俄语历史语法》,宋玉升、佐左译,商务印书馆 1959。

[3]郭锡良 《汉语史论集》增补本,商务印书馆 2005。

[4]黎锦熙 《黎锦熙语言学论文集》,商务印书馆 2004。

[5]李赋宁 《英语史》,商务印书馆 2004。

[6]林 焘 《北京官话溯源》,《中国语文》1987 第 3 期。

[7]吕叔湘 《近代汉语指代词》,学林出版社 1985。

[8]马克思、恩格斯 《马克思恩格斯选集》第一卷,人民出版社 1972。

[9]秦秀白 《英语简史》,湖南教育出版社 1983。

[10]王 力 《汉语史稿》(上、中、下),科学出版社 1957、1958。

[11]王 力 《汉语语法史》,商务印书馆 1989。

[12]杨逢彬 《殷墟甲骨刻辞词类研究》,花城出版社 2003。

[13]约阿希姆·席尔特 《简明德语史》(袁杰译),同济大学出版社 2012。

原载《语文研究》2013 年第 4 期,
中国人民大学复印资料《汉语言文字学》2014 年第 2 期转载

也谈古汉语复辅音问题

一

古汉语复辅音的假设，可以上溯到 19 世纪下半叶。英国汉学家艾约瑟（Joseph Edkins）早在 1874 年就提出，根据谐声字来看，中国古代应该有复辅音。20 世纪初叶瑞典汉学家高本汉（Bernhard Karlgren）在《中日汉字分析字典》（Analytic Dictionary of Chinese and Sion-Japanese，1923）和《汉语词类（族）》（Word Families in Chinese，1933）中，从汉字谐声偏旁"所常见的，有一种 k-：l-和 p-：l-的转换"现象（《汉语词类》103 页），提出应给上古汉语构拟一套带-l-的复辅音声母。

国内学者林语堂也在此时发表了《古有复辅音说》（晨报六周年纪念增刊，1924），重点分析了古今俗语中的联绵词"窟笼、不律、突栾"等，认为它们是古有复辅音的"直接的凭据"（《语言学论丛》14 页）；还提出了"读音及异文的凭据"、"文字谐声的证据"（10 页）及"印度支那系"语言比较中的"复辅音的材料"（2 页），假设了 kl-、pl-、tl-几个复辅音。

高本汉、林语堂的古有复辅音假说引起了古音学界的高度重视，三四十年代国内出版的重要音韵学著作，大多探讨了古代的复辅音问题。例如，魏建功《古音系研究》（北京大学出版组，1935）、董同龢《上古音韵表稿》（《史语所单刊》甲种 21，1944）、陆志韦《古音说略》（《燕京学报》专号之 20，1947）都肯定了古有复辅音，对高本汉的假说有所讨论、修改，对复辅音遗存的各种证据、各种结构类型作了一些探索。

还有些学者写了复辅音专论,例如,陈独秀发表《中国古代语音有复声母说》(《东方杂志》,1937),首先肯定高本汉、林语堂,"其说可信,惜语焉不详"。然后从联绵字、谐声现象、又音、异读、方言、邻族语音、西方语言等方面,尽力搜寻论证古汉语有复辅音的资料,设想"古音不独有复声母 gl、dl、bl,似复有 mbl"(引自《古汉语复声母论文集》29 页),即不但有二合复辅音,还有三合复辅音。

罗常培在《语言与文化》(北京大学,1950)中也明确肯定了上古汉语有复辅音。只有王力先生在《汉语史稿》上册中采取保留态度,提出了质疑,说道(68 页,文集 91 页):"他(高本汉)在上古声母系统中拟测出一系列的复辅音,那也是根据谐声来揣测的……他不知道谐声偏旁在声母方面变化多端,这样去发现,复辅音就太多了。"这时对"古有复辅音说"直接发表否定意见的,只有唐兰。他在《论古无复辅音,凡来母字古读如泥母》(《清华学报》12 卷 2 期,1937)、《中国文字学》(开明书店,1949)中,以近代汉语无复辅音、汉字谐声系统的复杂性、同系语言的比较只是单文孤证为理由,批评了高本汉、林语堂的古有复辅音假说。

这是复辅音研究第一阶段的大致情况,虽然发表意见的学者,大多赞成古有带-l-的复辅音,但都还是采取探讨的态度,表示问题还有待进一步证明。

二

60 年代古汉语复辅音讨论进入第二阶段。俄罗斯汉学家谢·叶·雅洪托夫的《上古汉语的复辅音声母》(莫斯科第 25 届国际东方学会议论文集,1960)可以算这个阶段的开篇之作。原作是俄文,由罗杰瑞(Jerry Norman)译成了英文,作为会议论文集同时发表。作者从高本汉、董同龢著作中观察汉字谐声的交替现象，结合王力先生《汉语史稿》上古二等韵增加介音的主张，机巧地提出（《汉语史论集》43 页）："在《说文》中只能找到三个声母为 l 起首的二等字，而其中又只有一个常用字：冷（其馀两个是：挈、醆）"，因而把二等韵和复辅音拉到一块，说道（同上，45 页）："依我看，二等字既然像上面我所指出的那样同声母为 l 的字紧密相联，那么它们当中应该有过介音 l，即它们的声母曾是复辅音 kl、pl、ml 等等。"高本汉在《中上古汉语音韵纲要》（Compendium of Phonetics in Archaic Chinese，1954）中增拟了复辅音 *sl-、*sn-，雅洪托夫也讨论了清擦音和响辅音的交替现象，提出了 sm-、sng-、sn-、sl-等一类复辅音。在论证中举了一些藏缅语、泰语的材料做旁证。

雅洪托夫文章中这个上古二等介音 l 及其复辅音假说，得到西方汉学家的普遍关注，加拿大汉学家蒲立本（E.G.Pulleyblank）《上古汉语的辅音系统》（The Consonantal System of Old Chinese，1962）一文，在批评高本汉的复辅音说的不完善后说道（译文 67 页）："最近雅洪托夫提出一个肯定是正确的想法，韵图上二等的一组特殊元音……是-l-失落引起的结果。"蒲立本的这篇文章，正如他自己说的（1 页）："我打算通过早期外语的汉译材料来验证内部拟测。"因此他偏重引用梵汉对音、日语吴音、汉越语等域外译音资料作为论据，假设了更多复辅音，突出的是提出有一类"-ð-出现于舌根音，n 和唇音后面"的复辅音（115 页）。

李方桂《上古音研究》（《清华学报》新 9 卷 1、2 期，1971）赞成复辅音说，关于来母字的复辅音大体上"仍然采用高本汉的说法"（商务本 24 页），对雅洪托夫的二等介音-l-作了改进，改为有央化作用的卷舌音-r-；重点讨论了中古的心母和审母二等"常跟别的声母谐声"问题，提出除"高本汉已经拟有 sl-、sn-等复声母"，还"该有 st-、sk-等复声母，这个 s 可以算是一个词头"（25 页）。李方桂先生的拟音重视声母、韵母的音值，看重二者之间的关系及其对后代发展变化的影响，也重视藏缅语、侗台语（又称壮侗语）中可与汉语作比较的复辅音资料。这成了后来某些人讨论复辅音时高举的旗帜。尽管李先生一再强调"我认为上古声母尤其是复声母是个很复杂的问题，有许多谐声字还没有解释的办法"（85页）。"这只是我个人的一个假设"（103页）。可是到了追随者们那里，凭他们的一点点粗浅考察，却一再宣称上古汉语存在复辅音已成共识。

包拟古（Nicholas C. Bodman）《汉藏语中带 s-的复辅音声母在汉语中的某些反映形式》（载美《中国语言学报》，1973）一文，是收集了大量带 s-的复辅音藏文来讨论李方桂建立的汉语 sk-型复辅音的。他赞扬"李方桂慧眼独具"，从"舌根音与咝音互谐"的现象中，"认识到这些情况就是一种谐声关系，并且构拟了带有舌根与圆唇舌根音的 s-复辅音"，"这是一个巨大进步"（中文本32页）。作者引用藏缅语复辅音材料支持李方桂构拟 *sk-形式的复辅音，又拿藏缅语材料作根据，提出要给上古汉语建立 *st-、*sp-形式复辅音；并宣称"汉语与藏缅语之间的亲属关系变得愈加清晰了"。梅祖麟、罗杰瑞《试论几个闽北方言中的来母 s-声字》（《清华学报》新9卷，1971）一文则是收集17个中古来母字（芦、露、蓝、六、雷、螺、老、卵、貍、留等）在闽北方言中读作 s-声母，力求论证它们来自上古的 cl-型复辅音，后面也附有一些越南语、台语、藏语资料作旁证（见《古汉语复声母论文集》）。白保罗（Paul K. Benedict）在《汉藏语概要》（Sino-Tibetan: A Conspectus, Cambridge University Press, 1972）中更指认周民族属汉藏语系，构拟了原始汉藏语的辅音系统，拟了几种复辅音，并把词头和复辅音区别开来（见译本）。

正如严学宭自己说的，"自50年代"起，他就是"大陆研究鼓吹复声母学说"的领头人（《古汉语复声母论文集》6页），在《原始汉语复声母类型的痕迹》一文（1981）中，他"仍以《说文》谐声为主要依据,并参考其他材料,特别是比较了汉藏语系亲属语言声母体系中复声母的类型和结构规律"(《古汉语复声母论文集》124页),依据"超出谐声原则的异常谐声现象"(同上,126页),整理、归纳出古汉语的复声母二百多个:其中二合复声母 8 组 140 个,三合复声母 6 组 64 个,四合复声母 4 个 ɣkdl-、xsnd-、xsnth-、xsdl-(同上,126—147 页)。从而作出许多重大的推论:(1)"古汉语大量的复声母""是具有规律性的结构体系"(同上,148 页);(2)"古汉语复声母的提出",对汉语音韵学、汉语语源学、汉语训诂学、汉语古文字学、汉语构词法都有推进、充实的作用(同上,148—157 页);(3)"在上古汉语中存在着形态学构词法",因而"认为汉语构词法""经过四次更迭":"原始汉语构词法为附加法",上古"为内部屈折法",中古"为造句法",现代"为词性化的多音节词"(同上,163 页)。(4)"汉藏语系诸语言的亲属关系是客观存在的","可着手从事汉藏语系同源词的探求"(同上,164 页)。不免对古有复辅音说作了过度夸张的赞誉。

　　70 年代以后,研究古汉语复辅音的著作迅速增加,大多是在列举异常谐声现象的情况下,运用藏缅、壮侗、苗瑶诸语言的比较资料或方言残痕来印证古汉语的复辅音。他们对讨论的材料作出构拟,划分类型,设想其演变规律。总的来看,求实态度不无可商之处。80 年代以后,关注者更多,新人辈出,问题更加突出。这里以郑张尚芳的《上古音系》和潘悟云的《汉语历史音韵学》为例。郑张说"上古汉语存在复辅音声母也已成了共识"(47 页),提出所谓"后垫式复声母、前冠式复声母"(112 页),引用了十六七种藏缅、壮侗、苗瑶语来比附古汉语的"复辅音结构"(111—157 页)。潘悟云说"藏语与汉语的同源关系最为清楚……藏文所反映的古藏语与上古汉语最为接近"(139 页),毫无根据地大谈"谐声现象是上古汉语形态的反映"(122 页),应该跟古藏语一样,有"丰富的形态变化","汉语的形态是在历史发展过程中消失的"(124页),给古汉语设计出"前缀、中缀、后缀",还冒出一个"次要音节"(133—136页),引用的藏缅、壮侗、苗瑶语更是多达四十种。他们实际上是跟在白保罗、包拟古等的后面,用藏缅、壮侗、苗瑶等语言的复声母来框住古汉语的不规则谐声现象。牵强附会,无知妄说,比比皆是。

再说有人出了一个新招,他把别人论证上古汉语有复辅音的材料判作"远古汉语复声母的遗迹"(《古汉语复声母论文集》395页),从联绵词、同源词、异文、又音、读若、声训、假借字七个方面阐述了"远古汉语"(《诗经》时代以前)的复辅音,还批评"王先生不赞同先秦有复辅音……视野就会受到限制,把一些本来存在同源关系的词排除在同源词之外"(同上,401页)。该文批评王先生是他重点讨论的前两条中的第二条:"复辅音与同源词",举了两组例字为证:

亭(郭)　　墉　　城

(郭按:郭　古博切,见铎;墉　馀封切,馀东;城　是征切,禅耕。)

頯　　肫　　頔

(郭按:頯　渠追切,群幽;肫　章伦切;章文。頔　职悦切,章物。)

该文说:"按王先生构拟的先秦音系,亭(见,k)墉(喻四,ʎ)城(禅,ʑ)三字难以构成同源关系,读音相差很远。而采用李方桂的构拟(按,grj-),这个问题就解决了。"至于第二条,更简单(同上,401页):"頯、頔都是舌根音,如果知道肫的声母原本为krj-,也是舌根音,就可以确认三字为同源关系。"李方桂先生的构拟,他自己都确认"只是我个人的一个假设",该文却拿来作为立论根据,是否太轻率?而且即使照该文办,韵部能通过同源词的门坎吗?一组是铎部、东部、耕部,一组是幽部、文部、物部,该文也确认为同源词,这真是无所不转了。我看,李方桂先生也不会认同。另一重点讨论的第一条"复辅音与联绵词"也存在类似的问题,强词夺理,是难以让人置信的。这里就不费笔墨了。

这一阶段否定、质疑古有复辅音说的论著较少,论文只有(据《古汉语复声母论文集》):王健庵《"来纽"源于"重言"说——兼论带 l 的复声母问题》(1979)、徐通锵《山西平定方言的"儿化"和晋中的所谓"嵌 l 词"》(1981)、刘又辛《古汉语复辅音说质疑》(1984)、云惟利《从新造形声字说到复音声母问题》(1991)。在古有复辅音高潮中,和者虽寡,也不免掀起一点涟漪。

重要的是王力先生在《汉语语音史》(1985)中明确表示(26页):"上古汉语有没有复辅音?这是尚未解决的问题。从谐声系统看,似乎有复辅音。但是现代汉语为什么没有复辅音的痕迹?""'不律为笔'只是一种合音",像"'不可为叵'一样,我们不能以此证明'笔'的上古音就是[pliet]。"并指出高本汉依据他"所承认的谐声偏旁"构拟了十九种复辅音声母,"至于《说文》中所说的谐声字,为高氏所不承认(或者是故意抹杀)的……不胜枚举。上古的声母系统,能这样杂乱无章吗?所以我不能接受高本汉上古复辅音的拟测"(27—28 页)。

这是古汉语复辅音研究第二阶段的大致情况,说有的多,说无的少,似乎古有复辅音说已经得到广泛承认;而实际上是暴露出的问题越来越多,某些人的学风轻浮也表现得淋漓尽致。

三

本世纪初梅祖麟在香港语言学年会上发表《有中国特色的汉语历史音韵学》(2001)演讲,集中攻击王力先生和王念孙,还扫荡了乾嘉学派、章黄学派及其"旁支别流",引起了古音学研究的一场大辩论。梅氏攻击王先生不懂用谐声字和汉藏比较资料来研究古音,不承认复辅音,古音研究"的路线是总退却";因此"王力的上古音不能列入主流",列入"主流古音学著作"的有潘悟云的《汉语历史音韵学》。这篇讲稿自然是荒唐透顶,我被迫出来批驳。既要批驳,就必须全面反击,于是写了《历史音韵学研究中的几个问题》(2002)一文,在纪念《中国语文》创刊五十周年学术研讨会上宣讲。接着形成了本世纪初古音学研究的一场大辩论,汉语古有复辅音说跌到了挨批的地位,进入了它发展的第三阶段。

我在反驳梅氏的文章《历史音韵学研究中的几个问题》中,对比了王力、董同龢、李方桂三家如何对待古代有无复辅音的问题,指出梅氏杜撰的古音研究中的两条不同路线的说法是非常错误的,批评了梅氏和潘悟云认定谐声现象反映上古汉语有形态变化的论调。并拿两人著作中所举例证(岁、越、亡、氓、雇、催)进行分析、批驳,揭示了两人的荒唐无知(《音韵学方法论讨论集》7页)。黄易青在《论上古喉牙音向齿头音的演变及古明母音质》中从历史音变的角度批驳了梅氏的古有复辅音说(同上,298页)。孙玉文在《上古音构拟的检验标准问题》中也论证了潘悟云构拟的"复辅音声母和次要音节,经不起上古双声联绵词的检验"(同上,385页)。此后批驳复辅音的论著、论证更广泛深入,复辅音说者却提不出脱困的论据;但是怎样从汉字谐声系统、汉语语言系统,即从根本上解决汉语有无复辅音问题,仍有不少原则可以讨论。这里就试着谈一些看法。

(一)汉字一字一音,即一个字只表一个音节,不表一个以上的音节(合文除外);汉字一字多读,即一个字意义不同读音也可以不同,也就是有又读。这是自古至今汉字表达汉语的方式、规律,从殷墟和周原的甲骨文、殷周金文、篆隶行楷,概莫能外。例如:

1.各　甲骨文&一字两读。(1)来,至。后来写作"佫、格"。

"贞:王其各叀辛,王弗每(悔)"(人 2941)。按:引例多采自《甲骨文字典》,承广西大学教师梅军博士提意见,增加标点、注释(下同)。上古音:见铎。从"各"得声归喉牙音的 24 字(据《汉字古音手册》,下同):有"阁胳恪格骼挌荅蛒恪客额詻貉狢垎"等,分在铎部见、溪、疑、匣四母。(2)落。"御(郷)各日,王受又(祐)"(粹1278)。"各日"即"落日"。上古音:来铎。从"各"得声归来母的29 字:有"路露璐鹭潞蕗簵赂辂落洛络珞骆烙雒硌咨鮥略"等,都在铎部来母。由于"各"在甲骨文中一字两读,造成从"各"得声的谐声字在后代分居来母和喉牙音两处。

2. 戉 甲骨文 𐀹 一字两读。(1)钺,兵器。《广韵》月韵:"《说文》曰:'大斧也。'《司马法》曰:'夏执玄戉,殷执白戚。'"上古音:匣月。从"戉"得声的 9 字:"钺越樾"等,从"歲"得声的 5 字:"刿翽秽颒"等,都分在月部见、影、晓三母中。(2)年岁。"癸丑卜,贞:今戉(岁)受禾,弘吉"(粹 896)。甲骨文"歲"多作"戉",个别作𐀹。作"戉"是借形表义,形成两读,"歲"是后起分别字。上古音:心月。由于"戉"在甲骨文中一字两读,戉(岁)是舌齿音心母;后起分别字"歲"作声符仍属喉牙音,造成了"岁"声分属心母和喉牙音两类。

3. 令 甲骨文 𐀹 一字两读。(1)发号令。"壬申卜,古贞:帝令雨"(合集 14129)。上古音:来耕。从"令"得声的 23 字:有"领零玲铃龄伶"等,都在耕部来母。(2)命令。"甲骨文命令一字"(《甲骨文字典》89 页)。西周金文有分别字,加形符"口"作"命"。上古音:明耕。"命"不作声符。这里只是保留了甲骨文的一字两读,不涉及谐声分属唇音、舌齿音两类的问题,更与复辅音无关。来母和明母都是半浊音,对形成两读也许不无某种联系。

4. 来 甲骨文 𐀹 一字两读。(1)返,至。卜辞"来"象麦形,借用为往来字。"乙亥卜,贞:王其田,往来亡灾"(京4530)。上古音:来之。从"来"得声的16字,有"莱涞徕崃坐秾庲郲騋鯠赉勑睐"等,都在之部来母。(2)麦子,一种粮食。一说"麦"为"来"之初文,一说为繁简异体。"月一正曰食麦"(后下1.5)。上古音:明职。不作声符。这与上条"命、令"情况相似。

5.立 甲骨文 **<立>** 一字两读。(1)站立,树立。"丙子,其立中亡风。八月"(存二88)。"立中"即"立旂"。上古音:来缉。(2)位。"丁巳卜,又(侑)于十立:伊又九"(粹194)。"十立"即"十位","伊又九"指伊尹和其他九位(据陈梦家说)。又"王在周,各康庙,即立"(《元年师兑簋》)。"即立"就是"即位"。又:马王堆汉墓出土帛书《战国策》(转引自上海古籍《战国策》附录):"立重者畜人以利。重立而为利者卑,利成而立重者轻。"三个"立"字都是"位"。上古音:匣缉。从"立"得声的4字:"粒笠苙"等,从"位"得声的3字:"茷涖莅"。它们都在缉部来母。唯有"泣"字在缉部溪母。这是甲骨文一字两读造成谐声字分居来母和喉牙音的结果。

6.每 甲骨文 **<每>** 一字多读。(1)草盛貌。《左传·僖公二十八年》:"舆人颂曰,原田每每,舍其旧而新是谋。"上古音:明之。(2)悔。"肆(御)于之若,王弗每(悔)"(粹1195)。上古音:晓之(贿韵)。(3)晦,昏暗。"……至……弗每(晦),不雨"(甲641)。上古音:晓之(队韵)。这是甲骨文一字多读造成的谐声字分属明母和喉牙音晓母的例证。

7.史 甲骨文 **<史>** 一字多读。(1)事。"己丑卜,夬(争)贞:**<史>**叶(协)王史(事)"(甲3338)。上古音:崇之(志韵)。(2)官名,卿史。"贞:在北,史有隻(获)虎(羌)"(丙32)。上古音:山之(止韵)。(3)使,使令。"史(使)人于岳"(粹31)。上古音:山之(止韵)。(4)吏,官吏。《书·胤征》:"天吏逸德,烈如猛火。"上古音:来之(志韵)。从"史"得声的3字:"使驶敵",都在之部山母。这是甲骨文一字多读造成的谐声字分属来母和舌齿音的例证。

8.月 甲骨文⟨一字两读。(1)月亮,年月。"之夕月有食"(丙56[60]反)。上古音:疑月。从"月"得声的4字:"刖拐朗"等都在月部疑母。(2)夕,夜晚。"今夕亡囚"(粹690)。上古音:邪铎。从"夕"得声的2字:"汐歹",都在铎部邪母。卜辞假"月"为"夕",或加点以示区别,隶变后字形大异,形、音无瓜葛。甲骨文一字两读,声母韵部都差异很大;由于后起分别字差别明显,并没有造成谐声字的混淆。

9.䜌 西周金文🐛一字多读。(1)栾,木名,也叫灯笼树。《说文》卷六"欒"字条云:"《礼》:'天子树松,诸侯柏,大夫栾,士杨。'"段玉裁《注》:"'士杨'二字当作'十槐庶人杨'五字,转写夺去也。"上古音:来元(桓韵)。同谐声10字:"孿鷥䜌鑾欒"等。都在元部来母。(2)娈(孌),美好貌(金文无女旁)。上古音:来元(狝韵)。同谐声2字:"孌孌"。都是元部来母。(3)蛮(蠻)。周代金文无虫旁:"用政(征)䜌(蛮)方"(《虢季子白盘》),"虢史(使)䜌(蛮)夏"(《秦公簋》)。上古音:明元(删韵)。不作声符。明母与来母同为次浊,可通转。(4)变,战国文字。变化。见《诅楚文》。上古音:帮元(线韵)。帮母与明母同为唇音,可通转。这是西周金文一字多读造成的谐声字分属来母和唇音的事例;高本汉提出复辅音pl-,就是以"变、鸾"谐声作为根据,当然不足为据。

10.黑 殷代和西周金文有"黑"字。(1)黑色。《说文》:"火所熏之色也,从炎,上出囱。"《诗·邶风·北风》:"莫赤匪狐,莫黑匪乌。"上古音:晓职。(2)墨,楚帛书有"墨"字。《说文》:"书墨也。从土,从黑,黑亦声。"书画所用的黑色颜料。《国语·吴语》:"右军亦如之,皆玄裳、玄旗、黑甲、乌羽之缯,望之如墨。"又,商周有"墨刑",《周礼·秋官·司刑》:"墨刑五百。"上古音:明母职部。从"黑"得声的4字:"默嫼螺嘿",从"墨"得声的3字:"嚜纆蟔",都在明母职部。默,《书·说命》上:"恭默思道,梦帝赉予良弼。"从"默"字可见"黑"声早在西周就可读明母。谐声中口部、虫部两对字既作黑声,又作墨声,都读明母,"黑"字年代早,应该有明母又读。

以上十例都说明一字多读,形成汉字谐声系统的某些特例。甲骨刻辞假借字盛行,"其自西来雨"(合 12875)一句,除"雨"字外,其他四字全是假借用字,与本义读音也全是异读:"其箕、自鼻、西棲、来麦。""雨"字在后代也有两读。这就是汉字谐声系统声母纷繁复杂的原因。复辅音倡导者比附藏缅、壮侗、苗瑶诸语言提出汉语古有复辅音说,在这些材料面前只能彻底暴露其杜撰、虚妄的一面。

(二)古有复辅音说者杜撰"谐声反映上古汉语的形态现象",也就是说,古汉语与藏缅语同属黏着语,汉语是由黏着语变成孤立语的。这完全是无视汉语有文字以来三千多年的文献资料和历史事实的。

早在 1994 年我在《先秦汉语构词法的发展》一文中就阐述了(145 页):"甲骨文时代的语言可以说还是一种单音节语,只有单音节词。"举例说明了单音节语言要创造新词只能有词义构词、音变构词两种方式;然后讨论了周代汉语的复音化和复音构词法。复音化的方式有二:一是由单音节音变构词扩展为双音节的音变构词,二是结构构词法。

双音节音变构词"是周代的新构词方式,也是能产的方式",造成了周代"叠音词和双声叠韵连绵词十分丰富"(153 页)。我分析了《诗经》全书叠音词和双声叠韵连绵词的组成情况。(1)《诗经》有叠音词 353 个,如"丁丁、嘤嘤、黄黄、菲菲、夭夭、灼灼、雝雝、祁祁、涟涟"等；(2)双声兼叠韵联绵词9个，如"绵蛮、辗转、燕婉、契阔"等；(3)双声连绵词21个，如"栗烈、踟蹰、匍匐、黾勉、参差、玄黄、邂逅、拮据、鸳鸯、流离"等；(4)叠韵联绵词35个，如"蟋蟀、婆娑、悠游、逍遥、虺聩、差池、夭绍、仓庚、蜉蝣、螟蛉"等；(5)非双声叠韵联绵词19个(旁转、旁对转)，如"窈窕、岂弟、苌楚、滂沱、梧桐"等。今天来看，双音节音变构词，明显表现出从叠音到双声、叠韵，从状态形容词到名词扩展的现象。

由于周代社会发展非常迅速，双音节音变构词仍难满足社会对语言反映新事物、新思想、新认识的需要，于是产生了由音变构词向结构构词转轨的大趋势。结构构词是把两个或两个以上的语素组合起来，没有语音的限制，是最简便的构词方式，也是最能产的构词方式。周代结构构词的方式主要是联合式、偏正式、附加式，也有少数支配式。我们考察了《商周青铜器铭文选》所收的512件西周铜器铭文的复音词，作了分析统计(这里只计复合词)：(1)联合式43个，如"丕显、征伐、奔走、疆土、朋友、来格、暴虐、宁静"等；(2)偏正式38个，如"上帝、小子、天子、圣人、庶民、眉寿、百姓、大师"等；(3)支配式9个，如"司土(徒)、乍册、有司、司马、司寇"等；(4)附加式1个：有周。

由于铭文的文体形式所限，当然它不可能反映西周时期复音词的全貌；但是从中可以看出，结构构词的四类方式在西周早期成康时代就已经出现。结合《诗经》《论语》《左传》和战国诸子复音词资料，我们深感复音词迅速增加的事实，春秋战国时期复音词已占20%的估计，不为过高。我们在《汉藏诸语言比较研究刍议》中又对比了杨逢彬《殷墟甲骨刻辞词类研究》和崔立斌《〈孟子〉词类研究》的词表和统计，变化之大，有些出人意料。比如《孟子》有单音词2562个，双音词300个，三音词24个。复音词使用频率低于单音词，一部书中的复音词就占了10%以上，总体的比例自然更高。再如：甲骨文只有性质形容词 11 个，没有状态形容词。《孟子》有性质形容词 225 个，其中双音词 47 个：有状态形容词 89 个，其中双音 47 个，三音词 24 个，特别是有附加式的复音词"勃然、浩然、蹴尔、跃如、赫斯、纷纷然、茫茫然、荡荡乎、皇皇如、洋洋焉"等。附加式构成的新词对汉语孤立语性质带来一定冲击，词尾就是黏着性成分。这给汉语是由黏着语变成孤立语的鼓吹者可算是当头一棒。现在看来，复辅音论者提出的俗语"窟笼为孔""突栾为团""不律为笔"，应该也是双音节音变构词在战国时期的变种，作不了复辅音的论证。我们在《刍议》一文中说（本书 259 页）："复音化的各种构词法萌芽于西周早期，完备于春秋战国。"此后结构构词成了汉语构词的主要方式。现在我们要补充说一句，从整个汉语词汇历史发展的资料中，找不出复辅音的任何论据。

（三）古汉语来母在历史发展中变化最复杂，不少来母字在今天的方言中读音多特例。如泥母、来母在洪音中今音不分，都读 n- 或 l-，西南官话（武汉、成都），湘方言大多如此（参见《汉语方音字汇》第二版）。又如，中古支、脂、之、齐四韵来母字，如"犁、黎、离、狸、礼、李、里、理、利、吏"等二十多字，合肥都读 ʅ（按："斯"的韵母）。个别字如：(1)隶：成都、潮州 ti，长沙 tʻi，双峰 ti 文 di 白，南昌 tit，广州 tɐi，阳江 lɛi 文 tɛi 白（不标声调，下同）。我的方音衡山望峰话读 li 文 tʻi 白。(2)狸、力：建瓯 li 文 sɤ 白。(3)露：建瓯 lu 文 su 白。(4)雷：建瓯 lo 文 so 白。

湖南益阳话属于湘方言长益片，有些中古的舌齿音澄母、从母、船母字，今读却跑到来母中去了。例如：(1)茶：长沙 ꞔtsa 益阳 ꞔla；(2)坐：长沙 tso⊃ 文 tso⊃ 白益阳 lo⊃(3)蛇：长沙 ꞔse 文 sa 白益阳 ꞔla。这是方言声母读音的特例，绝不是古复辅音的遗迹。一般都说，谐声时代早于《诗经》韵读，但是我们面对的上万汉字，即以《说文》所收字为准，也包括了东汉的谐声字。一千多年的方音影响，谐声系统包罗了很复杂的情况，要有充分估计。

最近看到《古汉语研究》发表江荻的文章，提出汉语原是多音节语，到殷商时代"完成单音节化"，周代以后又复音化。这种论调很难理解。我不得不重申我在《汉藏诸语言比较研究刍议》中的一些观点，这就是：我们不赞同全人类一源说，更不相信世界几千种语言也都同源，我们赞佩李方桂先生在《口述史》中批评白保罗的《汉藏语言概论》的研究方式"根本不能称其为方法论"，"所有此类构拟纯属胡闹"（9页）。这里要补充一点的是：我们也不相信从一百个、两百个词表中找出几个、几十个貌合神离的同源词就能解决分开至少五六千年的汉藏诸语言的系属问题。最后我希望本文提供的材料、观点，对解决古汉语有无复辅音问题能有所推进。

参考文献

高本汉　《汉语词类（族）》（张世禄译），商务印书馆 1937。

林语堂　《语言学论丛》，开明书店 1933。

魏建功　《古音系研究》，中华书局 1996。

董同龢　《上古音韵表稿》，史语所 1944。

陆志韦　《古音说略》，《陆志韦语言学著作集》一，中华书局 1985。

罗常培　《语言与文化》，语文出版社 1989。

王　力　《汉语史稿》上册，科学出版社 1957。

——　《汉语语音史》文集本，山东教育出版社 1985。

唐　兰　《中国文字学》，开明书店 1949。

李方桂　《上古音研究》，商务印书馆 1980。

谢·雅洪托夫　《汉语史论集》，北京大学出版社 1986。

蒲立本　《上古汉语的辅音系统》，中华书局 1999。

包拟古　《原始汉语与汉藏语》，中华书局 1995。

白保罗　《汉藏语概要》，中国社会科学院民族研究所 1984。

郑张尚芳 《上古音系》,上海教育出版社 2003。

潘悟云 《汉语历史音韵学》,上海教育出版社 2000。

郭锡良 《汉语史论集》增补本,商务印书馆 2008。

——— 《汉藏诸语言比较研究刍议》,《中国语言学》第 1 辑,2008。

赵秉璇、竺家宁编 《古汉语复声母论文集》,北京语言文化大学出版社 1998。

《讨论集》编辑组 《音韵学方法论讨论集》,商务印书馆 2009。

徐中舒 《甲骨文字典》,四川辞书出版社 1990。

——— 《汉语古文字字形表》,四川人民出版社 1981。

北大中文系语言学教研室 《汉语方音字汇》第二版,语文出版社 2003。

郭锡良　2014.10.7 初稿于北京燕园

2014.10.30 修改于海口守拙居

本文在中国音韵学研究会第 18 届学术讨论会及汉语音韵学第 13 届国际学术研讨会上宣讲。并收入会议论文集,广西大学文学院 2014 年

上古闭口韵的分部问题

一

明末陈第作《毛诗古音考》，推翻前人叶韵说，为古韵研究开辟出正确道路。顾炎武继踵陈第，著《音学五书》，考核、比勘《诗经》一千九百多押韵字，综合贯串，"离析唐韵"，以入声配阴声，分古韵为十部，开明清古韵分部研究之先河。但是，筚路蓝缕，正如江永批评的：顾氏"考古之功多，审音之功浅"（《古韵标准·例言》）。因而在定韵、归类、分部方面难免有些粗疏失误。《音学五书》将《广韵》侵覃谈盐添咸衔严凡（包括入声：缉合盍葉帖洽狎业乏）九类闭口韵全部归并成先秦古韵一个部（第十部），这无疑是欠妥的。

江永著《古韵标准》，重视审音，将古韵定为十三部，主张"数韵共一入"，入声分为八部。上古闭口韵分成两部，阳声分侵、添（严咸衔凡），入声分缉、盍（帖业狎乏），以缉承侵（第十二部），以盍承添（第十三部）。段玉裁著《六书音均表》，分古韵为十七部，闭口韵同江永一样分为两部：第七部侵盐添（入声缉葉帖）；第八部覃谈咸衔严凡（入声合盍洽狎业乏）。《六书音均表》中有《古十七部谐声表》《诗经韵分十七部表》《群经韵分十七部表》，最先为古韵分部（包括闭口韵）提供了诗文押韵和谐声的全面材料。王念孙、江有诰都分古韵为二十一部，王多入声韵质部，江多阳声韵中部（即冬部）；也都把闭口韵明确划分为侵、谈、盍（江作葉）、缉四部。这一分部结论长期被学术界推崇，王国维甚至说"古音二十二部之目遂令后世无可增损"(《周代金石文韵读·序》)。此话虽太绝对,但是王、江的分部确不愧登上了清代古音学的顶峰。再说,江有诰的《音学十书》中,也有《诗经韵读》《群经韵读》《楚辞韵读》《廿一部谐声表》《入声表》等,在段玉裁之后为古韵分部研究又提供了更丰富、可信的诗韵、谐声材料。章炳麟、黄侃居清代音韵学之末叶,章氏从脂部分出队部,定古韵为二十三部,黄氏主张阴、阳、入三分,又从章氏的二十三部中再分出入声五部,定为二十八部。闭口韵仍采王念孙、江有诰侵、谈、缉、盍四部说。这是明清两代古韵分部研究发展的概况。

二

　　20 世纪中国语言学在西学东渐大潮中,迅速走上现代化,音韵学也不例外。这里首先要提到高本汉,他著《中国音韵学研究》(法文原著四卷:1915、1916、1917、1926,中文译本 1940)和《汉字与汉日分析字典》(1923),分别构拟了汉语的中古音和上古音,对中国音韵学的现代化起了无可替代的引导作用。王力先生在《中国音韵学》(1936,再版改名《汉语音韵学》,1956)中首先介绍了高本汉的中古、上古拟音系统。高氏在《汉字与汉日分析字典》中根据谐声和《诗经》押韵分古韵为 26 部(高未立韵部名称,王依"夏炘二十二部之名称及次序,再体会高氏之意加谷铎瑞没四部"),高氏的闭口韵也是分侵、谈、缉、葉四部。

　　1937 年王力先生发表了《古韵分部异同考》和《上古韵母系统研究》。《异同考》将谐声偏旁分为 32 类,取《诗经》入韵字列在谐声偏旁之下,从而考察自顾炎武、江永、段玉裁、王念孙、江有诰到章炳麟、黄侃共十一家古韵分部的异同。《上古韵母系统研究》受章炳麟设立队部的启示,从脂部中分出微部,也定古韵为二十三部。1957 年写《汉语史稿》时,王先生改为赞同审音派,以《广韵》

音系为纲,比对诗韵、谐声,提出古韵十一类二十九部。在《汉语音韵》(1962)一书中,列出了 29 部《谐声表》。在《古韵脂微质物月五部的分野》(1963)一文中,论述了自己的分部原则。晚年在"文革"(从 1973 年起)中还著作了《诗经韵读》《楚辞韵读》。既采纳了明清以来音韵学名家的成果,又加上自己的研究心得,标上了国际音标拟音。这一工作为 80 年代撰写《汉语语音史》提供了有价值的材料准备。至于闭口韵的分部,王先生也一直是采用王念孙、江有诰的缉、侵、葉、谈四部。

文献是人类文化的结晶,研究汉语的历史发展离不开殷商以来三千多年的文献资料。从顾炎武、段玉裁、江有诰到高本汉、王力、李方桂,都把诗韵、谐声作为古韵分部的主要依据,再比对《广韵》来决定每个汉字的古韵地位。考古派更重视诗韵、谐声,审音派更看重《广韵》音系。我们认为两方面都重要,要辩证对待。不过闭口韵的分部恐怕要偏重《广韵》音系,因为闭口韵字少,诗韵、谐声的材料更少,难以满足分部的需要。下面试作具体分析:

(一)缉部的分部讨论

诗韵资料(据王力《诗经韵读》《楚辞韵读》,载《王力文集》第六卷,下同):

《周南·螽斯》3(第三章,下同)揖蛰	《邶风·燕燕》2 及泣
《王风·中谷有蓷》3 湿泣泣及	《秦风·小戎》2 合軜邑
《小雅·皇皇者华》1 隰及	《小雅·常棣》7 合翕
《小雅·无羊》1 湁湿	《大雅·大明》3 集合
《大雅·棫朴》2 楫及	《大雅·板》2 辑洽

以上《诗经》十章是押缉部韵,有 15 个字,入韵 23 次。重复使用的 4 字:及 4 次,泣 3 次,合 3 次,湿 2 次。涉及的谐声偏旁 10 个:及、立、合、湿、内、缉、集、执、邑、翕。通过十章押韵,十个偏旁已经系联起来。又:

《小雅·六月》1 服急国　　　　　《大雅·思齐》4 式入

以上《诗经》两章都是职缉合韵,"急、入"应在缉部,但是在《诗经》中谐声系联不上。再看《楚辞》:

《离骚》:"忽驰骛以追逐兮,非余心之所急。老冉冉其将至兮,恐修名之不立。"(急立)

《天问》:"武发杀殷,何所悒?载尸集战,何所急?"(悒急)

《九辩》:"圆凿而方枘兮,吾固知其鉏铻而难入。众鸟皆有所登栖兮,凤独遑遑而无所集。愿衔枚而无言兮,尝被君之渥洽。太公九十乃显荣兮,诚未遇其匹合。"(入集洽合)

以上三处押韵将《诗经》合韵涉及的"急、入"两个声符系联进缉部;可是却仍有"沓、遝"等谐字不少的声符系联不进来。还有一些不作声符的散字"龘、霫"等也未入韵。这就只有比对《广韵》来决定它们是否要归入缉部。

(二)葉部的分部讨论

诗韵资料:

《邶风·匏有苦叶》1 叶涉　　　　《卫风·芄兰》2 叶韘韘甲

《小雅·采薇》4 业捷　　　　　　《大雅·烝民》7 业捷及

《商颂·长发》7 叶业

《九歌·国殇》:"操吴戈兮被犀甲,车错毂兮短兵接。"(甲接)

《九章·哀郢》:"心不怡之长久兮,忧与愁其相接。惟郢路之辽远兮,江与夏之不可涉。"(接涉)

据江有诰《群经韵读》(下同),《周易》蒙卦和《韩非子·扬权》中还各有一处葉部押韵:

《周易·蒙》:"《像》曰:山下出泉,《蒙》。君子以果行育德。'利用刑人',以正法也。'子克家',刚柔接也。"(法接)

《韩非子·扬权》:"主施其法,大虎将怯。"(法怯)

以上葉部押韵材料九处,12 个入韵字:业 3 次,接 3 次,捷 2

次,法 2 次,涉及谐声偏旁八个(业、捷、枼、甲、接、涉、法、怯)。江有诰和王先生的《谐声表》葉部都收声符二十多个,这样一来,领有不少被谐字的声符就无法系联进葉部了。列举一些声符及被谐字如下(据《汉字古音手册》增订本,下同):

鼠(鬣、獵、躐、儠、擸、犣、邋);

盇(闔、盖、阖、阖、磕、嗑、溘、蓋、礚);

夾(颊、荚、郏、挟、浃、蛺、唊、侠、峡、狭、硤、陜、匧、悏、篋);

昜(榻、蹋、鰯、阘、躢);

瓦(轧、颪、铘、踠、抚);

聂(嗫、颞、躞、镊、摄、慑、渫、囁);

劦(恊、毸、协、搚、胁、嗋);

甶(插、铺、歃)。

根据《汉字古音手册》初步统计,上古葉部入韵声符 8 个,共收被谐字 73 个;全部声符 22 个以上,包括不作声符的散字,葉部共有 228 字。这就是说,葉部无论从声符或所收字总数来看,都有三分之二左右不能通过诗韵来归部;只能通过对比《广韵》,从语音发展系统规律的角度来解决问题。

(三)谈部、侵部的分部讨论

谈部诗韵资料:

《王风·大车》1 槛菼敢

《陈风·泽陂》3 萏俨枕(谈侵合韵)

《小雅·节南山》1 岩瞻惔谈斩监　　《小雅·巧言》2 涵谗

《小雅·巧言》3 甘餤　　　　　　　《小雅·采绿》2 蓝襜詹

《大雅·召旻》3 玷业贬(谈葉通韵)　《鲁颂·閟宫》6 岩詹

《商颂·殷武》3 监严滥遑(谈阳合韵)

《天问》:"勋阖梦生,少离散亡。何壮武历,能流厥严。"(亡严,阳谈合韵)

《九章·抽思》:"愿承间而自察兮,心震悼而不敢。悲夷犹而冀进兮,心怛伤之憺憺。"(敢憺)

《招魂》:"朱明承夜兮,时不可淹。皋兰被径兮,斯路渐。"(淹渐)

《周易》坎卦:"初六,习坎,入于坎,窞。"(坎窞)

《周易》坎卦:"象曰:'习坎。'重险也。"(坎险)

《管子·侈靡》:"先其士者之为自犯,后其名者之为自瞻。"(犯瞻)

《庄子·齐物论》:"大言炎炎,小言詹詹。"(炎詹)

以上十六处是《诗经》《楚辞》和先秦其他文献有关谈部的所有押韵资料,涉及 15 个声符(监、炎、敢、严、詹、斩、函、巤、甘、占、奄、坎、金、臽、犯),约占江有诰和王先生所列谈部声符(27/31)的二分之一,其中的函声、巤声、占声系联不进来;还有一些领字很多的声符未进诗韵,例如:

兼(蒹、縑、鰜、鹣、谦、歉、慊、傔、嗛、嫌、稴);

韱(殲、瀸、薟、櫼、孅、籤、纖、襳、攕);

猒(厭、壓、懕、靨、魘、饜);

冄(髯、蚺、姌、呥、袡、枏、聃、蚦)。

初步统计,《汉字古音手册》(增订本)收谈部字 367 个,不属 15 个入韵声符之内的字不少于三分之一。这就是说,谈部也同缉部、叶部一样,无法通过诗韵、谐声来归部,而只能通过《广韵》,从语音发展的系统对应关系来解决问题。

上古闭口韵中只有侵部的诗韵材料最多。据王先生《诗经韵读》,仅一部《诗经》就有 50 处押侵部韵(王先生赞同严可均,把冬部并入侵部),不同的入韵字 57 个,共出现 130 次。这里只举几例:

《召南·草虫》1 虫螽忡降　　　《秦风·小戎》2 中骖

《小雅·何人斯》4 风南心　　　《小雅·宾之初筵》2 壬林湛

《大雅·云汉》2 甚虫宫宗临躬　《鲁颂·泮水》8 林黮音琛金

以上六处侵部押韵，可以说明不少问题。江有诰《诗经韵读》主张冬部和侵部分开，叫做中部；他在《草虫》《小戎》《云汉》三处都注明是"中侵合韵"。江有诰《诗经韵读》注押"中部"的有 10 次，注"中侵合韵"的有 7 次。

再看王力先生的《楚辞韵读》，在这里，他把冬部、侵部分作了两部，侵部押韵 6 次：

《离骚》心淫（481 页）　　　　《九章·涉江》风林（516 页）

《九章·哀郢》心风（519 页）　《九章·抽思》潭心（522 页）

《招魂》心淫（552 页）　　　　《招魂》枫心南（559 页）

冬部押韵 6 次：

《九歌·云中君》降中穷爞（490 页）

《九歌·河伯》宫中（497 页）　《天问》躬降（505 页）

《九章·涉江》中穷（517 页）　《卜居》忠穷（540 页）

《招魂》众宫（555 页）

东冬合韵一次：《离骚》庸降（478 页）

侵东合韵一次：《天问》沉封（510 页）

冬侵东合韵一次：《九辩》中湛丰（550 页）

王先生说（《王力文集》第六卷，11 页）："从《诗经》用韵的情况看，冬侵合并是合乎事实的，所以《诗经》的韵部应该是二十九部；后来由于语音演变，冬部由侵部分化出来，所以战国时代的韵部应该是三十部。"应该说，这是正确地总结了《诗经》《楚辞》的上述押韵情况。也就是说，冬部原是侵部的合口，由于合口呼与闭口韵尾的异化作用，-m 尾变成-ng 尾，脱离侵部，转向了冬部。

从以上的诗韵材料来看,涉及两部的声符有:

侵部 18 个:林心三今风(凡)音南耽骖钦僭侵琴甚男临深金。

冬部 10 个:虫螽(冬)忡降宋宫戎宗浓众。

依江有诰、王先生的韵谱,侵部还缺常用声符"咸"(咸、諴、喊、感、鹹、轗、顑、缄),"圅"(涵、菡、蛹、颔),"禀"(廪、凛、懔)和散字"审、闯"等,冬部还缺肜声和散字"宋、赗"等。《汉字古音手册》(增订本)侵部收字约 370 个,冬部不到 100 个。从入韵声符到《手册》收字,估计都有九成以上进入了诗韵范围。通过这些诗韵、声符来归部,再比对《广韵》,把个别未入诗韵的声符、散字纳入进来,就可以得到需要的分部。而且从实际考察中还可以了解到冬部从侵部分化出的一些情况和问题。

上文已经说过,在《诗经》中,冬部自押 10 次,侵冬合押 7 次,这里还补充一点,另有侵蒸合韵 3 次。到了《楚辞》中,侵部押韵 6 次,冬部押韵 6 次,另有东冬合韵 1 次,侵东合韵 1 次,冬侵东合韵 1 次。这说明在《诗经》时代,侵冬合押 7 次之多,确实已融为一体;其次是侵蒸比较接近,用王先生的体系解释,就是主要元音相同。可是到了《楚辞》时代,侵冬无疑已经解体,冬东倒是明显接近起来。不过必须指出,声符"风"仍留在侵部,有三处诗韵为证:《九章·涉江》风林,《九章·哀郢》心风,《招魂》枫心南。到了《广韵》中,声符"风"才跟上冬部进入通摄。这就是王先生《诗经韵读》将风声和凡声一同列入侵部而不列入冬部的原因。

从闭口韵分部的过程和具体情况看,正如王先生在《古韵脂微质物月五部的分野》所指出的:"我们把先秦韵文中押韵的字系联起来成为一个韵部,这是正常的做法。"但是,"切韵音系在很大程度上反映了上古汉语的语音系统","语音系统应该是一个重要标准。""例如谈部,《诗经》入韵字那样少,古音学家们仍然划得出

一个韵部来。兼声、金声、笘声等，都可以从语音系统而知道它们
属于谈部。""考古与审音是相反相成的"（文集 17, 289 页），要辩
证对待。并检讨"在过去，我对语音的系统性是注意得不够的"
（288 页）。这就是他由考古派转为审音派的思想基础。

三

上古闭口韵的分部，学术界大都采纳江有诰两类四部的意
见，王力先生也不例外；只是他又赞同章炳麟晚年的主张，认为
《诗经》时代冬侵两部应该合为一部，战国时代才分开。从上文
诗韵、谐声材料的具体分析看，我们认为，王先生的处理是有理
有据的。

这里须要提到，上古闭口韵的分部还有一个争论，那就是
1936 年《制言》杂志发表了黄侃的遗作《谈添盍帖分四部说》（载
《黄侃论学杂著》）。该文是不赞同上古闭口韵分为缉侵葉（盍）谈
四部的，主张把谈葉（盍）两部再分出两部，成为缉（合）侵（覃）谈
添盍帖六部。理由是"收舌"的阳声韵元（寒）真（先）文（痕）三部
和入声韵月（曷）质（屑）物（没）三部两两相配，成为六部；"收唇"
的阳声韵和入声韵也应该各分三部两两相配，与"收舌"的韵配
套。第二个理由是"谈、盍既为本韵，与添帖必当有分"（290 页）；
因为按黄氏的主张一、四等韵都是本韵，在他的 28 部中一等的谈、
盍还没有跟四等的添、帖分开，自然也成了一分为二的理由。

1978 年王力先生发表了《黄侃古音学述评》（载《王力文集》
第十七卷），探索了黄氏的古本纽、古本韵说；肯定了他的两大贡
献："第一是照系二等和照系三等分属不同的古纽，第二是入声韵
部的独立"（393 页）；批评了"黄氏以古本纽证明古本韵，又以古本
韵证明古本纽，陷于循环论证的错误"（399 页）。这时正是"文
革"后章黄学派力图振兴之际，《述评》自然难免招来一些反批评。

"循环论证"说是黄门最不愿意听的,有人就用黄侃的话"二物相
挟而变"作理据来批驳。这里不想多费笔墨,就只指出,上古韵部
的变化并不受古本纽的"挟制",即不以古本纽为条件。本文前面
提到冬部从侵部分化出来是韵头、韵尾的异化,而不是以古本纽为
条件;至于汉魏以后11个入声韵部的长入丢掉辅音韵尾变为阴声
韵去声,也不是以古本纽作条件。我想这就足够说明问题了,还是
回到有关《谈添盍帖分四部说》的争论吧。

《述评》首先指出该文不是"黄氏晚年的主张",而是1918年
写作的。然后提出批评(403页):"谈添盍帖四部分立的证据也是
不充分的,韵文材料既少,谐声关系又犬牙交错……觉得说服力不
强。"有的文章却明显地逆向大赞此文(《黄侃学术研究》145页):
"既有音理,又有音证。""从已知推出未知,谈、盍之补出固无异
词。"应该指出,这种赞美实在太欠考虑。

我们知道,黄氏此文一开篇就从谈韵、盍韵都只有古本声十九
纽说起,推论出"谈、盍既为本韵,与添、帖必当有分"。"今当举
《诗》韵,及他书韵,及迭韵、声训、音读,以求证明四部之分",还要
证明"以覃、合等六部,与寒、曷等六部相配之理"(291页)。这可
说是黄文的提要,明白地公示出写作的目的、路线。文章进入论证
核心后,首先分两类举出了谈、添、合、帖四部的声符,接着列举四
部见于先秦的入韵字,先抄录如下:

(1)声符(谈、添部25个,盍、帖部17个):

谈、添部:炎猋奄猒弓马甘兼贛欠广詹占夹闪西甜冉签毚斩僉
毚爕叕。

盍、帖部:劦甲夾業陟瓦耴涉聶臿㕻聿图鼠妾导瀺乏。(291页)

(2)入韵字(谈、添部23个,盍、帖部5个):

谈、添部:炎《庄子·齐物论》叶詹。谈《诗·节南山》叶巖、
瞻、惔、斩、监。惔见上。剡《诗·大车》叶槛、敢。淹《楚辞·招

魂》叶渐、枫、心、南。甘《诗·巧言》叶餤。（以下只举入韵字，删引例）犯……涵……窨……监……苔……蓝……槛……滥……坎……詹……瞻……襜……砧……斩……险……谗。（291页）

盍、帖部：甲《诗·芄兰》叶（郭按：脱"葉"）韘；《楚辞·国殇》叶接。业：《诗·采薇》叶捷；《烝民》叶捷、及（郭按：缉部）。涉《诗·匏有苦叶》叶葉。接《易·蒙象传》叶法。

法《易·蒙象传》见前。（292页）

黄文所举声符估计参考了江有诰的《谐声表》，江表谈部列声符27个，葉部列声符23个。黄文谈、添部所列25个，与江表谈部相同的22个；盍、帖部列17个，与江表相同的12个。相同的没有问题，不同的问题就多了。首先他增加的声符多是僻字、怪字，谈添部增加4字：马、弓、赣、燮；盍、帖部增加5字：陟、耴、邑、冈、导。这些字大多没有造字功能，列上它对分部的作用不大。更糟糕的是还出了不少错，例如："燮"江表列在葉部，黄文却改到谈、添部；"陟"是职部字，"邑"是侵部字，黄文却列作盍、帖部。黄文自列7个声符，就有3个错了韵部，让人不可理解。按此办理，古韵分部能得出正确结论吗？

再说黄文所举诗文的入韵字，与本文第二节仿段玉裁《六书音均表》的韵谱形式（容易系联）不同。涉及的诗文和入韵字基本一样，结论却大异。黄文谈、添部"淹"字下注："《楚辞·招魂》叶渐、枫、心、南。"我们举出《楚辞·招魂》这处押韵的全文，认为只有"淹、渐"相押。至于"枫、心、南"是紧接下面的另一处押韵。抄录如下："湛湛江水兮，上有枫。目极千里兮，伤春心。魂兮归来，哀江南。"而且是押侵部韵（参考江有诰、王力的《楚辞韵读》），黄文再次把谈部、侵部混到了一块。这对他要把谈部一分为二的企图是不利的。在材料处理方面，盍、帖部除上文按语指出的脱误外，黄文还少列《楚辞·哀郢》和《韩非子·扬权》两处押韵字（见本文

第二节），不影响分部，就不讨论了。

　　问题最大的是黄文举出入韵字后，所作结论更大出意外。在谈、添部后说："《诗》韵之连属者：'炎詹斩臽甘'五声相属。'马毚'二声相属。'占'与炎、马等字未见相属。"在盍、帖部后说（292页）："'甲涉'二声相属。'業'与甲等字未见相属。"对比本文在第二节举出谈部、葉部的韵读材料后所作结论，差异很明显。我们举出谈部的诗韵材料后，结论是有 12 个声符得以系联，2 个系联不进来。黄氏的结论却是只有"五声相属"。问题何在呢？一是声符的认定不同，二是黄文有遗漏，例如他的声符表中明显列有奄声、欠声，入韵字中也有"淹、坎"，在"诗韵之连属者"中却未计入。至于声符的认定，黄氏重视"取《说文》最初声母"，其实这是靠不住的。段玉裁《六书音均表》有监声，黄氏不取，却相信《说文》的"监，从臥，䘓省声"。《说文》省声的说法问题不少，这一条更完全被甲骨金文所否定。他列举的入韵字中有"监、蓝、槛、滥"，大概被算在臽声中了，这是错误的。段玉裁、江有诰的谐声谱中都有敢声，黄氏却依《说文》的说法，"敢"的籀文是从"古"得声，古声属鱼部，他入韵字表中的"敢"和"嚴"就被吞没了。这不是自相矛盾吗？应该说，这些既是材料处理的轻率，也是理论上的失误。

　　黄文交代声符的"连属者"之后，"更就四部所衍字声，求其洪细之别"（即考察声符属洪音还是细音），并列举了谈、葉（盍）两部一些"叠韵、声训、音读"的材料；然后就将他前面所举声符分成四部定了下来：谈部"炎"等 13 个，添部"焱"等 13 个，盍部"甲"等 5 个，帖部"劦"等 12 个（294 页）。纯属主观设定，恕不列举。这里只举几条，说明它所存在的问题。前文已经指出："燮"在葉部，黄文仍列谈部；"陟"属职部，黄文仍列帖部；《楚辞·招魂》"淹"与"渐"押，都属谈部，黄文却把"奄"列添部，"斩"列谈部。前两条在刘赜《声韵学表解》中有了改正，"燮"改列帖（葉）部，"陟"被删除

（179 页）。我们可以指出，黄氏没有证明谈、葉（盍）两部可以分为谈、添、盍、帖四部，也证明不了；因为谈、葉（盍）两部的声符在《广韵》中根本分不开，而且"叠韵、声训、音读"材料只能起旁证作用。

最后，黄文将收唇的闭口韵比附收喉韵和收舌韵，提出"覃、谈、合、盍之别，犹东、冬、屋、沃之别也"，特别是跟收舌韵拉在一块，认为"覃、谈、添、合、盍、帖，与痕、寒、先、没、曷、屑六部相配，彼六部收舌，此六部收唇。故此十二部字，几于无一不通；不同声，即同训"。然后从开合、洪细、通转角度列一大表，把收舌音分成入声韵曷、屑、没和阳声韵寒、先、痕排在中间（列《广韵》韵目），下列他定的收唇音六部（入声韵盍、帖、合，阳声韵谈、添、覃），上面罩上收舌阴声韵歌戈（歌）、灰（脂）部等。接着举一些"叠韵、声训、音读"的例子（295—297 页），由此证实他的主张："知覃等六部实为寒等六部之收唇音"（298 页），有共同的阴声韵，即歌、灰等部。我们不得不指出，这些论据可信度实在不高。例如："葉，从世声；葉帖，世曷。"黄文是说"葉"属收唇韵帖部，而"世"属收舌韵曷部。可是大徐本《说文》："徐铉等曰：'当从卅，乃得声。'"又："邑，从口；邑合，口灰。"按《说文》"邑"是会意字，口不是声符，"邑"在收唇的缉（合）部，"口"在收舌的微（灰）部，有何矛盾？又："鷙、鵪、挚、蟄、鋹、从執；執，从㚔声；鷙屑（质），㚔合（缉）。"古韵平上为一类，去入为一类，"高本汉把執声的字归入他的第十五部（即缉部）"（王力 17，281 页），是对的，《汉字古音手册》（增订本）从之。应该说，这里不仅论证材料有问题，首先是理论上不可信。收舌的阳声韵、入声韵各三套，共六部，就设定收唇的阳声韵、入声韵也是各三套，共六部；收唇的韵没有相应的阴声韵，就把与收舌相应的阴声韵嫁接上去。这有什么理论根据？语音系统的平衡是相对的，不平衡是绝对的。收喉的古韵有六套，是否要让收舌、收唇韵也变成六套呢？

　　《谈添盍帖分四部说》写作两年后,黄侃发表《音略》却仍持二十八部说,未改为三十部;有些文章赞扬黄氏"立言审慎"。依我看,是他已发现"分四部说"的失误而不坚持。因此 1933 年刘赜先生出版《声韵学表解》时,经他首肯,明确改正了此文有关声符的失误(燮、陟)和遗漏(敢、辵、曷)。《声韵学表解》"曲有条理,最便初学"(章炳麟《题辞》语),也许可算是给黄氏音韵学说作了一个小结。

　　经过以上考察,我们认为,王力先生的《述评》确实是他"讲清代古音学,在备课过程中仔细看了黄氏的著作"后,"叙述并分析黄氏的古音学说""加以评论"的文章(373 页)。它对黄文的批评并不过分,上古收唇韵分为三套的主张也是难以成立的。上个世纪 80 年代我编写《汉字古音手册》,采用王力先生《汉语史稿》的古音系统和拟音体系,闭口韵只有缉、侵、葉、谈四部;本世纪初增订时,对收-p 的入声韵作了一些改动,即把王先生入声韵分长入、短入的主张,扩展到包括-p 尾韵。在声符的处理上,采纳了高本汉、李方桂"立位""内纳"同声的意见。

2015 年 7 月 5 日于燕园

原载《纪念周秉钧先生诞辰一百周年学术研讨会论文集》,
湖南师范大学文学院 2015 年 7 月

再谈《鸟鸣涧》的释读问题[*]
——答蔡义江《新解难自圆其说》

十多年前我看到新编《千家诗》《唐诗选》等选本对《鸟鸣涧》的注释，觉得有些地方不妥当，就写了一篇短文《王维〈鸟鸣涧〉的"桂花"》，发表在《文史知识》2002 年第 4 期。我赞同《鸟鸣涧》中的"桂花"是指月光而不是指桂树的花朵，作了比较全面的考证和分析。《文史知识》同年第 7 期又推出了蔡义江的《新解难自圆其说——也谈〈鸟鸣涧〉中的"桂花"》，对我的论点进行了批驳。蔡文我多年没有看到，直到 2008 年吴金华教授邀我到复旦大学讲几次课时，我的讲课题目之一是《漫谈知人论世与字、词、句落实——评古典诗词误释三例》，其中一例就是《鸟鸣涧》。课后，有人把蔡文下载复印给我，后面一次课我对蔡文简单地作了一些交代。我认为它没有解决字、词、句的落实问题，有些提法不妥当；却对他提出唐以前的诗中就有写春桂的例证，表示也许我把话说得太满了，要好好考虑。

今年暑假陕西师大举办汉语言文字学高级研讨班，要我讲课，我这次又谈到了《鸟鸣涧》的问题。在课堂上，我提到了蔡文，指出他没有弄清楚《鸟鸣涧》是写山区春忙季节的夜景；又分析、推想王维隐居终南山的辋川别墅很可能是处在一个东南山势比西边高的山谷。讲完课后陕西师大的胡安顺、党怀兴两教授带南京大

---

* 本文初稿曾分送鲁国尧、郭芹纳、胡安顺、张猛、孙玉文等教授，承他们提供宝贵意见，多有采纳，谨此致谢。

学讲课的鲁国尧教授和我参观了蓝田猿人出土处和王维辋川别墅遗址。参观遗址时,发现遗址的地形完全适合我对《鸟鸣涧》的分析、推论。我高兴得和老友们讨论起来,他们都鼓励我把它写出来。这里就结合蔡文,再谈谈《鸟鸣涧》的释读问题,作一次迟到的答辩。

一

这里先抄上王维的《鸟鸣涧》:

> 人閒(简体作"闲")桂花落,
>
> 夜静春山空。
>
> 月出惊山鸟,
>
> 时鸣春涧中。

为了让读者了解双方的论点、论据,并把我上次短文的内容简单概括如下,全文可分为两部分:(1)一开篇我就列举了《唐诗选》等注释"人闲桂花落"为寂静中桂花飘落的四种说法,同时也举出《绝句三百首》把"桂花"释作指代月光的说法,表示我同意是指代月光。并对前说混淆"闲、静"的词义进行了分析批评,指出几家的解释并不一致,都没有落实字、词、句。(2)论证句中的"桂花"是指代月光。首先指出"花"是"华"的六朝后起字,都有花朵、光华两音两义;隋唐时"光华"一般写作"华",但仍有写作"桂花"来指代月或月光的,举了梁简文帝、庾信、李贺三人的诗句为证。接着我提出三点来论证《鸟鸣涧》的"桂花"是指代月光的(详情见下文)。

蔡文也分为两部分:第一部分是对我有关"闲、静"论述的批驳,第二部分是有关"桂花"的指代问题。这里先谈第一个问题。蔡文开篇就指责我的短文"看起来似乎理由相当充分",但"结论是完全不能接受的";并用讥讽的口吻说:"历来诗家谈王维《鸟鸣涧》诗的倒不少,唯独不见专说这一句的;旧时注本也未见注释这一句的。这在我想来,是因为这句诗太明白了,实在没有什么可说的话","不像今天有人以为桂花非在秋天开落不可。"接着又奚落《中国历代文学作品选》把"人闲桂花落"注释为"桂花落人间的倒文,意谓月光照亮了大地";却大捧余冠英主编的《唐诗选》是"集中了当时一批古典文学精英","由余冠英负责,钱钟书参加初稿"的精品著作,它把桂花注释为"春日发花的一种","是对把桂花注成月光的误解的纠正,是很正确的"。

蔡文奚落《中国历代文学作品选》,为什么不也介绍一下选注者的队伍呢? 我们知道,这部作品选是上个世纪 60 年代高校文科的统编教材,当时统编教材是选择、集中了全国的主要学术力量进行编著的。该作品选是由朱东润主编,"中编由马茂元、胡云翼编选,并与曹融南通读全稿";隋唐诗是"由马茂元任注释工作",交代得清清楚楚。这个编选力量恐怕并不弱于《唐诗选》吧?《唐诗选》的《前言》交代:"参加初稿和修订工作的有余冠英(负责人)、陈友琴、乔象钟、王水照同志。"《前言》由余冠英和王水照署名。明白人恐怕最多也只能说各有所长吧? 而且蔡文奚落马茂元,也只是他的一孔之见。

至于蔡文说"这句诗太明白了",我当初也有这种感觉,不过我们完全是从不同角度考虑的。我在上次的短文中说,《唐诗选》"把这句诗注释错了",跟他的结论正好南辕北辙。在这里为什么"旧时注本"和马茂元等跟我有同样感受呢? 这是古人和马茂元、胡云翼这些前辈学者的古诗文语感和生活感受所决定了的,也与他们都有一定的传统小学根底有关。因为这里的"桂花"如果不认准是指月光的话,那么不但这句诗无法落实字、词、句,整首诗也无法说清楚。因此,古人会觉得"这句诗太明白了",用不着注释;

马茂元出自学生古今语隔的顾虑,采取了"倒文"这个不恰当的说法。

我上次的短文首先从字、词、句落实的角度批评了几种注释本,提出:"'闲'和'静'的意思是不同的。'闲'是闲暇、空闲、悠闲,重在表示没有事情、没有活动,与'忙'相对;'静'是安静、清静、寂静,重在表示没有声响、安定不动,与'动'相对。'闲'一般是没有安静义的。"批评一些注本,"用'寂静'或'安静'来释'闲',已经犯了转移概念、注释不准确的毛病"。蔡文讥讽我:"这有点像讲现代汉语,又像是不知一个字本就有多种义项。"又以古注用"对举、互文"来"证明语辞的同义"来反驳我。

很抱歉,我在这里不是讲现代汉语,而是根据传统训诂学和现代学科汉语史来讨论问题的。蔡文在后面说:"建国初我还在念大学时","恩师夏承焘教授曾为我改过一首习作小诗。"看来他大学毕业大概在 1955 年以前吧? 那么他分不清现代汉语、古代汉语、训诂学、汉语史内容,就一点不奇怪了,因为那时中国根本没有开设这些课程。他专搞文学,毕业后也没补这方面的知识,才会指鹿为马吧!

再说,传统训诂学中用"对举、互文"来证明语词同义,这必须十分严谨,因为诗词中对举的词语未必就同义。他却从《诗词曲语辞汇释》中引了一条:"坐,犹自也。《文选》鲍明远《芜城赋》:'孤蓬自振,惊沙坐飞。'善注:'无故而飞曰坐。'无故而飞,犹云自然飞也。坐亦自也。坐与自为互文。"蔡文津津乐道地拿它来作为自己强辩的有力论据。我们知道,张相汇释词语,没有从语义系统出发;正如他在《叙言》中所说的:"竭其千虑,终有一隔。"特别是以"互文"作为论据,更易失准。蔡文却以此为据,论证"王维将'闲'与'静'对举作互文",说明"闲、静"意思相同。他全没有考虑这里的"闲、静"的语义关系与"坐、自"是否一致或相似,这已经是方向错误。

　　进而他还列举了三联诗句,按照他的理解来强辩:(1)"洒空深巷静,积素广庭闲"(王维《冬晚对雪忆胡居士家》诗)。蔡释:"这里的'静'与'闲'也都是大雪中静寂无人的意思。"(2)"人闲始遥夜,地迥更清砧"(李商隐《摇落》诗)。蔡释:"也说人寂静时长夜才刚开始。"(3)"向来幻境安在? 回首总成闲"(刘克庄《水调歌头》词)。蔡释:"'闲'更只有空的意思了,与有没有'活动'、'事情'毫不相干。"

　　强辩的手法之一是:代替对方设置不能成立的说法,说什么"我们总不能把'闲庭'解说为没有事情的庭院、'闲花'为没有活动的花吧?"从我的短文能得出这样的解释吗? 按我的思路(从词义系统考虑)只能认为:"闲庭"的"闲"是与空闲、清闲、悠闲、休闲有关,"闲花"的"闲"是与闲置、闲散、闲杂有关。"闲"的词义引申网络是复杂、多向的,有近义词,还有同源词;但是"闲"还是"闲",不是"静"。如果古人在这里要表示寂静义,为什么不说"静庭、静花"呢?

　　蔡文强辩的手法之二是:跟《唐诗选》等注释《鸟鸣涧》的"闲"相似,不管词义系统,不落实字、词、句。我在上次短文中只从词义系统方面批评了几种《鸟鸣涧》的注释,没有作具体语句分析。这里不妨补作一点汉语语法分析:《中华古诗文读本》:"人闲桂花落:在寂无人声之时,桂花轻轻飘落。"《唐诗选》:"'闲',寂静意。在寂无人声人迹处,花开花落无声无息。"刘璞《"桂花"不是月光》:"夜已深,人们都安睡了……夜静极了,甚至连桂花飘落的声音也隐约可闻。"我们知道,"人闲桂花落"是两个主谓结构,上述三种解释不一致,有哪一种把"人闲"表述准确了呢? 至于两个主谓结构之间的关系也是一笔糊涂账。上次我批评他们"已经犯了转移概念、注释不准确的毛病",错在哪里?

　　这里蔡文所举的例一,"闲"与"静"对举,都是"静寂无人的意思"。试问,能不能换成"深巷闲、广庭静"呢? 勉强换了,是不是意义也将有变化? 例二是"人闲"与"地迥"对举,为什么"闲"又不是"迥"义呢? 这一条条都说明每个字词都有自己的语义系统,不是可以随意搅混的。例三的"闲(闲)",蔡文以惊讶的口气说"更只有空的意思了"。这有什么奇怪呢? "闲"从造字开始就是表示空隙、间隙的,闲空、空闲是引申义(同源词),"闲"本身就有空义。蔡文的惊讶只是表现出他对词义系统太不熟悉,少见多怪了。不过,也应该指出:"闲"直接表空虚义的确实不多,这里与押韵有关。

<h2 style="text-align:center">二</h2>

　　现在谈第二个问题。我上次的短文叙述了"花、华"的音、义关系及简单的历史变化后,又指出从六朝到唐代都有用"桂花"指称月亮或月光的,举了梁简文帝《望月》诗、庾信《舟中望月》、李贺《有所思》的三联诗句为证。接着提出三点来证明《鸟鸣涧》中的"桂花"也是指称月光的:(1)一般都知道桂花是秋天开花的,江南许多地方女孩九月出生(农历),往往取名"桂华"或"桂花"。(2)分析《全唐诗》出现"桂花、桂华"的全部诗句,作出统计:"在76首写到桂花的诗中,近三分之一的诗作可以推定是写秋景的,其他是无法确定季节的。"因而推论说:"大致反映了一般人的认识,桂花是秋天才开花的。"(3)引述了李时珍《本草纲目》、赵学敏《本草纲目拾遗》、陈昊子《花镜》三本古代著作有关桂花的论述(这里只摘引最重要的词句):"桂生合浦交趾","江南桂八、九月盛开","又有四季桂、月桂,闽中最多……花时凡三放"。得出结论:桂树本是南方树木,逐渐向北移植;四季桂、月桂"只生长在南方亚热带地区,像福建、广东"等地;"岭南以北,长江、黄河流域,都只生长八、

九月盛开的秋桂"。

蔡文首先从讽刺我"借助于电脑检索"统计《全唐诗》，"有超过三分之二写到桂花的诗""无法确定季节"，"何其多也"开始；接着就挖苦我摘引李颀的诗，理解错了。李颀《送东阳王太守》："昔年经此地，微月有佳期。洞口桂花白，岩前春草滋。"他认为是写春桂的。大度地表示："我（蔡）宁可相信他（郭）没有看出来，而非隐瞒不报。"

我的短文是把它"列在不能肯定是指称月还是植物的三首诗之中"。蔡文是如何肯定它是写春桂的呢？他说："'微月'（初三之月）怎能把地面照'白'？又为何单单照在'洞口'呢？"（郭按：为省篇幅，只引最关键的字句，下同。）请问，"微月"真是"初三的月牙儿"吗？还是去好好研究一下吧。要知道，张继的"月落乌啼霜满天"才真是写初三的月牙儿。这里的"微月"起码也是初五、初六以后的月亮。还有，桂花的特点在香味浓烈而不在颜色，它的花小，隐藏在叶丛中；照不白地面，又怎么照得见桂树开出的花是白色的？而且桂花一定是白色吗？至于为何单单照在洞口，这也很好解释，就因为昔年相聚之处是在"洞口、岩前"。这里可以肯定，看走了眼的是蔡文；上次短文我没有肯定它是指称月还是植物，这次则毫不犹豫认定是指称月光。

接着蔡文提出，唐以前诗中就有写春桂的，举了两例：（1）"桂吐两三枝，兰开四五叶。是时君不归，春风徒笑妾"（鲍令晖《寄行人》）。（2）"缓步遵汀渚，扬枻泛春澜。电至烟流绮，水绿桂涵丹"（摘自江淹《采石上菖蒲》诗）。请问，鲍照妹妹的诗真的写了桂花吗？"桂吐两三枝"只是说桂树春天吐出两三枝嫩芽来，怎么就成了开花啊？江淹说的"水绿桂涵丹"，倒确实是说的桂树开花，而且是开红花。不过，可惜蔡文又没弄清楚江淹是在哪儿写的这句诗。经考察，这是江淹贬官吴兴县令时所作；吴兴即现在福建省浦城县,培植丹桂的历史悠久,现在被称为中国的丹桂之乡。江淹"梦笔生花"的故事就出在这里。我在短文中交代很清楚:"四季桂、月桂,闽中最多。"批驳者为什么视而不见呢?

下面,蔡文绕了很大一个圈子(三四百字),引用"段成式'据所见'否认有秋桂,已遭讥议",告诫我"不能走向另一极端"。然后才举出两人三例"唐诗写春桂"的例子:(1)"吾爱山中树,繁英满目鲜。临风飘碎锦,映目乱非烟。影入春潭底,香凝月榭前。岂知幽独客,赖此当朱弦"(李德裕《春暮思平泉杂咏》二十首中的《山桂》)。(2)"相思春树绿,千里亦依依。鄂杜月频满,潇湘人未归。桂花风半落,烟草蝶双飞。一别无消息,水南车迹稀"(于武陵《友人南游不回因而有寄》)。(3)"日暖上山路,鸟啼知已春。忽逢幽隐树,如见独醒人。石冷开常晚,风多落亦频。樵夫应不识,岁久伐为薪"(于武陵《山中桂》)。

例(1)李德裕的《山桂》真是写的春桂开花吗?大可商量。这里须要指出的是:首先要弄清楚李德裕是在什么情况下写出这《杂咏》二十首的。原来他是在党争中被排挤外出当地方官,在淮南节度使(治所在今江苏扬州市)任内写的。《杂咏》二十首有三首是写桂树的。这是第九首,第六首是《红桂树》,第八首是《月桂》,每首题后都有花色的介绍。《月桂》后还有产地,如:"出蒋山(今南京钟山),淡黄色。"平泉是李德裕在洛阳南的一处很大的山庄,范围有十里。《杂咏》二十首大都表现了他退隐田园的思想,在第三首《书楼晴望》中说:"幽居人世外,久厌市朝喧。"是最直接的说法。三首写桂树的诗,则是退隐思想的形象表现,并非描写当时"暮春"的平泉景物;何况"影入春潭底",也只是"山桂"之影,并不是"桂花"。

例(3)于武陵的《山中桂》,题目就值得商讨,《全唐诗》作《山上树》,下注"一作桂"。全诗还有五处异文,没有一处提到"桂",

只说了"幽隐树"(且《全唐诗》本作"处",下注"一作树"),连樵夫都不认识,这要落实为"春桂",恐怕太勉强吧? 只有例(2)这首于武陵的诗,从字面看,是说的春桂开花,其实是当时党争中的艺术形象。《全唐诗》载:"于武陵,会昌时(841—846)人,诗一卷。通考大中(847—858)进士。"我匆匆浏览了他的 50 首诗,多退隐、忿慨之辞。这时正是牛李党争激烈阶段,大中二年(848)九月李德裕被贬为崖州(今海南)司户,第二年死在崖州。我认为,于诗是透露着党争的某些消息。我们即使再退一步,承认蔡文的分析,那么陕西有春桂的诗作最多也不过一首,比我统计的《全唐诗》中可以肯定是写秋桂的有近三分之一(二十多首),是否少得太多了? 可是作者却以此为据,推论"当时终南山一带,不但有春桂,而且可能还很多","还相当出名"。把诗句、诗题中有南山和桂花字词的诗,都论述成写终南山的春桂,如卢照邻的《长安古意》"独有南山桂花发"。这恐怕也太随意了吧? 即使一时博得读者的赞同,恐怕也经不起时间的考验吧!

　　接着,蔡文提出古人只把"从上往下、由高向低掉的现象,称作'落'","光与落的概念连不起来"。还指责我"举'桂花'指代月的第一个例子""就搞错了"。他重新"举那首诗的前半"(梁简文帝《望月》诗,我只举一联)说:"流辉入画堂,初照上梅梁。形同七子镜,影类九秋霜。桂花哪不落? 团扇与谁妆?"他分析:"说月光的只是开头'流辉'二句,三、四句说月形同镜,光影似霜。五、六句说,即传说月中有桂花,它怎能老不零落呢?""这里的'桂花',并非指代月,它还是桂花,只不过是传说里的月中桂花而已。"我的短文举萧纲的诗句明确是"以桂花指代月",而未说指代月光。六句诗句句都是写望月,发问也是向月发问,而不是向桂花。蔡文几百字的论述里,一下是月,一下是月光,一下还跳到月亮中间去了,逻辑混乱。这恐怕很难服人。

　　至于古人"光与落的概念连不起来"的说法,却不得不回应几句。"月光落"三字我们虽没有在古籍中找到,但是"落霞、落晖、落照、落月"的词语却是古人常用的,这是古人把这两个概念连起来的方式。杜甫《梦李白》二首中"落月满屋梁,犹疑照颜色"一联中的"落月",难道不是落进房屋中的月光吗?王勃的名句"落霞与孤鹜齐飞"(《滕王阁序》)中的"落霞",既可以落向地面,还可以"与孤鹜齐飞"啊。而且《鸟鸣涧》中是以"桂花"来指代月光,更谈不上"概念连不起来"。蔡文最后还用"已故恩师"为他改过的"一首习作小诗"来教训我如何写诗,如何理解王维的《鸟鸣涧》。这受到了推出他大作的编者按语的高度赞扬!可是我早就确认他(蔡)对整首诗都理解错误,尤其经过这次的再学习,更加坚定不移,对他的那些颇欠考虑的说教,只能敬谢不敏了。

　　我还想回问一点,在上次的短文中我花了接近四分之一的篇幅引证三本本草、花卉著作说明桂的种类、生长地域,以此说明长江、黄河流域只生长秋桂。这是我三个证据中的首要证据,蔡文却只用"所引用的前人书上的话,是完全得不出这个结论来的",就一笔带过。请问合适吗?

　　为了证实这个问题,这次我们更要在这个具有决定意义的论据上占用较多篇幅。我们一方面查阅了《中国桂花栽培与鉴赏》《陕西植被》等著作,发现今人的研究成果与明、清古人差不多,有发展,更细。众所周知:桂花喜温暖、湿润,它的生长对温度、湿度、日照都有一定要求。《中国桂花栽培与鉴赏》说(18页):"桂花喜温暖,适合生长在亚热带地区……实践证明,露地栽培桂花,以年平均温度在15℃以上,1月份平均温度在3℃—5.5℃之间,极端低温不小于-8℃最宜。"它跟古著一样,"将桂花品种分为四季桂、银桂、金桂、丹桂四个品种群"(26页)。介绍银桂、金桂、丹桂三个品种群都是"植株较高大,多为中小乔木,花期集中于8—11月间"

（27 页）。只有"四季桂品种群,植株较低矮,常为<u>丛生灌木状</u>"。有两种类型:一种"多见于冬季和春季花期",一种"主要见于秋季花期。花期长,以春季和秋季为盛开期"（26 页）。它还概括介绍"桂花原产于我国西南部和喜马拉雅山东段","在我国云南、四川、湖南、湖北、广东和广西等地,均有野生桂花树分布"。现在"秦岭以南至南岭以北的广大北亚热带和中亚热带地区,是桂花集中分布和栽培地区"（3 页）。又指出"桂花花期一般为 9—10 月份。桂花植株的开花迟早,因品种不同而异"。也"因地区气候环境不同"而"有迟有早"（15 页）。还说:"我国长江以北地区的桂花多为盆栽"（99 页）。"作为盆栽桂花品种,多为灌木型"。"四季桂品种群中的所有品种,以及银桂、金桂、丹桂品种群中的部分品种,均适合盆栽",但"以四季桂品种群中的品种作盆栽,较为多见"（39 页）。"颐和园盆栽桂花已有上百年的历史"。"当颐和园'颐和秋韵'桂花展拉开帷幕时",就可以看到这些古桂（179 页）。

《陕西植被》指出:秦岭北坡位于暖温带落叶阔叶林带的南部,因此,亚热带生长的"许多植物是本省(陕西)秦岭北坡及其以北所没有的(就是秦岭南坡也仅有少量,而多见于巴山),如黄杉……川桂、香樟"等（407 页）。又,"还有一批属于亚热带的植物,如经济植物,如油桐、油菜","果树主要有柑橘","四旁绿化植物有苦楝、桂花"等,"这些植物绝大多数不越过秦岭而生长"（408 页）。

我们还查阅了《中国植物志》。此书 80 卷 126 分册,体现了中国植物学的最高成就。第三十一卷载有樟科月桂属 28 个品种的桂花简介,全是乔木秋桂,最矮的 3—6 米,最高的达 28 米。产地多为华南、西南,其次是浙江、江苏、江西和湖南、湖北,都被列为多个品种的产地。陕西则只列为高达 25 米的川桂一个品种的产地之一,十多年前秋天我在陕西师范大学开学术会议,正好碰上校园内一株高大的川桂盛开。

第六十一卷载有木犀科桂花5个品种的简介。这里最须要介绍的一种是:"木犀,通称桂花。常绿乔木或灌木,高3—5米,最高达18米","花期9—10月"。"原产我国西南部,现各地广泛栽培"。编著者还特加说明(108页):"笔者在查阅广东、浙江、江苏、四川、福建等地大量标本中以及观察庭园栽培植物中,仅发现少数标本花序近寻状,俗称四季桂(小灌木,高1.5米—2.0米,一年可开几次花)。"木犀科桂树有灌木,有春桂,但是包括庭园栽培也只在长江流域以南。其他木犀科桂树四个品种,都只生长在华南的广东、广西、海南或西南的云南、贵州、四川。

从《中国桂花栽培与鉴赏》《陕西植被》到《中国植物志》都说明秦岭以北地区没有春桂,与明清的本草著作论述一致。这样说来,我上次的引证是正确的。蔡文的作法,不说是隐瞒证据,也要算掩盖事实了。蔡文还批评我顺便提到的"今年有便到西安,向朋友请教,也都说陕西的桂树是秋天开花"的,说道:"这充其量只能说明今天的情况,可是沧海桑田",要考虑自然环境变迁;按他的说法,唐代终南山有春桂,现在没有了,是由于"保护生态环境和物种多样性"做得不好,"乱伐森林"造成的。这就不得不指出,蔡文太想当然了。古今植物著作都明确论述了,桂树本是岭南植物,随着生产技能的提高,日益向北移植,这是我国林业生产发展的大方向。我们要尊重科学,要尊重古今植物学专家的研究成果;"沧海桑田"是不错,但是不要分不清方向,混淆事实。据今《蓝田县志》载(65页):"(蓝田)年平均温度13.1℃,一月份平均温度-1.3℃。"与上文提到的桂花栽培适宜温度相比,很明显气温过低,不适宜桂花露地过冬。栽种秋桂都有困难,至于春桂就只有盆栽了。可是唐代恐怕还没有温室盆栽技术吧? 更何况蔡文描述的春桂是带有自然生长的色彩啊! 看来,蔡文"唐代终南山有春桂"的说法,真不知道它怎样逃脱"难自圆其说"的结论。

<h1 style="text-align:center">三</h1>

　　蔡文批驳我的主要内容，以上已经作了初步答辩。从这次答辩过程，我才发现我面对的不只是一个蔡文的作者，他还掳获了一些粉丝。比如，《文史知识》发表他的文章时，就有署名"望舒"的编者按，给蔡文唱起了热情洋溢的赞歌："《鸟鸣涧》的'桂花'飘落千年，到底是'花'，还是月光？小小一个争论居然关联着词语训诂、地理考察等方面，但不少人只顾及这局部问题（郭按：颠倒是非！），而忽视了整首诗的意境。于是蔡义江先生旁征博引，更从诗歌本身的写法方面着眼，得出'月光说不能成立'的结论，可谓完满（！）。"也有人"以为蔡说完全正确"，断言郭某"自以为是"，面对蔡文的批评"没有任何话可说"。这两个材料都是友人提供，我才看到的。经过认真思索，我认识到，这些粉丝固然是判断能力出了问题，大概是没有山区农村生活经验吧；但是我原以为只要解决了"人闲桂花落"一句之后，全诗的释读也就解决了，没有把问题点透，可能也是原因之一吧。

　　下面就从这次访问王维辋川山庄遗址说起，再谈谈我对《鸟鸣涧》的理解。据清嘉庆年间所修《蓝田县志》载："辋川口即峣山之口，去县南八里。两山对峙，川水从此北流入霸（灞）。其路则随山麓凿石为之，约五里，甚险狭，即所谓扁路也。过此则豁然开爽，此第一区也。团转而南，凡三十里，至鹿苑寺，则王维别墅。"又引《雍大记》（卷一）："商岭水流至辋谷，如车辋环，凑落叠巘，入深潭，有千圣洞、茶园、栗岭，唐右丞王维庄在焉，所谓辋川也。"

　　又据新修《蓝田县志》载，遗址坐落在蓝田"县东南 13 公里处"（62 页）的终南山的飞云山一个山谷内，现属辋川乡；终南山在县境东南部，形成群山如带的山地，绝大部分海拔在一千到一千五百米之间。山谷坐东北朝西南，宽近百米，长两百米以上（据笔者目测，下同）。山高估计在五百米以上，东边的山梁比西边高出较多，沿东山梁的山脚有一条小溪。山口就是辋峪河（辋川）。它发源于南面的葛牌乡、红门寺乡。在辋川乡境内，还有一条从东往西的支流，发源于东边的蓝桥乡，全长十里左右，即旧志所引《雍大记》叙述的"商岭水流"。

我一看到《鸟鸣涧》这首诗，就想到只有像别墅这样坐东北朝西南（或者坐东南朝西北）的山谷，才会让仲春二月忙了一天的农民休闲收工，看到某些突兀山头的月光（不是月亮），感受到月光从高空散射的馀照；回家后，清洗，照料好家禽家畜，人喧马嘶，一点不寂静，等吃完晚饭，睡了觉，才会出现夜静山空的境界；再过相当长时间，才会有一轮望月（十五、十六的月亮，不是月光）从东边山头冒出来，照亮了整个山谷的一切角落，因而惊动了山鸟，以为天亮；于是飞到水涧中去嬉戏、鸣叫。《鸟鸣涧》所写的田园生活只可能出现在特定地理环境（东边山梁高耸的山谷）和时间条件（满月）中，王维捕捉到这一串难得的画面，写下了这首传诵不衰的田园诗，也给没有山区生活经验的人留下一些不易理解的"难题"。

辋川现名辋峪河，流到县城蓝关镇汇入灞河，往西北流至西安市灞桥区汇入渭河，全长一百多公里（据今《县志》）。今《蓝田县志》在飞云山下记载（62页）："山南有唐代诗画家王维别墅遗址，原有鹿苑寺、母塔坟，1963年向阳公司在此建厂而毁。现存唯有王维手植银杏树一棵，王维钓鱼台遗址一处。"明代何景明游《鹿苑寺》诗说："旧宅施为寺，青山属野僧。高人不可见，胜迹已无凭。"

60年代建的厂子还在，向他们打听王维遗址情况时，只推说就在银杏树那块。我们在三四人合抱的银杏树下照了像，看到山口挂了"王维山庄"牌子的饭馆。当时感慨颇深,心想:"千年银杏在,不见旧楼台。"我们连游鹿苑寺的权利都被剥夺了。这个厂子应该搬走,文物应该恢复。不过,对我个人来说,访问不但落实了"月出惊山鸟,时鸣春涧中"的地理环境,也让我对王维有关终南山、辋川的诗作有了更深入的认识。

我们知道,山庄是先天元年(712)后宋之问留下的产业,王维估计是在开元二十九年(741)得到了它。住宅就在现存山谷遗址内,庄田应该在山谷外的辋川峡谷之间。从王维诗作看,当时庄园一定风景优美,物产丰富,很有点像江南依山傍水的山区水乡(王维诗句"轻舸迎上客","清浅白石滩","莲动下渔舟","漠漠水田飞白鹭")。在当时交通应算方便,可以乘船、骑马或者乘马车直达当时的京城长安,不愧"终南捷径"的称号。《辋川集》就是王维与裴迪闲游山庄各景点所作绝句的结集。《鸟鸣涧》居首的《皇甫岳云溪杂题》五首也像是写的辋川山庄的景色。

经考察,晚唐诗人储嗣宗《过王右丞书堂》二首其二:"风雅传今日,云山想昔时。"可知王维山庄当时的小地名应是"云山",今《蓝田县志》还列在"飞云山"下。皇甫岳是世家子弟,皇甫镈(元和年间[806—821]相宪宗)的堂兄(参见《新唐书·宰相世系表》)。他"漂沦"仕途(王昌龄《至南陵答皇甫岳》"与君同病复漂沦"),迷恋道教的"烧丹、避谷"(王维《皇甫岳写真赞》"烧丹药就,避谷将成。云溪之下,法本无生")。我们估计他比王维要年少二三十岁。两人交往当是皇甫岳去辋川拜谒长者,"云溪"很可能就是别墅东边山脚下那条小溪。晚唐耿沣《题清源寺即王右丞故宅》:"儒墨兼宗道,云泉隐旧庐。""云泉"似乎也可作为一个旁证。这里不妨作一推想,也许是天宝九年(750)后王维丁母忧期间,皇甫岳去辋川别墅拜谒王维,像裴迪一样就住在庄上(下详),既陪伴王维,又干他的"烧丹、避谷"活动。《云溪杂题五首》和《皇甫岳写真赞》都是王维送给晚辈的书法作品。

　　王维隐居终南山，置备辋川别业后，他上要服侍老母，下要主持家庭生产和生活，实实在在成了庄园主。从他的诗中可以看到，他雇工不但种了水田、漆树、花椒（参看《积雨辋川庄作》《漆园》《椒园》），还养了猱（一种猴）和麝（香獐）（《戏题辋川别业》"藤花欲暗藏猱子，柏叶初齐养麝香"）。种了田，就要过问给雇工送饭，他在《积雨辋川庄作》中说："积雨空林烟火迟，蒸藜炊黍饷东菑。"还要过问耕种进程和年终缴税，他在《酬诸公见过》中说："屏居蓝田，薄地躬耕。岁晏输税，以奉粢盛。晨往东皋，草露未晞。"王维对农事、农时也是相当关心的，他在《新晴野望》中说："农月无闲人，倾家事南亩。"在《赠裴十迪》中说："田家来致词：欣欣春还皋……请君理还策，敢告将农时。"他在辋川所创作的许多山水田园诗，主要就是写终南的山水风景和田园生活的。这些诗不少表现了山河的壮丽、淡雅，田园的清澈、闲适，当然也带来了作者出世、退隐的思想，包括佛教的清静无为、色空思想。他确实写过一些类似偈颂、阐述禅理的诗篇，但是不能把王维的山水田园诗同它混为一谈。

　　蔡文最后还是搬出了胡应麟的《诗薮》，认为《鸟鸣涧》"颇能表现出诗人的一种出世的禅学追求"。这里必须指出，古今一些论者以寓有"禅意、禅理"来解释王维的山水田园诗，我们是难以苟同的。先说胡应麟，他在《诗薮》中说："太白五言绝，自是天仙口语，右丞却入禅宗。如：'人闲桂花落……''木末芙蓉花……'读之身世两忘，万念皆寂，不谓声律之中，有此妙诠。"胡应麟的说法只能说是他的主观之见。在我看来，《鸟鸣涧》这首诗，恐怕他并没有读懂。其原因有二：（1）胡应麟没有弄清古今字"花""华"的发展史。宋代以后，两字分用；胡氏看到"桂花"，想不到（或者说，不敢认定）它还可以表示月光。（2）胡应麟没有山区生活经验。

他是明代兰溪人,《明史》称:"万历四年举于乡,久不第,筑室山中,购书四万馀卷。"不过兰溪地处今浙江中部金衢盆地,海拔只有五十至二百五十米左右,即使"筑室山中"也得不到身处终南山的生活感受。

至于今人,有的直接把《鸟鸣涧》的诗句同佛经挂钩,有的说(李泽厚《禅意盎然》,《求索》1986年第4期)"它似乎与人世毫不相干,花开花落,鸟鸣春涧,然而就在这对自然的片刻直观中,你却感到了那不朽者的存在。运动着的时空景象都似乎只是为了呈现那不朽者——凝冻着的永恒(按:指常住不灭的本体佛性)"。我们已经指出"花开花落"是理解错误,至于"鸟鸣春涧"也只是诗人的田园生活感受。哪来什么"本体佛性"?对今人来说,造成失误的原因除古人所有的两点外,看来还要加一条,就是缺乏传统农村生活的体验,对"人闲桂花落"这种仲春农忙情景是比较隔膜的。总之,用禅意来解读王维的山水田园诗是不妥的,很难不掉进主观臆断的泥坑。而且这也是对诗人王维的误解,王维是诗人、画家、书法家,也是庄园主;他自己都说(《题辋川图》):"宿世谬词客,前身应画师。"从他的作品、处世来看,都是儒家思想为主,不是信禅坚定的和尚。

上个世纪60年代王力先生主编《古代汉语》,特别强调落实字、词、句,文选注释无疑要贯彻始终。三结合以文选为纲,通论讲语法、音韵、词汇,讲古代文化常识,把常用词列入教材,都是考虑了这一原则和需要的。王先生还指出不少文学注释本,这方面太随意。我完全同意先生的意见,读古典作品,首先就要落实字、词、句,进一步就要知人论世。不落实字、词、句是某些古诗文注释、评论的通病。有的人喜欢说"文学作品不宜太坐实了",也有人说"诗歌是文学创作而不是自然考察报告",进而大谈意境创造。其实文学创作的艺术形象、意境,都是用语言文字表达的;如果不能落实到字、词、句，在我看来，那就只是掩盖学风轻浮、主观武断的遮羞布。

我过去对学生讲，搞古典的人，脑子里要有个历史年表和古今地图。通过这次访问辋川，我又有一点体会，就是搞古典文学似乎也有做点田野调查的必要。从陕西回来后，准备写这篇答辩，再读王维的作品，就有不少新认识。首先，我觉得王维隐居终南和隐居辋川是前后两次的流行说法，恐怕就须要研究。历来人们对终南山的范围，认识就不太一致，首先有人把终南山与秦岭混为一谈，就是不妥当的。上个世纪五六十年代的《中国地图册》陕西省图，将太白山、首阳山、南五台、终南山从西往东列为秦岭的下属山群，可能是比较合适的。80 年代以来，"陕西省图"将南五台归并到终南山，大概是商品经济发展的结果吧。我认为，在王维的心目中辋川在终南山群山之中是没有问题的。

我浏览王维的诗文和参考一些研究王维的论著后，得出一个看法，他经营辋川山庄应该是开元二十九年。《唐诗纪事》说："（裴）迪初与王维、兴宗俱居终南。"他们三人，是不是都在终南山有庄园呢？根据我的考察，王维有，就是辋川别业；他表弟崔兴宗也有山庄，但不在辋川，而是在灞河东边支流之一的同峪河峡谷之间的玉山（今属玉山镇）。杜甫《崔氏东山草堂》："爱汝玉山草堂静，高秋爽气相鲜新……何为西庄王给事，柴门空闭锁松筠。"这是杜甫访问崔兴宗的诗，提到访王维（王给事）不遇。从现在《蓝田县志》的地图来看，东庄（玉山）在西庄（辋川）东北，两地之间，估计有五六十里。至于好友裴迪，我认为他此时还没有庄园。理由呢？就在两人唱和的《辋川集》中。王维《华子冈》："飞鸟去不穷，连山复秋色。上下华子冈，惆怅情何极？"裴迪诗："落日松风起，还家草露晞。云光侵履迹，山翠拂人衣。"裴迪到了华子冈，他就"还家"了。原来他比王维小十多岁，当时还是秀才，没有官职；好友新得庄园,贺喜参谋,当然就住在好友的庄子上了。这就造成了两人一段共同游山玩水、来往唱和的机会,也因此有了流传后世的合著《辋川集》。王维后来在《山中与裴秀才迪书》中还忘不了告诉好友,他"夜登华子冈"的情怀。除了这段时间,两人长时间一起游乐的机会看来并不多。

至于《终南别业》《终南山》等诗应该是在《辋川集》以后的作品。请看《终南山》:"太乙近天都,连山到海隅。白云回望合,青霭入看无。分野中峰变,阴晴众壑殊。欲投人处宿,隔水问樵夫。"太乙是蓝田县境内终南山的最高峰,高 2604 米,在王维山庄南面辋峪河主源处,两地相距四五十里左右。这次寻找遗址,我们先到了峰顶,汽车盘山不费事,不到一小时就看完了南北两面的千崖万壑。王维徒步登山,一天回不到自己的山庄,只得找个歇宿处,落下个"隔水问樵夫"。我认为只有在辋川有了一段生活经验,才会干下这样的事情来。还有《投道一师兰若宿》诗说:"一公栖太白,高顶出云烟。"可见王维没有把太白山归属终南山,而且这首诗应该是写在《终南山》之后;因为太白山在眉县,高 3666 米,若是到过太白后,再上终南,按理就不会说"太乙近天都"这样的话。

＊　　　　＊　　　　＊　　　　＊

这次访问王维辋川遗址,只能算一瞥,连走马观花都够不上;不过收获确实还不小,同时也让我了解了我上次短文发表后的一些反应,促动我写出了这篇答辩。

参考文献

(清)《全唐诗》,上海古籍出版社 1986。

陈铁民校注 《王维集校注》,中华书局 1997。

中国科学院中国植物志编辑委员会 《中国植物志》卷三十一,科学出版社 1982。

中国科学院中国植物志编辑委员会　《中国植物志》卷六十一,科学出版社 1992。

雷明德等编著　《陕西植被》,科学出版社 1999。

黄莹、邓荣艳编著　《中国桂花栽培与鉴赏》,金盾出版社 2008。

(清)王开沃纂　《蓝田县志》,嘉庆元年(1796)。

蓝田县地方志编纂委员会　《蓝田县志》,陕西人民出版社 1994。

蔡义江　《新解难自圆其说》,《文史知识》2002 年第 7 期。

郭锡良　《王维〈鸟鸣涧〉的"桂花"》,《文史知识》2002 年第 4 期。

2013 年 10 月 1 日初稿于燕园

11 月 10 日定稿于燕园

原载《中国语言学》第 8 辑,北京大学出版社 2014 年。

又收入《世界精英经典文集》,世界人物出版社 2015 年

《辞源》修订方案（讨论稿）读后

一月收到《辞源》修订方案（讨论稿）后，二月匆匆读过一遍，本想只在电话中说说看法就行了，却未获同意；只得再一边翻阅方案，又一边写稿交差。

首先我要说，读过方案后，确实感到修订项目组作了许多准备工作，提出了一些好的修改意见。如："逐条查对引文，加注篇目，更换更为接近语源的书证"（24页）。"纠正《辞源》修正本中一些辞目中出现的证不对义、证不对词的问题"（27页）。"尽可能搜集提供辞目的始见例"（28页）。"适当补充书证"（29页）。"补充重要的被漏掉辞目，如人物中漏掉了'关汉卿'，应予补充"（48页）。"参见落空。如［摄音］条注'参见''韵摄'"，而《辞源》无［韵摄］条。'韵摄'是学科基本词汇，当予增补"（100页）。等等。

但是，就我个人的认识来说，方案有些原则、计划的提出，恐怕还值得慎重考虑：

一、方案说：1958年"确定将《辞源》修订为阅读古籍用的工具书和古典文史研究工作者的参考书，用于解决阅读古籍时遇到的关于语词典故和有关古代名物典章制度等知识性疑难问题"（1页）。这个修订原则既定性准确，也很实用。可是本方案"总体设计"提出的"四定"，却让人难以捉摸，也难以认同。（一）"定性"，"将《辞源》定性为一部大型古汉语工具书"（3页）；这是否太笼统？（二）"定向"，"既要满足一般读者的查考需要，也要成为文史工作者的必备参考工具书"（3页）。恕我不客气，按现有方案再修订，文史工作者恐怕宁肯"必备"现行本，而不会要再修订本。

(三)"定位","保持《辞源》精品辞书的特色",针对与其他大型辞书分工,突出三个特色:(1)"探求词语来源……真正做到《辞源》有源"(3页)。这一条很好,如果真正做到了,就拿现在《辞源》修订本的规模,不再增加字头、辞条,也必然是创历史记录的贡献,新《辞源》将必然是工具书中的最高精品。但是,整个方案无一字保证去实现它,是否把"探求词语来源"看得太容易了,恐怕不是换几个早一点的用例就可以交账的。黎锦熙先生20年代就提出编写汉语历史大词典,快一个世纪过去了,这个目标还离得太远。华学诚、张可为了弄清楚一个词"无赖"的词义发展,就写了一两万字。在我看来,要"探讨词语来源",可能要从专书词典、断代词典做起不可。这个方案似乎做不到这一点。(2)"加强古代百科:较多增补古代百科方面的条目",企图以此来"拉开与《辞海》(侧重于现代百科)、《汉语大词典》(侧重于古代语词)的距离"(4页)。这倒确实是本方案的实在计划,而且也不难具体执行;但是我不知道怎么与《汉语大词典》拉开距离。《汉语大词典》侧重于古代语词,难道它没有收古代百科方面的辞条吗?《辞源》要增加的古代百科辞条都是自己另找、另编吗?那可是一个不小的工程啊!(3)"充实参见系统"。这对定位"精品"帮助不大。(四)"定量","尽可能全面收录文献用字,单字条目从12922条扩充到18000条左右,全书条目从近10万条增至12.5万条左右……篇幅由1000万字增至1500万字"(4页)。这个定量计划相当宏大,而且也相当具体;如果是吃现成饭,把需要的东西拿过来拼凑一下,也不难完成。

不过,这样一来,《辞源》的性质就改变了;难怪方案要重新定性,重新"定性为一部大型古汉语工具书"。概念扩大了,特色也抹去了,实用性也淡了。现行《辞源》已收单字将近一万三千个,没有收的字在文献中的使用频率大概一般都在95%以下了吧;现在计划还要再增收五六千单字,许多会不会是99%以外的僻字呢?复词条目还要增加两万条,其中百科条目一万五千。这两万条目对阅读古籍和文史研究工作者参考来说,除少数原来《辞源》修订者漏收的条目外,绝大多数也应该是次要的或偏僻的条目。还有插图要从三百多幅增加到一万幅(说句笑话,有点像看图识字),附录更是从原来三个必要的附录增加到二十多个,几乎是包罗万象。原来已经四大本,再加两大本;既花钱,又占空间;既代替不了《汉语大字典》,也代替不了《汉语大词典》。插图、附录也解决不了文史工作者研究中的问题;如果须要解决某方面的问题,还得找专书。说得不好听一点,这六大本就是一个大拼盘,我耽心销路不会太好。我认为,还是不要改变《辞源》原来的性质,不要增加不必要的新条目、新插图、新附录为妥。

　　二、方案制订前,项目组曾对《辞源》修订本近十万条目进行意义的分类,这确实是做了一件巨大而有意义的工作,对《辞源》的再修订工作应该有一定的参考价值。但是方案声称:(条目义项)"分类是《辞源》再修订工程的前提与基石"(9页),这恐怕估计得过高了一点吧? 方案大谈了"分类的理论依据";其实说白了,就是依据认知语言学,这是学界的一种时髦,效果如何,还大可商量。我们知道,认知语言学是从乔姆斯基的转换生成语法发展过来的,乔氏的理论并不是研究自然语言的,而是研究语言本能(语言机制)的。无疑,语言同思维、心理、生理是有联系的,但是语言本质上不是自然现象,而是社会现象。语言是随着社会的发展而发展的。因此,认知语言学研究自然语言时,必然存在很大的盲区。就说词条的义项分类吧,难道不是带着很大的主观性吗?所以方案也不得不承认(24页):"客观事物错综复杂,彼此联系也是多样的。因此词义从不同角度可以分成不同的类别。"我们还是赞同商务印书馆《辞源》修订工作老一代专家的做法,把《辞源》定性为"阅读古籍用的工具书和古典文史研究工作者的参考书"；这是从实际出发，也是从中国文化传承、发展出发。那么，我们就没有必要"尽可能全面收录文献用字"（4 页）；对两三千年的传世文献可以根据其重要性分为先秦、两汉、六朝、唐宋、元明清等五个时段，越古的文献在《辞源》中的地位应该越重要。先秦、两汉古籍中所用的字、辞应该全收，六朝古籍中所用的字、辞就可以酌情考虑了。唐宋以后古籍中所用的字、辞更只要根据现本《辞源》的情况增补必补的条目。当然，如何具体处理，可以根据修订项目组掌握的资料酌定。

　　三、方案明确表示，要"充分吸收现有学术研究成果，反映现有学术研究的最高水平"。第一条就是："收集学术界对《辞源》修订本的内容进行批评、置疑、考释等方面的文章，以及对其他辞书的内容进行批评、置疑、考释，而对《辞源》的修订具有参考价值的文章"（2 页）。而且也做了，并出版了《〈辞源〉研究论文集》。那么，《辞源》存在的不足和问题在哪方面呢？方案没有交代，看来实际上是忽视这个方面的。我们知道，王力先生为《王力古汉语字典》写的《序》中说："一般字典辞书总嫌义项太多，使读者不知所从，其实许多义项都可以合并为一个义项，一个本义，其馀是引申义。本书以近引申义合并，远引申义另列，假借义也另列。这样，义项就大大减少，反而容易懂了。"举例对照的就是用的《辞源》两个条目"囚"和"介"。王先生在这里只是把这个做为他这部字典的八个特点的第一个特点："扩大词义的概括性"；其实这是王先生《理想的字典》的核心思想，即词义的系统性、历史性统一的基础。而且王先生既是把《辞源》作为他写古汉语字典的"最重要的一部参考书"，也是他实验纠正一般字典、辞书词义处理不当的具体对象。他为《王力古汉语字典》写了子、丑、寅、卯四集，每个字都是比对着《辞源》写的。我不知道方案制订时注意到王先生写的这些辞条和这篇《序》没有？王先生批评字典、辞书"义项太多"这条意见,方案是怎么看待的？在我看来,正如王先生所指出的,这是目前一般字典、辞书存在的首要问题,也是修订本《辞源》"存在的不足和主要问题"。方案似乎是持有不同看法;因为在谈"充分吸收现有学术研究成果"时,方案提出"充分利用现有工具书的相关资料。特别是《故训汇纂》等"(2页)。为什么要特别提出《故训汇纂》呢,原来是为了再修订时给辞条增补义项。证据是方案在谈到"义项的确立与调整"时,不但再次提出,"参考相关的古注或训诂工具书,特别注意吸收《故训汇纂》里的资料"(59页)。紧接着以"意"字为例,先列出《辞源》设立的四个义项:"(一)意思(用例删,下同)。引申为意味。(二)愿望,意图。(三)料想,猜测。(四)或者。通'抑'"(60页)。然后花了很大的篇幅,以《故训汇纂》提供的资料作论证,提出"可以考虑给'意'增补两个义项:一是'怀疑'义,一是通'懿'"(62页)。那么,王力先生是怎么对待这个问题的呢？王先生在比对《辞源》写"意"字条时,只列两个义项:"(一)意思。引申为意图。又为意味(后起义)。(二)料想,猜测。"近引申义归并了。再加两个备考义:"(一)通'抑'。(二)通'噫'"(321页)。没有"怀疑"一义。再看《现代汉语词典》,列有四个义项:"(1)意思。(2)心愿;愿望。(3)意料;料想。(4)姓。"这是丁声树先生确定的义项,也没有"怀疑"一义。王先生和丁先生难道不知道训诂资料中"意,疑也"这种用例吗？不是,他们认为这些用例都应该归入"料想,猜测"一义中。有没有与方案的主张同调的呢？有。查《汉语大字典》,它为"意"列了近二十个义项,就有"怀疑"一项:"(1)意向;愿望。引申为志向。(2)考虑;放在心上。又为感知。(3)意思;意义。又为意见;见解。(4)猜测;料想。(5)怀疑。(6)情趣;意味。(7)感情,情意。(8)意气;气势。(9)内心;胸怀。(10)通'亿'……""(5)怀疑"一义,也引了训诂资料:"《广雅·释言》:'意,疑也。'"还有《汉书》颜师古注。我多次当着老朋友《汉语大字典》常务副主编赵振铎的面批评《汉语大字典》释义混乱,缺乏概括性。他在下面对我说:"老兄,我没有办法。为这个我和张清源都写过文章,但是我上面还有不少老先生,通不过。"是的,80年代训诂学会成立后,有些老先生,还有些年纪不大、自称是"章黄第三代"的学人,高举保卫训诂学的大旗,坚守师法,其实是没起好作用的。我们知道,王力先生提倡新训诂学,对章黄学派给予了充分肯定,同时又大声疾呼,要吸取现代语言学的理论方法,改造旧训诂学。语言学要与时俱进,许多章黄门下的朋友不都是这样做的吗?编字典、辞书,义项的处理,必须吸收现代语言学的理论、方法,这似乎是应该高度提醒的问题。《故训汇纂》是一部好训诂资料工具书,怎么使用它却必须弄清楚;《辞源》再修订,会要用到它,过分拔高,并不妥当;如果再沿着传统训诂学的老路去用它,那是会陷入泥坑的,《辞源》的再修订将是不可乐观的。

　　说了这样多使人讨厌的话,如有不当,乞谅。还有一些对大局影响小一点的问题,就不多嘴了。

2010年3月8日于海口

在《汉语大词典》编纂修订方案
讨论会上的发言

匆匆阅读了《汉语大词典》（第二版）编纂修订方案（包括编纂手册），深感编委会对修订工作作了认真研究和充分准备。许多考虑是很有见地的，特别是语料库的建设远非一般情况可能做到。这里提些不成熟的看法，仅供参考。

一、释义

正如修订方案所指出的："语文类工具书的释义为重中之重。"在这个问题上，王力先生特别重视词义的概括性，他曾指出（《王力古汉语字典·序》）："一般字典辞书总嫌义项太多，使读者不知所从，其实许多义项可以合并为一个义项，一个是本义，其馀是引申义。"这里举"一"字为例，比较几部字典、辞书的释义：

《王力古汉语字典》（1页）："（一）数目（书证一律删去，下同）。引申为纯一。又为一样。又为一概，全部。用作状语。又为一旦，一经。又为专一。（二）副词。竟，乃。""［一何］副词。何其，多么。"

《现代汉语词典》（试用本）（1202页）："（1）数目，最小的整数。（2）同一。（3）另一。（4）全，满。（5）专一。（6）表示动作是一次，或表示动作是短暂的，或表示动作是试试的。（7）用在动词或动量词前面，表示先做某个动作（下文说明动作结果）。（8）〈书〉助词，用在某些词前加强语气。"

《现代汉语八百词》（525—526 页）："〔数〕最小的整数。1. 用在量词前。2.用在名词前。a）这＋一＋名（指抽象事物）。b）表动量。3.用在动词、形容词前。a）表示动作、变化是突然出现的或者是彻底的；加强语气。b）一……就……。前后两个动词不同，表示一种动作或情况出现后紧接着发生另一种动作或情况。可以共一主语，也可以分属两个主语。c）一……就……。前后两个动词相同，共一主语。表示动作一经发生就达到某种程度，或有某种结果。后一动词常为动结式、动趋式或带数量短语。d）一＋动。表示经过某一短暂动作就得出某种结果或结论。"

王力先生给"一"归纳了两系七个义项，一个本义带五个近引申义为一系，一个远引申义由数词虚化成副词，自成一系（〔一何〕）。丁声树先生给"一"归纳成八个义项，吕叔湘先生则是分成四类七个义项。三者虽然各有偏重，但重视词义的概括性却是一致的；王先生重视从语义的系统性来归纳义项，丁、吕的归纳则偏重同语法的联系。

下面再谈其他几部重要的辞书，先说《辞源》（修订本），《辞源》（修订本）给"一"字列了十三个义项，最后一个义项："乐谱记音符号之一。"这是王先生删去的一个义项，其他十二个义项就被归并到他写的"一"字的两系七个义项中去了。王先生在为《古汉语字典》写的《序》中，肯定了《辞源》（修订本）"材料丰富"，在词义的解释中"也有许多优点"，是他写《古汉语字典》时"最重要的一部参考书"；又说："我写这一部书，还有一个目的，就是纠正一些字典辞书的错误。"《辞源》（修订本）正是这一具体对象，而"扩大词义概括性"则是《古汉语字典》八个特点的首要特点。"一"字的义项归纳正好说明这个问题。我们看到，《辞源》（修订本）的义项（三）"都，一概。总括之词"和义项(四)"全"这两个义项无疑应该合并成《古汉语字典》的引申义"一概,全部"。《辞源》(修订本)义项(二)"纯一"和义项(六)"统一",无疑应合并成《古汉语字典》的引申义"纯一"。其他不一一分析。

《汉语大字典》给"一"字列了二十个义项,我曾在一个会议上提过意见。赵振铎先生无奈地对我说:"两省二十多个单位两三百编写人员,特别是有不少老先生参加,不好办。关于义项的设立问题,我们提出过要重视概括性,但是行不通。现在是分得太碎,都成了一块块碎布。"是的,我们的前辈老先生是熟悉旧训诂学的,要实行现代语义学的理论、方法确不容易;传统训诂学的优秀成果我们当然要继承,可是编写现代的历史大字典、大词典,不打破旧窠臼,不在词汇、语义系统上狠下工夫,就难免沾上《经籍籑诂》的气味。《汉语大词典》给"一"字列了二十四个义项,比大字典还多四个,义项的概括性不够,恐怕不能不算作缺点。全书的情况如何,须要作调查,我的印象,这个问题应该引起编委会和出版社的重视。这里不妨再举一个"打"字作比较:

《王力古汉语字典》(345页):(一)击。引申为攻打,殴打。又作某些动作的代称。(二)自,从(晚起义)。

《现代汉语词典》(170页):分为"打^1"和"打^2","打^1"列义项23个,其实是根据宾语来给"打"作解释。"打^2"就是上文的晚起义"自,从"。

《现代汉语八百词》(114—116页):也分为两个字头,第一个字头也根据宾语和语法情况分列十二个义项。也不是完全根据词义系统来释义的。

《辞源》(修订本)(1207页)倒跟《王力古汉语字典》完全一致,这是王先生肯定这部辞书在词义解释中"也有许多优点"的具体例证之一。

　　《汉语大字典》(1825—1827 页) 给"打"字列了三十八个义项,《汉语大词典》列了三十四个义项,恐怕也是大可商量的。

二、注音

　　《汉语大词典》是一部巨型的历史大辞书,古音只注代表中古音的《广韵》(或《集韵》)的反切,加上声母、韵类的标识。这样处理,是否还可再考虑呢?《汉语大字典》是注了上古韵部的,《王力古汉语字典》也注了上古韵部。

　　是的,上古音系还没有定论;可是,自明末陈第廓清古音研究的障碍,明末清初开朴学风气之先的大学者顾炎武为古音研究奠定基础以后,三四百年来古音研究的成就一直被学术界认为是辉煌的。王国维说(《观堂集林·周代金石文韵读·序》):"自汉以后,学术之盛,莫过于近三百年。此三百年中,经学、史学皆足以凌驾前代,然其尤卓绝者则曰小学。小学之中……尤卓绝者则为韵学……至古韵之学,谓之前无古人,后无来者可也。"王力先生也说(《王力文集》第十二卷《清代古音学》624页):"总而言之,清代古音学的成就是大的。在古韵分部方面,可以说是到了登峰造极的地步。""五四"以后,西方古音构拟学说传入,汉语古音学有长足进展。瑞典汉学家高本汉对中古音、上古音的构拟起了很大影响,古音重建成了 20 世纪中国语言学富有成绩的重要分支学科。正如王力先生所指出的(《汉字古音手册·序》):"各家的古音学说虽不尽相同,毕竟有价值的几家也只是大同小异。"至于古韵分部更是渐趋一致。标注上古韵部,方便读者,对古籍整理、古文字研究都有影响,也符合历史大词典的性质。不然,有中古音,缺上古音,总有点欠妥。其实,中古音就真的有定论了吗？特别是声母的标识不也是根据后人的看法吗？

2013 年 5 月 10 日于燕园

原载《汉语大词典》(第二版)编纂出版学术讨论会
《发言汇编》，上海辞书出版社 2013 年

对《汉语大词典》修订稿的意见

收到《汉语大词典》第一分册"一"字头修订稿长条后,翻阅了一遍,用铅笔随手写了一些意见。编辑室又派专人来听取我的口头意见并取回长条,还整理发表在《工作简报》上,把我对《大词典》原版和修订稿的尖锐意见大致概括进去了。这种认真态度促使我愿意将某些想法写成书面意见,以供参考。

一

我们知道,《汉语大词典》是上海、山东、江苏等六省市四百多编写人员,花了二十多年功夫,完成的一项巨大的文化工程。这当然首先应该充分肯定。但是由于编写历史大词典的艰巨性很高,上马匆忙,条件有限,初战成果存在不少问题,也是难免的。

现在来组织修订,首先就要弄清楚问题何在? 在我看来,《汉语大词典》尽管在《前言》中曾说:"1980 年在杭州召开第二次编委会,更进一步明确了它的专业性质,只收汉语的一般语词,排除兼容并蓄、无所不包的最初设想,着重从语词的历史演变过程加以全面阐述。"但是实际上并没有排除《辞海》"兼容并包、大型综合性辞典"的影响,对历史大词典的学术要求、学术规范有认识不足之处;又由于分卷编纂,分卷出版,全书缺乏照应。因此《汉语大词典》第一版在收词条、立义项方面就没有做好,存在很大的误区。

这次的修订长条对第一版的主要问题认识不足,修订不到位;错误大多没有改出来,增加的条目更是走了第一版的老路,大都没有必要。可以说,是在《经籍籑诂》的路子上越走越远。《经籍籑诂》本身是资料汇编,还有它存在的价值;而《汉语大词典》是历史大词典,这样做就是芜杂不堪,难以得到普遍肯定。

《汉语大词典》也一定要和《辞海》《现代汉语词典》有分工,不能把《辞海》的百科词和《现代汉语词典》的现代词都收进来。作为历史大词典,首先收词不能滥,务必分清是词不是词。目前酌收一些古汉语中界限不清的词组还可以,至于现代汉语中的词组根本不应该收。可是第一版所收非词条目,实在太多,例如:

一一、一一行行、一二、一二二一、一二三、一二九运动、一二三四五六七、一十八般兵器、一十八般武艺、一丁、一丁不识、一丁点……一人之下万人之上、一人有庆、一人永占、一人向隅满坐不乐。这是"一"字头下前两页所收的部分条目;总共 21 条,除"一一、一丁点"能算"词"外,勉强找出第三个就只有"一丁"了。其他条有的是词组,有的是单句,有的是复句;有的可算成语、谚语、歇后语,有的不知算什么。比如"一二二一、一人永占(清人李玉所作四个传奇《一捧雪》《人兽关》《永团圆》《占花魁》的合称)"。这不真成了训诂汇编吗?《中文大辞典》如果收这些,还有个借口,它本来就不是"词典"嘛。《汉语大词典》选收一些广为流传的成语、谚语、歇后语,也许还无可厚非。但是也宜慎收、少收;在我看来,一版已收得太多了,最好能删除一些,增加则大可怀疑。这些应该是成语、谚语、歇后语大辞典的任务。

还有现代汉语中的非词也收了很多,比如,"一大串、一大堆、一丈五尺、一口咬定、一手托两家、一山不藏二虎、一回生二回熟、一把钥匙开一把锁"等,这些《现代汉语词典》《辞源》都没有收。总之,是词非词,是古是今,看来一版是重视不够的。这样很不妥,有时会明显出错。例如:

大词典一版收了"一個"作为条目,立了四个义项:(1)表数量。单个(引例都是现汉词组,删,下同)。(2)整个。(3)表示程度。(4)表示快速或突然。引了张天翼、沙丁、祖慰三人作品的文句。记得修订长条是删去了张天翼的文句,换了周作人更长的文句。我随手批了几个字,觉得有些"荒唐"。为什么呢?"一個"是词组,不是词;《现代汉语词典》没有收,《辞源》没有收,连《辞海》也没有收。按《大词典》的处理方式,它应该是现代词语,可是它不是,早在先秦就出现了,不过是写作"一个"。

　　"個、个"的真实关系,其实不是繁简问题,而是古今字。经传多作"个",《说文》出"箇"字:"竹枚也。从竹,固声。"段注:"箇或作个,半竹也。""個"是后起字,始见《玉篇》。"个"在经传中常用,"一个"用例也相当多。例如《左传·昭公三年》:齐公孙子雅死,晏子曰:"又弱一个焉,姜其危矣。"《国语·吴语》:"譬如群兽然,一个负矢,将百群皆奔。"《仪礼·大射礼》就用了 12 次。例如"搢三挟一个"(插三枝箭在右边的腰带间,把一枝箭挟在弓弦上),"左执弓,右执一个"。"一个"表示用竹竿作箭身的一枝箭,也许就是它的本义,并成了段注"半竹"为"个"的根据。"个、箇、個",《广韵》古贺切,见母箇韵,古韵应在歌部;《说文》收"箇",而"固"声先秦在鱼部。这说明东汉鱼部和歌部已有部分字合并。弄清楚"一个"的来龙去脉后,说明它既不是词,又不是现代才产生的,《大词典》对"一個"的立条、释义,恐怕实在是太欠考虑了。

二

　　《汉语大词典》的释义问题,我在修订方案讨论会的发言中已经讲过,强调了王力先生指出"一般字典辞书总嫌义项太多",要特别重视词义的概括性。当时主要是从字头论述的。这里就修订稿再谈点意见,也就是说,字头下面所列的复音词条目,更不可能有太多义项,更要重视词义的概括性。一版在这方面问题也相当严重。这里举"一致"为例比较几部辞书的释义:

《现代汉语词典》(试印本):"相同;没有分歧:表里~|步调~|我国人民的利益和全世界人民的利益完全~。"

《现代汉语词典》(试用本):"没有分歧:表里~|步调~。"

《辞源》:"相同。《易·系辞》下:'天下同归而殊塗,一致而百虑。'注:'虑虽百,其致不二。'晋陆机《陆士衡集》七《秋胡行》:'道虽一致,塗有万端。'"

《辞海》:"趋向相同。《易·系辞下》:'天下同归而……'孔颖达疏:'一致而百虑者,所致虽一,虑必有百,言虑虽百种,必归于一致。'"

《汉语大词典》:"(1)趋向相同。亦谓没有分歧。《易·系辞下》:'天下同归……'晋陆机《秋胡行》:'道虽一致……'宋曾巩《上范资政书》……清王夫之《姜村诗话》……鲁迅《忆韦素园君》……(2)犹一律。老舍《骆驼祥子》三:'四外由一致的漆黑渐渐能分出深浅……'又《正红旗下》:'花厅里的木器一致是楠木色的……'(3)犹言一得。南朝梁刘勰《文心雕龙·通变》:'若乃龌龊于偏解,矜激乎一致,此庭间之回骤,岂万里之逸步哉!'"

"一致"这个条目最早出自《周易》,在《系辞》中它还不是一个词,而是一个词组,从王弼的《注》"其致不二"和孔颖达的《疏》"所致虽一"来看,就说明了这一点。《系辞》这两句是说:"天下的人同归一个地方,可以有不同的路径;要达到同一个目的,可以有各种考虑。""至、致"是同源词(声母章、端不同),"至"的本义是到,"致"的本义是使到。使到归于自己就是招来、获得;归属他人,就是送达、致献。陆机《秋胡行》的"道虽一致"和孔颖达《疏》的"必归于一致"中,"一致"已凝固为词,意义就是相同、没有分歧。《辞海》据孔颖达的一个例句,把意义定为"趋向相同",这是缩小了它的意义,很不妥当。

《汉语大词典》给它立了三个义项,问题更大了。先说第一个义项,应该知道,"趋向相同"是包括在"没有分歧"之中,两者不能并列。大词典用了近两百字,举了五个例句,从上文可见《系辞》《秋胡行》的例句,是不能用"趋向相同"来解释的。至于鲁迅《忆韦素园君》一例:"未名社的同人,实在没有什么雄心大志,但是,愿意切切实实的,点点滴滴的做下去的意志,却是大家一致的。"这里的"一致"也只能是"相同"或"没有分歧"的意思,能说是"趋向相同"吗?为了节省篇幅,曾巩、王夫之两例,这里就不分析了。再说第二个义项,"犹一律","一律"有个引申义"一样、没有例外"。用它来解释所举的老舍两例,自然也说得通;但是老舍的用例"一致的漆黑""一致是楠木色的"中的"一致",本身就是"相同、没有分歧、没有分别"的意思,干吗要用个同义互训的"犹一律"来增立义项呢?传统训诂学同义互训的办法不但不解决问题,反而成为词典中义项繁多、杂乱的助长因素。

　　至于第三个义项"犹言一得",错得更离谱。《文心雕龙·通变》是讲历代文学的继承和演变,作者推崇商周以前的文学质朴、雅丽,却鄙视魏晋、刘宋时期文学的浅薄、诡诞;认为当时文坛是"竞今疏古,风昧气衰"(争着模仿现代而忽视继承古代,于是文风暗昧、文气衰败)。大词典引的这个复句是《通变》章《赞》前最后一段的结束语。这段文章是讲创作的纲领、要求的,提出:"规略文统,宜宏大体。"结束语正是对当时文坛浅薄、诡诞的批判,它的意思是:"倘若局促于个人的偏见,骄矜激动于与时人相同的见识上,这就是在院子里绕着圈子跑马,哪里是万里征途的奔驰啊!"句中的"一致"与"偏解"相对,正是指与时人"没有分歧"受到赞誉的见解。它的词义并没有改变,立一个义项"犹言一得",完全是臆测,乱点鸳鸯谱。要知道,复音词的词义发展变化也跟单音词一样,是有规律的,"一致"怎么引申出"一得",必须讲得出理据。

　　这里还对《现代汉语词典》也附带说两句,试用本修改得十分

准确精炼。现在的修订本给"一致"也增加了一个义项:"(2)
[副]一同;一齐:～对外。"第一个义项加标了词类[形]。应该知
道,形容词作状语是普遍的,既不改变词性,也不改变词义概括。
修订本的作法,轻说也是多此一举,画蛇添足;实际就是犯了传统
训诂学的随文释义的错误。

　　还有,《汉语大词典》既然是一部历史大词典,释义就应该重
视源与流的关系。汉字由形、音、义组成,大词典的性质就是要在
这三方面都重视溯源、清流。一版看来不太重视甲骨金文等出土
资料,修订时应该改变这一偏向。比如说"雨",现在只用《周易》
的例子,其实应该引用甲骨卜辞。例如合12870:"癸卯卜:今日
雨? 其自西来雨? 其自东来雨? 其自北来雨? 其自南来雨?"这几
句话只要引上一句,就是最早的文献了,起到了溯源的功能,比《周
易》用例至少早了几百年。甲骨金文认识的字上千个,得到学术界
的公认,把它撇在一边不合适。

三

　　"文革"以后辞书的修订方案,大多是扩充、增补,比如2010年
《辞源》修订方案(讨论稿)就提出要增加单字条目五千,全书条目
从十万增至十二万五千,篇幅从一千万字增至一千五百万字。要
我提意见,我就大大地泼了一盆冷水。戴震提出为学有三难,其中
之一就是"精审难",古今都存在这个问题。不过真是"于今为
甚",用个不敬的说法,现在有不少辞书、学术著作都得了浮胖症。
因此在编辑室派专人听取我的口头意见时,我就谈到《现代汉语词
典》的编纂过程,对试印本和试用本作了一些比较,目的是想大字
典的修订能从《现代汉语词典》的编纂中吸取经验。

　　我们知道,《现代汉语词典》是1956年提出项目、搭班子,1957
年收集资料,1958年2月试编,1959年底完稿,1960年出试印本,

1965 年出试用本。吕叔湘先生组成词典编纂室,撰写了《现代汉语词典·编写细则》,主持了试印本的编写,功不可没;丁声树先生1961 年起正式到词典室主持工作,担负词典的主编定稿。他勤勤恳恳,加班加点,从头到尾通读、审定每一个词条,花了三四年心血,完成《现代汉语词典》试用本。应该说这是 20 世纪最高水平的汉语词典,丁先生则是完成这部词典出力最多的第一人。我曾两次听到王力先生夸赞丁本《现汉》(试用本),我的案头也一直摆着1973 年重印的试用本。这次大词典派专人来听意见,正好手头有了试印本珍藏版,于是作了点对比,大有收获,忍不住也说了。这里不妨再简单汇报一下个人的体会、看法,以供参考。下面先对比"一"字头下的前五个条目(先列试印本全文,后谈试用本的修改):

　　【一把手】(1)作为参加活动的一员:咱们搭伙干,你也算上~。(2)能干的人:要说干活儿,老李可真是~,放到哪儿都行。(也说"一把好手"。)

　　试用本:(2)义中"老李"改为"他",删"放到哪儿都行",括弧去掉,其中的话成了释义的正式内容。

　　【一把死拿】〈方〉(~儿)形容固执成法,不肯变通:他老是~,怎么劝也不听。

　　试用本:删去例句"他老是……不听"。

　　【一把抓】(1)对一切事都不放手,都要自己管:老杨你还是老脾气,什么事都~,我看你要放手发动群众才好。(2)作事不分轻重缓急一齐下手:他作事情总是不分主次,眉毛胡子~。

　　试用本:(1)(2)的例句都被删去。

　　【一百一】〈方〉一百一十,比喻超越寻常:他对待徒工真是~,处处想得到,一点也不怕麻烦。

　　试用本:条目全删。

【一败涂地】〈成〉形容败得不可收拾(涂地:陷入泥土之中):美国应该记住在侵朝战争中~的教训。

试用本:只保留释义"〈成〉形容败得不可收拾"。

比较五个条目,可以看出试用本修改的突出特点:首先是大量删去没有必要的用例(包括前面提到的"一致"所举用例),删改无不精当;而且从中还可以看出,这种删改还清除掉一些极"左"影响。我们知道,试印本编写时,正是1959年庐山批判彭德怀前后,极"左"路线正逼迫群众大唱三面红旗的赞歌,词典用例不得不有所反应。而试用本主要是在1961年七千人大会后极"左"路线被迫有所收敛,知识分子得到"脱帽加冕",文科教材会议批评了讲空话、贴标签的极"左"恶劣现象,这就成了丁先生敢于大刀阔斧删除这些用例的依据。内行都知道,丁先生博古通今,是主编大型词典最理想的人选。他的删改不但精要,而且往往在不觉之中改掉了错误,提高了学术质量。比如"一败涂地"条就删掉了一个知识性错误。这个成语出自《史记·高祖纪》:"天下方扰,诸侯并起,今置将不善,壹败涂地。"《汉书》作"一败涂地"。颜师古注:"一见破败,即肝脑涂地。""涂地"根本不是"陷入泥土之中"的意思。又如:

【一蹴而就】〈成〉用脚踢一下子就行了,形容事情不用费劲,一下子就能成功:为了解决以上所说的这些问题,必须依靠经验的积累和实践的考验,不可能~。

试用本:踏一步就成功,形容事情轻而易举,一下子就能完成。

【一马平川】一片平坦的地势:那里~,作战是不利的。|老乡们告诉我,再翻过两个山岗,就是~了。

试用本:能够纵马疾驰的平地:再翻过两个山岗,就是~了。

这两条中的前一条,据《说文》:"蹴,蹵也。"是践踏的意思。"踢"是引申义,主要用在"蹴鞠"这个书面语中。试印本没有弄清楚"蹴"字义的来龙去脉,解释自然就走调了。后一条,试印本把"一马"扔在一边了,试用本改到了点子上。

总之,试用本在词条训释方面作了大量删削,都删改得恰当精到。而增加解释的条目则极少。比如:

【一口钟】斗篷。

试用本:〈方〉斗篷(因为样子像古乐器的钟)。

"一口钟"是明清以来对一种服饰的形象称谓,也就是一种披在肩上的长袍,没有袖子,不开衩。《西游记》36回:"那众和尚真个齐齐整整,摆班出门迎接,有的披了袈裟,有的着了偏衫,有的穿着个一口钟直裰。"《官场现形记》43回:"不知从那里拖到一件又破又旧的一口钟,围在身上,拥抱而卧。"试印本注得很精简,但是这个词现在已经很少用,不加注释真不好懂,试用本增得还是很必要的。

至于条目的设立,试用本增删不是太多,"一"字头下删去的条目有"一百一、一边倒、一二八、一心一德、一院制"等11条,添加的有"一壁厢、一干、一己、一丝一毫、一塌括子、一元化"等13条。从中可以看出,大概是从词与非词和常用不常用出发考虑多一些。还有删去附录《人名录》《地名录》95页和其他几个附录。总的是坚持惜墨如金、大量删改、提高学术质量的路线,而不是轻易增加条目或用例。

我认为大词典的修订应该参照丁声树先生《现代汉语词典》试用本的作法,要坚持删改、提高学术质量。因此我在上次的口头意见中曾说:"《现代汉语词典》试用本估计删去了试印本的六分之一到五分之一,也希望《汉语大词典》修订本能从十二本减少成十本,而不要增加为十四本或者更多。"上次只是估计,这次作了一点统计:

试印本(16开)一页2栏,每栏54行,每行25字,每页1350

字,正文 1034 页,共计 1395900 字。人名录、地名录 95 页,共
128250字①。

试用本(32 开)一页 2 栏,每栏 45 行,每行 20 字,每页 900 字,
正文 1385 页,共计 1246500 字。

两相比较,正文删去 149400 字,两个附录删去 128250 字;已
经大大超过六分之一,非常接近五分之一。加上其他几个附录更
是超过五分之一。大词典原版的问题比《现汉》试印本更多一些,
应删、可删的部分也更多,当然还有应改、应增的部分。这需要大
词典编纂、修订人员和领导的研究、决定,从大词典编辑室重视收
集、采纳意见来看,校改工作正在朝着历史大词典的学术要求、学
术规范前进,修订将取得重大成果,这是可以肯定的。

最后,还想表达一点感想,《现代汉语词典》试用本受到前辈
学者的普遍赞许,对比试印本和试用本,我深感很有看头,耐咀嚼,
从中可以学到很多东西。我认为,真应该给试用本也出一个珍藏
本,那将成为汉语词典学很有实用价值的教材。

2014 年 5 月 30 日于京郊燕园

---

① 编者注:出版界的计算方式与此不同,每面字数为 25 字×54 行×2 栏＝2700 字。同
理,试用本每面的字数为 20 字×45 行×2 栏＝1800 字。

王力先生的学术道路

　　王力先生是现代中国语言学的奠基人之一，是 20 世纪中国语言学界的一个杰出代表，他学贯古今，汇通中外，既继承了我国两千多年来语文学的优良传统，又吸收了西方现代语言学的理论、方法，为建立中国现代语言学的学科体系作出了多方面的、开创性的贡献。先生博大精深，著述等身；循循善诱，桃李遍天下。他的治学为人，都堪称真学者，饮誉海内外；他的学术著作，放射着智慧的光辉，必将与世长存。今天是王力先生九十诞辰，他离开我们已经四年多了，我们来回顾一下他所走过的学术道路，将不是没有教益的。下面我们分成四个阶段来进行探讨。

一、走上学术道路的准备阶段
（求学时期）

　　王力先生 1900 年 8 月 10 日出生于广西博白县岐山坡村，父亲王炳炎，是清末的秀才。王力先生自小受家庭教育，勤奋好学，上小学时就能咏诗属文。小学毕业后因家贫失学，16 岁起办过私塾，当过教师。20 岁那年到一个李姓的名门大族去作教师，这家主人的父亲，是广雅书院学生，留有藏书 14 箱，王力先生得以借归，苦读四年，经史子集，无所不窥，从此打下了深厚的国学根基。王力先生曾说："从这时起，才真正走上做学问的道路。"

　　1924 年王力先生离开家乡到上海求学，进入上海南方大学，开始学习英语和现代科学；因参加反对反动校长的学潮而被开除，第二年转入由同时被解聘的 14 位教授所创办的上海国民大学。

　　1926 年王力先生考入清华国学研究院,师事梁启超、王国维、赵元任、陈寅恪。梁启超是清末以来具有革新精神、显示出"百科全书"气派的大学者,赵元任是现代中国语言学最早的奠基人之一,也是重革新、重创造的。王力先生的研究生论文《中国古文法》,就是由梁启超指导的,赵元任参加了评议。梁启超盛赞论文"精思妙悟,可为斯学辟一新途径",在眉批中又对具体论点大加称赞:批上"卓识",批上"通极",批上"所论二特性真足开拓千古,推倒一时"。全是肯定论文的创新精神。赵元任的批语特别重视论证的准确,连书写格式都不放过。最突出的一条批语是:"未熟通某文,断不可定其无某文法。言有易,言无难!"创新和务实是相辅相成的。求新而不务实则近乎妄,见实而不求新则不免于迂。梁、赵等清华国学研究院的四位导师都是学术界的通人,治学闳通,能开风气之先,又实事求是,不为妄说。王力先生一生服膺梁启超,客厅里一直高挂着梁启超书赠他的一幅集句条幅。王国维的"考古之确",赵元任的"审音之精",也一直是王力先生所敬佩的;赵元任的"言有易,言无难"还成了他经常提到的座右铭。清华国学研究院的学习期限虽然只有短暂的一年,但是这对确定王力先生的学术道路却有着极大的影响,他的治学特点正是秉承了梁、赵等人创新而又务实的治学精神。

　　1927 年冬王力先生赴法国留学,本来预备继续研究汉语语法,后来接受了巴黎大学中国学院院长格拉奈(Grannet)的意见,改攻实验语音学。1931 年以论文《博白方音实验录》获得了文学博士学位。在巴黎,王力先生不仅扩大了自己的研究领域,掌握了研究语音的利器;而且在西方现代语言学的熏陶下,广泛接触了历史比较语言学的理论和方法。当时在西方盛行的青年语法学派和法兰西学派对他的影响最大,房德里耶斯(Vendryes)就是王力先生的任课老师。青年语法学派重视语言的心理、生理要素,强调语音演变规律和类推作用;法兰西学派强调语言的社会性,研究语言重视心理因素,因此又被称作语言学中的心理社会学学派。另一个对王力先生影响最大的西方语言学家是丹麦的叶斯泊森(Jespersen),叶斯泊森也强调语言的社会性和心理因素,其理论是与法兰西学派接近的。王力先生后来五十多年的学术生涯,都带有这一时期所受影响的色彩。当然,这并不是说王力先生完全局限在青年语法学派、法兰西学派和叶斯泊森的樊笼之内,他是随着时代前进的学者,一切对他研究工作有益的理论、方法,他都广采博收,是拿来主义。后来他研究音韵学曾接受瑞典汉学家高本汉(Karlgren)的学说,研究语法时又采纳了美国结构主义学派布龙菲尔德(Bloomfield)的某些理论。这是很明显的。此外,像英国的语言学家 H·斯维特(Henry Sweet)、D·琼斯(Daniel Jones)和伦敦学派的帕默尔(Palmer)对王力先生也不无影响。50 年代以后还接受了苏联语言学家的一些影响。

　　上面我们叙述了王力先生的求学过程,这是他步入语言学学术道路的起始阶段、准备阶段。在这个阶段,他培养自己具备了熟练的文字表达能力、深厚的国学根基,接受了梁启超、赵元任等人的学术研究指导思想和西方历史比较语言学的理论、方法,为后来的学术研究开辟了广阔道路。

二、研究音韵学的阶段
(清华大学时期)

　　1932 年秋王力先生回国,在清华大学任教,讲授普通语言学和中国音韵学概要。1935 年写成《中国音韵学》(1936 年出版),叙述了今音学(《广韵》音系)、古音学和等韵学,并介绍了高本汉的学说。这是王力先生的第一部语言学著作,它具有汉语语音史和汉语音韵学史的性质。传统音韵学向来被看作"绝学",玄虚深奥,使初学者不是望而生畏,不敢问津,就是误入迷途,枉费精力。王力先生用现代语音学的理论、方法,揭开了传统音韵学神秘莫测的帷幕,把它改造成合乎现代语言学原理的现代科学,意义是重大的。这部著作材料丰富,内容深入浅出,影响深远,一直是音韵学的初学者和研究者必备的参考书。

在这阶段王力先生还撰写了多篇音韵学论文,如《类音研究》(1935)、《南北朝诗人用韵考》(1937)、《古韵分部异同考》(1937)、《上古韵母系统研究》(1937)。这些论文都能从历史比较语言学的观点来考察问题,或总结前人的成果,或提出新的看法。《上古韵母系统研究》是王力先生的力作之一,文中提出的脂、微分部,是王力先生从"语言是一个系统"的观点出发,认真研究谐声材料和先秦入韵字所得出的创见。这是对古音研究的一大贡献。

在清华时期,王力先生主要是研究汉语音韵学。他为改造传统音韵学、建立现代音韵学的学科体系作出了重大努力。

三、研究汉语语法的阶段
(从西南联大到中山大学时期)

在清华大学后期,王力先生又回到研究汉语语法的园地。1935年发表了《中国文法学初探》,这可算是王力先生研究汉语语法的"宣言",表述了他的研究方向和方法。这就是反对模仿西洋语法,要用历史比较语言学的理论、方法来研究汉语语法。提示汉语语法的特点,建立起汉语语法自己的体系。1937年又发表了《中国文法中的系词》这篇力作,这是王力先生对自己"宣言"的一次具体实践。论文搜集了极丰富的材料,用历史比较的方法系统地考察了汉语系词的演变,揭示了汉语的一个重要特点,主语和表语不一定要用系词联系,名词可以直接作谓语。它的意义远不在结论本身,而是在理论方法上能用历史发展的眼光来考察语法问题。它可算是我国第一篇汉语语法史论文。

1937 年抗日战争爆发,王力先生南下,在长沙临时大学(由北大、清华组成)任教,用《红楼梦》作材料来研究汉语现代语法;1938 年到昆明,在西南联合大学教授中国文法研究和语言学概要,把研究成果印成一部讲义《中国现代语法》(1939)。经过修改充实,分成两部书:《中国现代语法》(1943)和《中国语法理论》(1944),由商务印书馆正式出版。《中国现代语法》运用现代语言学理论,细致描写了现代汉语的语法结构规律,改变了《马氏文通》以来模仿西洋语法的面貌。它建立了三分法的汉语句型系统(判断句、叙述句、描写句),发掘了多种汉语的特殊句式(能愿式、使成式、处置式、递系式、紧缩式),都是着重汉语句法的结构特点,富于创造性的。《中国现代语法》是汉语语法研究这个新时期最有代表性的著作之一,影响深远。《中国语法理论》是与《中国现代语法》互相配合的,它着重在理论的阐述。作者主要比较了汉语同英语、法语的差别,现代汉语同古代汉语的差别,并涉及到与梵语、希腊语、拉丁语、德语、越南语等十多种语言和苏州话、广州话、长沙话、昆明话等多种方言的差别。我们可以说这是一部比较语法学,它阐明了语言的民族性、时代性和地域性,论证了依附西方语法来建立汉语语法体系是流弊甚多而走不通的绝路。1946 年又应开明书店之约,写了一部《中国语法纲要》,这是《中国现代语法》的简编本。

1946 年抗战胜利,王力先生途经广州,被中山大学借聘为文学院长,创办了语言学系。1948 年被岭南大学借聘,1952 年院系调整,岭南大学并入中山大学,王力先生担任语言学系主任。从1937 年到 1954 年,由长沙、昆明到广州,前后十多年,王力先生的主要研究方向都是现代汉语语法,出版了三本语法著作,还发表了一系列语法论文。通过这些,王力先生建立了自己的语法体系,开拓了汉语语法研究的新阶段。

　　在研究语法之馀,王力先生也进行了一些方言研究,出版了《江浙人学习国语法》(1936)、《广东人学习国语法》(1951),发表了一些方言论文。在昆明西南联大时,王力先生曾讲授一门选修课"诗法",到广州后把讲稿加以整理扩充,1947 年写成一部《汉语诗律学》(1958 年才出版)。书中除了阐述诗、词、曲、新诗的格律外,还讲了诗、词的语法特点。前人不乏讲诗词格律的书,但是真正能从语言角度这样全面、系统、详尽地阐述古今诗歌格律和语言特点的,王力先生的《汉语诗律学》可说是空前的。它总结了前人的成说,又融汇了作者的许多创见;讲诗词的语法特点更是开拓了诗律学的新领域。在这阶段,王力先生还涉猎了词义的研究,发表了《字史》(1945)、《理想的字典》(1945)、《了一字典初稿》(1946)、《新训诂学》(1947)。

四、研究汉语史的阶段
(北京大学时期)

　　1954 年秋中山大学语言学系合并到北京大学中文系,王力先生也调任北京大学汉语教研室主任,招收了首届汉语史研究生,开设了新课汉语史。这时,王力先生已经系统地研究过音韵学、汉语语法,也对词汇学、训诂学有过许多考虑;于是参考苏联学者编写俄语史的经验,综合他人和自己的研究成果,写成《汉语史稿》(1957—1958),全面叙述了汉语语音、语法、词汇的历史发展,开创了一门重要学科。

　　传统语文学只给建立汉语史留下一些零散的资料,从史的角度来考虑汉语这个研究对象还只是 20 世纪的事,语音方面早一些,语法、词汇更晚,可资利用的成果是非常有限的。在这种情况下,要撰写一部汉语史,确像平地盖大楼,工程艰巨。但是王力先生却以他渊博的学识、独到的见解、敏锐的眼光、超人的勤奋,在几年之内,三易其稿,完成了这一建立学科体系的开创工作。这部书的特点是强调研究语言史的正确理论方法,强调语言的历史发展,强调语言的系统性、社会性、时代性和地域性,重视语言发展规律的揭示。第二章《语音的发展》把上古、中古、现代联系起来,揭示其历史发展线索。早在30年代王力先生就对高本汉的上古音构拟表示了保留意见,在《汉语史稿》中王力先生全面提出了自己的拟音系统,创见颇多。上古阴声韵拟成开音节,不收-b、-d、-g,是最突出的一点,后来还写成专文《上古汉语入声和阴声的分野及其收音》(1960),作了详细论述。第三章《语法的发展》分成历史形态学、历史句法学两部分,揭示了汉语词法和句法发展的主要事实。王力先生多年研究汉语语法,一直强调要有历史的根据,重视古今语法的对比,积累了许多汉语语法史的资料;在《汉语史稿》中他不但把自己多年积累的资料从历史发展的角度进一步深化和系统化,同时还吸收了当时国内学者的所有成果。全面详尽的汉语语法史不是一人一时所能完成的,但《汉语史稿》语法发展部分应该说是达到了当时可能达到的水平,至今仍不失为这方面的代表作。汉语词汇史的基础比语法史更差,《汉语史稿》第四章《词汇的发展》,尽可能从史的角度叙述了汉语词汇发展、词义演变的几个重要问题。《汉语史稿》出版时,王力先生就申明"这是一部'未定草'",准备修改。

因此后来二十多年,王力先生围绕汉语史开展了一系列研究。为了修订语音史,他撰写了《古韵脂微物质月五部的分野》(1963)、《黄侃古音学述评》(1978)、《古无去声例证》(1980)、《玄应一切经音义反切考》(1980)、《经典释文反切考》(1982)、《朱翱反切考》(1982)、《朱熹反切考》(1982)、《范晔刘勰用韵考》

（1982）等一系列论文；重新研究了《诗经》《楚辞》的用韵，写成《诗经韵读》（1980）、《楚辞韵读》（1980）。为了修订语法史和词汇史，也撰写了《古汉语自动词和使动词的配对》（1965）、《汉语滋生词的语法分析》（1979）和《同源字典》（1982）。有些研究成果未写成单篇论文发表，直接写入了《汉语语法史》和《汉语词汇史》。

　　1978 年秋天起，王力先生着手修订《汉语史稿》，决定先写成《汉语语音史》《汉语语法史》《汉语词汇史》三部书，再压缩合并成一部《汉语史》。1980 年完成《汉语语音史》，1983 年完成《汉语语法史》，1984 年完成《汉语词汇史》。对于《汉语史稿》来说，《汉语语音史》不是一般的修改，而是完全重写的一部新著。它不再是根据《切韵》来上考古音，下推今音；而是根据诗文用韵、唐宋反切和近代最能代表当时口语语音的韵书、韵图来建立各个时期的音系，把语音发展分成了九个时期。它比《汉语史稿》语音发展部分材料更丰富，内容更充实，不仅更详尽地描述了各个时期的语音系统及其变化发展，而且特别重视语音发展规律的总结，整个下卷全是专门讨论语音的发展规律。它是一部体系全新、别开生面的汉语语音史，标志着汉语语音史的研究达到了一个新的高度。《汉语语法史》的改动也在三分之一以上，增写了四章（相当于《汉语史稿》的节），《动词》（下）专谈不及物动词变及物动词和及物动词变不及物动词，其他三章讨论长句的发展、能愿式的发展、连动式的发展。王力先生修改语法史时，已经年过八旬，到图书馆查阅资料极不方便，王力先生还因无法查阅二十多年来的新成果而感到遗憾。《汉语词汇史》的改动比语法史要大，原来有《汉语基本词汇的形成及其发展》一节，在《汉语词汇史》中改成《社会的发展与词汇的发展》，原来的《同类词和同源词》一节只保留同源词，有关同源词的内容扩充了将近十倍。新增四章：滋生词、汉语对日语的影响、汉语对朝鲜语的影响、汉语对越南语的影响。在《汉语史稿》中汉语对日语、朝鲜语、越南语的影响,只在第五章结论中作了简单的陈述,这里却把它扩充成了三章。其他章节也有不少充实和修改。这比《汉语史稿》词汇发展部分的内容显然要丰富得多。可惜王力先生只见到《汉语语音史》的出版(1985),压缩合并成一部《汉语史》,只能作为遗愿留了下来。

总的来看,王力先生到北京大学以后,主要研究方向是汉语史,他为创建汉语史的学科体系,花费了大量心血,撰写了大量论文专著,奠定了汉语史这一新学科的基础,是汉语史学科体系的奠基人。当然,也应该看到,在这个阶段王力先生还作了大量其他的研究工作,贡献是多方面的。60年代他撰写了《中国语言学史》(1981年出版),全面扼要地论述了训诂学、文字学、音韵学、语法学先后兴起的条件及其源流,对先秦至解放前的汉语研究的历史作了一个初步的总结。1984年根据60年代的讲稿撰写了《清代古音学》,用现代语言学的理论观点,系统地总结了清代古音学的发展,阐述了古音学家顾炎武、江永、戴震、段玉裁、王念孙、江有诰等人的重要贡献及其局限。这是王力先生对语言学史的贡献。前面提到的《同源字典》虽然是有助于撰写《汉语词汇史》的基础研究之一,但是它又是一部研究汉语词源的专著。这是王力先生的力作之一,他花了四年时间才完稿。全书材料丰富,立论谨严,既广泛地吸收了汉唐以来特别是清代学者关于字源研究的成果,又用现代语言学的理论方法把汉语词源研究大大地推进了一步。《康熙字典音读订误》纠正了音读错误几千条,堪与清儒王引之的《康熙字典考证》相比,有很大的实用价值。最后两年王力先生又着手撰写一部《古汉语字典》,目的是要实现他40年代所提出的"理想的字典"这一宿愿,可惜只写了四分之一,就不得不遗嘱他的学生代为完成。这是王力先生对汉语词汇学的贡献。1958年王力先生领导了北京大学古代汉语的教学改革,编写了一部文选、通论、常用词三结合的古代汉语讲义,创建了古代汉语教材的新体系。1961 年受全国高等学校文科教材会议委托主编的《古代汉语》(1962—1964)就是以他的讲义为基础编写的。这部教材不仅体系新颖,内容丰富,适合教学的需要;而且在常用词训释、通论内容方面都有创新,文选注释也贯彻了王力先生的训诂思想,符合现代语言学的理论原则(总结在 1962 年发表的《训诂学上的一些问题》)。因此,出版后受到国内外的赞誉,获得首届全国高等学校优秀教材特等奖。这是王力先生对古汉语教学和教材建设的贡献。人们也不会忘记,他在汉字改革、汉语规范化、推广普通话等方面都做了很多工作,写了不少文章;50 年代后期,王力先生已处在我国语言学界领导者的地位,他对语言学方面的重大学术讨论和语言学的发展方向,也起着举足轻重的作用。《关于汉语有无词类的问题》(1955)、《语法的民族特点和时代特点》(1956)、《汉语实词的分类》(1959) 和《中国语言学的现况及其存在的问题》(1957)、《中国语言学的继承和发展》(1962)等论文都是具有重大理论意义和指导作用的。此外,王力先生还写了不少语言学普及性著作,对语言学的普及起了推动作用。

　　总之,这个阶段时间最长,王力先生用他的主要精力创建了汉语史这一新学科,并在其他领域取得了丰硕的成果。

*　　　　　*　　　　　*

　　王力先生是本世纪的同龄人,他为现代中国语言学辛勤耕耘超过半个世纪,留下了近千万字的宏文二十卷,在汉语音韵学、汉语语法学、汉语史、汉语词汇学、中国语言学史、汉语诗律学等许多方面都作出了创立学科体系的贡献,是中国语言学当之无愧的一代宗师。他所以能取得这样巨大的成就,固然与他资质聪颖有关,但更重要的是由于后天的修养,回顾他所走过的学术道路,以下几点应该是对人们有所启发的:

1.清华国学研究院的一年学习对王力先生的学术道路影响极大。这影响实际上是学术研究的指导思想问题,也是方法论问题。清华国学研究院只办了四届,一、二届是最兴旺的时期,王力先生是第二届的学生。1927年王国维投颐和园昆明湖自尽,不久梁启超也离去,三、四届招生很少。一、二届学生后来大多成了我国文史哲方面的著名学者,例如陆侃如、高亨、姜亮夫、徐中舒、刘节、谢国桢、吴其昌、刘盼遂、黄淬伯等。他们曾被称作"先师派",这固然是由于他们撰文常称"先师"梁任公、"先师"王静安而得名的;但是他们在治学方面确也有一些共同的特点,这就是治学贵阔通,既重视继承传统,又勇于吸收新知,求实,求新,不泥古,不浮夸。这实际上是一种实事求是、又重视发展的唯物主义态度,也包含着朴素的辩证思想。50年代以后,王力先生学习了辩证唯物主义和历史唯物主义,这更使他自觉地运用马克思主义的方法论来指导自己的科学研究。王力先生说过(《我的治学经验》):"这个马克思主义的方法论,对我五十岁以后的科学研究帮助很大。"

2.王力先生留学巴黎四年多,具备了西方普通语言学的修养;这使他走上了改造传统语文学、建立现代中国语言学的道路。他在汉语音韵学、汉语语法学、汉语史、汉语词汇学等方面的建树,无一不是以普通语言学的理论、方法来研究汉语的结果。他研究汉语,一贯强调语言的系统性、社会性、时间性、地域性,这都是普通语言学所重视的原则。

3.王力先生小学时就善于吟诗属文,"十年失学,读书十年"(这是王力先生一篇文章的题目,载《云雀》1981.12),打下了深厚的国学根基,而且勤奋好学,不断追求新知,81岁还学会了日文,因而既有坚实的基础,又有广博的知识。这是王力先生能在汉语研究的许多方面取得巨大成就的根本保证。我们知道:王力先生不仅在语言学方面的博大精深,在国内是少有的;而且他还是文学家、翻译家、诗人，翻译过近三十部法国文学作品，撰写过《罗马文学》(1933)、《希腊文学》(1933)，出版过散文集、诗集。正如王力先生自己说的：有了文学修养，对他的语言研究是有帮助的(参见《我的治学经验》)。

4.王力先生一直是把科学研究同教学结合起来的，他的许多专著都是在讲义的基础上充实加工而成的。教学与科研互相配合，互相促进。正如蒋南翔同志在王力先生八十寿辰庆祝会上所说的："王力教授是教学与科研相结合的一个典范。"

综观王力先生的学术道路，是一条奋斗不息的道路，是一条中西结合的道路，是一条丰碑林立的道路；它给人们留下了丰富的学术遗产，也给人们留下了可以遵循的足迹。

原载《纪念王力先生九十年诞辰文集》，
山东教育出版社 1991 年

王力先生在汉语史方面的贡献
——重读《汉语史稿》

中国古代研究语言文字的学问被称作小学,小学原是经学的附庸,它重在文献资料的考证和故训的探求,基本上是属于语文学的范畴。19 世纪末马建忠引进西方的语法学,出版了《马氏文通》,第一次构建了汉语的语法系统,标志着中国现代语言学的开端。20 世纪随着国语统一运动和白话文运动的开展,汉语研究的主要对象由古汉语转为了现代语言,从国语语法、语音的研究到方言、少数民族语言的调查,形成了中国描写语言学的第一个兴盛时期①。音韵学也接受了高本汉的影响,采用科学分析语音构成的国际音标,引进西方历史比较语言学的理论方法,使我国历史语音的研究进入了现代语言学的范畴;历史语法研究的论文也偶有发表。但是,上半个世纪明确把汉语史当作对象来研究的还没有;50年代王力先生出版的《汉语史稿》第一次勾画了汉语历史发展的轮廓,揭开了中国历史语言学的新篇章,从而形成了 20 世纪下半

---

① 上半个世纪先后出版了黎锦熙的《新著国语文法》、王力的《中国语法理论》和《中国现代语法》、吕叔湘的《中国文法要略》、高名凯的《汉语语法论》等很有影响的重要论著,现代汉语语法的研究成为了热门学科。国语发音学也受到了人们的关注,刘复的《四声实验录》和赵元任的《北平语调的研究》《汉语的字调跟语调》是现代汉语语音研究早期的重要成果。除共同语外,方言的研究也得到了重视,赵元任的《现代吴语的研究》和《钟祥方言记》、罗常培的《厦门音系》和《临川音系》以及赵元任等的《湖北方言调查报告》是上半个世纪汉语方言研究的代表性著作。赵元任、李方桂、罗常培等对西南少数民族语言的调查研究为少数民族语言研究奠定了基础,开创了中国语言学的新学科。

个世纪历时语言研究和共时语言研究并重的新阶段。

　　《汉语史稿》初版是由科学出版社分上、中、下三册出版的。上册包括《绪论》和《语音的发展》两章,1957 年 3 月出版。《绪论》八节,分别论述汉语史的对象和任务、研究方法、研究根据、历史分期等问题。在此王力先生强调"汉语史的任务就是要研究汉语发展的特殊内部规律。特殊的内部发展规律是因时因地而不同的"(2 页)。他指出:研究汉语史"应该注意四个原则:(一)注意语言发展的历史过程;(二)密切联系社会发展的历史;(三)重视语言各方面的联系;(四)辨认语言发展的方向"(14 页)。又说(19 页):"还要注意三件事:(1)认真地审查研究的对象;(2)深入细致地进行观察;(3)区别一般和特殊。"并正确地评价了历史比较法。还列专节讨论了汉民族共同语的形成,表明王力先生是把文学语言作为汉语史的研究对象。他在初版《汉语史稿》上册所附的《汉语史教学一年的经验和教训》中就明确地说过(3 页):"无论语音方面,语法方面,词汇方面,如果不能说明文学语言的发展的情况的,就不能认为是汉语史的主要对象。"王力先生这些原则性的意见,为汉语史研究指明了正确的方向,成了近半个世纪来多数汉语史研究工作者遵循的原则。

　　在《语音的发展》一章中,王力先生从《切韵》(实际是《广韵》)出发,上推古音,下推今音,先介绍了中古和上古的语音系统,再叙述由上古到中古以及由中古到现代的语音发展。最重要的收获是王力先生提出了自己的古音构拟系统。他对高本汉的上古音构拟作出了多方面的修改:首先,王力先生改阴声韵为不带塞音韵尾的开音节。其次,改一个韵部拟多个主要元音为只拟一个主要元音。因而大大简化了上古的元音系统,由高本汉的 14 个简化为 6 个。另外,还设计了一套独特的介音系统。这一拟音系统较好地考虑了汉语的实际和传统音韵学的成果。此外,上古音系统采用了他自己早年提出的脂微分部的主张，也是古音研究方面的重要贡献。

《汉语史稿》中册 1958 年 4 月出版，下册 1958 年 6 月出版。中册是《语法的发展》一章，分成两部分："历史形态学"讲述九类词的发展情况，"历史句法学"讲述句法的各种演变发展。在形态学部分，作者特别注意上古声调变化同词性变化的联系、中古词尾的形成和发展。在句法学部分，王先生把自己语法系统中具有独创性的多种句式的历史发展作了认真探讨。例如：系词的产生及其发展、使成式的产生及其发展、处置式的产生及其发展、被动式的发展、递系式的发展，等。这些都是本书最精彩的具有独创性的章节。现在快过去半个世纪了，它仍然是汉语语法史的主要研究成果，还继续成为大家研究的热点，不过大都只是在王先生研究成果的基础上作些修补。下册也包括两章：《词汇的发展》和《结论》。《词汇的发展》从基本词汇、借词和译词、同类词和同源词、词义演变等多方面探讨了词汇的发展变化。《结论》从汉语的悠久历史讨论了汉语对日语、朝鲜语和越南语的影响。这是第一部全面叙述汉语历史发展的著作，它开创了一门新学科，在 20 世纪汉语研究的整个过程中，它是一部具有里程碑意义的著作。

这样一部学术巨著，并不能简单地看成只是作者集中精力撰写它那几年的成果，而应当知道它是王力先生当时研究汉语已经二十多年的全部心血的结晶。1936 年王力先生出版了《中国音韵学》（50 年代重印时改名《汉语音韵学》），这是我国学者运用普通语言学理论对传统音韵学作出系统整理和研究的第一部著作，也是王力音韵学说的奠基之作。1937 年他又发表了重要的音韵学论文《上古韵母系统研究》，提出了古韵脂微分部的创见。这就为撰写《汉语史稿》上册《语音的发展》奠定了基础，上古和中古音系的框架早就有了，写《汉语史稿》时只要确定它们的拟音体系再把上古、中古和现代三段音系连贯起来考察它们的变化发展就行了。在语法方面,1937年王先生就发表了《中国文法中的系词》,这是我国第一篇语法史论文;1944年王先生又出版了《中国语法理论》,这是一本比较语法性质的论著。它对中外、古今、普通话和方言的语法结构作了多方面的比较,古今比较的分量相当大。例如:

> 中国古代没有真正的使成式,只能把不及物动词当使动词用……使成式的产生,可以认为中国语法的一大进步,因为可以用最经济的语言去表示某一行为的cause-effect两方面……使成式起于何时,现在未能考定。大约最晚在唐代口语里已有了:诗歌接近口语,故唐诗里使成式颇多。①

> 中国上古是没有处置式的;现代用处置式的地方,上古只用普通的主动句……"把"字在唐代口语里,却可以用于处置式了……"将"和"把"本来都是动词……后来"把""将"越用越空虚,才算是把目的语提前;但若单就形式而论,处置式还是从递系式演变而来的。②

> 古代的行为称数法,因为没有单位名词的缘故,只能纯然表示次数;现代有了行为的单位名词,就表示得更细微些……称数的"次"字大约系从"次序"的意义演变而来。但起于何时,则未能切实考证。大约最晚当在宋、元以后……"回"字用于称数比"次"字更早。孟郊的诗里已有"一日踏看一百回"的说法。③

这恐怕可以看作《汉语史稿》中的"使成式的产生及其发展""处置式的产生及其发展"和"单位词的发展"等节最早的一种思考;特别是《中国文法中的系词》一文更无疑是"系词的产生及其

---

① 《中国语法理论》第二章第十一节"使成式"(《王力文集》第一卷112—116页)。
② 《中国语法理论》第二章第十二节"处置式"(《王力文集》第一卷121—123页)。
③ 《中国语法理论》第四章第三十三节"行为的称数法"(《王力文集》第一卷354页)。

发展"一节的基础。多年的积累,加上 50 年代王先生集中精力用了四年时间才完成这部开创性的巨著。

　　1954 年王力先生在北京大学为汉语史研究生和中文系四年级学生开设了汉语史课,正式开辟了一门新的学科。当时每周一次课两小时,王先生花二三十个小时写成讲稿,再印发作为讲义。第二年改为每周两次课四小时,重写讲稿,"差不多等于另起炉灶"(《汉语史稿·序》中语),印发了第二次讲义。1956 年下学期王先生动手修改他的汉语史讲义,并为我们汉语史研究生开设了一门专题课,讲述他是怎样撰写汉语史讲义的,听课的还有他的助教、助手和进修教师。王先生把每节讲稿他是怎样收集材料、确定观点到选择用例先讲出来,然后让大家讨论,并听取大家的意见。我们可以提问,可以发表看法、补充例证,也可以提出不同意见,最后他再进行解答和小结。课堂上发言的大多是研究生。这门课不仅使我们学到的汉语史知识更深入透辟,主要的还是教给了我们怎样进行科学研究的方法。在此期间王先生修改完了讲义的绪论和语音史部分,这就是《汉语史稿》上册,1957 年 3 月由科学出版社出版。同时,为了培养年轻人,王先生又把他的助教、助手和进修教师组织起来协助他修改汉语史讲义的语法、词汇部分,大约用了一年多一点时间,1957 年完成,分别在 1958 年 4 月、6 月出版了《汉语史稿》中册和下册。正如王力先生在《汉语史稿·跋》中说的:"我个人认为助手改写主编人原稿是从实践上培养新生力量的有效方法之一。"这就是说,这样做的目的是为了培养年轻人。

　　我们知道,两个主要的执笔改写人都是毕业才三年刚刚接触汉语史知识的年轻助教,他们只能作一些辅助性的工作。王先生在《跋》中说:"中册和下册是拿我在北京大学的讲义作为基础,经过汉语史编辑室的讨论,再把各节分派给许绍早、唐作藩、唐钺三位同志执笔改写,改写后再共同讨论修改,才作为定稿的。当时我们的分工是这样:我自己主持讨论并下结论。"改写的人实际上只是把王先生根据各方面的意见经过讨论并亲自下的结论整理出来。王力先生在《汉语史稿·序》(1957年初版上册)中曾说:"目前已经有人引用我的讲义,也有人对讲义提出批评。"又说:"在编写过程中,杨伯峻先生,唐作藩、许绍早、唐钺三位同志和汉语史研究生们都提了不少好意见。"在《汉语史稿·跋》(1958年初版下册)中更特别提出:"刘赜教授和丁声树教授对上册提了不少的宝贵意见,我在这里表示谢意。我又应该特别感谢吕叔湘教授,他对中册(语法部分)曾经逐节提出批评,使我能在很大程度上修订我的原稿(讲义),大大提高了这书的质量。"改写者大概也负责收集意见、整理意见,编辑室讨论的就是这些意见。他们能做的,只此罢了。

现在还留下了一份可资对照的资料,这就是《汉语史稿》中册第四十八节"被动式的发展"的原稿(讲义)曾先一年在《语言学论丛》第一辑以《汉语被动式的发展》为题发表。这里就让我们来看看改写后到底有哪些变动吧。这一节在初版中是419页至436页,约一万五千字左右。变动最大的是给比较深奥的例句增加注释或今译,这不是年轻改写者做的,而是一位年长的、古文根底较强的进修教师做的。例如420页:

　　　　谏行言听。(《孟子·离娄下》)

　　增加:[劝谏被采纳、施行,意见被接受。]

　　　　昔者龙逢斩,比干剖,苌弘胣,子胥靡。(同上。按:出《庄子·胠箧》)

　　增加:[胣,丑椅切,音褫,刳肠也;靡,烂之于江中也。]

　　总共增加注译46处:420页4处;421页5处;422页4处;423页7处;424页3处;425页2处;426页3处;427页4处;428页3

处;429 页 1 处;431 页 10 处。增加字数在一千以上。

　　牵涉到观点内容的变动有 4 处(1980 年中华书局重版时又增加 1 处①:

　　(一)420 页说:"在远古汉语里,在结构形式上没有被动和主动的区别。直到甲骨金文里也还是这种情况。真正的被动式在先秦是比较少见的,而且它的出现是春秋以后的事。"原稿只作:"在先秦时代,被动式是比较少见的,但也不是没有。"

　　(二)425 页说:"被字句大约萌芽于战国末期。例如……到了汉代'被'字句就普遍应用起来了。这种'被'字的作用大致和'见'字相当。"原稿只作:"'被'字句在汉代也产生了。'被'字在汉代的作用大致和'见'字相当。"

　　(三)429 页下半页谈唐代被动式的一种新发展,"'被'字前面有主语,动词的后面仍然有宾语,而宾语所代表的人物又是主语所代表的人物所领有的"(白居易诗"常被老元偷格律"),全段四百多字是新加的。

　　(四)434 页,在"因此,带关系语的被动式发展的结果,也和处置式一样,同使成式结合起来"之后,原有几句话:"被动式同使成式的结合,和处置式的结合,其产生的时代应该是差不多的,甚至是同时。"改写时删去了。

　　四处总共不到九百字。可以肯定,这决不是改写者的主意,而是王先生根据各方面的意见作出的修改结论。

　　此外,只有少数例句的增删和个别字句的修改。增加 7 例:

---

① 1958 年初版 427 页说:"但是,带关系语(施事者)的'被'字句在第四、五世纪之间产生了。"1982 年重版时改为:"但是,带关系语(施事者)的'被'字句在汉末已经有了萌芽,如蔡邕《被收时表》就有'五月二十日,臣被尚书召问'的句子。到了四、五世纪就更多一些。"按:蔡邕例采自《古代汉语》,北京出版社 1981 年(现由商务印书馆出版)。

421 页,《论衡·刺孟》例;422 页,《墨子·尚贤中》例;425 页,《论衡·变动》例;426 页,《贾子·阶级》例;435 页,《丑女缘起变文》例;436 页,叶圣陶《一生》例和老舍《上任》例。删去 5 例:421 页,《左传·成公二年》例后删去《公羊传·隐公四年》一例;423 页,《荀子·不苟》例后删去《荀子·荣辱》一例;425 页,《史记·项羽本纪》例前面删去《史记·李斯列传》一例;436 页,删去老舍《骆驼祥子》一例和《赵树理选集》一例。引例的次序有些调动,这里不谈了。至于个别字句的改动,例如 422 页,"关系语也可以被省略"之前,原有"但是"一语;424 页,"'见'字句的被动式一直沿用到汉代以后",原作"这种结构一直沿用到汉代以后";426 页,"不仅'被'字句用得更普遍了",原作"'被'字句普遍应用起来了"。类似的改动还有数处,不再一一列举。

这就是《汉语史稿》第四十八节"被动式的发展"改写的具体情况,其他各节的改写情况大致都是与此相似的。从这里我们不难看出,所谓"改写"只是根据王先生的指示作了一些整理而已。这确实是为了提携学生、"培养新生力量"而作出的安排。不料几十年后的今天,客观情况却要求我们明确一点:《汉语史稿》是王力先生积二十多年研究汉语史的心得、加上数年的集中努力而写成的个人专著,而绝不是由王力主编的集体著作。《汉语史稿》署名"王力著"这个事实,本来应该是不成什么问题的;但是 80 年代以后,却出现了一些莫名其妙的现象,比如,居然有些介绍语言学家的传记或名人辞典,竟把《汉语史稿》中、下册列为了别人的著作,这是非常错误的。人们都知道,1956 年中央曾号召向科学进军,为知名学者配备助手,目的是帮助他们尽快写出自己的论著。王力先生利用这个机会,让刚毕业不久的学生协助自己完成《汉语史稿》的写作;这本来是为了"培养新生力量",体现了他关怀学生、提携后进的师德。但是,现在却可能给学术史上留下一场纠缠不清的公案，这是使人深感不安的。在纪念王力先生百年诞辰时，我重读《汉语史稿》，加深了对王力先生在汉语史方面贡献的认识，因而把它写了下来。

原载《纪念王力先生百年诞辰学术论文集》，
商务印书馆 2002 年

王力先生和现代汉语语法研究

20 世纪是中国语言学发展变化最大又最快的时期,现代语言学理论被引进,中国传统语文学得到了初步的科学总结。汉语研究的各个领域成果累累,每个领域的开辟,都有赖于语言学大师的引领;王力先生就是这些语言学大师中成绩卓著的一位,是中国现代语言学的开拓者和奠基者之一。他学贯中西,博古通今,在汉语语言学的多个方面作出了划时代的贡献。

一

王力先生 1900 年 8 月 10 日诞生在广西博白县岐山坡村,初名祥瑛。6 岁入私塾,11 岁入博白县高小,14 岁高小毕业前夕自己改名王力,字了一。毕业后,因家贫辍学,居家自学,教过私塾,当过小学教师。1921 年春,他从一个姓李的学生家借得 14 箱书,埋头苦读,经史子集,无所不窥,从此打下了深厚的国学根基。1924 年秋,他在亲友的资助下,远赴上海求学,先后就读于私立南方大学、国民大学。1926 年考入清华国学研究院,师从梁启超、王国维、赵元任、陈寅恪。在梁启超、赵元任的指导下,完成了毕业论文《中国古文法》(1983 年,出版时间,下同),从此走上了研究语言学的道路。1927 年冬又在赵元任的鼓励下,留学法国巴黎,攻读实验语音学,1932 年以《博白方音实验录》(法文)获巴黎大学文学博士学位。在巴黎,他广泛接触了西方的语言学理论和方法,直接受教于约·房德里耶斯(J·Vendryes)。当时在西方盛行的青年语法学派、法兰西学派对他的影响最大,美国结构主义语言学奠基

人列·布龙菲尔德(L·Bloomfield)的《语言论》和丹麦语言学家
奥托·叶斯泊森(Otto Jespersen)的《语法哲学》也对他影响很深。

　　1932年他回国,任清华大学中国文学系专任讲师,讲授"普通
语言学"和"中国音韵学概要",并在燕京大学兼课;1935年升教
授。30年代王力先生在清华任教期间,主要是研究音韵学,出版
了《中国音韵学》(1936年,1963年再版改名《汉语音韵学》),发表
了《上古韵母系统研究》(1937年)、《古韵分部异同考》(1937年)
等多篇音韵学论文,为改造传统音韵学、建立音韵学的学科体系作
出了重要贡献。在清华的前期还翻译了不少法国文学作品,后期
重新研究汉语语法,发表了重要的学术论文《中国文法学初探》
(1936年)和《中国文法中的系词》(1937年)。

　　1937年抗日战争爆发,他随校南迁,先后任教于长沙临时大
学(由北大、清华组成)和广西大学,1938年秋赶赴昆明西南联合
大学(由北大、清华、南开组成),教授"中国文法研究"和"语言学
概要",出版了《中国现代语法》(1943年)、《中国语法理论》(1944
年)这两部创立语法新体系的名著和《中国语法纲要》(1946年)。
又利用休假(1939年)赴河内远东学院学习、研究越南语一年,回
来开设了汉越语课程,后来写成了在研究汉越语方面富有权威性
的论文《汉越语研究》(1948年)。写完三部语法著作之后,他开始
研究诗律,在联大开了一门"诗法"课。除教学、科研之外,在抗战
期间他还利用业馀时间先后为《星期评论》《生活导报》等多份报
刊开设小品文专栏,写了不少小品文,成为颇有影响的小品文作
家,有《龙虫并雕斋琐语》一书出版(1949年)。

　　抗战胜利后,他正准备随清华大学北返,中间应邀赴中山大学
讲学,被中大校长极力挽留在中大任教,就任中山大学文学院院
长。在中大他创建了我国第一个语言学系,既忙教学又抓行政,但
仍然利用课馀时间将"诗法"讲义加以整理补充,写成了《汉语诗

律学》(1958年)。1948年夏,他准备离开中大回清华,又被岭南大学校长聘任为文学院院长兼学校五人顾问委员会委员。这时解放战争发展迅速,国统区时局混乱,他拒绝了出国、去台的诱惑,1949年10月在广州愉快地迎来了解放。解放不久,他就当上了广州市的人民代表,1950年又担任了广东省文化教育委员会副主任。1952年高等学校院系调整,岭南大学并入中山大学,他又回到中山大学任中文系主任。这时他尽管社会兼职多,要参加许多社会活动,但仍不放松教学和科研,在方言和语法研究方面发表了不少文章。

为了培养一批汉语史研究生,并加强北京大学语言学教学和科研实力,1954年他被教育部调到北京大学。秋季开学后,在北大招收了中国的首届汉语史研究生,毅然开出了"汉语史"这门新课,实际上是在我国开创了一门新学科。此后王先生都在北京大学任教,直至1986年去世,30多年,他把主要精力集中在建设汉语史学科方面,为中国历史语言学研究揭开了新篇章。1957年他出版了《汉语史稿》上册,1958年出版了中、下册。1978年起又着手充实修订,分别改写成《汉语语音史》(1985年)、《汉语语法史》(1989年)、《汉语词汇史》(1993年)。在这时期,他还撰写了《中国语言学史》(1981年)、《同源字典》(1982年)、《清代古音学》(1992年)等专著和一批汉语史方面的重要论文,如《上古汉语入声和阴声的分野及其收音》(1960年)、《古韵脂微质物月五部的分野》(1963年)、《汉语语音的系统性及其发展的规律性》(1980年)、《古汉语自动词和使动词的配对》(1965年)、《汉语滋生词的语法分析》(1979年)等。

在北大,他先后担任过汉语教研室主任和中文系副主任,成为北大中文系汉语专业建设的领头人,对汉语专业教学计划的制订和课程的建设作出了重大贡献。古代汉语课程的教学改革和教材建设就是一个突出的例子。1959 年他主持了北大汉语教研室的古代汉语课程改革,把它定位为培养学生阅读古书能力的工具课,主持编写了一部"文选、常用词、通论三结合"的讲义,影响及于全国;1961 年全国组织统编文科教材,《古代汉语》(1962 年)就由他主编。这部教材不但教学实用性强,内容的科学性也是高的,因而出版至今将近 40 年,始终受到海内外师生和其他读者的欢迎,成为长盛不衰的出版物,并获得首届国家高等学校优秀教材少有的特等奖。

王力先生到北京大学后,校外兼职和社会活动更多,先后兼任中国科学院哲学社会科学部学部委员,中国文字改革委员会副主任、国家语言文字工作委员会顾问,中国语言学会名誉会长,中国人民政治协商会议第五、六届全国委员会常务委员等职。他是汉字改革的促进派,对汉语拼音方案的制订、汉字的简化、汉语的规范化、普通话的审音和推广都做了不少工作,写了不少文章。他对中国语言学的发展也给予了高度重视,不同时期总是提出自己的指导性意见,例如:《中国语言学的现况及其存在的问题》(1957年)、《中国语言学的继承和发展》(1962 年)、《我对语言科学研究工作的意见》(1981 年)。他在《遗嘱》中说:"我的一生,是奋斗的一生。"是的,王力先生为我国的语言学事业是奋斗不止的,就是在那被批斗的"文革"中,他也背着人写成了《诗经韵读》(1980 年)和《楚辞韵读》(1980 年);84 岁高龄时还应中华书局之约,动手写一部卷帙浩繁的古汉语字典,直到他病重被送往医院的那天仍艰难地坚持写了 300 多字。两年时间写了 60 多万字,完成了全书三分之一的写作任务。先生去世后,由在他身边工作的几个学生遵循他的指导思想继续完成了全书的写作,定名为《王力古汉语字典》(2000 年),体现了他在词典编纂学方面的主要思想和理论。

二

我们知道,语法研究只是王力先生语言学研究多领域中的一个,现代汉语语法研究又只是这一个领域中的一部分。他研究现代汉语语法主要是在抗日战争任教西南联大时期,然而他这些年研究现代汉语语法的成果对中国语法学的发展却是具有里程碑意义的。

他在《中国现代语法·自序》中说,自己研究中国语法曾经历"妄、蔽、疑、悟"四个时期。妄,是他20岁做高小国文教员时,改编周善培的《虚字使用法》教学生,以为会用虚字就能写好文章,结果大失所望。蔽,是他入清华国学研究院时,学英语语法喜欢拿《马氏文通》比着读,写论文《中国古文法》,"只知有词不知有句;只知斤斤于词类的区分,不知中国语法真正特征之所在;只知从英语法里头找中国语法的根据",仍陷于比附英语语法之中。疑,是他入巴黎大学,中国学院院长劝他不要以语法为题来做毕业论文,不能像《马氏文通》那样做,因而产生了对以前的中国语法学近10年的怀疑。直到他写出《中国文法学初探》集中表述了他的这些疑惑。悟,是他发表《中国文法中的系词》才"由疑而悟"的,悟出了"语法的规律必须是从客观的语言归纳出来的,而且随时随地的观察还不够,必须以一定范围的资料为分析的根据",因而创作了《中国现代语法》和《中国语法理论》。

朱自清先生早在1943年就说过:"十年来我国的语法的研究却有了长足的进步。我们第一,该提出的是本书(按:指《中国现代语法》)著者王了一先生(力)。他在《清华学报》上发表了《中国文法学初探》和《中国文法里的系词》两篇论文(并已由商务印书馆合印成书),根据他看到的中国语的特征提供了许多新的意念,奠定新的语法学的基础。"①方光焘先生也曾指出:"30 年代中期到 40 年代是中国语法史上一个极重要的阶段。当时,中国语法学家们批评模仿西方传统语法的倾向,接受外国的语言学新理论,同时十分关心中国语法特点的发现。"他说:"王力是这个新阶段的代表人物。1936 年他的论文《中国文法学初探》发表,标志着这个时期的开始。"②他们都肯定王力先生是中国语法学史新阶段的主要代表,肯定《中国文法学初探》(下文简称《初探》)的重要意义。这评价无疑是公允的。

　　我们知道,虽然早在 20 年代陈承泽、刘复、金兆梓等也发出过反对"承袭外国文法"(陈承泽《国文法草创》用语)的呼声,作出过一些革新文法研究的努力;但是全面清算模仿比附的研究方法、公开打出反对模仿西洋语法旗帜的是王力先生的《初探》。他在论文中提出"比较语言学与中国文法、西洋文法与中国文法、死文法与活文法、古文法与今文法、本性准性与变性、中国的文法成分、词的次序"等几个重大问题分别加以讨论,从理论的高度批评了模仿比附的研究方法,努力探讨了中国文法的特性和研究方法。正如他自己说的(着重号原有,下同):"本篇的旨趣不在乎搜求中国文法里的一切系统,只在乎探讨它的若干特性,希望从此窥见中国文法的方法。"论文还强调指出:"我们对于某一族语的文法的研究,不难在把另一族语相比较以证明其相同之点,而难在就本族语里寻求与世界之语族相异之点。"并宣称"此后我们最重要的工作,在乎寻求中国文法的特点"。这就是说,不管西洋哪种语言的语法系统,拉丁语也好,英语也好,都不能拿来比附,而是要根据汉语的

---

① 《中国现代语法・朱序》。
② 《王力〈中国语法理论・造句法〉导读》,《方光焘语言学论文集》第 177 页,商务印书馆 1997 年。

实际来寻求它的语法特点,概括出它的语法规律。在论文的末尾,他说:"我此后研究中国文法,当从这一条路出发;待修正的地方虽多,大致的方向是从此决定的了。"应该承认,这篇论文不仅是王力先生决心革新文法研究的"宣言",也是吹响了30～40年代"中国文法革新"大讨论的号角,正如上文所引方光焘先生指出的,它是汉语语法研究进入一个新时期的标志。

三

《中国现代语法》(下文称《语法》)和《中国语法理论》(下文称《理论》)更是王力先生研究现代汉语语法的代表作,也是他实践自己革新文法研究"宣言"的重大成果。这两部书正式出版虽然都在1943年以后,它写作和流布的时间却早得多。在《中国现代语法·自序》中他曾叙述这个过程:"二十六年夏,中日战事起,轻装南下……在长沙买得《红楼梦》一部,寝馈其中……于是开始写一部《中国现代语法》,凡三易稿。二十七年秋,在国立西南联合大学担任'中国文法研究',始将此稿印为讲义。"后来"又相信闻一多先生的话,把它分为两部书:一部专讲规律,一部专谈理论,相辅而行。直至二十八年冬,才各完成上册,又至三十一年夏,才各完成下册"。吕叔湘先生也说过:"抗日战争初期,王先生在西南联大教课,讲授'中国现代语法'。那时我也在昆明,在云南大学文史系任教,教英语。1939年暑假后,系里给我加了一门'中国文法',那时候王先生的讲义已经印出来了,我借来一份参考。"①这说明王先生是1937年开始写《中国现代语法》的,1938年秋用来讲课,讲完课,1939年春就作为讲义印了出来,在学术界已经深有影响。因此他不仅是吹响文法革新号角的号手,同时也是实践

---

① 《悼念王力教授》,《人民日报》1986年5月16日。

文法革新取得突出成果的第一人。

《语法》和《理论》是孪生的姊妹篇,两部书的章节完全相同。《语法》偏重描写汉语的语法现象,说明汉语的语法规律;《理论》则偏重比较中外语言的异同,探讨汉语语法的特点,并从理论上加以说明。这两部书所建立的语法体系比之旧的语法体系,确实令人耳目一新,在国内外产生了深远影响。王力先生从汉语的本质特点出发,指出:"汉语没有屈折作用,于是形态的部分也可取消。"因此这两部书的语法体系布局独特,一反西方语法大讲词类的方式,基本上都是讲造句法,把词类归属于造句法,只占造句法中的一小节。标明"造句法"的就有一、二两章,其他四章也是或者讲帮助造句的成分,或者讲造句法的特殊形式或造句法的发展变化(《欧化的语法》)。这是一种地道的句本位语法,但是同黎锦熙先生的用"中心词分析法"分析、图解句子的六大成分的句本位语法却是完全不同的。它几乎不单独分析句子的成分,而是探寻有汉语自己特色的句类、句型,发掘汉语组词造句的特点。

在发掘汉语语法特点方面,王力先生富有敏感,分析细致深入,提出了一系列很有影响的创见:

(一)它摆脱西洋传统语法把句子分成名句和动句两类的做法,而是根据汉语的特点,把句子分成判断句、描写句和叙述句三类。他说:"在现代,判断句须用系词做主语和谓语的媒介,借此与描写句分别。在上古,判断句也像描写句一般地不用系词,但判断句可用'也'字(孔子,鲁人也),而普通描写句不能。由此看来,自古至今,描写句和判断句在结构上总是有分别的,所以不该混为一谈。"

(二)最先提出"句子形式"和"谓语形式"的概念。他说:"凡两个以上的实词相连接,能陈说一件事情者,叫连系式。""一个连系式可以是一个句子","但它又可以是句子的一部分","咱们可以给它一个总名称,叫做句子形式。"又说:"谓语形式专指复杂的谓语而言。""一个谓语形式可以是一个谓语,如'我在家里'","又可以是谓语的一部分,如'我在家里念书'。"这两个概念的提出,对分析汉语的复杂句子结构是有意义的。

(三)在仔细分析汉语单句内部的各种结构关系和意义表达中,揭示出汉语中那些不同于西方语法的特殊的句子结构,即叙述句中谓语包含一个以上动词的各种句型。这是王力先生的语法体系中最富创造性的部分。按照印欧语的造句规则,一个句子必须有一个定式动词,也只能有一个定式动词,如果有其他动词,就只能采取不定式或分词的形式。但是汉语没有形态变化,造句规则与印欧语也大不一样,一个句子既可以没有动词,也可以有一个以上的动词。前人模仿西洋语法,仿造了一个"散动词"的名目,来对付句子中的一个以上的其他动词。王力先生完全撇开传统的说法,从汉语的特点出发,采取新的角度来分析汉语的句子格式,根据谓语形式之间存在各种不同的关系,划分出"能愿式、使成式、处置式、被动式、递系式、紧缩式"等多种汉语特有的句式。这些句式大多被后来的语法论著所沿用或吸收,影响是深远的。

(四)把系词、数词分别从动词、形容词中划出来,单独设类。这也是王力先生的首创。他指出:系词是"连接主位和表位的一种词","并非句子的要素:非但叙述句用不着它,若就中国语而论,连描写句也用不着它,只有现代的判断句,才用得着它"。"它本身是没有意义的","凡普通认为修饰系词的末品,除了否定词外,都该认为修饰整个谓语的",因而应该"把系词认为虚词"。正如朱自清先生指出的:"这成分关系句子的基本结构,关系中国语的基本结构,是一个重大的问题";"系词的问题解决了,本书便能提供一种新的句子的分类。"①数词从马建忠到黎锦熙先生,都仿照西方语法把它归入形容词之中,王力先生却把它独立出来,理由是:"因为形容词能单独用为谓词,而数目字不能;数目字能带单位名词,而形容词不能。"两者的语法功能不同,自以分开为妥。

(五)《新著国语文法》仿照纳氏文法把包孕句归在复句中,王力先生却把它从复句中剔除出去,归入单句。他指出:"中国的句子形式,处于被包含的地位时,究竟和西文的 clause 不尽相同。"西文的 clause 必须有一个定式动词,可以根据定式动词的数目去断定句中的 clause 的数目;汉语却没有定式动词、非定式动词的区分,于是很难断定某一个语言形式是不是一个 clause 了。"尤其是次品句子形式,它在中国语里只等于一个单词的用途",不像西文要有关系代词或关系副词连接,因此包含着句子形式的包孕句只是单句。显然王力先生的意见是对的。这对分清单句、复句的界限是有利的。他还提出:"中国的复合句往往是一种意合法。"这个提法也是符合汉语特点的,后来被语法学界不少人接受。

在探索研究语法的理论、方法方面,王力先生也作出了重要贡献。他结合汉语的特点,较好地应用了房德里耶斯、布龙菲尔德、叶斯柏森等人的学说,有取舍,有变化;尤其是《理论》比较了中外语法的异同,从理论上对新体系加以阐明,带有比较语法学的性质,为建立中国的语法理论、推动中国语法的研究起了重大的作用。在分析句法结构时,更是王力先生第一个在汉语中运用"插入法"和"转换法"的。

(一)在分析字、词、词组的区别时,他提出了运用插入法。他说:"若要辨认两个以上的相连接的字是否一个单词,有一个最简单的法子,就是试用另一个字把它们隔开,看它是否失掉原来的意

---

① 《中国现代语法·朱序》。

义。"又说:"复音词是不能被隔开的,仿语则可以被隔开:例如'老婆'是复音词,因为咱们不能说"老的婆"而意义不变;'老人'是仿语,不是复音词,因为咱们还可以说成"老的人",而意义不变。"这个插入法用在汉语语法结构的分析中是很有用的,后来陆志韦先生在《汉语构词法》中也用它,并发展成了扩展法。

　　(二)在讨论词组、句子形式和特殊句式时,王力先生在多个问题的分析中运用转换法。他说:"依原则说,一切连系都可以转为组合,如'鸟飞'可转为'飞鸟','国大'可转为'大国';一切组合也都可以转为连系……"又说:"如果咱们细揣中国人说话的心理,并追溯中国语的历史,就会得到另一种结论的。依现代中国人的语象,'我叫他马上就来'是'我叫他'和'他马上就来'的结合。"还说:"中国语的结构好像无缝天衣,只是一块一块的硬凑,凑起来还不让它有痕迹。"复合句的紧缩"也就是把相关的两件事硬凑在一起",它"还有一个特征,就是复合句的两个构成部分之间没有语音的停顿"。例如"兄弟来请安",按王力先生的说法,是由"兄弟来"和"兄弟请安"硬凑起来的。这种方法由于转换生成语法的兴起,显示出它蓬勃的生命力,80年代以后,在汉语语法研究中较广泛地被人使用。日本著名汉学家藤堂明保在《从王力先生的语法理论讲到"变生语法"》中曾说:"40年以前,他出版了《中国语法理论》一书,在战后的语言学界起了启蒙作用。表面看来,这本书里讲的理论似乎成为过时的,其实书里很多部分,至今还发出灿烂的光辉。尤其从几年来流行的'变生语法'的立场看来,他过去注意到的,又得到新的意义,重新浮现在我们面前了。"①藤堂明保教授的文章论述了《理论》运用转换法与"变生语法"的关系,他上面的这段话,深刻地揭示了王力先生的语法著作

---

① 　见《语文现代化》1980年第4期。

在创作时的先进性及其深远意义。

我们知道,王先生把"三品说"用到汉语中来,在当时是很时髦的,也受到称赞;但是 50 年代以后,又是最集中受到批评的问题,他自己也在 1954 年的《新版自序》中作了自我批评,并表示放弃。其实运用三品说也有利有弊,因为三品并不限于词,也包括仂语、谓语形式和句子形式,这说明不仅词可以充当句子成分,就是词组也可以充当句子成分。这虽然没能解决汉语的词类问题,但是比起原来的字无定类、依句辨品等说法,总是前进了一步,因而这仍不失为一次有益的尝试。问题是,三品的划分主观随意性强,又与同时引进的布龙菲尔德的"向心结构"说互相矛盾。

总之,《语法》和《理论》的最大贡献就在于:它努力揭示汉语语法的特点,总结汉语的结构规则,建立了重视汉语特点的语法新体系。方光焘先生说:"王力的语法研究成绩很大,优点很明显。他注意汉语的特点,对许多语法现象有敏感,提出了许多问题","改变了在他以前语法学界那种一味模仿的风气。"[1]这个评价是很客观的。应该说,在发掘汉语语法特点方面,即使是整个 20 世纪,恐怕也难找出能与王先生相比的人来。

他为开明书店撰写的《中国语法纲要》可以说是《语法》的浓缩本,写作的目的是供中学生阅读的。它简明扼要地介绍了汉语语法的基本规律。1954 年被译成俄文,并由苏联著名汉学家龙果夫加注作序,在莫斯科出版。1957 年新知识出版社重印此书时,附上了龙果夫的注和序的汉语译文,改名《汉语语法纲要》。这本书在国内外也产生了较大影响。

解放后,为了提高语文水平,在中小学开展了语法教学,王力先生应《语文学习》之约,写了一系列普及语法知识的文章,例如,

---

[1] 《六十年来的汉语语法研究》,《方光焘语言学论文集》第 236 页。

《词和语在句中的职务》(1952年)、《谓语形式和句子形式》(1952年)和《句子的分类》(1953年)等。这些文章表述了他自己的语法体系,但也采纳了当时教学中流行的某些观点。同时他更积极参与了《暂拟汉语教学语法系统》的制订和推广。暂拟系统是一个综合性的体系,它吸收了黎锦熙、王力、吕叔湘、丁声树、高名凯诸家的意见。大家都知道,调和众说,熔为一炉,并非易事。王力先生不但以他在语法学界的崇高威望和特殊地位在暂拟系统的制订过程中发挥了相当关键的作用,还亲自为推行这个系统的《语法和语法教学》(1956年)一书撰写了《语法体系和语法教学》《关于词类的划分》两篇文章。又为配合当时初中《汉语》课本进行教学的《汉语知识讲话》丛书撰写了《词类》(1957年)一书,这也是为推行暂拟系统服务的。《语法体系和语法教学》一文显然带有全面指导的性质。《关于词类的划分》和《词类》则已经采用了他50年代有所改变的新观点。

王力先生不但积极撰写普及语法的文章、读物,参与学校语法的制订和推行;也十分关心现代汉语语法研究的进展,积极参加了50年代汉语语法学界多次重要的专题讨论。

(一)词类划分是汉语中一个长期存在争论的问题。40年代王先生写《语法》《理论》时,认为汉语没有形态变化,汉语的词只能根据概念分类,因而忽视词法,几乎只讲造句法,不讲词法,这本来是他的语法体系的缺陷。在50年代的汉语词类问题讨论中,王力先生写了《关于汉语有无词类问题》和《汉语实词的分类》两篇长文,对自己原来的观点作了自我批评,提出了他划分汉语词类的新主张。这是王力先生的语法体系的重大改变,只是没有重新写成一部现代汉语语法著作。他提出:划分汉语词类应以"词汇·语法范畴"为标准,也就是要把"词义标准、形态标准和句法标准"三者结合起来。他说:"标准仍旧是三个,但是,由于我们不再孤立地看它们,情况就完全不同了。"第一,概念标准应该看做词义标准。词义在汉语词类划分中是能起一定作用的,应该注意使词的基本意义跟形态、句法统一起来。""第二,应该尽先应用形态标准。""第三,句法标准应该是最重要的标准。在不能用形态标准的地方,句法标准是起决定作用的。"所谓句法标准就是词的经常职务和组合能力,特别要注意经常职务(基本句法功能)和临时职务(临时句法功能)的区别。王力先生在这里虽然采用了龙果夫提出的"词汇·语法范畴"的说法,实际上只是强调要把语义和形式结合起来,不要丢开语义不管。他一再强调:"意义是客观事物的反映,语法范畴只是通过意义范畴来反映客观事物。""忽略了意义范畴,就是割裂了语法范畴同客观事物的联系。""没有某种意义范畴,决不可能有和它相当的语法范畴。"王力先生关于词类划分的主张,具有相当的代表性,带有某种总结的作用,影响相当深远。

(二)汉语主语宾语问题的讨论是解放后现代汉语第二次重要的专题讨论。王力先生在讨论后期撰写了《主语的定义及其在汉语中的应用》(1956年)。大家都了解,解放前的语法著作大都是按施受意义来确定主语宾语,而解放后语言所语法小组的《语法讲话》(1952年7月以后在《中国语文》连载,即后来出版的丁声树等的《现代汉语语法讲话》)、张志公先生的《汉语语法常识》却主张按位置先后来确定主语宾语,因而造成语法教学中无所适从,于是《语文学习》发起了这次讨论。讨论后期虽然都同意兼顾形式和意义,实际上仍然是一派重形(位置先后),一派重义(施受关系),各执己见。王力先生的文章还是坚持他原来的主张,是属于重义派的;不过他强调"主语问题的解决关键在主语的定义上。'定义是对现实的认识过程的基本要素'"。这个观点确是击中了这次讨论所存在的一个明显的缺陷,即概念不明确,理解不一致,各说各的。

（三）联系汉语拼音要求词儿连写的实际，50 年代还发生过
"什么是词儿"的讨论，王力先生为此写了《词和仂语的界限问
题》。他认为词和仂语之间没有绝对的界限，提出拼音化的词儿连
写与语法上的词和仂语的分辨不宜完全强求一致。拼音时不但复
合词应该连写，就是某些仂语也可以连写。至于语法方面，"在辨
别词的时候，咱们应该让它尽量地显示出汉语特征。首先要避免
从翻译上看问题"。这篇文章在后来确定词儿连写标准时起了一
定的指导作用。

王力先生有关现代汉语语法的著作都是在约半个世纪之前写
的，但是我认为它们对我们仍然是富有启发意义的。这里就用藤
堂明保教授评价《理论》中所说的话推广来评价它们，作为本文的
结束语："书里讲的理论似乎成为过时的，其实书里很多部分，至今
还发出灿烂的光辉。"

2001 年 5 月 2 日于北大燕园

原载《20 世纪现代汉语语法八大家·王力选集》，
东北师范大学出版社 2001 年

中国语言学现代化的一代宗师

——王力先生

中国的语言研究是源远流长的。先秦典籍中的"止戈为武、人言为信、皿虫为蛊",大概可以算作词汇、语义研究的滥觞;《公羊传》中的"六鹢退飞过宋都、陨石于宋五",不失为是语法词序的讨论。不过它们都还只是零散的片言只语。汉代对汉语的研究有重大发展,出现了《尔雅》《方言》《说文》《释名》等四部名著,被统称为小学;魏晋以后小学分成了文字、音韵、训诂三科,它们为读经服务,被看成经学的附庸。清代是小学的极盛时代,文字、音韵、训诂成果非常丰富,段、王之学登上了乾嘉学派的顶峰,被看做学术皇冠上的明珠。原来的经学附庸已经蔚为大国,堪称中国传统语言学的全面发展时期。

20世纪是中国语言学更大发展的时代,是中国语言学中西结合,也即中国语言学现代化的伟大时代。清末随着变法维新、西学东渐的浪潮,切音字运动在知识界盛行,《马氏文通》(1898)的出版更是语言学领域现代化的最初成果;其后,从辛亥革命到"五四"运动,再到新中国建立,中国语言学现代化的进程日益迅速。王力先生(1900—1986)是20世纪的同龄人,他的学术道路是随着中国语言学的现代化而展开的,为中国语言学的继承、开拓、创新作出了巨大贡献。

一

晚清的洋务运动和变法维新都是被迫西化的结果,也是中国现代化的必然进程。它在语言学领域反映为两个方面：一是切音字运动的兴起，二是语法学从训诂学中分化出来。它们都是从教育救国、迅速提高国民素质出发的。

王力先生1900年8月10日出生在广西博白一个书香之家。7岁进私塾，11岁到县高小就读。父亲中过晚清秀才，不善理财，家道日益衰落；因此先生14岁高小毕业，就只得辍学。他17岁开始教私塾，在一个学生家中看到14箱搁置的书籍，得到主人慷慨允诺让先生搬回家中；先生精读博览，充实了国学基础，提高了写作技能。1921年被聘为高小教员，1924年更得到该校校长和年长同事的鼓励和资助，赴外地深造。先生辗转到了上海，考上了南方大学国学专修班，1925年转国民大学本科。在两年大学期间，先生发表过短篇小说，认真研读过《马氏文通》，对先秦诸子也做过一些研究，写了一本《老子研究》（商务印书馆1928）。应该说，这时先生还在学术道路的十字路口；1926年考进清华国学研究院，才打开了先生走上语言学道路的大门。在清华他听了梁启超主讲的中国通史、王国维主讲的《诗经》《尚书》和训诂学、陈寅恪主讲的佛教文学和赵元任先生主讲的音韵学。这不但让先生拓宽了知识面，改革了知识结构，更重要的是从这些名师那里学到了许多学术理念和治学方法、经验，提高了自己的学术素质。四位名师中对先生影响最大的是赵元任先生。王先生在上海读书时对语言学就有过一些研究，听了赵元任先生用西方语言学理论方法讲授音韵学后，茅塞顿开，于是确定了自己的学术道路，成了清华国学研究院一、二两届研究班中唯一专攻语言学的学生。清华国学研究院的学习期限一般是一年，也可延长至二、三年。先生决定读一年，学习半年后开始写毕业论文，题目定为《中国古文法》，这是他在上海读书时已经有所准备的研究课题。开始准备写成一本书，分两卷共十章，时间不够，只写了头两章《总略》和《词之分类》就送交了导师梁启超和赵元任先生。梁启超给了一个评价很高的总评："精思妙悟，为斯学辟一新途径，第三、四、五章以下，必更可观，亟思快睹。"眉批还有"卓识"；"所论二特性，真足开拓千古，推倒一时"。全是褒奖、鼓励。赵先生正好相反，用铅笔写了十一条眉批，专挑论文的毛病。例如："求真、致用两事万不可混。"又如，论文第一章有一条"附言"："反照句、纲目句在西文罕见。"赵先生眉批："删附言，未熟通某文，断不可定其无某文法，言有易，言无难。"在"有、无"二字下还加上重点号。这是对论文提出的严厉批评。梁启超的评语意在鼓励作者创新，赵先生的眉批重在要求作者务实。作者后来曾说："有了名师的指点，我懂得了到底应该怎么做学问。"并把赵先生的批语"言有易，言无难"奉为座右铭。除毕业论文外，王先生1926年还发表了《文话平议》，其后两年又发表了《谐声说》《浊音上声变化说》《三百年前河南宁陵方音考》《两粤音说》四篇论文。从这些成果看，王先生一进入学术领域，就投身到了语言学研究现代化的浪潮之中，跟随在学术界前辈名师之后，站在语法研究、音韵研究的学术前沿。

王先生从清华国学研究院毕业后，在赵元任先生的指点、鼓励下，决定自费去巴黎深造。他只学了一个月法语，刚学会发音，就千方百计地筹措路费，在1927年冬离开北平，从上海乘法国邮轮经印尼（筹措学费）转赴巴黎。到了巴黎后，他从一句法语都不会讲，靠用手势交流，只在法语补习学校学习半年，就把法语过关了，不仅能听、能讲、能写，还能阅读法文报刊和文艺作品。这除了说明先生学习法语的方法正确、学习刻苦勤奋外，也足见先生的语言天赋远非一般。1928年秋进入巴黎大学攻读语言学，他听了房德里耶斯讲授的普通语言学，系统学习了西方语言学的理论，广泛接触了历史比较语言学的理论和方法。法国巴黎大学是西方语言学的重镇，当时西方盛行的是青年语法学派和法兰西学派，房德里耶斯是其主要代表。青年语法学派重视语言的心理、生理要素,强调语言演变规律和类推作用。法兰西学派强调语言的社会性,也强调语言的心理作用,被称作语言学中的社会心理学派。王先生浸融在巴黎大学这种语言理论环境之中,培养了深厚的西方语言学理论修养,为后来进行中国语言学各方面的研究打下了坚实的理论基础。这里还须提到一点,在留法期间,先生由于家庭经济困难,不得不翻译法国文艺作品来挣钱维持留学费用;译文得到当时任商务编辑的叶绍钧(圣陶)先生的赞赏、扶掖,1929年出版了《女王的水土》(小说,莫洛亚著),1931年出版了《少女的梦》(小说,纪德著)和《半上流社会》(剧本,小仲马著)等译著,从而渡过了经济难关,完成了留学计划。当他考虑博士论文时,原拟继续完成《中国古文法》,经中国学院院长格拉奈建议,改做实验语音学方面的论文,题目确定为《博白方音实验录》。这一变动促使他进一步加深对实验语音学的掌握,还自学了生物学、物理学,大大扩充了自己的知识结构。论文用实验语音学的方法,翔实地描写了他家乡话的语音系统,发现博白方音是汉语方言中调类最多的一种。论文《博白方音实验录》(法文)1931年完稿并出版,1932年通过答辩,获巴黎大学文学博士学位。回顾王先生的学习历程,可以看出,在语言学界恐怕很难找出几个中学、西学修养都能与王先生相比的学者。

二

　　王力先生1932年从巴黎学成回国,秋季在清华大学中文系讲授普通语言学和中国音韵学。他因急于还清留学期间的债务,头两年的课馀时间全部用于翻译法文文艺作品;1934年出版的译著就有11种之多,成了颇有名气的翻译家。这种状况影响了学术研究成果,王先生意识到这一点,于是放弃翻译工作,决心结合教学搞好科研。首先把上课所用的讲义《音韵学概要》整理、扩充，编写成《中国音韵学》(50年代再版，改名《汉语音韵学》)，1936年由商务印书馆出版，同杨树达的《高等国文法》一起被收入"大学丛书"。这是王先生出版的首部语言学专著，它用现代语音学知识、理念，深入浅出地阐释了传统音韵学的基本内容，包括古音、今音、等韵、北音和现代音，用经过精选、包括古今中外的丰富参考资料，"把汉语音韵学的略史写出来"(李方桂《序》语)了，还第一个介绍了高本汉的上古音系和中古音系的拟音系统。出版至今七十多年，一直是音韵学初学者和研究者的必备读物。在此期间，王先生还发表了多篇具有重大创新意义的语法、音韵论文，如《中国文法学初探》(1936年)、《中国文法中的系词》(1937年)、《南北朝诗人用韵考》(1936年)、《上古韵母系统研究》(1937年)、《古韵分部异同考》(1937年)等；另外还出版普及性的著作一种《江浙人学习国语法》(1936，50年代再版改为《江浙人怎样学习普通话》)，论文八篇，如《汉字改革的理论与实际》(1936年)、《双声叠韵的应用及其流弊》(1937年)等。据此，抗战前王先生在清华任教，学术上的主要贡献是在音韵学方面，开始重新注意语法研究，并对汉字改革、学习普通话等语文现代化运动有所关注。这是与语言学现代化潮流密切联系的。

抗战爆发后，北大、清华迁到昆明，与南开大学合建为西南联合大学，联大中文系成了抗战时期中国语言学的教学、研究中心。王先生在联大中文系教语言学概论、中国现代语法、诗律学等课程。这时语言学研究活跃的分支学科首推现代汉语语法和汉语方言调查，前文提到，王先生抗战前发表了《中国文法学初探》《中国文法中的系词》两篇语法论文：前者清算了语法学界模仿比附的研究方法，是上个世纪三四十年代文法革新的宣言书；后者是严格意义上的汉语语法史第一篇论文，论证了系词的发展历史，并揭示了汉语句子不一定需要动词的特点。陈望道(1890—1977)、方光焘(1898—1964)等人40年代初期在上海进行了关于文法革新的讨论,出版了《中国文法革新论丛》(1943年),开创了集体讨论语法学术的新风。不过真正努力揭示汉语特点,首先建立起新语法体系成果的还是王力先生在西南联大的讲义《中国现代语法》(1938)。我们知道,抗战爆发,王先生"轻装南下","在长沙买得一部《红楼梦》,寝馈其中,才看见了许多从未看见的语法事实。于是开始写一部《中国现代语法》,凡三易其稿。二十七年秋⋯⋯始将此稿印为讲义"。后来,"又相信闻一多先生的话,把它分为两部书,一部专谈规律,一部专谈理论,相辅相成",于是"另行排比,重加修改"(《自序》);1939年冬完成了两部书的上册,1942年夏才完成两书的下册。至此,《中国现代语法》(1943、1944年)和《中国语法理论》(1944、1945年)才交商务印书馆分上、下册出版。吕叔湘先生也说过:"抗日战争初期,王先生在西南联大教课,讲授'中国现代语法'。那时我也在昆明,在云南大学文史系任教,教英语。1939年暑假后,系里给我加了一门'中国文法',那时候王先生的讲义已经印出来了,我借来一份参考。"①可见王先生1938年的《中国现代语法》讲义在学术界已经深有影响。因此王力先生不仅是吹响文法革新号角的号手,也是实践文法革新取得突出成绩的第一人。

　　《语法》和《理论》是孪生的姊妹篇,还有为开明书店编写的《中国语法纲要》(1946年)是两书的简编本。这些著作在发掘汉语语法方面提出了一系列很有影响的创见:(一)根据汉语的特点,把句子分成判断句、描写句、叙述句三类,而不是模仿西方传统语法分成名句和动句两类。(二)最先提出"句子形式"和"谓语形

---

① 《悼念王力教授》,《人民日报》1986年5月16日。

式"概念,以利于分析汉语的复杂句子结构。(三)从汉语的特点出发,撇开传统说法,采取新的角度来分析汉语的句子格式,根据谓语形式之间存在各种不同的关系,划分出"能愿式、使成式、处置式、被动式、递系式、紧缩式"等多种汉语特有的格式。这是王先生语法体系中最富创造性的部分,大多被后来的语法论著所沿用或吸收,影响深远。(四)在分析字、词、词组时,提出运用插入法。(五)在讨论词组、句子形式和特殊句式时,在多个问题的分析中运用了转换法。例如,他说(《王力文集》一卷第43页,下同):"依原则说,一切连系都可以转为组合,如'鸟飞'可转为'飞鸟','国大'可转为'大国'。"又说(一卷,第135页):"依现代中国人的语象,'我叫他马上来'是'我叫他'和'他马上就来'的结合。"因此,日本汉学家藤堂明保曾说:"40年以前,他出版了《中国语法理论》一书,在战后的语言学界起了启蒙作用。表面看来,这本书里讲的理论似乎成为过时的,其实书里很多部分,至今还发出灿烂的光辉。尤其从几年来流行的'变生语法'的立场看来,他过去注意到的,又得到新的意义,重新浮现在我们面前了。"①方光焘先生在《王力〈中国语法理论·造句法〉导读》中也说(《方光焘语言学论文集》第177页):"30年代中期到40年代是中国语法史上一个极重要的阶段。当时,中国语法学家们批评模仿西方传统语法的倾向,接受外国的语言学新理论,同时十分关心中国语法特点的发现。""王力是这个新阶段的代表人物。"又说(同上第236页):"王力的语法研究成绩很大,优点很明显。他注意汉语的特点","改变了在他以前语法学界那种一味模仿的风气。"

　　情况很明显,抗战期间王先生在西南联大时的主要学术贡献是在现代汉语语法研究方面,同时对词汇训诂、语言调查、汉字改

---

① 《从王力先生的语法理论讲到"变生语法"》,《语文现代化》1980年第4期。

革也给予了密切关注。他发表了《理想的字典》(1945 年)、《了一小字典初稿》(1946 年);利用到越南休假的机会,学会了越南语,调查了汉越语情况;还出版了《汉字改革》(1940 年),把汉字改革提到语言学范畴来研究,提出了一些非常重要的论点,至今仍有启发作用和指导意义。

抗战胜利后,王先生回北平清华大学途中,被中山大学校长热情相邀,聘为文学院院长,从而在岑麒祥先生(1903—1989)等的支持下,实现了在我国办起第一个语言学系的设想。这使中大成为了我国南方语言学教学、研究的重镇,培养了一批语言学人才。在中大两年后,又曾任职岭南大学。王先生除教课和行政工作外,主要精力仍是用在研究和著述上。首先他把在西南联大教"诗法"课的讲义整理、扩充成了《汉语诗律学》(1958 年)。他在著作中把前人成说和个人研究成果结合起来,详尽地论述了诗词曲的格律,又阐述了自己有关诗词曲的句式和语法,这是我国从语言学角度研究文体特点的第一部著作。然后王先生又把 1939 年在越南河内休假时收集的汉越语资料写成一篇长文《汉越语研究》(1948年),发表在《岭南学报》,长期被认为是国际上研究汉越语的一篇权威性的论著。在此期间他还发表了《新训诂学》(1947 年),文章标示着对"旧训诂学的总清算",提出了"新训诂学"概念,是作者划清现代语义学与传统训诂学界限的重要论文;他又与钱淞生合作研究粤方言,发表了《东莞方言》(1949 年)等三篇论文。回顾这一阶段,王先生在语法方面的研究成绩非常突出,在诗律学、训诂学(语义学)、方言、汉越语、汉字改革等方面都有重要论著,是涉足语言学分支学科最多的语言学家,也是论著最多、影响最大的语言学家之一,他已经走进语言学研究平台的中心,成了语言学界重要的领军人物。

三

新中国建立,面临着统一政治、恢复经济的艰巨任务;但是方言严重分歧,民族众多,全国人口80%以上是文盲。这将严重影响国家的建设和发展,语言文字问题成了关系国计民生的重要工作。党和政府提出了语文改革三大任务:简化汉字、推广普通话、制订和推行汉语拼音方案;还有少数民族语言调查、研究以及文字的制订或完善。为此,先后成立了语言所、文改会、少数民族语言研究所,罗常培先生、唐兰先生等被调离北京大学;经过院系调整,北大中文系语言学教师只有魏建功先生、高名凯先生、周祖谟先生等6人,力量不但没有加强,反而有所削弱。这是与高校院系调整的全面布局不合的。

1954年根据胡乔木(负责主持文教工作)的意见,因为北京大学要培养一批汉语史研究生,须要调王力先生到北大工作,于是把中山大学的语言学系也并入北大中文系,变成一个专业。大家都知道,当时有个倾向就是"一边倒"。1953年秋天北大中文系来了一个(前)苏联文艺理论专家毕达可夫,于是急忙从中文、外语等系四年级临时调集了15个学生,要培养"苏式"四年制的文艺理论副博士研究生。还有在(前)苏联,俄语系是有俄语史这门课程的,那么中文系当然也要开汉语史。这就是胡乔木提出要培养汉语史"高端人才"的缘由。这一决策实施后,从中山大学调进北大的语言学教师有王力先生、岑麒祥先生、周达夫先生等5人,又将在西语系任教的袁家骅先生也调过来,力量倍增,保持了北京大学作为国内语言学教学、研究中心的优势。

王力先生1954年8月底从广州调到北京,非常匆忙地开讲了汉语史新课,他面对的不是几个汉语史研究生,而是一两百人的大课堂,因为听课的包括:语言学研究生15人(汉语史、现代汉语、语言理论各 5 人），本科四年级的学生 120 多人（包括原中大语言学系一个班，近 10 人），还有语言学方面的进修教师近 10 人，慕名而来的旁听生还不算。这是 20 世纪 50 年代我第一次上这样大的专业课。按教学计划汉语史应是每周四小时共一年的课程，这是一门从来没人开设，甚至是从来没人考虑过的课程。备课太紧张，王先生决定第一年每周只讲一堂课（二小时），课后发讲义。到第二年才改成每周两堂课，教学大纲彻底修改，讲义也重写，"差不多等于另起炉灶"（《汉语史稿・序》），这时王先生还给我们汉语史研究生增加了一堂辅导课，介绍他是怎么备课、写讲义的，这对提高汉语史研究生的研究能力具有特殊意义。更应该特别提出的是，王先生还为第一届汉语史研究生订出了一个难以再次实现的教学计划，他请来校内外的众多名家为我们讲课。除他自己的"汉语史"课要我们听了两遍外，校内专家的课，还要我们听袁家骅先生的"汉语方言和方言调查"、岑麒祥先生的"语言学史概要"、高名凯先生的"语言学概论"。为汉语史研究生专开的课程有：校内请魏建功先生开"文学语言史"、周达夫先生开"汉语音韵学"；校外请陆志韦先生开"高本汉《中上古汉语音韵纲要》研读"、吕叔湘先生开"《马氏文通》研读"、郑奠先生开"汉语修辞学"、金鹏先生开"汉藏语概论"（北大出版社的《汉藏语概论・序》只提到"1960 年袁家骅先生曾在北京大学中文系开过一次汉藏语概论的课"，欠妥）。1956 年底王先生将《汉语史稿》第一章"绪论"、第二章"语音的发展"的第二稿整理、充实交科学出版社出版了《汉语史稿》上册（1957 年）；同时组织助教唐作藩、助手许绍早等收集意见、协助修改，于 1958 年出版了《汉语史稿》中册（"语法的发展"）和下册（"词汇的发展"和"结论"）。上册（第一版）因排印错误太多（主要是国际音标），也在中册、下册出版之后又出版了修订本。

　　《汉语史稿》是王力先生三年废寝忘食，综合前人学术成果和个人二三十年研究心得的力作,也是研究汉语发展历史这一艰巨工程的开山之作。在《语音的发展》一章中,虽然仍是从《切韵》出发,上推古音,下推今音,但是从古音系统到拟音体系都跟高本汉有本质区别。我们知道,王先生30年代是赞同考古派的观点,定古韵为二十三部;这时更重视语言的系统性,改持审音派观点,定古韵为二十九部。在拟音方面,改高本汉的一部多个主要元音为一部一个主要元音,改两套辅音韵尾(-p、-t、-k;-b,-d,-g,-r7个)为一套辅音韵尾(-p、-t、-k3个);贯彻了"平上为一类、去入为一类"和"阴、阳、入三分"的原则,还取消了高本汉的复辅音。王先生的拟音体系不但比高本汉及董同龢、陆志韦的体系合理,也比后出的李方桂先生的拟音体系可信一些。因为一则李方桂体系是以考古派的二十二部为基础的,混淆了阴声韵和入声韵的界限(详情请参看郭锡良《汉字古音手册·增订本前言》);二则王先生提出了上古入声韵有两个声调(长入、短入)的独具匠心的观点,一套辅音韵尾就解决了阴、阳、入的三分问题。《史稿》第二章,较好地考虑了传统音韵学成果和先秦汉语实际,对古音研究作出了重要贡献。《史稿》第三章《语法的发展》不但讲述了词类、句法的各种演变发展,特别对作者自己语法体系中具有独创性的多种句式的历史发展作了认真探讨。例如:"系词的产生及其发展、使成式的产生及其发展、处置式的产生及其发展、被动式的发展、递系式的发展"等,都是本书具有独创性的精彩章节,半个多世纪过去了,仍然是汉语语法史的主要研究成果,继续成为人们的研究热点。第四章《词汇的发展》从基本词汇、借词和译词、同类词和同源词、词义演变等多方面探讨了词汇的发展变化。总之,这部著作重视研究语言史的理论、方法,强调语言的系统性、社会性、时代性和地域性,重视揭示语言的发展规律,勾画出了汉语历史的发展轮廓,开创了中国语言学历时研究的新篇章,从而形成了20世纪下半个世纪历时语言研究与共时语言研究并重的新阶段；在中国语言学现代化过程中，贯彻了继承、开拓、创新精神，是一部具有与《马氏文通》同等价值的里程碑意义的著作。

"文革"后王先生对《汉语史稿》进行了修订，分成了《汉语语音史》(1985年)、《汉语语法史》(1990年)、《汉语词汇史》(1990年)三本书。《语音史》1978年秋开始改写，1980年春完稿，实际上是重写，分为"导论、历代的音系、语音的发展规律"三大部分；历代音系从先秦到现代分成了九个音系。这完全是建立了一个汉语语音史新体系、新模式。《语法史》《词汇史》于1982年2月至1984年4月修订完稿，也做了不少修改充实。《语法史》增加了《动词(下)》《能愿式的发展》《连动式的发展》三章；《词汇史》增加了《同源字》《滋生词》两章，还把"汉语悠久光荣的历史"扩充成《汉语对日语的影响》《汉语对朝鲜语的影响》《汉语对越南语的影响》三章。这是最明显有所提高的事实。其实王先生早在"文革"中就暗中在为修订《汉语史稿》作准备，他的《诗经韵读》(1980年)、《楚辞韵读》(1980年)是在"文革"后期写的，《同源字典》也是"文革"后期开始写的(1974年8月至1978年8月)。

这里不得不附带作点说明，有人说："因此严格意义上的汉语历史语法研究，一般认为始于40年代，开创之作是吕叔湘先生发表于这个时期的一组近代汉语语法论文。"我们知道，吕先生的《汉语语法论文集》(1955年)初版收论文十一篇，算得上语法史论文的只有《论底、地之辨兼及底字的由来》(1943年)、《说们》(1949年，1984年增订本改收《释您、俺、咱、喒，附论们字》)两篇，都发表在王先生的《中国文法中的系词》之后。如果吕先生还在，肯定也决不会赞同这种无稽之谈的。吕先生在《汉语语法论文集·增订本序》中就说："这个增订本就共有论文二十六篇，大致分成三组：一组是论述古今虚词和有关的句式的，一组是论述现代词类的，一组是论述现代句式的。"并没有提到"历史语法研究"，这是否也说明一定问题呢？

下面要谈古代汉语教材的编写问题。解放初为了贯彻"厚今薄古"口号，完全抛弃了解放前的课程设置，开了许多政治课和现代课；经过几年实践，发现中文系的学生古书阅读能力明显下降。1954年于是下令全国要开古代汉语课。弄了一个古代汉语教学大纲，课程开一年，从《论语》到《世说新语》选了若干散文篇目。北京大学第一次开古代汉语，就是教这些散文；后来又变成专讲文言语法。其他学校，就我们知道的，南开大学是讲古汉语语法搭配讲些散文，山东大学、杭州大学是讲文字、音韵、训诂、语法常识。这些做法对提高古书阅读能力，效果都不太好。1959年王先生作为教研室主任，亲自担任古代汉语教学，领导古代汉语的教学改革。他设计了"文选、常用词、古汉语通论"三结合的教学体系，亲自编写了两册油印讲义；1960年重编讲义，参加辅导的年轻教师、汉语史研究生、进修教师和听过上一轮课的学生也参加了部分编写工作，油印讲义分成上、中、下三册。

1961年召开高校文科教材会议，决定以北京大学《古代汉语》讲义为基础，由王力先生主编全国通用古代汉语教材。这次文科教材的编写，实际是在有限批"左"的形势下进行的。周扬同志在文科教材编审会议上，对"厚今薄古、以论带史"两个口号作了巧妙的批评。他说："'厚今薄古'当然是对的，不过总不能一百年不到，就超过几千年；'以论带史'当然也对，但是总要有事实，不能尽说空话、贴标签。"因此改订了教学计划，中文系的政治课和现代课程削减了，古代课程增加了，古代汉语课就由一年4-4改成了两年半4-4-4-4-2。王先生是文科教材办公室中文编审组的成员，组长是冯至先生。语言学方面的编审组成员还有吕叔湘先生、丁声树先生和我，我是编审组的秘书。周扬很信任、尊重王先生，王先生受到鼓舞,解除了顾虑,放手拟定了古代汉语教材编写大纲,提出了一些原来无人敢选的篇目,例如《陈情表》《别赋》《吊古战场文》。通论部分除文字、音韵、词汇、语法方面的常识外,还列入了文化常识、诗词格律、文体特点等阅读古籍所需要的知识,再加上九个有关附录。常用词1086个,根据先秦至六朝文献和本书文选情况,认真选择,分配到每个单元。这些都是王先生经过深思熟虑定下来的。在上册编写的一年多时间中,王先生不分节假日,全力以赴写稿、审阅稿件、提意见、主持讨论、做结论。这个编写过程,不但保证了编写进度、编写质量,还培养、提高了年轻编写成员的业务水平和研究能力。我们编写组按老、中、青三结合原则组成,两老是王力先生、萧璋先生,两中是马汉麟、刘益之,五青是吉常宏、祝敏彻、赵克勤、许嘉璐和我。经过两年多古代汉语编写过程,我们中青年编写成员都从王先生那里学到了不少东西。1962年秋以后,北大已任命王先生为中文系副主任;他要过问语言专业的教学计划、教学改革,还要开新课(中国语言学史和清代古音学),照顾古代汉语教材编写的时间就少一点。1963年底全书完稿,花了两年半时间。1962年11月出版第一、二册,1963年10月出版第三册,1964年9月出版第四册。教材出版后,受到国内外的广泛关注。香港、台湾不久就出现了翻印本,日本学者丰福键二教授等把通论部分译成日文出版,书名《中国古典读法通论》。1987年秋举行首届全国高等学校优秀教材评奖,评选三十多年积累出版的教材,王先生主编的《古代汉语》获得特等奖;全国所有学科获得特等奖的教材仅有二十部,中文系是获特等奖多的学科,有两部,另一部是《中国文学史》。这部《古代汉语》是中国语言学教学现代化的优秀成果,内容精粹丰富,读者广泛,一直是畅销书,已出三版,印刷53次,累计印数两百多万部。它出版已经快半个世纪,惠泽了好几代学子,今后还必将惠泽更多学子。

前面提到,60年代王先生开了两门新课,"中国语言学史"讲义前三章在《中国语文》连载,80年代全书四章经补充修正出版了《中国语言学史》(1981年);"清代古音学"讲义散失,80年代参考听课笔记重写,出版了《清代古音学》(1990年)。还有《同源字典》(1982年),是王先生"文革"后期为修订《汉语史稿》而做的准备工作之一,为此他花了四年时间。这也是王先生晚年的杰作之一。我们知道,语源研究在中国源远流长,但多带主观性;王先生批判继承前人成果,制订了严格的音、义标准,强调依据古代训诂,避免主观臆测,收录了439组同源字,涉及三千多个单字。这部书在词源的探索上比高本汉的《汉语词类(族)》严谨得多,是一部具有里程碑意义的语源学著作。这里还要提到,1984年4月王先生刚修订完《汉语词汇史》,就应中华书局之约,要写一部《古汉语字典》,按地支分十二集,准备四年完成,分四册出版。这是要完成先生40年代的心愿,写一部"理想的字典"。1985年秋王先生写完了子、丑、寅三集,卯集也写出了一大半,准备交出第一册稿子。这时我听说先生身体不佳,心情不好,就去看他,先生谈到了身体情况,特别带着忧郁的语气说:"看来,字典我怕是写不完了。"我安慰先生说:"先生不要着急,还是要多注意身体。写不完,我们学生可以帮你写。"先生听了很高兴,因为当时我负责教研室的工作。第二天先生就让我们几个身边的学生(唐作藩、曹先擢、何九盈、蒋绍愚、张双棣和我)在他家里开会,确定各人的编写任务。1986年3月底王先生住院,住院前的一天还奋力写了两三百字的字典稿。这说明王先生真是为语言学事业奋斗终生。2000年《王力古汉语字典》出版了,基本上完成了先生的编写意图,获得了第四届国家辞书奖一等奖、第五届国家图书奖。

1954年王力先生从中山大学调到北京大学,其结果不只是加强了北京大学语言学科的力量,更是加重了王力先生对语言学事业的领导责任。首先是担负了北京大学中文系汉语专业的教学领导,同时又参与了语言所和文改会的学术领导工作。他研究并指导推广普通话和语言文字的规范工作,在理论上卓有建树,也写了不少通俗读物。《论审音原则》(1965 年)就是从理论上解决审音原则的指导性文献,《广东人怎样学习普通话》(1955 年)出版半个世纪后还重印,满足了回归后香港民众学习普通话的要求。50 年代中期以后,王先生教学、研究的主攻对象虽然转到了汉语史方面,但是他对现代汉语的许多讨论仍是积极的参加者,甚至是具有决定性意义的论述人,如《关于汉语有无词类的问题》(1955 年)、《汉语实词的分类》(1959 年)等。王先生还多次发表有关我国语言学发展的重要论文,如《中国语言学的现况及其存在的问题》(1957 年)、《中国语言学的继承和发展》(1962 年)等,提倡“理论和实践统一”,“继承和发展并重”,“融汇中西、贯通古今”,对中国语言学现代化具有重要指导意义。我们知道,“文革”前后,我国文教领导和语言学高层都很重视王先生有关中国语言学研究和教学的意见,召开有关语言学问题的重要会议,往往少不了王力先生和丁声树先生、吕叔湘先生三人,我曾在这样的会议上,两次听到丁声树先生提议说:“这个问题,还是要请了一先生发表意见。”因此我们说,50 年代中期以后,王力先生已经成为中国语言学最具影响的学术领航人。

综上所述,王力先生在中国这片土地上,为中国语言学现代化事业辛勤奋斗了半个多世纪,他的教学、研究都涉及语言学的方方面面,做了许多开创性的工作,不断有新的创见、新的成果。在研究领域广阔、成果丰富、学生众多等方面,恐怕很难找到有与王先生比肩者。王力先生不愧是中国语言学现代化的一代宗师。

参考文献

《王力文集》(一——二十卷),山东教育出版社 1984—1991。

张谷、王缉国 《王力传》,广西出版社 1992。

中国语言学会《中国语言学家传略》编写组 《中国现代语言学家传略》,河北教育出版社 2004。

郭锡良 《王力先生的学术道路》,《纪念王力先生九十诞辰文集》,山东教育出版社 1992。

—— 《王力先生和现代汉语语法研究》,《20 世纪现代汉语语法八大家·王力选集》,东北师范大学出版社 2002。

—— 《汉字古音手册·增订本前言》,商务印书馆 2010。

郭锡良、鲁国尧 《一代语言学宗师——为纪念王力先生逝世二十周年而作》,《古汉语研究》2006 年第 4 期。

原载《北京大学学报》2001 年第 1 期

王力先生与周扬的一段交往

60 年代，周扬作为中宣部的常务副部长，领导了文科的教材建设；王力先生被委任为古代汉语教材的主编，并兼任中文专业教材编审组成员。从 1961 年至 1964 年他两人有一段较为密切的交往。当时我是中文编审组的秘书，又协助王力先生主编古汉语教材，因此他们的交往我大多在场或者直接参与了。四十年过去了，今天来回忆这些往事，仍然清晰如昨。

1961 年召开的文科教材会议是当时一次重要的会议，刘少奇、周恩来、邓小平等领导人都有过指示，实际上这是在文化教育方面的一次反"左"的会议。周扬直接出面领导了这次会议，他在会上提出：文科的教学和教材编写都要贯彻三基（基本理论、基本知识、基本技能）、四性（理论性、科学性、系统性、知识性）的原则；教材编写人员要采取老、中、青三结合的方式，要出两方面的成果，一是出一批高质量的教材，二是培养一批高水平的人才。这里的许多提法都是针对 50 年代的"左"的观点和做法的。

大会前，周扬召集中文专业编审组的成员在当时的北京四大饭店之一的前门饭店开了半个多月的预备会议；在会上，周扬采取摆问题、听意见、谈看法的方式把他在大会上要讲的观点都提了出来，王力先生也多次被点名要求发表意见。此前两人大概很少有过直接接触，那时王先生只是把周扬当作中央领导来看待；由于周扬在会上的态度和讲话都很对知识分子的胃口，因而王先生在会上会下都表现得很轻松愉快，当被要求发言时，也谈得很畅快。

有次会议中间休息，周扬走到王先生面前说："王力先生，我跟你是同学哩。"王力先生没有思想准备,匆忙中说道:"呵!什么?"
"我跟你是同学。""在哪里?""国民大学。""那时你叫什么名字?"
"起应。"王力先生似乎并不知道周扬原名周起应,只"哦"了一声。
我当时就站在旁边,心想王先生大概想不起这个叫周起应的同学
了。我们知道,王力先生比周扬大八岁,他1924年到上海,考入南
方大学,1925年因为参加学潮,反对支持封建复辟的校长江亢虎
而被开除;秋天转入由反对江亢虎的教师创办的国民大学,是学校
的知名人物,周起应自然对他印象深刻,一直记得他。而周扬当时
还只十七岁,刚从湖南农村来到上海不久,不引人注意,王先生记
不起这个老同学,也是不奇怪的。

　　文科教材预备会和大会开过之后,王先生在任北大中文系副
主任的工作中,领导系里的教学计划修订,他积极传达周扬的讲话
精神,贯彻周扬的主张,起了很好的作用。在主编《古代汉语》的
工作中,不仅认真考虑周扬的讲话和主张,还力争多听取周扬的具
体意见。比如,王力先生在编写组提出了文选应选"千古传诵的名
篇"这一主张,虽然有些原则已经在周扬召集的预备会上谈过,但
是某些具体篇目却仍难把握,耽心选上了会被人攻击、批判。这是
50年代各种"左"的政治运动造成的恶果。当时王先生提出了李
密的《陈情表》、江淹的《别赋》和李华的《吊古战场文》可不可以
选,让我通过编审组请示周扬,希望听到他的意见。周扬收到汇报
后,很快就答复了。他说:对古人我们要采取历史唯物主义的态
度,不能用今人的思想感情去要求他们。我们反对封建的孝道,并
没有说不要奉养老人。我们反对不分战争的正义和非正义、大讲
三和一少的和平主义,但是并不否认历史上战争的残酷。古人惜
别,离情不一,大都伤感,这也是人之常情。古人写了这些思想感
情,文章写得好,只要主编提出要选就可以选,没有什么不可以的
(记录已经毁于"文革",据个人的回忆,个别词句可能不准确,意

思不会有错。下同）。我把周扬的答复转告王先生，王先生听了非常高兴，立即决定把这三篇文章都选入了《古代汉语》。后来周扬为了表示对王力先生的支持，还让中宣部办公厅请王力先生给中宣部的干部讲了一次《陈情表》。

1962 年《古代汉语》上册讨论稿出来后，王力先生又嘱咐我："要送给周扬同志，请他提意见。"我们把讨论稿送去了，周扬利用他赴古巴访问时的空闲，在飞机上看了讨论稿，回国后就把他的意见告诉了我们。他说：《古代汉语》编得很好，选文精粹，注释详明，通论很适用；只是作家作品介绍和每篇文选的说明，都千篇一律地批判一通，说什么历史局限、阶级局限，等等，不好。谁没有历史局限、阶级局限？你们批判得好，我不反对，如果到处都这样贴标签，我看就不如不要。王力先生和编写组原本都不主张这样贴标签的，但是在那"左"的思想长期肆虐的时代，即使自己不满意，却也不敢贸然取消它。听了周扬的意见后，王力先生表现得非常高兴，就对我说："那就照周扬同志的指示办吧！"于是我们把所有的文选说明和作家作品介绍中的批判词句都删去了，使得《古代汉语》在那个时期的出版物中显得比较客观，没有露出一幅狰狞的面目。可以说，这应该归功于周扬同志。王力先生在 1962 年初版的《古代汉语·序》中说："总起来说，这一本《古代汉语》上册已经四易其稿。我们知道其中的缺点还是很多的；如果有若干成绩的话，那是和党的领导分不开的，也是和全国专家们以及担任古代汉语的教师同志们的鼓励和帮助分不开的。"这并非一般的客套话，我清楚王力先生所说的党的领导就是指的周扬同志。

1964 年初《古代汉语》全书完稿后，周扬又对这部教材再次作了肯定，并提议请王力先生再主编一部现代汉语教材，让我同王先生谈。王力先生听说是周扬的提议时，很愉快地答应了，并主动地提出了一批编写组成员的名单，还谈了编写现代汉语教材的初步设想。可是由于各种原因,编写人员调不成,更由于形势变了,文科教材编写已经难于继续下去,这件事也就没有办成。总之,从1961年到1964年王力先生同周扬有一段比较融洽的交往,王先生对这一段交往也是相当满意的。

2000年3月27日于北京西郊畅春园

原载《王力先生百年诞辰纪念文集》,语文出版社2000年

学习杨晦先生坚持原则的精神
——杨晦先生百年诞辰纪念会发言

今天在这里纪念我们的老主任杨晦先生的百年诞辰,杨晦先生的音容笑貌又浮现在我的眼前。几十年前我作为青年学生、青年教师受到了杨先生的谆谆教导,有些当时还认识不足,今天回忆起来,更进一步感到杨先生的某些认识、主张是多么深刻、多么正确。杨先生的正直和坚持原则,更是我们的学习榜样。这里只谈两点,以表示我对杨先生的深切怀念。

一、杨先生主持系务十多年,一直坚持语言、文学不分家。他主张:语言专业固然要学文学,文学专业也要学语言学课程。1954年他就把文字学、音韵学、汉语史定为全系的必修课,要求文学专业的同学也要学习,这遭到了部分同学的反对,因此他常常强调语言和文学是有机联系。1959年4、5月北大掀起了教改高潮,也就是大字报高潮,文史楼门口贴出了一张漫画,画了一只公鸡一只脚站在语言、文学两垛书籍上面,讽刺杨先生。当时我是系秘书之一,经常见到杨先生,大概是过了一两天,我见了杨先生,就讲起了这幅漫画。杨先生听了,很生气地对我说:"语言、文学不是有机联系吗? 学文学不学语言课行吗?"问得我哑口无言,十分尴尬,半天才嗫嚅地说道:"我不是赞成它的观点,只是觉得画得引人发笑。"杨先生仍然严肃地说道:"什么事都要分清是非。"我当时就深切地感到,杨先生是把这当做大是大非来对待的,在原则问题面前,杨先生是毫不退让的。他一直坚持这一主张,同时,杨先生对当时的极"左"路线也是有所保留的。1961年周扬同志出面召开了高校文科教材会议,领导了文科教材编选工作,杨晦先生是这一工作的积极参与者之一。今天来看,领导文科教材建设,是周扬同志一生中值得称道的一段经历。他在60年代初反"左"的大形势下,实际上批评了两个口号:一是"以论带史",一是"厚今薄古"。周扬说:"'以论带史'是对的,但是不能'以论代史'。我们不要尽说空话、大话、套话,还是要史论结合。"又说:"'厚今薄古'也是对的,'古为今用'嘛。不过今不到一百年,古有几千年,总不能一百年压过几千年嘛。"根据这种认识,周扬提出:文科教学和教材的编写都要贯彻"三基"(基本理论、基本技能、基本知识)、"四性"(思想性、科学性、系统性、知识性)的原则。具体措施是:中文系的教学计划增加了基本技能、基本知识课程的比重,对政治理论课有所控制和削减。在古今的分量上,加大了古代的比例,古代汉语和古代文学的课时增加很多。从全国调集学者、专家,统一编选了中文系主要基础课的教材。杨先生对周扬的这些主张和措施是最积极的赞成者,发言表态,回校推行,不遗余力。在这个问题上,也表现了杨先生的高度原则性。今天我们拿现行的教学计划来对比,明显地感到它比五六十年代的计划后退多了。这难道不值得我们深思吗? 十年动乱后,接替杨先生出任中文系主任的季镇淮先生,在他去世前两年的春节,我去给他拜年时,就曾对此向我表示过深深的忧虑。看来,在怎样办中文系的问题上,我们今天还得向杨先生学习,重温杨先生的主张和意见。

二、杨先生要求学生要打好广博坚实的基础,培养严谨的学风,不要乱写东西,这是五六十年代中文系尽人皆知的。他有一段著名的讲话,我想现在不少同志一定还记得很清楚。他说:"要攀登科学的高峰,不要管路旁的闲花野草。北大中文系不培养李希凡和姚文元那样的人。"这是杨先生50年代一段反潮流的讲话,也是他坚持原则的一种表现,在"文革"中却成了他的一条罪状。杨先生学识非常渊博，他本来是学哲学的，教过哲学，后来才搞文学。搞文学，他从事过创作和翻译，先搞现代文学、文学评论，50 年代以后专注于文艺理论、古代文论，也兼及古代文学。他喜欢读书，也喜欢买书。他是一级教授，五六十年代在中国一级教授的工资相对来说不算低，但是他因为买书还经常要向人借钱。他的阅读面很广，买不到的书向图书馆借，图书馆没有的，还得向朋友借。大概是 1963 年，我在高教部文科教材办公室兼职，协助冯至先生主持中文系的教材编选工作，杨先生就让我代他从冯至先生那里借过一部德文原文的歌德的《浮士德》。我们从这件事中不仅可见杨先生不但精通英文（他从事过翻译），还熟悉德文；更重要的是可以看出杨先生治学的态度是如何严谨，他不满足于阅读译本，而是要研读原著。吕德申先生告诉我，杨先生为了研究希腊悲剧，还专门学了希腊文。杨先生是博古通今、学贯中西的，他要求学生不乱写东西，自己也决不轻易为文。我们的许多前辈学者都是这样"厚积薄发"的。我认为，杨先生的榜样和教导是值得我们永远记取的，尤其它也是切中目前时弊的。大家都看到，学风浮躁的现象到处泛滥。不少人急于求成，粗制滥造，一心追求作品的发表数量，随意抛售不作研究、言之无物的文章。这同人事制度中的某些具体规定有关，也同我们在学术研究中不能树立优良学风有关。更有甚者，私心自用，全无科学的求实、求真精神，采取"六经注我"的办法，炮制一些乔装具有新意、创见的论著，以达到欺世盗名的目的。学风是学术的生命，直接关系到学术的兴衰。我们必须充分认识学风、学德在学术研究中的重大意义，向杨晦先生学习，宏扬学术研究中的优良传统，既严格要求自己，也敢于直言，敢于坚持原则。

1999 年 5 月 12 日于畅春园

回忆叶圣陶先生对《古代汉语》的审阅

一代师表的叶圣陶先生是我最爱戴、最崇敬的老前辈之一。60年代初我有幸拜识叶老，以后二十多年，时受教诲，许多情景，记忆犹新。叶老的言行、品德深深地教育着我，鞭策着我。在他诞辰一百周年之际，我把他审阅《古代汉语》的情况写下来，以表达我的怀念之情。

1961年王力先生受文科教材计划会议的委托，主编《古代汉语》。我是编写组的年青编写人之一，并协助王先生做一些工作。1962年8月排出上册第一分册的校样，我把它送去请叶老审阅，因而第一次拜见了他。当时叶老是教育部的副部长兼人民教育出版社的社长，经过联系，约定在景山东街出版社的办公室接待我。去的时候，我的心情多少有些紧张，因为教材赶印甚急，二十多万字的校样，中华书局要求在半月之内退校。我感到向叶老这样年高德劭的名作家、大学者和高级领导人提出这一要求，有点近乎苛刻。自己怎样措辞，能否把事情办妥，当时心中没有底。可是见面后，叶老那种平易谦和、坦诚相待的态度立刻消除了我多馀的顾虑。他首先简要地询问了一下《古代汉语》的编写情况，接着就关心地问起我个人的事情。当我告诉他，自己是王力先生的研究生，毕业后留在北京大学任教，现在协助王先生主编《古代汉语》时，他含笑地说："那是名师出高徒啰！"我感到了叶老的戏谑口气，但也意识到这是一种鼓励和鞭策。紧张的心情因而松弛下来，于是把中华书局的要求说了出来。没想到叶老一口就答应了，还说："我是老编辑了，知道出版社的要求。"通过这次交谈，我看到了叶老不仅没有一般领导人的架子,也没有某些名人的骄矜习气;他表现出来的是对年青人关怀的长者风度和勇于承担重任的奉献精神。这更增加了我对他的尊敬和亲切感。

两周后我去取校样,叶老早已审阅完。他表示对《古代汉语》总体上很满意,只是感到文字表达有待进一步加工润色,他的意见和修改处请王先生阅后定夺。我拿回校样,发现叶老审阅得非常仔细,有十多处在词句方面作了修改,标点符号改动的地方就更多了。我带着校样向王力先生汇报了叶老的审改情况和他的口头意见。王先生翻阅了叶老修改的地方,指示我:"凡叶老修改之处一律照改;所提标点符号体例不一的问题,一时难以尽改,只好等以后修订时再说了。"我按照王先生的指示把校样作了整理后就送交了出版社。这虽然是一份普通的校样,对我却是有益的教材。我懂得这是一位年近古稀的老学者夜以继日的劳动成果,也看到了叶老一丝不苟的作风和对著作严格要求的态度,这是值得我永远学习的。叶老对校样的修改情况和意见在编写组内作了传达,这对下册的编写是起了良好作用的。

上册第二分册的校样叶老是 1962 年 10 月下半个月审阅的,下册两个分册的校样是 1964 年 5、6 月和 8 月审阅的。这三个分册的校样都是由中华书局直接寄给叶老。叶老又建议采取流水作业的方式,他看完一部分,就派人把它送到文科教材办公室转给我,每次都附有一封亲笔信,前后给我写了九封信。信写得很工整,而信封却往往是把旧的翻过来再用,这对我也是一种无言的教育。尤其是信中的内容,除了对《古代汉语》书稿提出某些具体意见外,还表达了老一辈学者虚怀若谷的态度。在多次来信中他把自己审改处说成是"小节、小者、零星意见",要我"商之于王先生,定其当否,然后发出"。还提出:"我之校改处,王先生与足下有何意见,颇愿闻知。"又说:"我所提零星意见,与小改动处,必有不甚妥当者,望举以见告,俾知其失。"叶老的这种谦逊态度,确实使我非常感动,也是对我的很好教育。叶老信中再一重要内容就是对《古代汉语》的文字表达、标点符号的使用体例一再提出意见。他说:"又觉符号之使用未有一定体例,聊为指示。"又说:"标点符号之使用,往往不一致。我仅能略为摘出,遗漏者必不免。此皆小节,然印书问世,固宜审之。"还说:"《古代汉语》一书如有重排之机会,用词用语用标点皆须重定体例,观之乃觉称心。"这确实是击中了该书的薄弱环节,也是击中了我们某些编书人的思想盲点,包括我自己。叶老的这些意见虽然对我是猛喝,我也从理性上完全接受了,但是在实际上却很难做到。1981年《古代汉语》修订过一次,由于多种原因,并未能实践叶老在这方面向我们提出的要求。这是我一直深感不安的。

总之,叶老为审阅《古代汉语》辛勤工作了两三个月,花费了大量心血。这不仅对《古代汉语》质量的保证起了不小的作用,也对我们编写组的中青年成员具有教育意义。《古代汉语》出版后,受到国内外广大读者的欢迎,通论部分还被译成日文出版。该书1987年获得首届全国高等学校优秀教材特等奖,已经是几代人的重要教材之一,它还将继续作为年青人的重要教材。这同叶老的辛勤审定是分不开的。正如王力先生在《古代汉语·序》中所说的:"我们编写小组虽然只有九个人,但是这一本书的编成,则有千百人的劳动在内。"毫无疑问,叶圣陶先生的劳动是其中最珍贵的一份。

原载《新文学史资料》1994年第3期,

人民文学出版社1994年

我的第一个学术领路人

今年恰逢丕模师的百年冥诞,我们许多学生都想到要纪念他。

我是 1950 年秋天考入湖南大学中文系的,进校不久就听说系主任谭丕模先生的夫人翟凤鸾老师因医疗事故不幸逝世了。谭先生伉俪情深,为此十分悲痛,曾病倒许多天。他的三个女儿都在外地工作和上学,身边只留下刚上初中的师弟得健。谭先生的身体不好,工作任务又十分繁重,于是系里派了一个四年级的同学去陪伴照顾他。第二年秋天,四年级的同学毕业了,系里让我接替,因而有一年时间我同丕模师接触很多,经常得到他的关怀、教导,这是青年学子很难得到的机会。

一年级时我的专业思想不巩固,想转理工科,虽然没有转成,二年级开学时仍不安心学习。丕模师知道了我的思想状况,他没有责备我,而是在日常的交谈中让我了解自己所学的专业,激发我的进步要求。特别是他给我们开设的文学史课程,使我开始热爱起自己的专业。丕模师在课堂上的讲解给我印象最深的是:观点新颖,引证博洽。他把文学史、社会史、思想史结合起来了。这样很快就把我吸引到喜好文学史的路上来了。当时我学习文学史的劲头很大,找了很多参考资料读。丕模师的一次谈话,给了我非常深刻的印象,也对我的学术道路起了长远的影响。丕模师不赞成我偏搞文学史,告诫我要注意全面发展,要把各门功课都学好。他对我说:"做学问必须广博才能专深。就像挖井,你挖一个碗大的口,是挖不成一眼井的,只有井口挖得大,才能挖成一口井。井想挖得越深,口就越要挖得大。"丕模师还指导我,不要尽读一些介绍讨论的著作,要读原著。他鼓励我先多读些原著的选本,像《诗经选》《楚辞选》《乐府诗选》等。丕模师的这次谈话,不但直接指导了我从湖大二年级到武大四年级的学习,就是我到了北京大学读研究生,谈话的内容仍然时常浮现在我的记忆中。

1952年下学期丕模师已经把工作重点转到了省文联,家也搬出了湖南大学,可是他只要来到湖大,总要找我谈话,了解我的思想和学习情况,教导我,督促我,多次给我改文章,还帮助我解决生活困难。1953年湖南大学进行院系调整,我要到武汉大学,丕模师要到北京师范大学。在离开前,丕模师特意找我长谈一次,教导我要德智体全面发展,并强调到高年级了,要加强培养独立思考的能力。这成了我到武汉大学后生活、学习的指针。1954年我被保送到北京大学作汉语史研究生,到北京后的第一个星期天,我就到了丕模师的家中,师生相见,特别亲切,老师问长问短,关怀倍加。以后每隔一两个星期,我就要去老师家过礼拜。他知道我刚从学文学转到学汉语,专业思想不巩固,就一再开导我,教育我。我写了一篇参加新诗格律讨论的文章,送给他看,他只淡淡地说了一句:"你这也只是一种意见。"不鼓励我往外投稿。二年级我写出了学年论文《韩愈在文学语言方面的理论和实践》,送给他看时,他一再肯定,高兴地说:"这篇论文写得很好。材料丰富,观点鲜明,有自己的独到见解。今后就要这样踏踏实实地钻研。"一种师情的真实流露,久久地温暖着我的心。总之,丕模师是我学术上的第一个领路人,他的关怀教导贯串了我大学本科和研究生整个八年的学习过程,而且也一直影响着我四十多年来走过的学术道路。

另一方面,丕模师的工作精神、治学态度,也是对我的极好熏陶。丕模师给我最深刻的印象是,他对工作极端热情负责,对组织无限忠诚。解放初期,高等教育变革很大,院校合并,教学改革任务非常繁重。而学校的管理体制还是沿袭解放前的,每个系都只有一个系主任全面负责。当时湖大中文系连秘书都没有，只设了四个班主任，分管四个年级的学生。1950 年湖南大学中文系合并了原国立师范学院、音专等当时湖南所有高校的中文系，丕模师首先要作好来自不同学校教师的安排、团结工作。其次，丕模师接手湖南大学中文系时，是想把它办成国内第一流的中文系，为了改变当时教学守旧的倾向，丕模师尽全力从全国各地引进了许多著名作家、学者，像董每戡、魏猛克、王西彦、彭燕郊、韩罕明、王石波等先生，加上原有的谭戒甫、马宗霍、骆鸿凯、方授楚等先生。仅仅一两年，就为湖南大学中文系组成了一支相当强的、新老结合的师资队伍，为改革教学、开设新课准备了条件。学年之初，我目睹先生为安排教师、开设新课而筹划、忙碌的情景，常常夜晚还在四处奔走，找人谈话、商量。丕模师本来还要继续引进高水平的师资，可是 1952 年全国开始了院系调整，湖南大学决定改成工科院校，中文系要撤销，丕模师只得放弃原定计划，执行院系调整方案，1952年下半年逐渐把中文系的工作交给了魏猛克先生。丕模师一直兼任湖南省文联筹委会的主任，这时他把自己的工作重点转移到了文联方面，目的是要把省文联赶快筹建起来，因为院系调整后他要到北京师范大学工作。在丕模师的积极筹划下，湖南省文联成立了，他担任了第一任省文联主席。从解放前夕丕模师回到湖南到他离开，虽然只有四年多一点的时间，但他为新中国湖南省的文教建设作出了重要贡献，解放后湖南省高校中文系的建设和湖南文艺工作的开展都是在他的手中打下基础的。丕模师的工作精神永远留在我的心中，时常鞭策着我。

在丕模师百年冥诞的前夕，打开这记忆的大门，回想四十多年前的往事，感到无限幸福，但也不无遗憾。四十一年前丕模师作为访问阿富汗等国的中国文化代表团的成员，因飞机失事，不幸遇难。他走得太早，走得太匆匆！他有多少要做的事没来得及做，有多少要写的著作没来得及写,这一无法弥补的空白给人们留下了永远的遗憾。对我个人来说,在我刚走上学术道路的时候失去了关怀我的恩师,也是人生一大憾事。但是,丕模师给人们留下了富有开创意义的《中国文学史纲》《宋元明思想史纲》和《清代思想史纲》,这是留给后人的宝贵财富:他的崇高精神像一团火,温暖了周围的人,指引着后来者,人们怎能不永远怀念他呢?

1999 年 1 月 5 日

原载《文学史家谭丕模》,北京师范大学出版社 1999 年

重温吕先生"处理好四个关系"的教诲

——纪念吕叔湘先生百年诞辰

1980 年 10 月在武汉召开中国语言学会成立大会,吕叔湘先生在会上作了一个《把我国语言科学推向前进》的学术报告,发表在《中国语文》1981 年第 1 期。报告讨论了推动我国语言科学前进须要处理好的四个关系,即:中和外的关系,虚和实的关系,动和静的关系,通和专的关系。

在报告中吕先生说:"第一个问题是中和外的关系,也就是中西结合问题。""从明朝末年天主教教士用拉丁字母拼写汉字开始","语言学上的中西结合有一定成绩";但是"有两种偏向","一种偏向是谨守中国语言学的旧传统埋头苦干,旧传统里没有的东西一概不闻不问。""另一种偏向是空讲语言学,不结合中国实际,有时引些中国事例,也不怎么恰当。"吕先生指出:这两种偏向必须克服,中西必须结合,"重要的是学习西方学者研究语言的方法,而不是套用他们的研究成果"。第二个问题是"虚和实的关系,也就是理论和事例的关系"。吕先生在四个关系中为这个问题花的笔墨最多,他讨论了"理论从哪里来、如何对待前人的理论、理论和事实哪一个更重要"以及如何进行"观察、调查、实验"等多方面的问题。吕先生肯定了"理论从事例中来"(也可以说是"材料决定理论");肯定了"科学成果是积累起来的","前人的理论是我们的财富";辩证地论述了理论和事实的关系,举了一个"散钱"和"钱串子"的故事,肯定了散钱的用处;最后强调了"观察、调查、实验"的重要性。第三个问题是"动和静的关系,指的是应用科学和纯粹科学的关系"。吕先生指出:"静态研究很重要,是根本";而"语言的动态研究"的三个方面——社会语言学、语言教学、数理语言学——同样重要,应该互相尊重、互相帮助、互相促进。第四个问题是通和专的关系,这是从培养语言研究队伍来讨论问题的。吕先生批评了解放后高校的教学体制,对"分工越来越细"的情况提出了严厉批评。他指出:"在外国大学里边,教师一般要能教四五门课";"我们这里则是以一人一门为常。""我教古代,你教现代,他教理论;我教语音,你教语法,他教方言。"这样"画地为牢不是好办法,目光局限,思路狭窄,不利于进步"。

吕先生的报告是把我国老一代语言学家对西学东渐以来学科如何发展所积累的共识作了一个总结。我们知道:解放后王力先生写过两篇有关我国语言科学发展的重要论文,即《中国语言学的现况及其存在的问题》和《中国语言学的继承和发展》,分别发表在《中国语文》1957年3月号和1962年10月号。王力先生在两篇文章中都提倡融会中西,贯通古今;吕先生报告中所谈到的前三个关系,两篇文章也涉及到了,后一个通与专的关系,王力先生在《谈汉语的学习和研究》中也有论述。他说(《王力文集》第二十卷318页):"'博'是指有广博的知识,'专'是指在小范围内深入。研究要专,学习要博,博是专的基础。"对比两位先生的观点,他们是多么一致或相近啊!在这些关系的处理上,不但王、吕观点相近,还有罗常培、丁声树、季羡林、朱德熙、李荣等一大批前辈学者,他们也都是看法相近的。正因为如此,所以我们说,吕先生的报告是代表了不少老一代语言学家的共识;也可以说它是上个世纪以来中国语言学学科发展所遵循的指导思想。

如何看待这一指导思想呢?学术界并不完全一致。我们知道:有的人把上个世纪我国引进西方描写语言学、结构主义、历史比较语言学看作少数人的事,甚至把成绩记在自己的账上;同时斥责章黄学派及其"旁支别流",扬言这个不懂历史比较法,那个也不懂历史比较法,乃至抹杀半个世纪以来大陆整个语言学研究的成绩。这是出自西方中心论的偏见,也是可恶的霸权主义的蛮横粗暴的表现,可是国内却仍有人甘作这种论调的应声虫。季羡林先生对这种现象深有感触,他说(《20世纪中国学术大典·序》14页):"倘若再从中西文化碰撞这个角度来看,西方文化,包括精华和糟粕,有的甚至于算不上文化,都如汹涌的怒涛一般,冲入中国,一往无前,势不可挡。中国仿佛成了一片空虚,哪里还谈得上碰撞!中国一部分人又犯了一窝蜂的老毛病,凡外皆佳,是华必劣,对西方文化顶礼膜拜,其虔诚胜于朝山进香。鲁迅是主张'拿来主义'的,如果他能活到今天,看到这种'拿来'的情况,一定会是痛心疾首,而又无可奈何。反观西方,一般人仍以'天之骄子'自命,对中国文化一无所知。多少年来,我主张'送去主义',我自认是有道理的。"季先生这段话难道不值得我们深思吗?因此,如何对待吕先生说的四个关系,这是必须分辨清楚的大问题。

吕先生说得好:"中国和西方有各自的语言学传统",中和外的关系只能是中西结合,照搬西方的一套,"依样画葫芦是没有多大用处的"。大家知道:马建忠的《马氏文通》"是把王(王引之)俞(俞樾)之学融会贯通之后,仿欧人的文法书把语词详密分类组织而成的"(梁启超《中国近三百年学术史》)。这是中西结合的;高本汉的古音构拟是在清代古音学家研究的基础上用音标来说明古音的系统,这也是中西结合的。在理论和材料(事例)的关系上,吕先生强调"理论从事例中来",散钱比钱串子有用,容易被人误会是轻视理论,其实不然;吕先生肯定了"前人的理论是我们的财富",要综合参考这些理论来观察语言现象,进而"摆事实,讲道理",得出新的结论,从而也可以上升为新理论。吕先生反对的是空谈理论而不愿意进行观察和实验的学风,不赞同"喜欢搞理论"

而不积极探索具体语言的系统及其变化规律。在动和静的关系上，吕先生提出语言的应用研究和语言的本体研究同样重要，应该互相尊重，互相促进。由于能正确对待这三个关系，也就是说，我们语言学科所遵循的指导思想是正确的；因此20世纪中国语言学的发展是明显的，取得了长足的进步，半个多世纪以来大陆语言学研究的成绩是巨大的，不容抹杀。

中国现代语言学在19世纪末就已孕育，切音字运动冲击着传统文字、音韵、训诂的藩篱，《马氏文通》的出版开创了中国现代语言学的先河。甲骨文出土为古文字学新学科提供了物质条件。"五四"白话文运动催生了现代汉语语法学，20世纪二三十年代留学欧美的学生带回了西方语言学理论和方法，催动了三四十年代汉语语法学、汉语音韵学、汉语方言学的发展，也为少数民族语言研究开拓了道路。

新中国成立后，积极关心语文工作。《汉语拼音方案》《汉字简化方案》的制订和推广为清末以来的切音字运动作了总结，它对普及文化起了积极作用，对全国人民的文化生活影响巨大，虽不无可议之处，但是首先无疑应该给予肯定。还应该看到，上世纪五六十年代中国语言学研究虽然也受到"左"的影响，但是由于它跟政治离得较远，留有一定的活动空间，因此取得的成绩也较多。下面作个粗略的回顾：王力先生《汉语史稿》的出版标志着我国历时语言学的研究登上了一个新台阶。丁声树先生等的《现代汉语语法讲话》和陆志韦先生等的《汉语的构词法》的出版以及汉语词类问题、汉语主语宾语问题、汉语单句复句问题的讨论，大大推动了汉语语法研究工作，为后来汉语语法研究打下了坚实基础，也显示了美国描写语言学派的思想方法受到中国语言学家的重视。在袁家骅先生指导下由北京大学中文系语言教研室编辑出版的《汉语方音字汇》《汉语方言词汇》是对全国方言普查成果的小结；丁声树先生、李荣先生等执笔的《昌黎方言志》是在全面、深入调查基础上具有创新、提高性质的方言志样板。

　　这些都是我国语言学工作者把西方描写语言学、结构主义、历史比较语言学理论同我国的语言实际相结合的成果。我不知道，那些抹杀大陆语言学研究成绩的人是闭目塞听呢，还是盲目无知？居然认为大陆学人对西方语言学一无所知。其实，当时中国虽然由于外遭封锁、内存闭塞，我们对西方语言学的新进展所知甚少，但是我们对引进西方语言学理论的信念却没有动摇。上世纪60年代初全国文科教材会议议定了四部西方语言学名著作为语言学理论课程的主要参考书，它们是：索绪尔的《普通语言学教程》、房德里耶斯的《语言论》、萨丕尔的《语言论》、布龙菲尔德的《语言论》。提议并参与决定的主要学者就是王力、丁声树、吕叔湘三位先生。萨丕尔的《语言论》已经有人翻译，1964年出版；其他三部著作我们落实了翻译力量，1965年翻译初稿都已完成，由于"文革"动乱的爆发，80年代才得以出版。

　　十年动乱结束后，中国语言学更是迎来了全面繁荣时期。多方面的成绩，我们用不着一一缕述，只须择要作一说明。先说语法，上世纪80年代以来，语法研究的广度、深度都有较大进展。这里只举两点：一是现代汉语的句法分析方法已形成了百花齐放的局面：有层次分析法、变换分析法、语义特征分析法、配价分析法、语义指向分析法。二是汉语语法的历时研究蓬勃开展了专题语法研究、专书语法研究、断代语法研究。这些方面的专著都不少，论文恐怕更是以千计。再说词汇，词汇研究的广度、深度也是有进展的。义素分析法被广泛引入词义分析中，同义词、同源词的研究受到了重视。王力先生的《同源字典》是这方面引人注目的成果。吕叔湘先生、丁声树先生先后任主编的《现代汉语词典》是我国辞书史上的一座里程碑，它摆脱了训诂式的释义方式，体现出现代语言学理论方法的精神,是20世纪我国科学性最强、质量最高的辞书。徐中舒任主编的《汉语大字典》收字五万四千多,注意字形、字音的历史演变,重视字义的完备,是迄今收字最多,阐述形、音、义资料最完备的汉语大型字典。罗竹风任主编的《汉语大词典》是一部大型的历史性汉语语文词典,它力图从语词的历史演变过程加以全面阐述,是对汉语词汇系统一次较为全面的小结。谈到音韵,这里只提王力先生的《汉语语音史》,它是王先生研究语音史的一次新探索,给我们提供了一个语音演变的新模式。至于方言研究、少数民族语言研究更是发展迅速、成绩显著的分支学科,这里只举几项重大成果来作个说明:(一)中国社会科学院和澳大利亚人文科学院合作编著的《中国语言地图集》绘制了中国这样一个幅员广阔、民族众多、语言情况极其复杂的国家的语言分布图。试问:没有成千上万语言研究者数十年艰苦努力,怎能完成这样重大的文化工程?(二)李荣主编的《现代汉语方言大词典》。一共出版了各地分卷41种,两千多万字。这部词典涵盖面广,内容丰富,材料可靠,反映了汉语方言词汇研究的新的巨大进展。(三)《中国少数民族语言简志丛书》。一共出版了57本,包括59种少数民族语言。它比较全面、深入地介绍了各个语言的结构特点,包括语音系统、词汇系统、语法系统和方言差异,标志着我国少数民族语言的描写研究达到了一个新的高度。

总之,上世纪80年代以来是中国语言学欣欣向荣的时期,研究队伍迅速扩大,在长期压抑下积聚的研究成果也如雨后春笋一样冒出土来。这是有目共睹的。1991年年初我在美国同一位国际知名学者讨论世界汉语研究的现状时,他毫不犹豫地对我说:"无论从质量还是从数量来看,当然还是大陆领先。"这是掌握全局的认知,也表现了真学者的风度。可是也有人却只看到他们自己那一点点东西,轻视别人,抹杀大陆半个多世纪以来的研究成果。这真是"一叶障目，不见泰山"。

下面回过来讨论吕先生提出的通和专的关系，这个问题是否解决了呢？看来并没有解决。吕先生意味深长地只谈了语言学工作者知识面窄、能力单薄的各种表现；朱德熙先生进而指出了造成这种现象的原因。他在《纪念王力先生九十诞辰文集·序》中说："先生之学，证古论今，融会贯通，博大与精微兼而有之，所以能够蔚为大家。回过来看50年代以来培养的学生，其中虽然也不乏杰出者，但总的看来，失之于陋。这恐怕与大学里教学机构的设置有直接关系。教研室是以课程为单位组织起来的。每人各抱一门课程作为自己的专业，穷年累月地浸淫其中。教研室之间鸡犬之声相闻，而在学术上则老死不相往来。教现代汉语的，不但认为古代汉语是隔行，连方言学也与自己不相干。这种画地为牢的作法无异于自杀。"因此他提出："要从根本上扭转这种偏向，还须在教学指导思想、课程设置和教学组织上进行改革才能奏效。"朱先生的分析是正确的，造成现在这种情况是同上世纪50年代以来的教学体制相关的。解放初是"一边倒，学苏联"，完全割断了原有的教育传统；60年代文科教材会议制订了一个新教学计划，对极"左"的做法有所批评、调整；"文革"过后，80年代制订的中文系新教学计划比50年代的还"左"，教学指导思想和教学组织都一仍其旧。在这样的情况下，通和专的关系自然不可能得到真正解决。好在大形势变了，中青年比我们老的自觉，情况在向好的方向发展，希望这个关系能早日完全摆正，不远的将来，语言学界能多出像王力先生、吕叔湘先生等那样的博古通今、融会中西的学者。

纪念吕叔湘先生百年诞辰，重温吕先生"处理好四个关系"的教诲，我深感吕先生作为中国语言学界的多年领导，舵是把得稳的。尽管路怎样走，并不完全能由他做主，这是大家都明白的；但是有了他的参与，中国语言学研究工作的弯路就少走很多，成绩就可以积累得多一些。今天我们仍要牢记吕先生的教诲,处理好四个关系。

2004 年 6 月 19 日于北京海淀蓝旗营小区

原载《中国语言学》第 3 辑,北京大学出版社 2009 年;
又收入《吕叔湘先生百年诞辰纪念文集》,商务印书馆 2010 年

做了周先生的助教以后

——庆祝周有光先生百龄华诞感言

1958 年秋季周有光先生到北京大学中文系开设"汉字改革"这门新课,给他做助教的就是我。那年暑期我正好刚从北京大学汉语史研究生专业毕业,这是我留系任教接受的第一项教学任务。"汉字改革"课是适应 20 世纪 50 年代语文工作三大任务而新开的高年级的选修课,选课的学生有四五十人。我的任务是:周先生从城里来到北大,我负责迎接他,陪他到课堂,并随堂听课照顾;课后负责答疑,并收集问题,向周先生反映,以便周先生在堂上解答。这门新课的内容,我在做研究生时接触较少,听课时自然也就加倍认真。周先生的课讲得平实、生动,不但视野开阔,对文字学和语言学提出了许多新问题,而且富有理论性,很有启发意义。这给了我丰富的直接教益。同时,由于要答疑、辅导,我还得阅读许多有关汉字和汉字改革的资料、著作,例如:黎锦熙先生的《国语运动史纲》、倪海曙先生的《中国拼音文字运动史简编》以及金尼阁的《西儒耳目资》、卢戆章的《一目了然初阶》、王照的《官话合声字母》等都曾浏览。周先生的课还督促我先后读了一些文字学的著作,例如:唐兰先生的《古文字学导论》《中国文字学》和梁东汉先生的《汉字的结构及其流变》等。这为我 60 年代初给低年级、70 年代末给语言专业回炉班讲授文字课程准备了条件;讲稿整理成《汉字知识》在 1981 年出版。应该说,这也是周先生在学术上对我的一种影响。

1961 年周先生的讲稿《汉字改革概论》出版了,他立即签名寄给我一本，并且在《序言》中写道："在讲课时候承郭锡良、孙庆生（升）两同志协助。"（当时孙庆升任系教学秘书）这表现了周先生对年轻人的高度关怀。后来周先生还多次寄书给我，特别是1997年《世界文字发展史》刚出版，周先生就签名寄给我一本。他知道，我非常须要补充这方面的知识。收到后，我很快拜读一遍，如饮醇醪，回味无穷。周先生在《后记》中说："文字史跟其他学术一样，也要从世界观察中国，以中国补充世界。"我深为叹服，周先生是这样说的，也是这样做的；这本《发展史》确实是我国文字学方面的里程碑式的著作。从中我不但获得了许多新知，还再次受到了怎样做学问的启迪。

80年代初周先生接受《中国大百科全书》的委托为《民族》卷撰写"汉文（Chinese Characters）"这个条目，原来规定只写两千字。到了1985年冬天集稿统编时，编委会提出，这个条目要写八千到一万字。不巧，当时周先生正好出国了，短期回不来；编委会让我代写，我推脱不掉；加以我虽然不是周先生的正式学生，但是无论从年齿、学术渊源，他都当然是我的老师，而且是对我影响较大的一位老师。因此我挤时间写成稿子，署了周先生和我两人的名字。我的《汉语史论集》今年准备出增补本，周先生欣然鼓励我将这篇文章增补进去，表现了他对晚辈的亲切关怀。

周先生虽然是语言学界的老前辈，但是在学术思想方面却一直是走在时代的前面，在新事物的面前，他往往比我们这些晚辈敏感得多。80年代计算机刚在中国兴起，周先生就开始学电脑，运用电脑来写作、研究，不断号召年轻人"换笔"。我就是在周先生的号召和挪威汉学家何莫邪教授的挤兑下，90年代才学会用电脑写作和查找资料的。

做了周先生的助教以后，我始终在学习周先生，可是越来越感到周先生的许多方面是学不到的。他的平和，他的开阔的学术思想,我学不到;他的思维清晰,勤奋不息,九十三岁还出版具有开创新学科意义的专著《比较文字学初探》,快到一百岁的大前年(2002)还发表了富有前瞻性的学术论文《21世纪的华语华文》,更是我学不到的。但是不管学得到学不到,我都将永远学习下去。在此谨祝周先生寿比南山,学术青春永驻。

2005年6月2日于京郊蓝旗营

原载《周有光先生百龄华诞纪念文集》,语文出版社2006年

忆石波师

1950年秋我考入湖南大学中文系,石波先生是我们的班主任兼文选与写作课教师。根据当时中文系的师资情况,领导上对石波先生是委以重任的。因为其他年级的班主任都是著名的教授、副教授,唯有石波先生只是三十出头的年轻讲师;而且当时中文系的讲师任课的也很少。为什么这样安排呢? 因为石波先生解放前就参加了地下工作。

不过,这也是一个十分艰巨的任务。因为新中国刚建立,高等教育就来了个大变革。不但学校大砍大并,而且教学体系、教学内容也大变样,课程跟解放前完全不同。拿湖南来说,1949年秋刚和平解放,1950年接收大学时就进行了一次大合并。除保留了一所医学院和一所农学院外,湖南国立师范学院和私立的民国大学、克强学院都并入了湖南大学,圣经学院被接收撤销,中文系还把音专也接收了过来。至于教学,首要课程是三门全校的共同政治课:社会发展史、新民主主义论和政治经济学。专业课首先就是文艺学,实际上是讲文艺政策,也就是宣讲毛泽东的《在延安文艺座谈会上的讲话》。

我们班在湖大呆了三年,然后又接受第二次大变革院系调整,合并到武汉大学。三年中系里的十个教授为我们开了九门专业课:方授楚先生开中国语文概要,陈书农先生开汉语语法,谭戒甫先生开历代散文选,马宗霍先生和骆鸿凯先生开历代韵文选,韩罕明先生开现代文学概要,谭丕模先生开中国文学史,彭燕郊先生开民间文学,董每戡先生开戏曲散论,魏猛克先生开文学评论(只有

1951年以后从上海回湖南的孙俍工先生因故没有开课。上列课程的名称或有欠准确者,但性质不会错)。虽然开了九门课,可是当时政治运动压倒一切,学校教学秩序混乱,课可以不上,不少一学年的课程实际上没有上几次(比如,历代散文选、历代韵文选)。根据粗略回忆,停课一两个月的政治运动有:抗美援朝,参军参干,停课;肃反镇反,检查反思,停课;三反五反,参加打老虎,停课;二年级参加土改,到农村去当工作队员,更是离开学校半年以上。学生的流动性也很大:我们班招生考试时录取了近三十人,一年级变动最大,不断减员,二年级时就只剩下九人;其间也有两个高年级的同学复学,四年级合并去武大时总共是十一人。

至于大学设立班主任,看来也是解放后的新事物。目的无非是进行思想教育,保证无产阶级专政下政治路线的执行。现在来看,解放初的大学接收合并和1952年开始的院系调整,以及教学体系、教学内容的全面变革,就是对高等教育传统的一刀切断,对原来高等教育的彻底否定。这给新中国高等教育带来的损失是难以估计的。这里不去讨论。大家知道,"文革"前教育和学术界盛行两个口号,即"以论带史"和"厚今薄古"。"以论带史"就是以马列主义、毛泽东思想来匡正事实、史料;也就是说,事实、史料的客观真假不重要,重要的是合乎革命理论的需要。这样,"假大空"就成了这一口号的必然结果。"厚今薄古"从字面来说,就是提倡特别看重今天而忽视过去。其恶果是:人类历史积累的知识、经验随时都可以按领导的意图被打入"封、资、修的大染缸"。所以解放前中文系的重要课程:《诗经》《楚辞》《文选》《文心雕龙》《论语》《孟子》、唐诗、宋词、元曲、文字学、音韵学、训诂学等课,五六十年代都被贴上了封条。两个口号的推行,实际上就是在教育、学术思想方面推行一条极"左"路线。

石波先生如果真要当好这个进行思想教育的班主任,确实是非常困难的。不过,根据我的回忆,当时政治运动多,思想教育都是由学校统一抓,由党、团直接掌握。石波先生似乎是采取了"无为而治"的态度。他对人和蔼,言语不多,和学生谈话,很少涉及课业以外的事。他讲课声音不高,节奏舒缓,文选讲解细致,作文批改认真。他对学生在学业上也是鼓励多于批评。在我记忆中石波先生给我最难忘的谈话都是与写作有关的。记得我有一篇习作,是写一个常到宿舍旁体育场玩耍的小女孩,石波先生看过后,肯定我观察细致,人物写得比较生动。这鼓励起我中学时迷恋武侠小说的兴趣,于是就写了一个侠客除暴安良的故事,自以为可以把侠客写得生动一些。石波先生看过后,平和地对我说:"现在不提倡写武侠,我们要写现实生活,写工农兵。"接着劝我多读一些现代著名作家的名著,首先就提到要读鲁迅、茅盾、巴金的作品,也提到了张天翼、赵树理。特别讲了张天翼的《华威先生》,还作了一些分析。这是想让我从中学习怎样熟悉生活、观察人物。后来才知道,张天翼先生曾是石波先生的老师。这次谈话对我的学习起了不小影响。首先是上现代文学概要课时,我读了现代许多作家的选集;后来到武大上外国文学课时,又按欧美和俄国两条线,从荷马史诗到塞万提斯、歌德、拜伦、雨果,从普希金、果戈里到高尔基、法捷耶夫,也选读了许多著名外国作家的代表作。应该说,石波先生的谈话是起了作用的。这让我扩大了阅读范围,打开了眼界。

　　1954年秋我从武大毕业后到北大作汉语史研究生,石波先生随后也从湖南师院到了北大,参加苏联专家毕达可夫主讲的文艺理论研究班的学习、研究。我俩都住在北大学生宿舍十九楼,两年间经常见面,但是却很少有时间深入细谈,因为各人都忙于自己的业务学习。可以看出,1953年毕达可夫到北大,招了一个四年制的研究班,本来是教育部门在高校推行苏联副博士研究生制度的一种准备,也是当时向苏联学习、向科学进军大潮中备受关注的一次举措。因此许多高校派了教师、甚至系主任参加学习。石波先生在北大这两年中，对外国文学和文艺理论的收获是很大的。不过，他原来是长于中国古典文学的，只是为了服从组织的需要而改变了业务方向。他回到湖南师院就教学、研究外国文学，发表了研究俄罗斯作家的论文，受到学术界的关注。可是1961年在反右倾运动中，他却被错误地当作湖南学术界宣扬修正主义文艺路线的右倾代表，受到严厉批判。这对石波先生是一次很大的打击，接着是"文革"，十多年过去，石波先生的学术生涯，就消磨在这条极"左"路线的下面了。

　　1975年我同北大语言班工农兵学员到韶山调查方言，抽空到了长沙石波师家去探望，只能简单地交换一些近况。80年代拨乱反正后，我再去看望石波师时，曾建议他把研究成果撰写、发表出来。他才向我谈到服从组织分配、改变学术方向、遭到批判的一些情况；并表示，三十多年过去了，古典文学和外国文学都已丢荒，不愿再写什么了。我理解先生的心情，不便再说什么；不过，这让我想起了50年代湖大中文系其他老师的情况，发现除了个别先生和50年代早已去世的谭丕模先生，几乎没人没受到冲击的，石波师还是受冲击最轻的一个。特别是当时比较年轻的六位先生（一个副教授、四个讲师、一个助教），除一位先生1952年去了外地，情况不明外；有三位先生在50年代先后被打成敌我矛盾，只有一位最年轻的先生由于表现积极而受到重任，却在"文革"初期受到冲击而丢了性命。这时我无言地面对石波先生，心里泛起一股难以言状的悲哀。从此我再到长沙时，总是要去拜访石波师，谈谈近况，也交流一些对学术界的看法。石波先生对文学界一些人物、著作的点评，往往是切中要害，深有启发的。

　　去年10月我到湖南参加第二届湘方言国际会议，会后同班同学汪华藻陪我和拙荆徐寒玉（湖大中文系51级学生）去拜访石波师。他从书房拿了刚出版的著作《左军剩稿》（由师妹王小璜帮助整理的），题了字送给我和拙荆。我非常高兴，急忙翻阅，虽然都是半个多世纪以前保留下来的旧作，不少还是先生青年时期写下的旧体诗词，读起来却倍感亲切。我不善于文学创作，很少写旧体诗词，去年我的研究生要给我祝贺八十岁，提出要求，让我在会上念一首诗，我只得勉强凑了一首。这时我就想请石波师给我修改修改，于是当场念了出来。我念道：

《八十答友好》：浮生八十少轻闲，几闯惊涛并险滩。不食黄粱驱恶梦，专钻故纸守儒冠。喜看九畹芝兰茂，岂惧五台霜露寒。笑指西风秋瑟瑟，与君同气永心丹。

石波师认真听完，然后连声说："蛮好，蛮好。"拙荆在旁边说："八十岁的学生还能请九十多的老师改作业，真难得。"我们相对一笑。当时听了石波先生的肯定，心想：又是鼓励多于批评。我倒真希望他帮我改得好一点。接着石波师和我们一起出席了湖南师大副校长蒋冀骋教授为我们准备的宴会。很快我就和拙荆离开了湖南，来到海口，没机会再向先生认真请教。谁想到这就是我最后一次看望先生。今年3月30日汪华藻学长打电话告诉我："石波先生已于昨日去世。"我陷入了惊叹和长时间的怀念。啊！石波先生走了。他为湖南的教育和文学事业辛劳了半个多世纪，为后人树立了不阿上、守正务实的学风，培养了几代学生，散布在三湘、全国；他看到了拨乱反正的新局面，看到了湖南文学教育事业的兴旺发展。我想，他高龄驾鹤，想必是走得悠闲、舒畅的。

2011年12月25日于海口

原载《王石波先生纪念文集》，岳麓书社2013年

《古代漢語》序

　　學習古代漢語，不同時期有不同的内容和方法。解放後，古代漢語的教與學有了長足的進步，並編寫了一些這方面的讀物。1961年文科教材會議組織編寫的《古代漢語》，總結了前人的經驗，是一部學習古代漢語的重要著作。多年來在全國高等學校和廣大社會讀者教學、研究的實踐過程中，又積纍了不少的經驗。我们由于教學的急需，並考慮到社會的要求，在集體研究的基礎上，努力吸取以往的成就和經驗，編寫了這部《古代漢語》。

　　在編寫中，我們首先重視感性認識和理性認識的結合，把文選和古代漢語常識擺在同等重要的地位。其次，選文既重視語言的典範性，又重視文章的思想内容，努力貫徹批判繼承的精神。第三，在編排上注意體現由淺入深的原則；在注釋上比較詳細，並力求用詞確切，重視語法分析，因此，本書雖然是作爲大學教材編寫的，卻也儘量照顧到便於一般具有中等文化水平的讀者自學。

　　本書的編寫者，主要是北京大學中文系古代漢語教研室的成員。編寫工作由郭錫良主持，主要執筆人還有唐作藩、何九盈、蔣紹愚等三位同志；王力先生和林燾先生參加了校訂工作，並撰寫了部分章節；田瑞娟同志參加了中册和下册的編寫工作；此外，張衛東、王若江和古代漢語進修生劉宋川、許青松、吕堅、李學忠、蕭燕翼、田寶來等同志也先後參加過某些部分的編寫工作。

　　在編寫過程中，我們曾徵詢了中國社會科學院語言研究所、北京師範大學、北京師範學院、北京市中小學教材編寫處、武漢大學、武漢師範學院、華中師範學院、復旦大學、上海師範大學、南京師範

學院、山東大學、山東師範學院、南開大學、天津師範學院等單位有
關同志的寶貴意見（按時間先後排列），稿成後，又承北京出版社
文史編輯室細加審閱，在排印方面給予大力支持，謹在此表示深切
的謝意。

　　由於我們水平有限，本書肯定還存在不少缺點、錯誤，懇切地
希望從事古代漢語教學、研究工作的同志和廣大讀者批評指正。

1979 年

首載《古代漢語》初版，北京出版社 1981 年

《史记索引》序

　　《史记》不仅是伟大的史学名著，也是伟大的文学名著，在史学和文学方面都具有划时代的意义，这是学林的公论。毫无疑问，《史记》还是西汉时代文学语言首屈一指的代表作，在语言学方面也有划时代意义的价值。过去、现在、将来，无论是研究历史、文学，还是研究语言学，乃至哲学、政治学、经济学，《史记》都是一部最重要的必读典籍，也是研究工作中不可或缺的资料宝库。

　　千多年来以《史记》为研究对象的专著、论文不胜枚举，为《史记》作注的也很多。最通行的是所谓三家注：刘宋裴骃的《集解》，唐司马贞的《索隐》和张守节的《正义》；日本泷川龟太郎的《史记会注考证》也是颇有影响的注本。《史记》是人类文化精华之一，今后必将得到更全面、更深入的研究；然而它卷帙浩繁，全书共计五十七万二千九百八十四言，比《左传》多出近两倍，要熟练掌握它，并非易事。

　　20 世纪文化科学发展空前迅速，被形容为"知识爆炸"，个人所需的知识结构远非旧时代所可比拟，人们不可能再靠十年寒窗、死记硬背来掌握浩如烟海的知识，亟需快速检索资料的工具书。50 年代以前哈佛燕京学社引得编纂处所编辑出版的《尚书》《诗经》《春秋经传》《论语》《孟子》《墨子》《庄子》《荀子》等多种引得，给各科研究提供了巨大方便，为学林所重；后来国内外又出版了多种引得，都受到学人关注。然而《史记》一书，由于卷帙过多，编辑引得，非常不易。至今尚缺。

　　《史记索引》编者不逐虚名，埋头苦干，费了多年业馀时间，将

《史记》全书输入计算机内,并编制全套处理软件。1987 年 5 月间举行成果鉴定会,我应邀参加主持,喜见古籍同新科技结合所开出的鲜花。与会同志一致希望这一成果形诸文字,现在他们终于将《史记索引》编成,得到中国广播电视出版社的支持,即将出版。这不仅是对司马氏的功绩,也是学林的盛举,必将对史学、文学、语言学等多种学科起到一定的促进作用。这一引得超过七百万字,篇幅很大,限于各种条件,排版不得不尽量紧缩,这固然对使用不无影响,但却是目前情况下不得已的圆通办法。索引付梓前,李波远道送来版样,向我索序,我见到这部极有价值的索引早日出版,写了上面这点不成熟的感想,以表示我对索引编者们和中国广播电视出版社为发展学术事业所作贡献的衷心赞佩。

1989 年 7 月 15 日于北京大学

原载《史记索引》,中国广播电视出版社 1989 年

《古汉语语法论集》前言

1994 年 2 月在瑞士苏黎世大学召开了第一届国际先秦汉语语法研讨会,会上决定在中国召开第二届会议。我代表与会的中国学者表了态,承诺尽力筹备。回国后,我们经过多方努力,得到了国家教委、北京大学的支持和关注,又得到了高校古委会、语文出版社的资助,终于在 1996 年 8 月在北京大学召开了第二届会议。根据大家的意见,这次会议扩大了研讨范围,把各个时代的古汉语语法问题都包括在内,因此叫做第二届国际古汉语语法研讨会。

汉语是世界上使用人数最多的语言,也是世界上保存历史文献最悠久、最丰富的语言。积累了三千多年的用汉语写成的浩如烟海的典籍,不仅是中国人民的传世珍宝,也是世界各国人民的精神财富。要理解这些文献典籍,就必须通晓古代汉语。同时,要真正通晓 12 亿中国人民正在使用的现代汉语,也必须懂得古代汉语。因此,古代汉语的研究,历来都受到中外学者的极大关注。古代汉语语法的研究是古代汉语研究的一个重要方面,也是 20 世纪古汉语研究的新分支,越来越受到人们的重视。80 年代以来,国内外都有不少学者在古汉语语法研究方面取得了显著的成绩;因此,召开国际古汉语语法研讨会,交流研究成果,探讨研究方法,符合国内外广大古汉语语法研究者的心愿,也是学术发展的客观需要。正因为如此,这次会议通知发出后,国内外学者纷纷要求与会,会议规模不得不由原定的五十人扩大到近百人。与会学者认真撰写了论文,很多人把自己多年来的研究成果带到了会上。本次会议共收到论文85篇,其中大会宣读7篇,分组会宣读67篇。论文涉及的范围极其广泛,从时代来说,上起殷商,下迄元明。从内容来说,有理论方法的探讨,有词法、句法历史发展的研究,也有断代语法、专书语法的研究,还有虚词以及句法结构的性质、功能、形式的探索。会议就十分广泛的议题展开了认真的研讨,大家畅所欲言,在各种不同学术观点的相互交流中,问题明朗了,认识深化了。大家普遍认为这次会议学术空气浓,论文质量高,确实起到了开展学术交流推动学术发展的作用。

为了反映会议的学术成果,我们决定编辑出版会议论文集,经过协商,在大会闭幕前,成立了论文编辑委员会。为了争取多刊登一些论文,编委会对每篇论文的字数作了一些规定,请论文过长的作者压缩字数,会后尽快将论文改好寄来。绝大多数的作者都非常合作,满足了我们的要求。所有论文至少都经过两位编委看过,提出意见,然后由主编通审,并经在北京的编委开会讨论决定,选编了56篇论文,定名为《古汉语语法论集》。入选论文除少数几篇超过规定字数的以外,一般很少改动。由于种种主客观原因,我们未能将所有论文收入论文集,处理难免有所不当,尚希作者见谅。这本论文集无论从作者的阵容、论文的质量,还是从论文覆盖的古汉语语法研究领域来说,无疑都是空前的,说它展示了当前各国学者研究古汉语语法的方法和水平,反映了古汉语语法研究的现状和发展趋势,是一点也不过分的。这次会议的召开和这本论文集的出版,必将对我国古汉语语法研究以及国际古汉语语法研究的交流起到较大的推动作用。

国家教委、高校古委会、语文出版社对会议的召开和论文集的出版,给予了多方的支持和赞助;论文集的全体编委为本书的出版付出了辛勤的劳动;责任编辑王永强为论文集的出版竭尽全力。

在此一并表示诚挚的谢意。

1997 年 6 月于畅春园

原载《古汉语语法论集》,语文出版社 1998 年

《〈古尊宿语要〉代词助词研究》序

今年是《马氏文通》出版 100 周年,汉语语法学也演进了 100年。《马氏文通》描写的对象上起周秦,下迄韩文,是一种泛时语法。"五四"以后的"国语文法",是一种共时语法。30 年代王力先生的《中国文法中的系词》,可算是汉语的第一篇历时语法著作,他 50 年代的《汉语史稿》第一次描述了汉语语法史的轮廓,此后历时语法研究迅速发展,逐渐形成了同现代汉语语法研究并驾齐驱的分支学科。在汉语历时语法研究中,先秦一段成果最丰富,唐宋以后的近古语法,虽然吕叔湘先生早在 40 年代就作过一些研究,但直到 80 年代才受到较多重视,研究者日众,成果迭出,显现出较为繁荣的景象。卢烈红从 1993 年秋起由我指导攻读博士学位,决心研究近古汉语语法,博士论文选题为《〈古尊宿语要〉代词助词研究》。

《古尊宿语要》是南宋初年编辑的一部禅宗语录,在国内久已失传。明版大藏经中有《古尊宿语录》四十八卷,是《古尊宿语要》经过两次增补而成的,从事近古汉语研究的学者,很少有人注意它。东邻日本保存了宋本《古尊宿语要》,现有清代康熙、乾隆年间日本名僧无著道忠校写本,1973 年由日本中文出版社影印出版。它作为语言资料,价值远远高于明版的《古尊宿语录》,烈红得以作为研究对象,确有填补空白之效。尤其是经过研究后,发现它的口语化程度甚至还高于《祖堂集》《五灯会元》等书,其价值自然也更高。

烈红全面研究了《古尊宿语要》的代词和助词,较好地描写了

《古尊宿语要》的代词系统和助词系统,不仅有定性的论述,还有定量的分析;同时又联系同期和前后时期的语料,进行了比较,探讨了代词旧体系的衰亡和代词、助词新体系的起源、发展。他利用电脑作资料工作,收集的材料相当丰富,并能运用现代语言学的理论方法来观察问题,在吸收前人成果的基础上,把专书语法研究和历时语法研究结合起来了,时有新意。这对近古语法史的研究是有一定参考价值的。烈红在初次步入历时语法研究领域时,就作出了一定成绩,可喜可贺。当然,论文还不无可以改进充实之处;而且近古语法研究的领域非常广阔,研究难度也很大,烈红今后还须要加倍努力。

论文通过了答辩,获得一致好评。本专著是在论文的基础上加工而成的,武汉大学出版社热情支持,同意出版,烈红以此相告并索序。我自然也很高兴,写下了这些话,就算作序吧!

1998 年夏

卢著为《武汉大学学术丛书》的一种,
武汉大学出版社 1998 年

《汉语变调构词研究》序

从宋代贾昌朝的《群经音辨》开始，前人对古汉语中四声别义的现象作过不少研究，有不少成果。玉文早在80年代攻读硕士学位时就关注这个问题，毕业后教学之馀收集了相当多这方面的资料，准备写一部四声别义字典，甚至有出版社已经应允出版。1994年玉文到北京大学攻读汉语史博士学位，他向我提出，能否以此作为毕业论文。我当即否定了他的想法，强调先要全面完成攻读博士学位的学习任务，扩展知识面，提高理论修养，再来考虑毕业论文。并指出：博士论文要有理论高度，要有创造性，不能停留在资料的实用性处理上。玉文以为然，学习中勤奋精进，不但继续收集、研究这方面的资料，更从理论方面充实、提高自己对这个问题的认识，从新的角度对这种现象作了更全面的研究，把论文题目确定为《汉语变调构词研究》。经过一年多夜以继日的努力，顺利地完成了论文写作。答辩时，获得全体专家的好评，今年又被评为全国优秀博士学位论文。

是的，这是一篇有学术价值、颇见功力的博士论文。首先，作者对材料的收集作了很大的努力，不但收集了经史子集中尽可能多的有关这方面的音注资料，数量大大超越前人，而且全面考察了《广韵》《集韵》中不同声调的又音，进行认真分析，因而在材料的占有上，达到了一个新的高度。其次，作者在制订《古代汉语变调构词词表》中更作出了加倍的努力。他把汉、唐的音注资料和《玉篇》《广韵》《集韵》的又音资料汇集、排比,先确定了古代变调构词的词目,然后对每一组配对的原始词和滋生词的音义进行历史的考察分析,引举例证,考辨源流,驳正误说,一层层深入。这种历史考察的特点是:引例丰富,能把文字、音韵、训诂、语法等多方面的知识融会贯通来考虑问题,推论合理,观点鲜明,创获甚丰。其中许多词条的考辨,都可以算得上一篇较好的短小论文。在这里既体现了作者的朴实学风,又显示了他在学术上具有较深厚的功力。最后,作者从理论上总结汉语变调构词时,由于掌握的资料十分丰富,因而也能左右逢源,议论明快,具有较强的说服力。特别是从多方面论证上古汉语已有变调构词时,论据充足,为解决这一争论了几个世纪的问题作出了较可信服的回答,表现了作者在理论方面具有较好的修养。

玉文收集的变调构词资料达 800 组之多,论文答辩时完成了 150 组的写作任务,选取了 100 组提交答辩。毕业后,他从提交答辩的论文中选取了若干组发表在某些刊物上,并继续撰写其他 600 多组的考辨文章,准备全稿完成后,再汇总出版。今夏论文获奖,出版社向玉文约稿,要为他出版,玉文征求我的意见,我极表赞同。因为这篇论文不仅具有学术价值,也是很有实践意义的。它对先秦、两汉古籍的阅读、整理,对字典、辞书的修订以及古汉语词汇、语法、语音的研究都是有重要参考价值的。同时,论文发表,可以广泛听取各方面的宝贵意见,有利于其他各组变调构词的撰写和修改。玉文于是将论文作了一些充实、润色,向出版社交了稿,同时要我写一篇序。这里我写下玉文写作论文的经过和我对论文的看法,也算是序吧。我更希望玉文继续像撰写学位论文时那样,严格要求,一丝不苟,把其他 600 多组变调构词的考辨都按论文的要求早一点写出来,真正为长期存在争论的四声别义现象作一经得起时间考验的总结,那将是一部煌煌巨著啊!

1999 年 8 月于京郊畅春园

孙著是《青年学者文库》的一种,北京大学出版社 2000 年

《古代漢語專書語法研究》序

古漢語專書語法研究是建立漢語斷代語法和漢語語法發展史的可靠基礎。儘管 20 世紀三四十年代黎錦熙先生就寫過《三百篇之"之"》,丁聲樹先生也寫過《論〈詩經〉中的"何""曷""胡"》等文章;但是那還是從考證語詞的意義和用法著眼的,真正自覺作爲專書語法研究課題來對待,是 20 世紀 50 年代以後的事情。1958 年王力先生的《漢語史稿》出版,揭開了漢語歷史語法研究的新篇章。人們意識到要建立科學的漢語語法史必須以專書語法研究爲基礎,60 年代初語言所古漢語研究室在陸志韋先生的主持下首先把《左傳》語法研究列爲了他們的研究課題之一。由於大家都清楚的原因,剛開始不久的研究就被迫中斷了 10 年。80 年代以後,先後出版的何樂士教授的《〈左傳〉虛詞研究》和管燮初先生的《〈左傳〉句法研究》就是這一課題的成果。"文革"後學術界對專書語法研究更加重視,不少學者提倡專書語法研究,中斷多年的古漢語專書語法研究又重新展開,發展相當迅速,20 年之間,專書語法研究的範圍涉及由上古至近代的典籍數十種,上起《尚書》《詩經》《論語》《左傳》,下迄《金瓶梅》《紅樓夢》《儒林外史》《老殘遊記》。發表的論文四百多篇。語言所又組識了先秦專書語法研究等重點研究課題,北京大學等單位也把專書語法研究作爲研究生的碩士、博士學位論文的題目。專書語法研究迎來一個繁榮時期,這是十分可喜的。不過,另一方面專書語法研究也還存在一些值得注意的問題,須要引起我們的重視。

　　大家知道:語法是語言組詞造句的規則,它總是一個系統。研究者也必然要有自己的理論方法和所采用的語法系統。研究古代的專書語法,不可避免首先就要解決這個問題。理論方法的先進性和采用的語法系統的科學性與否決定了專書語法研究的成敗。我們應該十分慎重地對待這個問題。但是也有人唱反調,竟然說什麼:研究專書語法,不要管什麼理論體系,祇要深入材料,你怎麼看就可以怎麼做。這是十分錯誤的。目前專書語法研究雖然難有一個統一的規格,但是它決不能作爲各行其是、不注重理論方法的藉口。我們也應該在不斷的實踐中努力提高這方面的水準和共識。

　　研究專書語法的方式是多樣的,大致可以分成兩大類:(1)任意選擇有特點的語法現象(詞法或句法)進行專題研究;(2)按系統選擇專書的某部分語法成分、語法結構作全面、窮盡式的研究。它可以是某類虛詞研究或某類實詞研究,也可以是句法結構或句式的研究。第一類方式,研究者的靈活性、主動性比較大,也容易成爲研究者的選擇。第二類方式中虛詞研究比較容易,實詞研究次之,句法研究最難。因爲虛詞是封閉的類,已有的研究成果也較多,確定研究某類虛詞後,不牽涉到整個語法體系;而研究某類實詞就必然牽涉到整個實詞系統的分類,所以實詞研究難於虛詞研究。至於句法研究,它一般要在詞法研究的基礎上才得以順利進行,所以說它比實詞研究更難。目前的專書語法研究,從內容來看,虛詞研究的文章最多,估計在一半以上,加上第一類方式的文章,要占總數的70%左右。實詞研究和句法研究的文章偏少,嚴重失調;亟須加強這方面的研究。首先應該加強專書動詞研究,動詞類別的確定是解決詞類系統的核心,詞類系統解決了,句法結構和句式的研究也就具備了堅實的基礎。

　　專書語法研究是一個系統工程,要充分認識作好它有很大的難度,因爲它一般要在完成專書索引、專書詞典的基礎上才能進行。專書語法研究的目的是對某部專書的語法進行全面描寫,研究雖然可以分頭或分步驟,但是每一部分都是與整體相聯繫的,既要作窮盡式的研究,又要相互照應。研究一部專書的動詞不是祇研究它的動詞就能解決問題的,幾乎可能要涉及到所有的詞類。還要看到,許多問題的解決,不是單靠一部專書所能解決的,還須要研究同時代的其他著作,甚至要上掛下聯。因此任何輕浮的學風或急於求成的想法都是要壞事的。

　　我們也應該看到,專書語法研究是一個全面鍛煉的過程,也是一個全面積纍經驗、全面積纍科研素材的過程。從專書的整理開始,版本、校勘、標點、今譯,這是前期的準備工作。按今天的標準來説,研究者應該整理好該專書的電子版本。第二步應該是編出專書索引和專書詞典初稿。專書詞典將在專書語法研究的過程中逐步完善。編寫專書詞典,須要解決字與詞的關係、詞與非詞的關係、詞義的分析歸納、義項的設立等一系列問題。研究者從中可以得到詞彙學、語義學方面的很好鍛煉。語法的窮盡式研究將迫使研究者無法采取回避的態度。全面研究了一部專書語法,不僅對一個時代的語法系統有了深刻的理解,而且對該專書前後時代的歷史語法的比較研究也將具有重大意義。那時他將在漢語研究工作中獲得廣大的天地,也獲得廣大的自由。

　　語言所組織的"九五"社科規劃重點課題"古代漢語專書語法研究"結項了,完成的多部專書語法專著,即將出版,主持者董琨教授向我索序;這樣一次大規模的專書語法研究項目,涉及所內外,研究者分散全國,聯繫困難,祇能各自爲政,因此成果難免互有差異。但是,不管怎樣,這是一次推動專書語法研究的有益活動,我樂意寫下了上面的一些不成熟的意見，也算是序吧。

2002 年 12 月 22 日於藍旗營小區

　　古代漢語專書語法研究是語言所組織、申報的"九五"國家社科基金課題，21 世紀初古代和近代各十種專書語法研究相繼完成，決定出版《漢語史專書語法研究叢書》，由河南大学出版社出版，2004 年 2 月出版了第一種

《〈左传〉谓语动词研究》序

　　二十年前,张猛从北京师范大学中文系毕业,考取了训诂学研究生,师从肖璋先生和嘉璐兄,1985 年以优异成绩获硕士学位。当时北京大学中文系训诂学教学力量薄弱,我同北师大接洽,嘉璐兄向我高度赞许张猛,于是他成了我们教研室的成员。他来北大后,勤奋好学,积极肯干,教学认真,工作主动,获得各方面的好评。先教古代汉语,接着开设了训诂学和《左传》导读两门课,在科研方面也作出了一定成绩,发表了多篇文字、训诂方面的论文。我发现,他在学术方面表现出兴趣广泛、眼界开阔、具有开创精神的特色,无疑是同辈人中功底较厚、很有实力的竞争者。

　　1993 年,他在职跟我攻读汉语史博士学位。我要求他重新修读古音学、语法学、语言理论方面的课程,目的是充实自己的基础知识,拓宽自己的知识面。在确定学位论文题目时,我劝他不要走熟路,局限在词汇、训诂方面,而是要他作语法方面的论文。我认为:乾嘉时代提出了"明音韵,通训诂"的要求,古音学成就了乾嘉之学的辉煌。但是到 19 世纪末《马氏文通》问世以后,就不能再滞留于乾嘉时代的要求上,而要加上"识语法";正如杨树达先生所言(《词诠·序例》):"凡读书者有二事焉:一曰明训诂,二曰通文法。训诂治其实,文法求其虚。"20 世纪三四十年代以后,更要添加新的要求,这就是对研究汉语的人来说,无论治古治今,都要有普通语言学的理论修养,我把这一点也简化成三个字:懂理论。王力先生就一贯强调这一点,他曾说(《我的治学经验》):"有人说我做了许多开创性的汉语研究工作,其实并不是什么开创性,只是普通语言学原理在汉语研究中的应用。"张猛完全同意我的说法,他决定研究《左传》语法。《左传》是研究先秦语言最重要的典籍,从语法的角度来研究《左传》的论著当时已经不少,不过多偏重在虚词和句法的方面,由此决定研究《左传》实词的划分及其语法功能。

在职攻读博士学位,困难是很多的。张猛确定学位论文研究范围时已经是三年级,即使全力以赴,时间也已相当紧迫;可是适逢又要出国教学两年,只得计划在国外写出论文初稿。这个计划本来是不切实际的,到1998年春天他回国时,不但论文没有一个字的初稿,连资料也没有收集完备。最让人焦急的是按规定不能再延长学习年限了,论文答辩也不允许推迟。我们只得决定缩短战线,迅速确定论文题目为《〈左传〉谓语动词研究》。好在张猛曾多次开设《左传》专书导读课,这对论文资料的掌握和收集提供了一个优越条件,加上他是我们中文系最早把电脑用于科研和写作的几个青年教师中的一个,能充分利用电脑的优越性来收集资料、分析资料和写作,居然在三个多月的时间内完成了二十多万字的论文写作,如期提交了答辩,并获得了答辩委员的一致好评。许嘉璐教授肯定这"是一篇相当优秀的博士论文","论文的优点显而易见";何乐士教授指出"这个选题很有意义","在古汉语语法研究中这是一个非常棘手又非常重要的问题",肯定"论文有相当高的创造性,独到的见解所在多有"。

是的,当这篇论文匆匆完稿后,我也松了一口气,认为它确实达到了博士论文的要求。在我的评语中,有这样一些话:"论文比较全面系统地研究了《左传》的谓语动词,为填补《左传》实词语法研究的空白作出了一定的努力。这一选题对《左传》语法研究和先秦语法研究都是很有意义的。""他直接从《左传》的自然语段入手,划出所有的谓语动词,然后根据它们的语义、语法功能和搭配关系,对近四万个例句中的一千八百多个动词进行了分析和归类,分析细致,论述平实,运用了转换方法,颇具尝试和创新的味道。"

在论文中作者提出:先秦汉语动词和宾语中最重要的两种关系——被动和使动——相互存在着对立的关系,并且可以互相转化,同时还揭示了它的转化条件。这是一种创见,对古汉语语法研究颇具价值。当年许嘉璐教授、何乐士教授在肯定优点"显而易见"、见解"独到"等方面,都列举了多项,我在这里提到的只是我认为最突出的一点。

应该说,这篇论文不仅材料翔实,对《左传》中的动词进行了穷尽性的研究,是古汉语动词研究方面最详尽、最有参考价值的论文之一;而且在方法上、在理论框架上也作了新的尝试,直接的是为古汉语实词的分类,同时也为整个古汉语语法研究提供了有益的经验。

通过答辩,我既满意,却又不满意;不满意的是论文完成得太匆促,许多论点和分析都来不及仔细推敲,大量语料也未能再三核查。因此对张猛说:"论文是通过了,但是你必须再用半年以上的时间核查、推敲、充实,才能拿出去发表。"现在答辩快过去四年了,张猛用了一年多时间对原稿作了大量增删、修改、充实,确实有很明显的提高,我也完全满意了,认为它的确是这些年来古汉语语法研究中的力作之一,为后来的研究者提供了有参考价值的学术资源。我更赞赏他不跟随现在那种粗制滥造、急于求成的浮躁学风,能沉住气,冷却很长时间后才再琢磨加工,力求作到于心无愧,这是对学术负责、对读者负责的态度,也是保留的一点难能可贵的古风。

现在成书出版,张猛要我写一篇序,于是我回忆起往事,写下这部论著的创作经过和我的一些看法，也就算是序吧。

2002 年 3 月 12 日于北京海淀蓝旗营

张著由语文出版社 2003 年出版

《殷墟甲骨刻辞词类研究》序

　　从 19 世纪末发现甲骨文到现在已经一百多年，首先著录甲骨文的是刘鹗的《铁云藏龟》，首先考释甲骨文的是孙诒让的《契文举例》。20 世纪上半个世纪对甲骨文研究成绩最被称道的是甲骨学界的"四堂"：即罗振玉号雪堂，王国维号观堂，董作宾字彦堂，郭沫若字鼎堂。雪堂积极搜集、著录甲骨文，还对甲骨文作过系统考释，写有《殷商贞卜文字考》《殷虚书契考释》，为甲骨文研究奠定了最初的基础。观堂善于以甲骨文与传世典籍、青铜器铭文互证，密切联系史实，进行历史、地理、礼制等方面的研究，把甲骨文研究与古史研究熔为一炉，考证精确，为考释甲骨文树立了典范。代表作有《殷卜辞中所见先公先王考》《殷卜辞中所见先公先王续考》《戬寿堂所藏殷虚文字考释》等。杨遇夫先生称赞说（《积微居甲文说·自序》）："王君功力绝深，每下一义，泰山不移。"彦堂曾多次参加安阳发掘工作，占有第一手材料，整理、编纂了《殷虚文字甲编》《殷虚文字乙编》，对甲骨学的研究起了推动作用。他在甲骨研究方面更主要的贡献是建立了甲骨文断代的学说，代表作有《甲骨文断代研究例》《殷历谱》。鼎堂也是走把甲骨文研究与古史研究结合的道路，他对甲骨文的考释通读、断片缀合、残辞补足、分期断代、卜法文例等方面都有所关注，能发前人之所未发，所以杨遇夫先生称赞他"神识敏锐，博学多通，能于无字缝中读书"（《积微居甲文说·自序》）；然而却难免有富于想象而疏于考证之处。代表作有《甲骨文字研究》《卜辞通纂》《殷契粹编》。

　　继四堂在甲骨文研究方面作出很大成绩的学者还不少。在考释方面成绩最突出的是唐兰、于省吾：唐兰有《殷虚文字记》《天壤阁甲骨文存并考释》和《古文字学导论》；于省吾有《甲骨文字释林》（由《双剑誃殷契骈枝》及续编、三编等增删改订而成）。陈梦家的《殷虚卜辞综述》是甲骨文大型综合性研究著作，材料丰富，不但综合了各家的研究成果，也提出了不少新见。胡厚宣长期从事收集整理研究甲骨文的工作，出版了多种著录甲骨文的专著，由他任总编的《甲骨文合集》（郭沫若主编）是至今规模最大的著录甲骨文资料的总集。从上个世纪20年代起出版了甲骨文字典和类编之类的著作有十多种，由于省吾主编的《甲骨文字诂林》是最新、内容最丰富也最有参考价值的一种。总之，从甲骨出土以来，形成了一门显学——甲骨学，整个20世纪甲骨学形成了三次研究高潮：世纪初至30年代是第一次高潮，这次高潮时间久，从著录甲骨文到考释再到结合古史研究，成绩巨大。第二次高潮是50年代至60年代初，这次高潮时间短，由于社会动乱而被扼杀了，成绩有限。第三次高潮是80年代开始的，这次高潮的特点：一是新人辈出；二是甲骨文研究的各个方面都受到重视，做了不少总结性的、集大成的工作，也开展了甲骨文新研究方向的探索工作，如甲骨语言的研究受到了更多重视。

甲骨学成了20世纪的显学之一，但是它主要是作为古文字学、考古、文献学和古史研究而存在并发展的，真正从语言的角度来研究甲骨文却是较晚的事，也被摆在较次要的位置。尽管上世纪20年代胡光炜的《甲骨文例》就涉及不少语法问题，但是真正研究甲骨语法的著作还得从50年代管燮初的《殷虚甲骨刻辞的语法研究》和陈梦家的《殷虚卜辞综述·文法》算起。80年代以来研究甲骨语法的论文著作出版了不少，也确有一些材料翔实、观点平实之作，这是可喜的现象；但是我们也不得不承认，不少论著仍停留在用后代语法体系去上探甲骨语法的模式上，这是理论方法上的失误,亟待改正。

　　杨逢彬君 80 年代跟随夏渌先生作古文字研究生,专攻甲骨文;90 年代我兼职武汉大学博士生导师,他在职跟我攻读汉语史博士学位。在攻读博士学位以前,我让他来北京大学进修一年,听了汉语史和一些语言理论、现代汉语课程;在攻读博士学位期间又让他来北大一年,完成学位课程的学习。逢彬学风朴实,我强调必须具备广博深厚的语言学专业知识,他就踏踏实实地去实行。他的博士论文题目定为《殷墟甲骨刻辞动词研究》,我们提出了三点要求:(一)研究历史语法,必须有明确的历史发展观念和系统观念。因此,论文不能用后代的语法体系往上推,要把甲骨语法作为一个未知的语法体系来对待。(二)研究要根据材料立论,不能凭印象说话。因此提出以《殷墟甲骨刻辞摹释总集》作为研究资料,把含有动词的刻辞全部选出来,每个动词都既作定性分析,又作定量分析,以求在现有资料的范围内做到穷尽性的考察。(三)分析原则必须贯彻现代语言学的理论方法,那么词类自然不能单凭意义定性。我们提出,采用王力先生的“词汇·语法范畴”的说法,也就是把词的语法形式(包括句法功能和结合能力)和语法意义结合起来考虑。逢彬积极主动贯彻这些要求,用三年时间一丝不苟、高水平地完成了论文写作。甲骨刻辞的考释异说不少,有的有明显疏失,不能不重新考释认定,为此逢彬写出了一系列具有新意的考释文章作为学位论文的附录。

　　答辩时全体答辩委员都给予了论文很高的评价,一致认为这篇论文“全面系统地分析、描写了甲骨刻辞中动词的语法功能和语义特征,同时对甲骨刻辞中的形容词、名词的语法功能也进行了比较分析,并根据动词分析的需要,对一些字形和字义重新进行了颇有新意的考释。在方法上,既有定量的考察,又有定性的分析;既有详实的阐释,又有精当的归纳。在具体分析过程中,既能注意各种方法的综合运用，又能把握方法运用的层次性，颇见功力。正因为方法得当，占有材料丰富，加上作者具有严谨的态度和创新精神，因而多有创获。例如，文中关于动词的分类、动词与形容词界限的划分，以及关于祭祀动词的见解等，都是可取的、具有较高学术水平和学术价值的"。我认为这个评价还是比较客观的，并非溢美之辞。答辩后，我对逢彬说："这篇论文再做些整理加工就可以出版；不过，最好还是按现在的标准要求把甲骨刻辞的所有词类都研究过以后，扩大为《殷墟甲骨刻辞词类研究》一书再出版就更好。"

毕业后，逢彬没有急于整理加工原来的论文，而是迈开了向《殷墟甲骨刻辞词类研究》专著前进的步伐。他继续考察、撰写甲骨刻辞的形容词、名词、代词、副词、介词等部分，照样撰写解决有关这些部分疑难的考释文章。毕业后历经五年，现在终于完稿，交付出版。这真是十年磨一剑啊！我赞赏逢彬这种不急于求成的态度。逢彬完稿后，将一份复印稿寄给我，征求意见，并向我索序。我正有事赴外地，来不及仔细读，回来后也未能通读，只抽阅了部分章节；我感到这部书稿保存了原来学位论文的优点，又有提高，规模更大，有更多具有学术价值的新见。说它是这些年来甲骨语法研究中的重要成果，是我们断代语法研究的重要成果，绝非虚言。我想，它必将对今后甲骨语法研究、断代语法研究产生应有的影响。姑且就算作序吧！

癸未秋于北京海淀蓝旗营

杨著由花城出版社 2003 年出版

《严子琪篆刻集》序

篆刻是中国特有的艺术形式,它与书法同源;上承甲骨、金文,是汉字古代书法的重要载体之一。战国古玺,反映了我国古代玺印艺术的早期成就;秦玺汉印,虽仍专施于实用,委之工匠,但技艺日进,形成古代篆刻艺术的第一个辉煌时期。宋元以降,文人学士逐渐培植起篆刻情趣,明代文彭更将篆刻与书画融合形成一门艺术,开流派篆刻之始。清代印坛流派纷呈,远追秦汉之古朴,近矫元末明初之芜杂,形成篆刻艺术的第二个辉煌时期。近代浙人吴昌硕、湘人齐白石兼收明清各家之长,归本秦汉玺印、碑刻之精髓,成南北篆刻艺术之一代宗师。

挚友湘潭严子琪,1995 年甫届花甲,即力辞领导职务,专事教学科研,并以刻印自娱,稍后更潜心篆刻艺术。子琪少好书法,练习有素;长研文学,深具审美功底。基础加悟性和韧性,很快就得窥篆刻之堂奥。子琪治印,以书为师,以名家印谱为范,凡符合他的审美要求的,他都从而学之。他学秦汉古风,学吴让之、赵之谦、吴昌硕、齐白石之神髓,并能学古出新,逐步形成自己的印风。八年之间刻印一千多方,散见于国内各家报刊者两百多方,成绩粲然。

文如其人,印如其人。子琪 1963 年毕业于北京大学中文系,留校任教文艺理论,我们虽然同在一个系却因专业有异而接触不多。1966 年"文革"动乱开始,我们在一起经风雨、迎浊浪,凭着良知而对极"左"的言行、事物有所不满和抗拒,朝夕相处,遂成莫逆。1970 年我下放江西鲤鱼洲"五七"干校,子琪调回老家湘潭,任职湘潭师专。此后我们虽然南北分隔几千里,但是声气相通,友谊弥增。1974年我出差湖南,子琪当时任职省教育厅,犹记我路过长沙访子琪的情景,两人抵足而眠,彻夜长谈,批"四人帮",议论国事,忧心如焚。子琪和我都是湘人,屈子对腐败政治的愤恨和忧国爱民的情操,湖湘学派经世致用的学风,船山先生的笃学特行,都对我们起着某种潜移默化的作用。子琪肯于任事,刚健方正,淳朴敦厚,长期担任教育领导职务,尽职尽责,颇多建树。子琪卸任后治印,他的思想、人品自然要体现在他的篆刻艺术中。他治印甘于淡泊,以养心、明志、审美为旨趣,无其他功利目的;他重创作过程,赏金声玉振之美,肯定自己在治印过程中的本质力量;他治印形式和内容并重,很强调形式为内容服务,以印作直面社会人生,赋艺术语言以思想教育意义和时代色彩,每治一印都不忘为精神文明建设服务。

一般搞美学的人不懂篆刻审美,搞篆刻的人不懂美学理论。子琪原来是搞文艺学和美学的,晚年又研究篆刻,他以马克思关于人的本质力量对象化的美学基本原理为指导,撰写了《篆刻审美摭谈》,材料翔实,言之有物,颇有新意,实乃篆刻审美不可多得之津梁。

现在子琪印作精品与《篆刻审美摭谈》结集出版,他将有关资料寄我,向我索序。我于篆刻完全外行,但是相交已经四十年,忝为至交,老友出版著作,高兴之极,岂能已于言,写上一些个人的感受,表达我的喜悦和祝贺,也就算作序吧。

　　　　　　　　　　　2003年7月26日于北京燕园

严集由作家出版社2003年出版

《〈马氏文通〉研究》序

《马氏文通》是我国第一部完整、系统的汉语语法著作,它不但开辟了我国语法学的新纪元,也标志着中国现代语言学的开始。它在19世纪末出版后,立即受到学术界的重视和推崇,数年之间出现了多种版本和翻刻本,甚至还有"东洋版";梁启超、黄侃等都对它多所赞许。到了"五四"时期,由于提倡白话文,国语文法兴起,加以英语语法的影响颇盛,对《文通》渐有质疑批评。杨树达先生先有《马氏文通刊误》,后有《高等国文法》,三四十年代有取代《文通》之势。在20世纪三四十年代的文法革新大潮中,《马氏文通》总被人诟病为模仿拉丁语法,只有何容的《中国文法论》对《马氏文通》作了较为细致、中肯的评述。

20世纪50年代章锡琛出版了《马氏文通校注》,他也许是没有找到1898年商务印书馆最初的线装本,才不得不把1904年商务印书馆大字洋装初版本作为底本,不免有些可惜;因为正如何容指出的,20世纪40年代以前《马氏文通》有过多种版本,印过几十次,越后的版本错误越多,洋装本是不如线装本的。但是《校注》用作底本的洋装初版本,是早期较好的一个本子,也很不容易找到了;经过校注者认真"检对原书",详加校勘,收集评注,添加标点,确实是为后人保存了一个较好的版本,不愧为马氏的功臣。这时吕叔湘先生在北京大学开设了《马氏文通》课,采取评点、启发的方式引导学生阅读《马氏文通》。王力先生也在《中国语言学史》中对《马氏文通》作出了中肯的分析、正确的评价。这些都对恢复《马氏文通》在学术发展中应有的地位起了好作用,在当时极"左"

思潮泛滥的情况下无疑是很难得的。经过十年动乱，20 世纪 80 年代迎来了学术的春天，《马氏文通》的研究也获得了空前的重视。研究队伍不断扩大，不少高校开设了《马氏文通》课程；研究内容不断深入，成果丰硕。其较著者如：孙玄常的《〈马氏文通〉札记》、张万起的《〈马氏文通〉研究资料》、吕叔湘和王海棻的《〈马氏文通〉读本》、王海棻的《〈马氏文通〉与中国语法学》、蒋文野的《马建忠编年事辑》等。

北京大学从 1978 年开始招收汉语史研究生，我们就把《马氏文通》研读作为四门必修课之一，采取提问、评点、讨论的教学方式。不仅着重探讨《马氏文通》的学术渊源、语法体系，同时也注意了解马建忠的生平、思想。我们认为：研究学术，当然首先是学术本身，但是也不能见物不见人。对学术的彻底了解，必须知人知世。多年来的语言学研究，我们以为是有些见物不见人的。因而直到八九十年代，语言学界不仅对《马氏文通》的评价分歧很大，就是作者是谁也有争议，生卒年月、出国留学时间也都说法不一。马建忠何许人也，知者甚少，说者也甚少。幸好北京大学的图书馆藏书甚丰，不但有《马氏文通》的初版线装本，也有马建忠《适可斋记言》《适可斋记行》的线装初版本；与马建忠有关的资料也不难找到。我们一直是联系马建忠来研读《马氏文通》的。

绍年 20 世纪 70 年代就读于北京大学，好学深思，能出己见。90 年代末担任《马氏文通》研读的教学任务，认真钻研，颇多心得。现在他将自己在这方面的多年研究成果，撰成《〈马氏文通〉研究》，我有幸先睹，读完之后，深感这是一本用功甚勤而又认识正确的著作。作者说（第十章）："我们不能凭借站在前人肩膀上取得的成就去否定前人，而应该着重理解前人和今人之间的联系。"又说（《结束语》）："我们今天重读《文通》，不是要把它当作古董欣赏、把玩，而是要站在今天的高度，去探寻经典与当代学术形态的契合点,或曰当代学术形态的原始形态,自觉地把握历史与现实的联系,从而更深刻地理解和把握现实。"作者的这一正确认识保证了他不致迷信自己,成为妄人。这样就不会读不懂《广韵》,却要冒充音韵大家,任意胡诌乱侃而不自知;更不会读不懂《广雅疏证》,却妄想把中国传统语言学一笔勾销,趾高气扬地要来指点中国语言学的江山。作者一反这些妄人的作为。他踏踏实实地读懂了《马氏文通》,也踏踏实实地了解了马建忠;先读懂,先把作者弄清楚,又能抱着尊重前人但不迷信前人的态度,再来评论它的是非优劣,自然能得肯綮,作出中肯而非浮泛的分析评议。我认为:虽然不见得它的所有分析和观点都十分妥帖,都能被人接受,也不见得它分析得十分全面;但是它确实是能从汉语语法研究达到的新高度出发,多视角来分析所讨论的语法现象的,富有启发和参考价值。它无疑堪称新意迭出,是研究《马氏文通》的新成果之一。

　　绍年在写作前就同我说过,书写出来以后,希望我能写篇序。现在书写成了,我是满意的,高兴写下了以上这些话,就算是序吧!

2003 年 4 月 8 日于蓝旗营寓所

宋著由北京大学出版社 2004 年出版

《出土战国文献语法研究》序

王国维首创以出土的甲骨刻辞来论证古史的方法,称为"二重证据法",即以地下出土的资料来验证传世的文献资料,为史学另开生面,成为"新史学的开端"(郭沫若语)。出土古文字资料对古汉语研究的重要性,更是无庸置疑的。传世文献经过几千年传抄、翻刻,"鲁鱼亥豕"之误,在所难免,因而某些语言现象的时代断定,结论难下;出土文献不会羼入后代的语言现象,时代比较确定,结合传世文献,对某些语言现象的时代断定,更具有语料上"二重证据法"的作用。

甲骨文的出土拓展了古文字研究的疆宇,同时也拓展了古汉语研究的疆宇。我们知道:甲骨文的考释也就是对古汉语词义的研究,20世纪20年代就有人尝试利用甲骨、金文来研究古汉语虚词及其他语法现象,50年代更有比较系统地利用古文字资料研究古汉语语法的著作,例如管燮初的《殷虚甲骨刻辞的语法研究》、陈梦家的《殷虚卜辞综述》第三章《文法》。这是古汉语研究随着古文字研究的开展而开展的实例。但是总的说来,不能不承认,60年代以前古汉语研究中确实存在着一些忽视古文字资料的倾向。

解放后,特别是70年代以来出土了大量的战国时期的简牍、帛书,学术界掀起了研究战国文字的高潮,利用这些出土文献来研究战国时期语言的论著也时有发表。周守晋1998年来北京大学攻读博士学位,入学不久,就提出自己的学位论文想研究出土战国文献的语法。这个选题当然是很有意义的,但是难度也相当高,当时我未置可否。经过一年的教学接触,并正式交换论文选题意见后，我感到作者对战国文献已经有相当了解，专业基础也较好，于是同意了他的选题。

守晋原来的基础较好，攻读博士学位阶段，学习勤奋，基础理论和专业知识都有显著提高。在准备博士论文过程中，不仅考察了十多种出土战国文献，而且能上探甲骨金文，下联汉简，并与传世的文献作比较。掌握的文献资料相当丰富，收集的材料翔实可信。在理论方法上，作者首先接受了吕叔湘先生《中国文法要略》的"表达论"的观点，从表达的角度选取了"时间表达、连接成分、否定形式"三方面来观察出土战国文献的语法特点。这样就避免了泛谈和零散的毛病。在具体研究中能比较自觉地采用现代语言学的理论方法，重视语法的系统性，注意语法结构的地域差异和时间因素，充分运用比较和统计的方法；因而得出的结论，一般是可信的。总的来看，80年代以来中外研究出土战国文献语法所发表的论著，大都内容比较零散，结论的作出往往也只根据个别或少数的出土战国文献；本文的作者学风朴实，对出土战国文献下了很大工夫，掌握的材料比较全面、系统，立论的根据扎实，考证细致，因而论文的广度、深度都超出这方面已有的一般著作。在论文答辩中，获得一致好评，被认为"是一篇功底扎实的论文"。应该说：这篇论文在研究出土战国文献语法的著作中是具有一定代表性的，它对先秦语法研究无疑也具有参考价值。

守晋毕业后，在北京大学对外汉语教育学院从事教学，任务很重，仍然不忘古汉语语法研究，挤时间做些研究，陆续有新作发表。但是一二十万字的博士论文，尽管比较优秀，在以利润为准绳的市场经济的大潮冲击下，却不易找到发表园地，压在抽屉里快四年了。去年总算获得了北京市的社会科学出版基金，终于有了出版机会。出版社启动了出版程序，守晋正远赴英伦作教学研究，来电报喜，并且索序。我为此很高兴，写了以上一些话，就算是序吧！

2005 年 1 月 20 日于北京寓所

周著由北京大学出版社 2005 年出版

《音韵学方法论讨论集》序

众所周知,五四运动加快了西学东渐的步伐,中国语言学接受西方语言理论的影响已表现很明显,在音韵学领域高本汉的学说也传入了学术界。1923年汪荣宝受俄国学者钢和泰《音译梵书和中国古音》一文的影响,用译音对勘法来研究汉语音韵,发表了《歌戈鱼虞模古读考》,于是在中国语言学界激起了一场辩论。这是一场音韵学研究方法的辩论,极大地推动了此后汉语音韵学的发展和现代化。杨树达先生曾将讨论文章编辑成册,为查阅参考者提供了很大方便。

到了本世纪初,古音学研究又发生了一场辩论。起因是2001年12月8日梅祖麟在香港语言学会年会上发表了《有中国特色的汉语历史音韵学》演讲,集中攻击了王力先生和王念孙,还扫荡了乾嘉学派、章黄学派及其"旁支别流",海峡两岸的不少学者都被点了名。稿子贴到了北京大学中文系的网站上,不仅因为它对王力先生的无理攻击,即便是明辨学术是非,我都不得不做出回应。2002年6月27日我在纪念《中国语文》创刊五十周年学术研讨会上做了发言,题目是《历史音韵学研究中的几个问题——驳梅祖麟在香港语言学会年会上的讲话》,从而引发了在海峡两岸联合进行的一场学术辩论。

辩论的问题表面是:(1)上古汉语有没有复辅音?(2)王念孙的"一声之转"是否能用来研究同源词?(3)研究上古音要不要利用汉藏语比较材料?(4)怎样做汉藏语比较?王力先生的古音系统能否用来做汉藏语比较?然而实质上是要不要继承中国语言学

自己的传统和如何吸收西方(主要是美国)语言学的问题,也涉及学风和治学态度。

中国和西方有各自的语言学传统。研究中国的语言文字,研究汉语的历史音韵,居然有人全面否定中国语言学自己的传统,把文献资料视如敝屣,把对文献资料的考证研究看作保守,这种言论主张对中国历史音韵学的发展是有利呢? 还是有害? 这应该是很清楚的。

至于在汉语历史音韵学研究中要吸收西方的历史比较法,这是"五四"以来的共识;王力先生是这方面的积极提倡者,更是最主要和最佳的实践者之一。但是学习西方语言学,重要的是学习他们的理论方法,用来指导我们的汉语研究,而不是邯郸学步,套用他们的研究成果。因此,从高本汉起就是把历史比较法和历史文献考证法结合起来应用,而不是生搬硬套地死守西方的理论方法。

说到汉语历史音韵研究同汉藏语比较的关系问题,这同对待历史比较法是两码事。汉藏语系是上个世纪30年代由李方桂先生根据语言类型学的条件首先做出论证的假设,却被某些人当作无须证明的大前提来要求上古音《诗经》音系与它接轨,这恐怕是过于主观武断吧。怎样做汉藏语比较,双方自然存在原则分歧。我在答辩的文章中表示完全赞同张琨先生、俞敏先生的看法和李方桂先生在《上古音研究》中的意见;并把梅氏及其同道所错定的汉藏语同源词进行了分析批评,归结为"音隔、义隔、类隔"三种错误类型。于是又出现了一种托词:"你否定了一百,我还有两百是对的,还是我有理。"

现在《李方桂先生口述史》已经出版(清华大学出版社2003),李先生在《口述史》中说:"这些语言(指汉藏语)是否有系属关系至今还是问题"(104页)。"我只想知道这门语言的面貌如何,是否把它与别的语言联系起来,那是最次要的问题"(108页)。李先生认为白保罗进行汉藏语同源研究的方式是完全错误的,他说:"我认为那不能称之为方法论,根本不能成其为方法论。""我认为他(指白保罗,下同)的方法论让人误入歧途"(93页)。"他使用所有的词典,从中抽出许多词汇来,编出了他那本书(指《汉藏语言概论》)"。"把许多东西拼凑在一起,不管对错"(94页)。"我以为所有此类构拟纯属胡闹"(95页)。他还挖苦亦步亦趋跟着白保罗依靠双语词典做汉藏语同源研究的人,说道:"既然本尼迪克特(白保罗)这样构拟,好吧,这就是圣经,这太可悲了"(95页)。我们从来不反对汉藏语比较研究,反对的是李先生所批评的"构拟纯属胡闹"的"汉藏语比较研究"。现在有些搞汉藏语比较的人,不正是打着李先生的大旗,做着李先生反对的事情吗?这恐怕不太合适吧?

辩论已经延续五年,海峡两岸及华裔美籍学者参加辩论者已达数十人,发表的论文已经有数十篇,海峡两岸不少同行都对我说,应该编辑出版这次讨论的文集。我想,真理越辩越明,将双方论文,汇集成册,不无好处。一则方便查阅,是非曲直,任世人评说;二则留个记录,经验教训,有后人记取。是为序。

2006年10月22日于京郊守拙居

讨论集由商务印书馆2009年出版

《静霞轩诗词集》序

中国是诗的国度,古典诗词是中华文化的瑰宝。"五四"以后虽然新诗取代了古典诗词在文坛的地位,但是古体诗词形式仍是不少人吟哦自遣、抒情言志的工具。从文豪鲁迅、郭沫若到政治领袖毛泽东、朱德都有不少篇什传世。上个世纪 80 年代以后,清算了"四人帮"的罪行和谬论,对长期实行的极"左"路线也有一定批判,人们身上的精神枷锁少了一些。于是不少老干部、老知识分子退休后就浸淫于吟诗填词中,纷纷组织诗词学社,出版诗词书刊。这成了二三十年以来文化大潮中的景观之一。

姐夫易浴云,字静霞,1919 年农历 6 月 22 日生,湖南涟源人。幼承家学,读经史,好诗词;后入师范,明音韵,知格律。1943 年湖南第一师范学校毕业后,从事教育工作,闲暇喜为诗词,尊王士禛的神韵说和袁枚的性灵说。50 年代畅游大江南北,写了很多歌咏山水名胜的诗词;十多年的诗作,积稿多达千馀首。1958 年受"反右"之害,被迫劳改二十年,诗作也大多付之一炬。1979 年拨乱反正,静霞翁得到平反,以花甲之年焕发青春,教课办学,积极性超过中青年;不仅为教育事业多作贡献十几年,培养了四五千有用人才。而且恢复了诗词写作,成为诗社、词坛的活跃人物,二十年间又创作诗词一千七百多首。

古典诗词体裁众多,都有自己的格律,格律是古典诗词发展过程中长期艺术加工的结晶。但是多年来各地的诗词出版物,刊登的古体诗词,不守格律的现象,相当严重。应该知道,不守格律就失去了古体诗词的本性。这是很不妥当的。我们读静霞轩诗词,不难发现,作者是严守格律的,并遵用平水韵、词韵,用词造句也颇得体,足见他在这方面根底深厚。在内容方面,静霞轩诗词更表现了热爱祖国、关心时政和人民疾苦、歌颂中华民族悠久历史和大好河山的情愫。例如他1938年所写的《铁血》:"芦沟炮火迷中国,对泣新亭刻未安。华胄岂甘沦异虏,欲凭铁血挽狂澜。"这是一个不满二十岁的青年喷洒出的抗日怒火,"欲凭铁血挽狂澜",多么坚定的救国决心啊。又如他90年代所写的《水调歌头·迎香港回归》,高歌:"渴望迎'七一',宝岛庆珠还。五星花蕊飘荡,直欲上云端。标志中华鼎盛,洗去百年耻辱,今日得开颜。"这是对祖国统一里程碑香港回归的热情歌颂。又欢呼:"改革超前例,到处现斑斓。""斗柄转,沧桑变,换人间。"这是一个耄耋老人对拨乱反正、改革开放新局面的高度肯定。"'九五'开新运,飞度两千年。"则是对祖国繁荣昌盛的欣喜期待和衷心祝愿。这无疑是一首情文并茂的爱国诗词。静霞轩诗词有许多怀念革命前辈和革命烈士的篇什,不少写得很深沉而有力度,例如《纪念彭大将军诞辰百周年》七绝二首:"百战沙场歼劲旅,万言书上献丹忱。多情惟有庐山月,曾照孤忠一片心。""总揽戎机百万军,为民请命气如焚。临危不惜头颅贵,留得清声万古闻。"再如七律《怀念胡耀邦》:"群芳劫后病中过,难得东风寄意多。只为早春寒尚重,还期圣火热相和。杨枝洒去濡甘露,铁树迎来发嫩柯。赢得芳华沃大地,长怀时雨润山河。"作者对彭大将军的刚正和胡耀邦的平反冤假错案作了高度赞扬。"多情惟有庐山月","留得清声万古闻";"赢得芳华沃大地,长怀时雨润山河"。这是表达了多么深情的怀念啊。作者对邓小平同志的怀念更加深切,为此写有诗词近二十首(七绝13,七律2,词4)。其中《邓小平光辉的历程》组诗七绝十二首,热情歌颂了邓小平的一生,其五《十年危艰》云:"一片丹心昭日月,几翻蒙垢苦贤良。真金不怕无情火,九转炉中百炼钢。"是对"文革"中邓小平遭受磨难、坚持正确路线的赞誉。七律《怀念邓小平同志》则是对他一生的概括评论和深情怀念："一出家门不复归,天涯求索入精微。拼将心血酬华胄,欲整乾坤震国威。征战治平七十载,安危起落几重围。待看香港朝宗日,竟向长空化鹤飞。"诗的前六句,描述了邓小平从赴法留学,献身革命,到整顿"乾坤震国威"的一生,歌颂了邓小平功高盖世的革命业绩。后两句"待看香港朝宗日,竟向长空化鹤飞"表达了作者的深情怀念。静霞轩诗词更多的是写山水名胜,是写亲情友谊,是咏史怀古,是咏物言志;大都具有真情实感,语言也清新朴实,很少矫揉造作。因此,各地诗社、诗刊多给予他很高奖誉。

　　2007 年静霞翁米寿高龄,意欲收集诗稿印行,讵料于 7 月 30 日遽归道山。遗言文稿由女儿漱玉整理出版,并嘱我作序。现在《静霞轩诗词集》文稿初具规模,我匆匆读了部分稿件,写了以上一些话,以应长者之命,也就算作序吧。

2008 年 7 月 15 日于京郊蓝旗营

附　录

传承薪火，砥柱中流
——中文系郭锡良教授访谈录

采访时间：2012 年 6 月 1 日（记者：郭九苓、郑玉婷）

郭锡良教授解放前出生于江南农村，父辈勤劳致富，诗礼传家，郭老师从小受到传统的启蒙教育。解放后，郭老师先后就读于湖南大学、武汉大学、北京大学，并师从著名语言学家王力先生，在教书育人、著书治学上得到了大师的耳提面命。在近年来浮躁的学术风气中，郭老师坚持严谨求真的学术精神，为中青年学者树立了榜样。

一、湖湘农村出生，传承诗书家教

记者：首先非常感谢郭老师对我们工作的支持。您出生于 1930 年，那是一个动荡的年代，您还记得幼年时的情况吗？

郭老师：你们虽然对这段历史也了解一些，但是难免会有一些隔膜。近现代中国战乱不断，我这一辈子相当长时间都是处在社会动荡的时期，包括"文革"。20 世纪世界发生了巨大变化，中国更甚；晚清就有维新变法、洋务运动等，但是 20 世纪上半个世纪在中国广袤的农村，人们依然延续着两千多年以来的传统生活，耕种所用的犁耙还是汉代发明的原始农具。对比今天，真是难以想象。

1930 年农历八月初一我出生在洞庭湖中一个围湖造田的垸子，名叫湖南湘阴县锡安乡同丰垸（今属沅江县）。20 世纪初叶洞庭湖出现了围湖造田的高潮。父亲郭宗泰旧制中学毕业，原是小职员,20 年代参加了同丰垸的围湖造田,分得了一份土地。初开发的湖田很肥,稻谷收成很好;父亲就开碓房、养猪,将稻谷碾成米,再租一条民船,把大米和肥猪运到两百多里以外的长沙去卖掉。然后从长沙又贩运草籽(绿肥)和日用品回来出卖。这样就发了家。抗日战争爆发,生意不好做,加上洞庭湖风浪大,时常翻船;以此抗战初父亲就不再做生意,而是担任了同丰垸堤务东局的主任,负责汛期大堤的防护和冬季的加修工作,还兼任当地的小学校长。

记者:您小时候的家庭教育是怎样的呢?

郭老师:这就要谈到我祖父了。我祖父名叫郭光璧,是清末的补廪秀才,辛亥革命后,又上了湖南第一师范,跟何叔衡同班(师范科第二班)。我是长孙,深得祖父母喜爱,四岁多就跟祖父母一起生活。

传统教孩子的办法是强调背诵。过去真正上了私塾的读书人,比如中文系比我年龄大的那些老先生,"四书五经"他们都是倒背如流。像杨树达,他不止"四书五经"能背,连《汉书》都能背;陈寅恪,魏晋南北朝的《南史》《北史》都能背。陈寅恪到了老年后,眼睛瞎了看不见,由助手念书给他听;据说,有次他听着听着就说:"这个,错了,你查《南史》某一册。"连多少页的哪一行都指了出来。

祖父从我四岁多起,就教我念《三字经》,之后又教我《五字鉴》。《五字鉴》是本历史书籍,和《三字经》《千字文》一样是押韵的,便于背诵。由于我年纪还小,五个字一句我都念不好,祖父就把它改成了"四字鉴"。正因为我祖父上过第一师范,他并不采用农村那种"三百千千"(即《三字经》《百家姓》《千字文》《千家诗》)的教学路子,而是很重视文史教育。教完"四字鉴"后,就教我《左传》。《左传》以后,又教了《幼学琼林》。《幼学琼林》教完本来还准备教我《东莱博议》，但刚开了个头，祖父就病倒去世了。这是1939年农历三月，祖父刚满七十岁。

记者：您是什么时候上的学呢？

郭老师：在跟祖父读古书时，我念过一个学期初小。祖父去世后，1940年春天，我们全家扶枢回到祖籍衡山安葬。暑假我读了几个礼拜的补习，就去考高小。语文没问题，算术比较差，不过还是考起了衡山后山的廖氏龙溪高级小学。当时高小的平时考试很多，数学每周都有考试，记得头一次数学周考是23分，大概到了第四个礼拜我就考了80几分，以后数学的考分都是八九十分以上。

我的中小学教育都是在战乱中度过的，为了躲避日本人的袭击，上课断断续续，有的时候学校还停办，只能呆在边僻的家中。我们对日本人的厌恶是你们无法体会的。那时经常听到熟人被日本鬼子打死。我初中一年级的一个女同学就是被日本鬼子强奸、杀死的。我在高小、中学都换过几个学校。在学校我学习不是很努力的，但成绩还过得去。我中学的成绩，数学比较突出，英文作文比赛也得过奖，因此后来考大学就想报考理工科。

二、师从名师受益一生，扎实搞好教材教学

记者：那您后来怎么选择学习中文的呢？

郭老师：我1949年冬天高中毕业，湖南已经和平解放；1950年上半年在家种了半年田，准备暑假考大学。父亲年纪大了，我为长子，他想让我留在家里；但是母亲支持我考大学。1950年7月我带了一点换洗衣服就到了长沙，先考的是华北十七所院校的联合招生，记得第一志愿是清华的电机系，结果没有考取。1949年湖南和平解放，社会动荡，高中三年级的课程基本上没有学。接着又考了两所院校，其中一所是湖南大学，另一所是湖南农学院。当时的想法是，高三的课没有好好上，如果还考理工怕考不取，那就没

有退路了,所以就报考了湖南大学中文系。两个学校都录取了,我不想学农,就进了湖南大学。上大学第一年我还继续在复习数理化,准备第二年再考理工;但是经过一年班主任及其他老师的教育,我改变了主意,学中文就学中文吧。到了二年级,听了系主任谭丕模的中国文学史,我对文学产生了兴趣。谭老师跟我讲:"做学问必须广博才能专深。就像挖井,你挖一个碗大的口,是挖不成一眼井的,只有井口挖得大,才能挖成一口井。"我就把当时现代作家的作品,民间文学、外国文学等都看了些,还有文艺理论方面的书也看了不少。

三年级赶上全国院系调整,1953 年 10 月我就到了武汉大学。1954 年暑假武大毕业,被保送到北京大学当语言学研究生。当时我心里还不太舒服,因为我本来是想要搞文学的;要服从组织分配,只好学语言。

记者:您到北大中文系后是什么情况?

郭老师:我的导师是王力先生,他是从中山大学调过来的。为了创建一门新学科"汉语史",并加强北大语言学师资队伍的力量,中央决定把他连同中山大学的语言学系调来北大。在北大设立了汉语专业、汉语教研室,由王先生担任汉语教研室主任,并招了五个汉语史研究生。汉语史研究生三个来自北大,两个来自武汉大学。

王力先生是 20 世纪中国语言学的领头人物,他对新中国语言学的发展起到了决定性的作用。他的旧学和新学根基同样深厚,很难找到同他比肩的。他为我们第一届汉语史研究生写的讲义,后来就编成了《汉语史稿》,这是汉语研究过程中跨时代的作品。

王力先生讲课条理非常清晰,把他上课的话记下来几乎就是一篇完整的文章。王力先生为我们几个汉语史研究生特别讲了一门课"我是怎样写汉语史讲义的",他不仅讲知识,还给我们讲他怎么备课,怎么利用参考资料,怎么做总结。他还让我们提意见,我是好提意见的,有时提得不对,经他一驳,就让我提高了一大步。

记者:毕业以后您开始做什么工作呢?

郭老师:1958年暑假研究生毕业,下半年我就给周有光先生当助教,那时他来北大讲"汉字改革概论";1959年上半年又给李荣先生的《广韵》研究课当助教,下半年到1960年暑假则是给王力先生新开的古代汉语课做助教。1960年下半年跟唐作藩两人给56级语言班开汉语史课,我讲完"绪论",唐作藩只讲了一两堂语音史,学生就提出要自编"汉语史"。当时学生编书成了潮流,系里表示同意,要我们做指导。进行不久,我不同意学生过分否定公认的前人成果,发生了矛盾,被学生强迫开会"辩论";只得决定不再管他们的编写,正好利用时间继续编写汉语史讲稿。

1961年中央决定编写文科教材,由周扬一手抓,刘少奇、周总理、邓小平都讲了话。这是七千人大会之后,对当时的极"左"路线有一定的批判。3月份在前门饭店召开的文科教材编写预备会议上(专门讨论中文系的教学计划和教材编写计划),周扬很技巧地批评了当时学术界的两个极"左"口号,一个是"以论带史",一个是"厚今薄古"。他说:"以论带史"当然是对的,但是"论"还是要从实际出发,不能只讲空话大话,要理论结合实际嘛。又说:"厚今薄古"也不错,古为今用嘛;但是"今"不到一百年,"古"则有几千年,总不能不到一百年的"今"还超过几千年的"古"嘛。所以在中文系的教学计划中,就把现代文学的课程和学时削减了不少,却增加了不少古典文学的课程和学时。

古代汉语更被定为重点课,教学计划提出了要开两年半(4-4-4-4-2),目的就是培养阅读古书的能力。周扬还直接点了由王力先生来主编这门课的教材。我参加了文科教材编写计划会议的全过程。正式大会是4月在北京饭店召开的(讨论文科七个系的教材编写计划),会后成立文科教材办公室,分成中文、历史、哲学、经济、政治、法律、外文七个编审组。中文编审组的组长是冯至先生,我是秘书。中文组要编的教材有:中国古代文学史、中国现代文学史、文艺理论、中国古代文学作品选、古代汉语、现代汉语、语言学概论等七门课程。文科教材的编写成员从全国高校和科研机构调集,由中央下命令,任何单位必须立即放行,5月立即集中到中央党校和北京大学的专家招待所。编写成员要求全力编写教材,编写期间不放假。

　　古代汉语教材的编写是以王力先生在北大编写的古代汉语讲义作为基础,再由王力先生拟订出一个详细的编写提纲,编写组成员根据提纲分工编写。编写组由老中青三结合,两老(王力、萧璋)两中(刘益之、马汉麟)五青(吉常宏、祝敏彻、郭锡良、赵克勤、许嘉璐)共九人。我们按照王力先生的要求,全力以赴,每天工作十小时以上,星期天都加班加点。工作程序是:先搜集材料,写出初稿,经全组传阅,把意见写成标签贴上。然后王力先生召开会议,进行讨论。会上大家意见分歧,王先生都进行了耐心的解答或解释,最后由他下结论。这样共用了一年多时间,1962年7月写出了《古代汉语》教材上册,分成两分册出版。这一编写过程,不但较出色地完成了教材编写,而且对我们中青年教师学术水平的提高也非常有益。一年多下来讨论了那么多不同意见,听到了那么多王力先生的中肯结论。怎样分析意见,怎样下结论,这是我们在王先生那里得益最深之处。从参加这次教材编写,我真正体会到做学问是要花功夫的。一篇文章一首诗你必须真正读懂,要真正读懂必须查阅很多东西,才能注释精当。一节通论,要查阅的资料更多,更要反复推敲,才能得出站得住脚的结论,写成精要的教材通论。

　　1962年暑假,编写人员已经集中一年多,各高校教学任务紧张,不断提出调回编写人员的要求。王力先生也被北大任命为中文系副主任,要负责语言方面的教学计划的调整,还要开新课;下册的编写,他就关注得少一些。其他成员,有些也在完成本人的编写任务后,陆续回到原单位。最后由马汉麟先生和我整理好全稿,送王先生审定。这时已经到了 1963 年底,又花了一年半时间。1964 年分成两分册出版。这部教材 80 年代经过修订,1987 年获得全国首届高校优秀教材特等奖。

"文革"中招收了工农兵学员,系里让我负责古代汉语教学小组,当时王力先生主编的《古代汉语》当然无法采用,我只得利用它匆忙地挑选一些文选篇目改头换面地凑成一本古代文选,对付了一两届学员的迫切要求。1975 年我提出要为学员编写古代汉语教材,招收了一个五人的古汉语进修班。然后借当时"开门办学"的名义,把进修班和教学小组拉到校外,脱离了军工宣队的束缚;带着进修生花了将近一年时间,编出了一本《古代汉语》上册。1976 年"四人帮"倒台,高校恢复招生,古汉语教材的编写更成了古代汉语教研室的迫切任务。动乱刚结束,不少人的积极性还没调动起来,更有人还一肚子气,我只得团结教研室成员,自己尽量多做点,一心扑在教学和教材编写上。没日没夜沉浸在教材的编写和审稿、改稿中,由我主持编写的《古代汉语》中、下册,总算在1979 年全部脱稿,交给北京出版社于 1981 年出版(现在由商务印书馆出版)。这部教材也获得了全国首届高校优秀教材一等奖。两部教材至今都已发行两百多万部,王本的通论部分被译成了日文,郭本的常识部分被译成了朝鲜文。

讲到这里,不得不使我想起 1985 年申报教授的时候,有人因人事关系,以我只有教材,没有专著,体现不出研究水平作梗。当时我当然是不服气的,心里想,不是有人连教材也写不好,照样当教授吗?至于专著,现在很多专著平淡无奇,有的还根本是垃圾,跟好的教材没法比。一部好的教材在教书育人方面的影响也是专著达不到的。

记者：在与王力先生一同编写教材时,您还有教学任务?

郭老师：对。我那个时期十二点以前没有睡过觉。有一次为了讲课,我通宵写讲稿,到了早上七点要上课了,才骑车赶到小饭厅买一个馒头就到一教上课。还有"文革"刚过去,不少教师的积极性没有调动起来,高校正式恢复招生,中文系很快又招了回炉班、研究生;教课的人少,我不得不一个学期开两三门课,有一学期甚至开了四门课。

三、严格要求学风端正,清醒对待学术论争

记者：您在教学中是怎么要求学生的?

郭老师：我要求学生对古籍必须读懂,说起来容易,做起来就难了。首先要把基础打好,要读哪些书,首先应该是《论语》《孟子》《左传》。我回想自己在祖父的教育下背过《左传》的经历,这最主要的作用是培养了我对古文的语感。现在的学生没有传统教育的古文基础,要到大学来培养语感,所以就必须多读。该精读的著作要精读,不能囫囵吞枣;有些著作只要翻一翻看一看,看看前言后记,知道有这样一本书,并且对这本书的质量做出判断。另外,要掌握研究信息,语言学方面全国的重要刊物,一些重要的文章你要有所了解。对全国语言学界有一定影响的学人,不但要知道他发表过什么文章,还要知道他的学术渊源,他的研究特长与不足,做到心里有数。

记者：您觉得对做学问来讲,哪些方面比较重要?

郭老师：戴震是清代继顾炎武之后的一位大学者,他不仅是国学方面的大师,对天文、地理、数学也都有所研究。他讲治学有三难——"淹博难、识断难、精审难"。淹博是说做学问必须要广博,

充分占有材料。但只是渊博没有识断那就是字纸篓,哪个有用哪个没用,你必须要有个判断。至于精审难,这个是表达问题,是你读了学了以后,写东西不是乱七八糟的都搞进来,也不是把一桶水全倒出去,要有选择,要根据不同的问题,舀一勺需要的。王力先生给我们汉语史研究生特别开的那门课,就是解决识断难的问题。

　　记者:那么识断能力怎么培养呢?

　　郭老师:读书要多思考,不是人家讲什么你就信什么,人家为什么这么讲,信与不信都要搞清楚。现在有些人根本没有把人家的东西读懂就敢妄自品评,这样是很不好的。做学问必须先把人家的论著读懂之后,然后回过头来说我们应该怎么看,联系今天的需要来发议论。我写过几篇小文章,以《望天门山》为例:"天门中断楚江开,碧水东流至此回。两岸青山相对出,孤帆一片日边来。"有些搞文学的先生并没有读懂,但是他可以讲得头头是道。有人理解为:李白是站在一个岩石上,望着那座山,一条船从江面上开过来。这样理解似乎也说得通,实际却是望文生义,根本不是李白当时写诗的情景。其实,李白是坐着船顺流而下,早晨从九江出发,下午到了天门山,太阳正好运行到了早上帆船出发时的西南面。坐着船顺流而下,"两岸青山"才可能"相对出";站在岩石上只可能"相对望"了。"孤帆""日边来"还有一个隐含的意思是写他自己在京城不得意,离开长安,漫游齐鲁多年,刚回到南方。"日边"即指国都长安。我写了《李白在哪儿望天门山》,作了较详细的分析(见《汉语史论集》增补本 557—561 页)。读一个作品必须知人知世,起码得把作家的身世、作品表现的时间、地理方位搞清楚,否则只是借古人打自己的广告而已,不是做学问的态度。讲这些只是希望目前整个坏学风能变得好起来。

　　记者:这些年学术上确实存在非常浮躁的风气,标新立异之风盛行,严谨治学的精神反而受到挑战。

郭老师：是的。这十年来有所谓的梅郭之争，就是我与梅祖麟（美国康奈尔大学讲座教授、台湾"中研院"院士）等人在汉语古音学领域内的论战。我 2000 年退休后，本来想增订我的《汉字古音手册》。这时候梅祖麟发表一个讲话《有中国特色的汉语历史音韵学》，气势汹汹地批王念孙、批章黄学派、批王力先生，后来还把讲稿贴到了我们中文系的网站上。我一看就生气了，打上门来了，还能不应战？

我就写了《历史音韵学研究中的几个问题》，针锋相对地批驳了梅氏对王力先生的攻击，揭示了他的无知和武断；并指出了梅氏自己考察汉藏语比较中的错误，还分析了他吹捧潘悟云的不当。我的文章公布后，梅氏给我来了一封信，承认自己的讲话有错误，"妄言王先生不懂同声必同部更是不当"。但是却提出三个难题要我回答：(1) 一声之转是否能用来做同源词研究？(2) 怎样做汉藏语比较？(3) 王先生的上古音系统是否能用来做汉藏语比较？我不得不写了第二篇驳议文章《音韵问题答梅祖麟》：(1) 论证了梅氏攻击王念孙的《广雅疏证》和王力先生的词源研究的论点是错误的；(2) 陈述了双方对历史比较法和汉藏语比较的不同看法，指出了汉藏语比较中现存的普遍缺陷；(3) 论述了从高本汉到董同龢、陆志韦、王力、李方桂等五家影响最大的古音构拟系统都是使用传统的三种材料，而不用汉藏语比较材料，并介绍了五家系统的异同；同时批评了郑张尚芳、潘悟云六元音古音系统的荒诞。

这里应该指出，我的第一篇文章 2002 年发表后，很快形成了海峡两岸联合进行的一场古音学学术论争。今年 8 月刚去世的陈新雄先生（台湾声韵学会、训诂学会的创始人、前会长，章黄学派的传人，台湾师大名誉教授）组织、领导了台湾地区的古音论争。失去陈先生，我们悲痛莫名。去年陈先生病重赴医院手术前，坚持手书一首词作墨宝寄我，他肯定我在古音论争中"笔阵扫妖风，泻珠玑,目光皎皎",用"肝胆长相照"来描述我们的深厚学术情谊。这使我无限感激。初步统计:十年来梅氏及其信徒6人,发表论争文章9篇;批梅的两岸学者(包括一名华裔美籍学者)25人,发表文章33篇。2003年是论争的高潮阶段,各种刊物发表双方的文章14篇。2006年论争进入收官阶段,不断有学者建议把这次古音学国际大讨论的文章编成文集,编辑组发出征求作者本人授权书时,梅祖麟一方的作者都拒绝或不理睬。这说明他们恐怕也是自知理亏吧,于是我们只得在《编后记》中交待他们的文章题目和出处,请读者"查阅有关刊物"。

梅祖麟多少还有一点学者风度,我批了他以后,除了前面提到的,他写了一封信承认错误外,后来又在《从楚简"散(美)"字来看脂微两部的分野》中,承认自己"两次连带着董先生的《上古音表稿》来叙述王先生的功业,两次都不怎么成功";肯定王力先生"《上古韵母系统研究》里面的'脂微分部'之说在当时有继往开来两种作用"。这种评价与他原来批王先生的说法完全相反了。

最差劲的是潘悟云,首先,他早就给梅氏写过"劝进信",攻击中国语言学研究落后保守,乞求梅氏"对中国语言学""能够担负起领导责任",帮助"拨正研究方向"。这种奉承大概跟梅氏封他为主流音韵学家不无关系。其次,梅祖麟去美国时才十几岁,一个中学生,古文阅读水平低,可以理解;潘悟云这位搞古音研究的"博导",居然连《广韵》的注释都看不懂,实在太出人意料,也太煞风景了。我曾在《历史音韵学研究中的几个问题》中举了一个"雇"字为例,批评他犯了知识性错误。《广韵》的注释说得清清楚楚,作为鸟名的"雇"是读侯古切(今音hù)一个音,假借"为雇赁字"的"雇"才读另一音古暮切(今音gù);潘书却说什么"作为鸟名的'雇'原来是有两个读音的,反映古代两个不同的形态"。我在批评中,作了详细分析,揭示了他的阅读水平低下(见《音韵学方法论讨论集》23 页）。孙玉文更在《〈汉语历史音韵学·上古篇〉指误》中指出："发现本书《上古篇》错讹太多，初步核查，有 100 多处。"其中也有不少是"误读典籍例"（见《音韵学方法论讨论集》337—352 页）。第三，潘悟云学风坏。例如，他一种民族语言都没有掌握，却在《汉语历史音韵学》中敢用二十多种语言作比较来谈同源词，把南亚语、南岛语都拉了进来（245 页）。怎么拉进来呢？学习美国人白保罗，查看双语词典，看它的意义和声音，想方设法把它跟汉语凑上，就算是同源词。我对他们这种做法，最先还只好从"音隔"（声音对不上）、"义隔"（意义对不上）、"类隔"（把借词当作同源词）三方面，一个一个地分析他们是怎么错的，包括梅祖麟。后来《李方桂先生口述史》出版，批评白保罗靠双语词典搞汉藏语比较和构拟上古音的方法是"让人误入歧途"，并断言"此类构拟纯属胡闹"。我就引用李先生这两句名言来批评他们。第四，制造散布谎言。例如，我在《音韵问题答梅祖麟》中曾指出的，潘悟云散布王先生《同源字论》调整后的上古韵母系统和郑张尚芳的六元音系统"何其相似"，还煞有介事地举出论证（《音韵学方法论讨论集》65 页）："因为他们两人'文革'期间一直在互相讨论。"我在文章中早就论证了：郑张的"六元音系统既不是王力古音系统的发展，更不是'何其相似'，而是风马牛不相及"。"何其相似"已经就是谎言，这里要补充指出的是：说谎者难道不知道，"两人'文革'期间一直在互相讨论"这种谎言只能骗一骗 70 年代以后出生的人吗？再如，他杜撰出"有两种意义上的谐声分析，一种是语文学的，一种是语言学的"。我在《简评〈谐声分析与异读〉》中分析了他理论方法上的荒诞和具体用例中的低级错误，并曾指出（《音韵学方法论讨论集》430 页）："这如果不是有意骗人的谎话，就是自欺欺人的胡话。"还有，为了抗拒我和孙玉文的批评，潘悟云在《字书派与材料派——汉语语音史观之一》中，制造出"字书派与材料派"的谎言，我在《从湘方言的"盖"和"齃"谈到对古代语言学文献的正确释读》中指出："潘文自我划派，抬高自己，压低别人，其目的无非为他研究中系统的不科学和大量的知识性错误打掩护，并企图拉成小宗派来救援自己学术上的破产。"还批评他根本不守"学术规范，表现出既缺乏基本知识，对古代语言文献正确释读能力都不具备，却又好师心自用的坏学风"。

总之，潘悟云缺乏正规学术训练，基础差，学风轻浮，以创新者、主流音韵学家自居，跟在梅祖麟后面当反面教员。他们认为这场争论是"保守与开放、落后与先进"之争，是要不要与国际接轨之争；我们则认为是"崇洋迷外与尊重传统、求真务实与标新立异"之争，是真学术与假学术之争。

我们做学问，决不能马马虎虎，一定要有材料才能说话，而且要有新的发现。我们现在语言学界，不少人走上了邪路，突出表现为"崇洋"。洋人讲句话就是圣旨，自己好像没有脑袋；不想一想，研究汉语，如果要接轨难道不应该到中国来接吗？不管是研究古代汉语还是研究现代汉语，到底是谁领先？1989年下学期我在美国斯坦福研究访问，曾去贝克莱加州大学，第一次见丁邦新先生（著名语言学家、台湾"中研院"院士、史语所前所长、香港科技大学人文与社会科学学院前院长），我就向他提了个问题："你在汉语方面的研究信息很广泛，台湾、香港、其他世界各地的研究都有接触，你怎么评价这些地方的研究水平？"他想了想说："无论从质量还是从数量来看，当然还是大陆领先。"我认为，他的话是真挚的，也是真实的。再一个坏表现就是标新立异。我强调求真，而不提倡求新。求真务实，解决了问题，必然出新，求真与创新是相辅相成的。提倡求新就给标新立异者留下了空间，潘悟云一类的无知又学风轻浮的"学者"就长于钻这个空子。

记者：在您看来，在汉语古音学上，中国学者应该怎么对待西方学者的学说和研究方法呢?

　　郭老师:现在汉语研究确实跟英语等西方语言研究有很大的距离,西方语言理论对我们有不小的借鉴价值。但是我们有自己的传统,我们要以自己的传统为主,不论是研究现代的还是古代的。可以参考他们的,但不能完全照搬。古音学论争的成果之一是前面提到的,留下了一本《音韵学方法论讨论集》,再一个成果就是我们组织编辑出版了一本学术集刊《中国语言学》,宗旨是:"以中国语言学的优良传统为根,取世界语言学的精华而融通之,坚定地走自主创新之路,为繁荣中国语言学而奋斗。"这就是我们对待中西关系的态度。我在《中国语言学》第一辑发表了《汉藏诸语言比较研究刍议》,文章根据考古成果、文献资料论证了:中华大地华夏族与四周其他族群有史以来就是语言各异的部族,人类起源单中心论和语言单源说是不可靠的,从语言类型学的角度否定了汉语与藏缅语同源的论断,对论争初期某些人声称"汉藏诸语言构成一个语系是常识"的说法作出了决定性的回击。总之,经过这场论争,梅祖麟两次承认错误,潘悟云等的气焰也"嚣张"不起来了。他们的不良学风和学术思想受到了应得的清算,中国语言学自己的优良传统也得到了一定维护。

　　记者:您对现在古代汉语学科的发展、建设和教学方面,有什么建议和意见吗?

　　郭老师:我认为一个问题是中文系厚今薄古,近十几二十年都是现当代文学的老师当系主任,他们对古典文学和语言专业、古典文献专业都考虑得比较少,现当代文学的编制越来越大。我们古代汉语教研室,在我当教研室主任的时候就提出来要15个编制,最多时到过13个,可是现在只有9个教员了,马上就要变成8个。古代汉语包括的学术范围很广,音韵学、训诂学、语法学,还有文学语言史。我有点担忧,要是这样下去,不少学校都可能超过我们。

中文系古典这一块,文学、语言都处在危急关头,我不是危言耸听。希望这些当领导的,也想一想周扬的话:不要拿一百年不到的"今"去压过几千年的"古"。

　　记者:您说得太好了。今天的采访就到这里,谢谢郭老师。

　　首载《北京大学教学促进通讯》第 22 期,2012 年 10 月 12 日,又收入《北大中文名师教育谈》,广西师范大学出版社 2015 年